网络空间安全系列教材

车联网信息安全概论

戚 湧 主编
赵学龙 副主编

电子工业出版社
Publishing House of Electronics Industry
北京·BEIJING

内 容 简 介

本书从车联网自身的应用需求出发，结合传统的信息安全技术，并与新一代信息技术融合，结合作者课题组在车联网信息安全领域多年的科研实践成果，广泛参考了国内外学术界和产业界的研究成果，较为全面地展示了车联网信息安全的内容。本书概括地介绍了车联网安全研究的应用场景，分析了车联网安全体系架构及安全发展态势，针对车联网面临的安全威胁提出了相应的安全防护策略，并以安全技术理论知识为基础，重点对认证技术、通信加密技术、访问控制技术、入侵检测技术、数据隐私保护技术等车联网安全关键技术进行讲解，深度剖析了新一代信息技术与车联网安全融合的应用需求，最后对车联网信息安全发展方向进行了展望及思考。

本书既可作为高等院校网络空间安全、交通运输工程等专业课程的本科生和研究生教材，也可作为车联网信息安全培训班的教材或对车联网信息安全领域感兴趣的读者的参考用书。

未经许可，不得以任何方式复制或抄袭本书之部分或全部内容。
版权所有，侵权必究。

图书在版编目（CIP）数据

车联网信息安全概论/戚湧主编. —北京：电子工业出版社，2023.6
ISBN 978-7-121-45794-4

Ⅰ. ①车… Ⅱ. ①戚… Ⅲ. ①汽车－物联网－网络安全－高等学校－教材 Ⅳ. ①U469-39

中国国家版本馆 CIP 数据核字（2023）第 108303 号

责任编辑：戴晨辰　　文字编辑：李　然
印　　刷：涿州市般润文化传播有限公司
装　　订：涿州市般润文化传播有限公司
出版发行：电子工业出版社
　　　　　北京市海淀区万寿路 173 信箱　邮编：100036
开　　本：787×1 092　1/16　印张：15.25　字数：390 千字
版　　次：2023 年 6 月第 1 版
印　　次：2024 年 3 月第 2 次印刷
定　　价：59.00 元

凡所购买电子工业出版社图书有缺损问题，请向购买书店调换。若书店售缺，请与本社发行部联系，联系及邮购电话：（010）88254888，88258888。

质量投诉请发邮件至 zlts@phei.com.cn，盗版侵权举报请发邮件至 dbqq@phei.com.cn。
本书咨询联系方式：dcc@phei.com.cn。

  2014年2月27日，习近平总书记主持召开中央网络安全和信息化领导小组第一次会议并发表重要讲话。会议强调"没有网络安全就没有国家安全，没有信息化就没有现代化。网络安全和信息化是一体之两翼、驱动之双轮，必须统一谋划、统一部署、统一推进、统一实施。做好网络安全和信息化工作，要处理好安全和发展的关系，做到协调一致、齐头并进，以安全保发展、以发展促安全，努力建久安之势、成长治之业"。坚持总体国家安全观，是习近平新时代中国特色社会主义思想的重要内容。

  车联网产业作为汽车、电子、信息通信、道路交通运输等行业深度融合的新型产业形态，已成为我国战略性新兴产业的重要发展方向。2015年以来，国家发展和改革委员会、工业和信息化部、科学技术部、交通运输部、公安部等部委相继出台了一系列政策规划，积极促进车联网和智能汽车产业创新发展。我国利用产业政策倾斜、重点项目财政支持等方式，积极推动智能汽车行业发展，为汽车智能化趋势提供良好的铺垫。目前，我国车联网产业发展环境已初步形成，市场潜力巨大。我国政府将车联网提升到国家战略高度，国务院及相关部委对车联网产业升级和业务创新加强了顶层设计、战略布局和发展规划，形成了系统的组织推进保障和工作体系。车联网作为物联网在交通领域的典型应用，是以车内网、车际网和车载移动互联网为基础，按照约定的通信协议和数据交互标准，在车与车（V2V）、车与路侧设备（V2I）、车与人（V2P）及车与网络（V2N）之间进行无线通信和数据交换与共享的网络系统，通过车-路-人-云之间的实时感知与协同实现智能交通管理、智能动态信息服务和智能车辆控制的一体化，为用户提供道路安全、交通效率提升和信息娱乐等服务，从而满足人们在交通信息消费方面的需求。

  随着5G、人工智能、大数据、自动驾驶等新技术在汽车领域的广泛、深入应用，车联网迎来全面发展的战略机遇期。在汽车智能化、网联化、电动化高速发展的同时，网络安全也在不断敲响警钟。传统网络安全防护的对象往往是具有较强计算能力的计算机或服务器，而车联网以"两端一云"为主体，以路基设施为补充，涵盖智能汽车、移动智能终端、车联网服务平台等对象，有车–云通信、车–车通信、车–人通信、车–路通信、车内通信等多个通信场景，涉及的保护对象众多，保护面广，任何一环出现安全问题都可能造成非常严重的后果。大量的车联网终端往往存在计算能力、存储能力受限等问题，甚至暴露在户外、野外，这给车联网网络安全防护带来更多的困难与挑战。车联网网络安全的范畴根据车联网网络安全的防护对象，分为智能汽车安全、移动智能终端安全、车联网服务平台安全、通信安全，数据安全和隐私保护同时贯穿车联网的各个环节，也是车联网网络安全的重要内容。

本书是面向高等院校网络空间安全、交通运输工程、车辆工程、新能源汽车等专业的推荐教材，内容涵盖车联网信息安全概述、信息安全理论基础、关键技术及建议与展望等内容。本书的编写充分结合了新基建理念下汽车制造的智能化需求，并结合实际项目，在参阅大量文献资料的基础上，形成了当前的教材内容体系，旨在介绍车联网新的发展态势及安全关键技术。

本书共 6 章，内容安排如下：

第 1 章为车联网信息安全概述，简要阐述车联网基本概念和应用场景，以及车联网安全架构及技术体系，并进行车联网发展态势分析。

第 2 章为车联网信息安全理论基础，从基础安全理论出发，对车联网安全涉及的认证、密码、访问控制、入侵检测、隐私保护等关键技术的理论知识进行详细介绍，为后续的具体技术应用部分内容做铺垫。

第 3 章为车联网信息安全威胁及防护策略，主要对车联网所面临的信息安全威胁进行详细分析，并就相应的安全威胁总结防护策略。

第 4 章为车联网信息安全关键技术，通过结合实际场景，借助第 2 章中的基础理论知识，具体介绍相关信息安全技术在车联网中的应用。

第 5 章为车联网信息安全技术融合，主要介绍 5G、边缘计算、区块链、大数据等新一代信息技术与车联网信息安全技术的深度融合。

第 6 章为车联网信息安全展望与思考，主要介绍车联网信息安全建设项目实施建议，促进车联网信息安全产业的创新、融合与发展；从不同维度对车联网安全的未来进行展望，通过与国内外车联网安全发展现状做比较，概述未来车联网安全的发展使命。

本书包含配套教学资源，读者可登录华信教育资源网（www.hxedu.com.cn）下载。

前言

本书部分内容来源于国家重点研发计划中欧政府间国际科技创新合作重点专项项目（2019YFE0123800）：基于智能网联的城市电动公交管控关键技术研究与应用，以及国家重点研发计划政府间国际科技创新合作重点专项（2016YFE0108000）：分散式交通智能感知与控制理论及关键技术研究。闫贺博士后和刘洺君、孙扬威、曾鑫、姜孝、吴勐、许小刚等硕士研究生参与了本书的编排、校稿工作，谨在此表示衷心感谢。此外，还要感谢所有直接或者间接为本书出版作出贡献的学术同行和参考文献、相关文献的作者。

本书中的主要观点和内容仅代表编写组目前对车联网信息安全的思考和研究，由于车联网安全相关技术和标准工作仍处于研究和发展之中，多种新的理论、方法和技术解决方案仍处于研究探索阶段，再加上作者水平有限，书中难免有不妥和疏漏之处，敬请读者批评指正，以期后续不断完善。

作　者

第1章 车联网信息安全概述 …… 1
1.1 车联网基本概念 …… 1
1.1.1 车联网简介 …… 1
1.1.2 车联网应用需求 …… 6
1.2 信息安全视角下的车联网 …… 17
1.2.1 车联网安全概述 …… 18
1.2.2 车联网安全体系 …… 19
1.2.3 车联网信息安全事件 …… 23
1.3 车联网安全发展态势 …… 26
1.3.1 车联网安全管理系统发展态势 …… 26
1.3.2 车联网安全监管发展态势 …… 29
1.3.3 车联网信息安全法规 …… 31
1.3.4 车联网信息安全政策 …… 34
1.4 思考题 …… 36

第2章 车联网信息安全理论基础 …… 37
2.1 认证技术 …… 37
2.1.1 散列算法 …… 37
2.1.2 数字证书 …… 37
2.1.3 消息认证 …… 39
2.1.4 数字签名 …… 40
2.2 密码技术 …… 42
2.2.1 对称密码 …… 42
2.2.2 公钥密码 …… 43
2.2.3 混合密码 …… 44
2.2.4 密钥交换 …… 46
2.3 访问控制技术 …… 48
2.3.1 访问控制安全等级 …… 48
2.3.2 访问控制模型 …… 50
2.4 入侵检测技术 …… 55
2.4.1 基于误用的入侵检测 …… 55
2.4.2 基于异常的入侵检测 …… 57
2.5 隐私保护技术 …… 59
2.5.1 匿名认证 …… 59
2.5.2 假名技术 …… 59
2.5.3 差分隐私 …… 60
2.5.4 安全多方计算 …… 60
2.5.5 同态加密 …… 61
2.6 思考题 …… 62

第3章 车联网信息安全威胁及防护策略 …… 63
3.1 智能网联汽车信息安全威胁及防护策略 …… 63
3.1.1 智能网联汽车信息安全威胁分析 …… 63
3.1.2 智能网联汽车信息安全防护策略 …… 68

3.2 智能终端设备信息安全威胁及防护策略……69
 3.2.1 智能终端设备信息安全威胁分析……69
 3.2.2 智能终端设备信息安全防护策略……70
3.3 车联网云服务平台信息安全威胁及防护策略……71
 3.3.1 车联网云服务平台信息安全威胁分析……71
 3.3.2 车联网云服务平台安全防护策略……72
3.4 车联网通信网络安全威胁及防护策略……72
 3.4.1 车联网通信网络安全威胁分析……72
 3.4.2 车联网通信网络安全防护策略……74
3.5 车联网数据安全威胁及防护策略……75
 3.5.1 车联网数据安全威胁分析……75
 3.5.2 车联网数据安全防护策略……75
3.6 思考题……76

第4章 车联网信息安全关键技术……78

4.1 车联网认证技术……78
 4.1.1 车联网认证技术概述……78
 4.1.2 车联网认证安全威胁与需求……80
 4.1.3 车联网认证技术分析……82
4.2 车联网通信加密技术……110
 4.2.1 车联网通信加密技术概述……110
 4.2.2 车联网通信加密安全需求……110
 4.2.3 车联网通信加密技术分析……111
4.3 车联网访问控制技术……119
 4.3.1 车联网访问控制技术概述……119
 4.3.2 车联网访问控制安全需求……122
 4.3.3 车联网访问控制技术分析……124
4.4 车联网入侵检测技术……133
 4.4.1 车联网入侵检测技术概述……133
 4.4.2 车联网入侵检测安全需求……135
 4.4.3 车联网入侵检测技术分析……136
4.5 车联网数据隐私保护技术……140
 4.5.1 车联网数据隐私保护技术概述……140
 4.5.2 车联网数据隐私保护安全需求……141
 4.5.3 车联网数据隐私保护技术分析……144
4.6 思考题……160

第5章 车联网信息安全技术融合……161

5.1 车联网与5G技术融合信息安全……161
 5.1.1 5G技术概述……161

5.1.2 车联网与 5G 技术融合
　　　　 概述 ……………………… 163
　　5.1.3 车联网与 5G 技术融合
　　　　 安全需求 ………………… 165
　　5.1.4 车联网与 5G 技术融合
　　　　 安全技术分析 …………… 167
5.2 车联网与边缘计算融合
　　信息安全 ……………………… 171
　　5.2.1 边缘计算概述 …………… 171
　　5.2.2 车联网与边缘计算融合
　　　　 概述 ……………………… 173
　　5.2.3 车联网与边缘计算融合
　　　　 安全需求 ………………… 176
　　5.2.4 车联网与边缘计算融合
　　　　 安全技术分析 …………… 182
5.3 车联网与区块链技术融合
　　信息安全 ……………………… 187
　　5.3.1 区块链技术概述 ………… 187
　　5.3.2 车联网与区块链技术
　　　　 融合概述 ………………… 197
　　5.3.3 车联网与区块链技术
　　　　 融合安全需求 …………… 198
　　5.3.4 车联网与区块链技术
　　　　 融合安全技术分析 ……… 200
5.4 车联网与大数据技术融合
　　信息安全 ……………………… 209

　　5.4.1 大数据技术概述 ………… 209
　　5.4.2 车联网与大数据技术
　　　　 融合概述 ………………… 213
　　5.4.3 车联网与大数据技术
　　　　 融合安全需求 …………… 213
　　5.4.4 车联网与大数据技术
　　　　 融合安全技术分析 ……… 215
5.5 思考题 ………………………… 219

第 6 章 车联网信息安全展望与思考 …………………………… 220

6.1 车联网信息安全项目实施 …… 220
　　6.1.1 车联网信息安全项目
　　　　 推进 ……………………… 220
　　6.1.2 企业车联网信息安全
　　　　 项目实施 ………………… 221
　　6.1.3 车联网信息安全保障
　　　　 问题 ……………………… 222
6.2 车联网信息安全发展展望
　　与思考 ………………………… 224
　　6.2.1 车联网信息安全发展
　　　　 展望 ……………………… 224
　　6.2.2 车联网信息安全发展
　　　　 思考 ……………………… 225
6.3 思考题 ………………………… 227

参考文献 …………………………… 228

第1章　车联网信息安全概述

1.1　车联网基本概念

1.1.1　车联网简介

1. 车联网概述

车联网（Internet of Vehicles，IoV）是汽车、电子、通信、互联网等多个领域交融的结合体。未来智能交通系统的核心组成部分就包括车联网技术，它是 5G 垂直应用最有前景的实用技术之一，也是缓解现有交通堵塞、降低撞车率最有效的智能技术之一，还是自动驾驶乃至无人驾驶的重要技术支撑。

车联网是物联网概念的延伸，物联网的含义是以互联网为核心，通过物物相连所形成的通信网络。车联网的含义与之相似，即在通信协议和数据交互标准之下，通过现代无线通信技术，实现车-车（Vehicle-to-Vehicle，V2V）、车-路侧设备（Vehicle-to-Infrastructure，V2I）、车-人（Vehicle-to-People，V2P）及车-网络（Vehicle-to-Network，V2N）之间的信息交互，进而实现交通的智能化管理，达到"车-路-人-云"的感知协同发展。

车联网以车内网、车际网、车载移动网络为基础，搭载先进的车载传感器、控制器和执行器，融合定位技术、信息处理技术、无线通信技术和智能决策控制技术构建高度协同的车联网生态体系。在 V2V 通信中，车辆在向其他车辆发送自身速度、位置等信息的同时，接收来自其他车辆的行驶状态信息，并结合传感器、摄像头等设备所收集的信息，实现对周围环境状况的感知，辅助驾驶人安全驾驶。V2V 通信将独立驾驶的车辆紧密联系在一起，形成信息交互共享的车辆自组织网络（Vehicular Ad-hoc Network，VANET）。在 V2I 通信中，车辆主要与路侧设备，如路侧单元（Rode Side Unit，RSU）或基站进行通信。在车辆密度较大的场景中，RSU 可为车辆进行路径规划及速度建议。通过 V2I 技术，将"聪明"的车和"智慧"的路结合起来，可使出行变得更加快捷。在 V2P 通信中，每个车载终端与行人携带的移动终端设备进行通信，不仅使行人获知车辆的运行轨迹及速度，也使车辆提前减速规避人群，以保障车联网体系中的弱势群体——行人的安全。此外，V2P 通信还可用于停车找车场景，即通过移动终端设备定位车辆位置或者空余的车位。在 V2N 通信中，车辆主要与云端进行信息交互，实现计算数据的灵活传输及存储。相应云平台在对已收集的海量数据进行处理分析后，可为车辆提供定位、紧急救援、信息娱乐等服务。

2. 车联网发展情况

1) 国内外发展现状

美国政府高度重视智能交通和智能网联汽车产业发展，发布了《美国智能交通系统（ITS）战略规划（2015—2019年）》《联邦自动驾驶汽车政策指南》（自动驾驶系统1.0）、《自动驾驶系统2.0安全愿景》、《自动驾驶汽车3.0：为未来交通做准备》等政策文件，明确双重发展汽车网联化和自动控制智能化，鼓励相关企业、机构创新和发展自动驾驶，推动地面交通系统向安全可靠、便捷高效、绿色经济的自动驾驶方向进化。

2018年5月，欧盟委员会发布《通往自动化出行之路：欧盟未来出行战略》，提出自动驾驶战略规划：到2020年，高速公路实现自动驾驶，城市区域实现低速自动驾驶；到2030年，实现自动驾驶完全普及。2018年4月，荷兰众议院颁布《自动驾驶测试法（草案）》，允许自动驾驶汽车在没有人员跟随的完全无人状态下进行测试。2018年7月，英国的《电动与自动汽车法案》获批并正式生效，该法案确立了自动驾驶汽车发生事故的保险制度和责任认定规则。目前，欧洲各国都在积极推动自动驾驶和网联技术的应用，从政策、法律法规、指南规划方面尽力扫除障碍。

2014年，日本政府启动自动驾驶战略创新促进项目（SIP-adus）。2019年，SIP项目进入2.0阶段，重点探索自动驾驶与未来智能社会的协同，研究在人口数量下滑地区提供物流服务、解决驾驶员短缺等社会问题，致力于减少交通事故和交通拥堵。在政策方面，日本政府发布了《自动驾驶相关制度整备大纲》《自动驾驶汽车安全技术指南》等，明确提出自动驾驶汽车的安全要求及其所有者应承担的责任。

我国高度重视车联网发展，国务院及相关部门对车联网产业升级和业务创新进行了顶层设计、战略布局和发展规划，陆续印发了《国务院关于积极推进"互联网+"行动的指导意见》《推进"互联网+"便捷交通 促进智能交通发展的实施方案》《汽车产业中长期发展规划》《智能网联汽车道路测试与示范应用管理规范》《国家车联网产业标准体系建设指南（总体要求）》《车联网（智能网联汽车）直连通信使用5905～5925MHz频段管理规定（暂行）》《车联网（智能网联汽车）产业发展行动计划》《智能汽车创新发展战略》等系列文件，以促进我国智能网联汽车发展。目前，我国车联网产业化进程逐步加快，产业链上下游企业已经围绕车联网通信国际标准LTE-V2X形成包括通信芯片、通信模组、终端设备、整车制造、运营服务、测试认证、高精度定位及地图服务等的完整产业链生态。同时，我国的自动驾驶示范区也在快速发展，已建成的测试示范区基本覆盖了城市道路、乡村道路等场景，具备较为完善的场景设施和智能网联设备。自动驾驶测试区分布在东北、华北、华东、华南和中西部地区，借助不同地域差异化的气候条件和地貌特征，实现区域性互补，丰富了智能网联汽车的测试环境，为测试示范区测试数据共享后的数据多样化和全面性提供了基础条件。

自2015年美国交通部发布《智能交通系统（Intelligent Transport System，ITS）战略规划》以来，车联网技术围绕智能化和信息共享化两大主题蓬勃发展。在车联网技术发展前期，美国只认可专用短程通信技术（Dedicated Short Range Communications，DSRC）这一标准，如今在世界车联网标准改革创新的大趋势下，美国先后在 26 个州开展 V2X（Vehicle-to-everything，即车与外界的信息交换）技术试点试验，与此同时，蜂窝车联网通信技术（Cellular Vehicle-to-everything，C-V2X）试验也在全力推进中，甚至将原来分配给 DSRC 的 5.9GHz 频段重新分配给 C-V2X，全力推进车联网技术的发展。

2019 年 12 月，我国发布了《车联网知识产权白皮书》，从车联网知识产权状况、车联网专利运行机构、车联网知识产权诉讼三方面对车联网国内外知识产权现状及趋势进行分析，为车联网未来的发展指明了方向。2020 年 1 月，工业和信息化部发表声明，承认 C-V2X 技术是中国车联网技术的唯一标准。回顾 LTE-V2X 的发展历程可知，2017 年 3 月，3GPP（第 3 代合作伙伴计划）发布了支持 LTE-V2X 的 Release-14 标准，基本完成了 V2X 体系的框架研究。2018 年 6 月，支持 LTE-V2X 的增强版本——LTE-eV2X 的 Release-15 标准制定完成，该标准不仅增强了各接口之间的载波聚合和高阶调制能力，还提高了直通模式下的数据传输速率和可靠性。2020 年 7 月，随着首个支持 5G-V2X（NR-V2X）的 Release-16 标准落地，考虑 5G-V2X 技术向垂直行业扩展，并在移动性和能耗等关键功能上有所增强。支持增强型的 5G-V2X 的 Release-17 标准制定工作已于 2019 年年底启动，并于 2022 年发布，其工作重点在于进一步增强 5G 系统的功能，以实现时延更低、可靠性更强、传输速率更高的目标。C-V2X 在 2022 年已经具备大规模部署的基础。2020 年 11 月 11 日，世界智能网联汽车大会发布了《智能网联汽车技术路线图 2.0》，提出 2035 年之前智能网联汽车的主要发展路线、发展愿景及战略目标，为智能车联网的发展进一步指明了方向。该路线图中指出，未来车联网技术的发展包括 4 个时间节点：①到 2020 年，结合安全辅助驾驶系统和网联辅助信息，实现车辆的部分自动驾驶功能，使车辆具备初级网联功能；②到 2025 年前后，有条件自动驾驶技术实现规模化应用并向高度自动化驾驶技术升级过渡；③到 2030 年，实现高度自动化驾驶技术的大范围应用，主要应用场景为高速公路及城市主要道路；④到 2035 年，彻底实现车辆的完全自动驾驶。

2）产业发展情况

车联网是信息领域、工业领域的深度融合，也是 5G 垂直应用的重要方向，具有巨大的发展潜力和庞大的市场空间。车联网产业发展历程可分为下述 4 个阶段。

- 第一阶段（2009—2010 年）：萌芽阶段。

车联网的发展主要由零部件供应商主导，应用多以商用为主，车联网技术主要为基于传感器的车载技术。

- 第二阶段（2011—2013 年）：积累阶段。

国家"十二五"规划将车联网作为物联网十大重点部署领域之一，并出台了相关政策推动智能网联汽车发展。

- 第三阶段（2014—2015 年）：摸索阶段。

互联网公司纷纷加入车联网体系，抢先推出自己的车联网产品，但以娱乐型产品为主，自主研发创新能力有待提升。

- 第四阶段（2016—2020 年）：加速阶段。

车联网产业进入高速发展的新阶段，"车–路–人–云"协同感知的"生态车联网"体系受到广泛关注，国内外竞相展开车联网技术的研究。

目前，我国的车联网产业链已初具雏形，大致可以分为软/硬件供应商、内容服务商、网络提供商、平台运营商、汽车制造商。如图1-1所示，车联网产业链的实现过程大致如下：由软件供应商和硬件供应商为下游提供最基础的软/硬件技术设备，由内容服务商和网络提供商提供基本的应用服务和网络基础，由平台运营商和汽车制造商为用户提供服务。

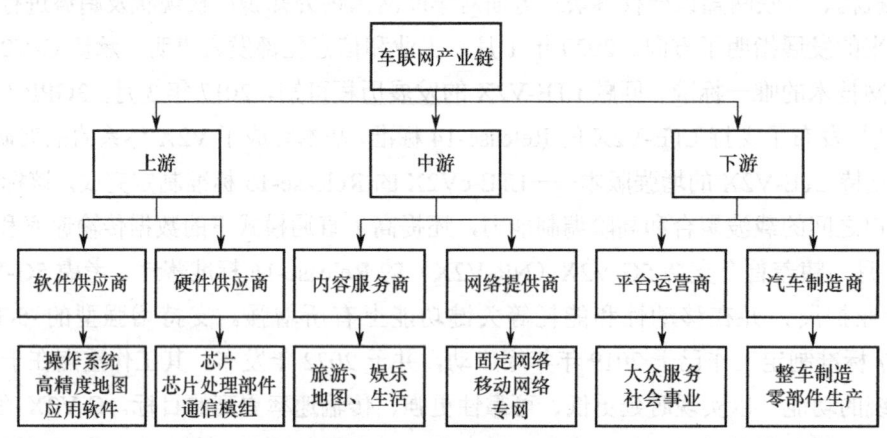

图1-1 车联网产业链

（1）软/硬件供应商。软/硬件供应商是车联网产业乃至电子信息产业基础的组成元素，对全面实现车联网的普及应用至关重要。近年来，物联网、云计算、移动互联网、智能化设备的井喷式爆发也刺激了基础软/硬件行业的发展。对于车联网来说，软件的功能丰富程度及硬件的多样化直接决定了其智能程度，软件架构的完整性及硬件的可靠性也决定了其安全性。软件供应商主要面向平台运营商、内容服务商和汽车制造商提供系统集成研发、应用服务研发和运营平台研发等服务。系统集成研发是面向应用系统，提供交通信息服务系统（ATIS）、交通管理系统（ATMS）等应用系统的研发集成服务。应用服务研发是面向用户的实际需求，提供包括位置服务、信息服务等系统应用研发。运营平台研发是针对车联网平台运营商，提供包括平台应用集成、系统操作管理的软件研发服务。硬件供应商主要涉及芯片、电子标签、传感器、通信设备、导航仪器等。

（2）内容服务商。内容服务包括旅游出行、游戏娱乐、位置服务、生活服务及新闻资讯等。通过内容服务商的支撑，不仅可以满足车联网的基础应用，如位置服务、路况服务等，还可以延伸至其他娱乐、工作、生活相关应用范畴，最终实现车联网的个性化智能服务。

（3）网络提供商。网络是车联网实现人与人、人与车、车与车通信的基础，大致可以分为固定网络、移动网络和专网3部分。固定网络是连接车联网后台各个支撑应用系统，并延伸至互联网的基础网络。移动网络是车辆在任何行驶状态、任何地点与外界进行信息沟通的传输介质。专网则是通过特定的传输技术和设备构建，按照不同的应用需求所搭建的网络。

（4）平台运营商。车联网的平台运营商是利用内容资源为用户提供具体服务的实施者。平台运营商可分为大众服务和社会事业两类。其中，大众服务类属于需求导向型服务，根据普通大众对车联网功能的实际需求提供全面的服务。社会事业类则利用车联网收集的网格化、精细化车辆信息，辅助交通、消防、医疗等社会公共事业的全面发展。

（5）汽车制造商。汽车制造商是指从事汽车整车制造、装配或车用发动机、零部件和配套件生产的独立核算经济单位。在我国，制造企业作为经济组织，除了必须拥有一定的人力、物力、财力资源，还必须拥有充分的独立经营自主权，包括资产的处置权和产品的生产销售权等。

汽车是车联网系统网络构成的最小单元，也是车联网服务的个体对象。汽车制造商在车联网行业具有核心地位，通过整合传统汽车制造产业和汽车传感器、通信设备、智能系统、导航系统等新型汽车电子设备，生产满足车联网应用需求的智能汽车，并直接服务用户。因为汽车制造商拥有较大的产业整合能力，并直接面向用户，所以通过汽车制造商构建车联网是最直接、最易于实现的方式。

3．车联网体系架构

按照网络架构划分，车联网体系架构可以划分为 3 层：感知层、网络层和应用层，如图 1-2 所示。

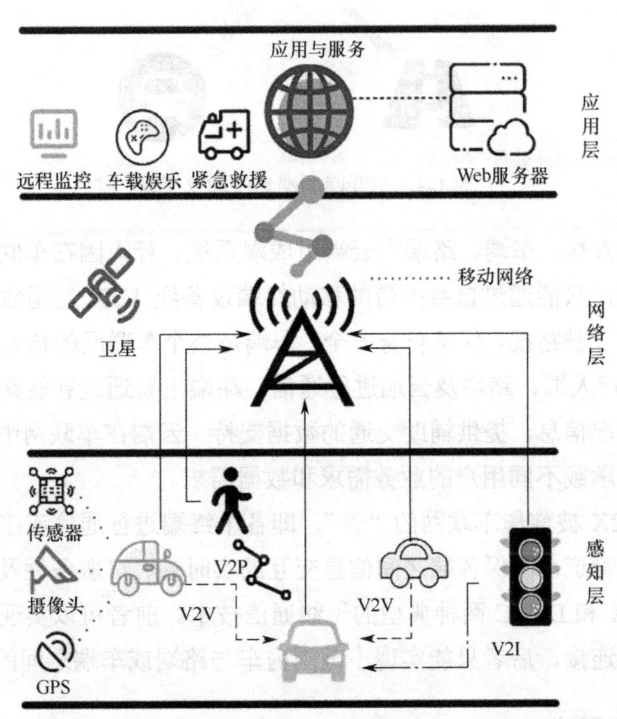

图 1-2　车联网体系架构

（1）感知层。感知层被认为是车联网的"神经末梢"，它通过车载传感器、雷达及定位系统的协同感知，将收集到的车内外行驶状态信息、交通状况信息和道路环境信息反馈给驾驶人，驾驶人根据收到的反馈信息作出决策，实现感知数据辅助驾驶的功能。例如，通过车辆前方防撞预警技术，行车人员可根据传感器接收的前方障碍物感知信息预先作出下一步的行驶决策，以防撞上前方车辆。

(2) 网络层。网络层充当车联网的"大脑"，主要通过车载网络、互联网及无线通信网络分析处理感知层所收集的数据，实现车联网网络接入、数据分析、数据传输及车辆节点管理等功能。网络层还为终端用户提供实时的信息交互及无线资源的分配，以达到信息负载的平衡并实现异构网络的无缝衔接访问功能。

(3) 应用层。应用层是车联网体系架构的顶层，主要为用户提供不同的服务，即根据不同用户的需求提供不同的应用程序，如车载娱乐、远程监控及紧急救援等。

从功能上看，车联网主要由端系统和管系统两部分组成。如图 1-3 所示，这两个系统与人、车、路、云和 V2X 5 个功能实体互联。

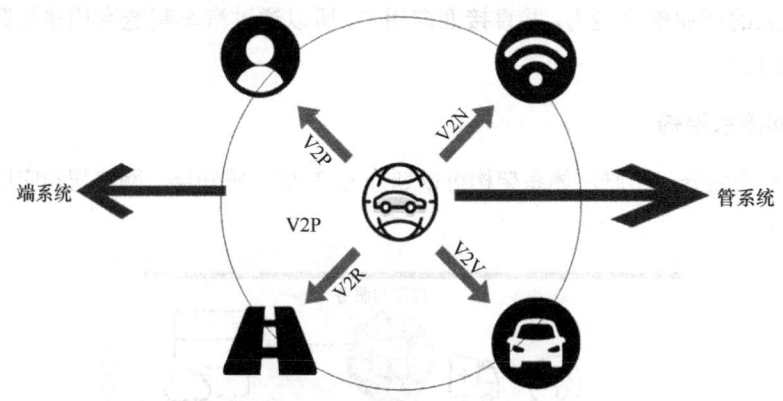

图 1-3　车联网的端系统和管系统

(1) 端系统。行人端、车端、路端和云端组成端系统。行人因在车联网环境中的安全隐患最大而处于弱势地位，只能通过自身携带的移动终端设备经 V2X 管道收发信息，以此来感知周围交通状况并调整行驶路线，保障自身安全。车端是整个车联网的核心，V2X 的含义是以车为主体，与"X"即行人端、路端及云端进行通信。路端主要通过智能路侧设备为车端、云端和行人端传送交通路况信息，提供辅助交通的数据支持。云端在车联网中承担数据存储、分析和智能决策的任务，承载不同用户的业务需求和数据需求。

(2) 管系统。V2X 被称作车联网的"管"，即各个终端进行通信连接、车辆自组织网络与异构网络有效衔接的管道，确保各端之间信息交互的实时性、可服务性及网络泛在性。目前应用广泛的是 LTE-V2X 和 DSRC 两种典型的无线通信技术。前者可以实现网关或基站覆盖范围内所有端之间的通信连接，后者只能实现小范围内车与路端或车端之间的通信连接。

1.1.2　车联网应用需求

应用需求是技术发展的重要原动力和驱动力。车联网的行业应用需求主要来自交通行业和汽车行业，车联网应用包括基本应用和增强应用。基本应用从信息服务类应用向道路交通安全类和交通效率类应用发展，未来将向支持自动驾驶和智能交通等的增强应用进一步演进。

车联网的基本应用需求主要分为 4 类：①有关生命财产安全的道路安全类应用是车联网基

本业务的核心；②提升交通效率、降低能源消耗和减少环境污染是交通效率类应用的重要作用，也是研究的重点；③信息娱乐类应用为交通出行提供便捷及时的信息服务和娱乐服务，并能提供丰富多样的驾乘体验；④自动驾驶类应用为用户提供方便、快捷的服务。它们都是车联网应用的重要组成部分。

从满足交通行业的需求优先级别方面进行分析，其中以道路安全类应用的业务需求最高，通常为高频度的低时延、高可靠等道路安全消息业务需求；交通效率类应用次之；信息娱乐类应用的业务需求一般为最低。

1. 道路安全类应用

安装 V2X 通信设备的交通参与者，如车辆、路侧设备、行人、自行车、摩托车等，可以通过感知周围 V2X 通信节点的实时状态信息，进行危险信息预警，辅助驾驶人判断是否可能发生危险情况，从而有效降低交通事故发生率，提高交通安全水平。

美国交通部联合多家车企通过碰撞避免标准联盟（Crash Avoidance Measure Union，CAMU）的车辆安全通信应用（Vehicle Safety Communications-Applcations，VSC-A）项目研究基于通信的道路安全应用，通过对碰撞的频度、碰撞所造成的经济损失，以及碰撞引起的人员伤亡所带来的社会损失等因素进行综合分析，初期选择了 6 个防碰撞应用研究，后续又通过 CAMP VSC3 驾驶人接受度评估项目增加了左转辅助应用，最终选定 7 个应用作为核心道路安全类应用。这 7 个应用被美国、欧洲及中国的应用层标准部分或全部采纳，并在测试中进行验证。

下面以这 7 个应用为例，对道路安全类应用进行简要介绍。

1）紧急制动预警（Electronic Emergency Brake Light，EEBL）

前方车辆 RV（Remote Vehicle）-1 进行紧急制动时，通过车联网通信广播紧急制动状态信息。在该场景下，对于后方车辆 HV（Host Vehicle）来说，虽然 RV-2 可能遮挡 HV 和 RV-1 之间的视线，但 HV 能够收到 RV-1 的紧急制动状态信息，若 EEBL 应用判断紧急制动与本车有关，则进行预警，避免发生追尾碰撞，如图 1-4 所示。

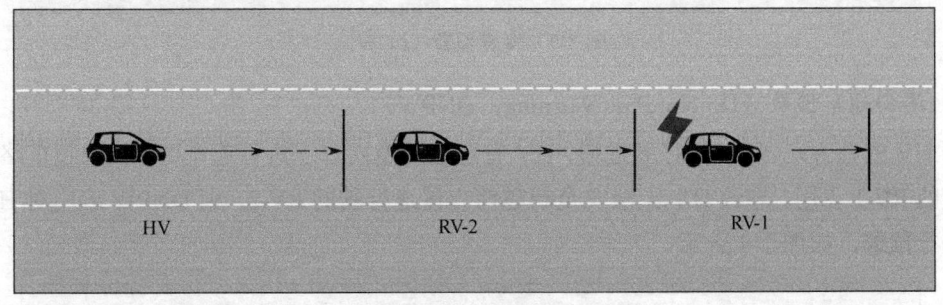

图 1-4　紧急制动预警（EEBL）

2）前向碰撞预警（Forward Collision Warning，FCW）

当前方处于同一车道的 RV-1 与 HV 存在追尾碰撞危险时（RV-2 可能遮挡 HV 和 RV-1 之间的视线），FCW 应用对 HV 的驾驶人进行预警，避免发生追尾碰撞，如图 1-5 所示。

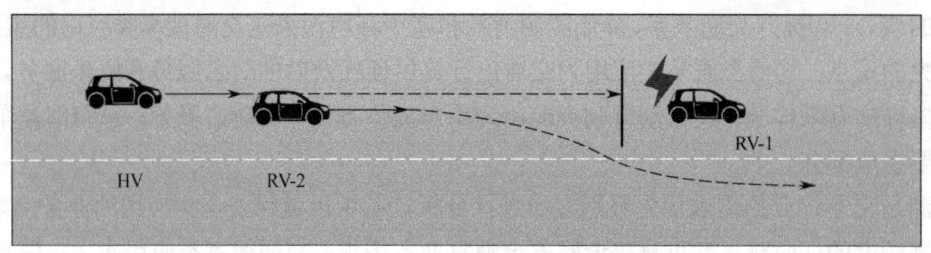

图 1-5　前向碰撞预警（FCW）

3）盲区预警/变道预警（Blind Spot Warning/Lane Chang Warning，BSW/LCW）

当 HV 的相邻车道有同向行驶的 RV-1 出现在 HV 的盲区时，BSW 应用对 HV 的驾驶人进行预警。当 HV 尝试进行变道操作时，如果相邻车道有同向行驶的车辆处于或即将进入 HV 的盲区，LCW 应用对 HV 的驾驶人进行预警。BSW/LCW 应用能够避免车辆变道时与相邻车辆发生侧面碰撞，如图 1-6 和图 1-7 所示。

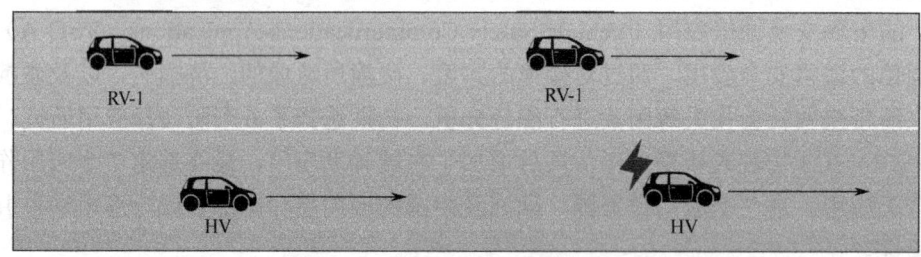

图 1-6　盲区预警（BSW）

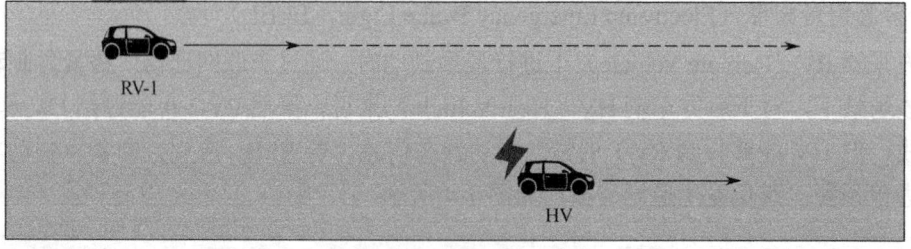

图 1-7　变道预警（LCW）

4）逆向超车预警（Do Not Pass Warning，DNPW）

当 HV 的前方车辆 RV-2 行驶过慢，HV 有意借用逆向车道进行超车时，如果超车路段被逆向行驶的 RV-1 占用，导致 HV 无法安全超越前方慢速行驶的 RV-2，则 DNPW 应用对 HV 的驾驶人进行预警，如图 1-8 所示。

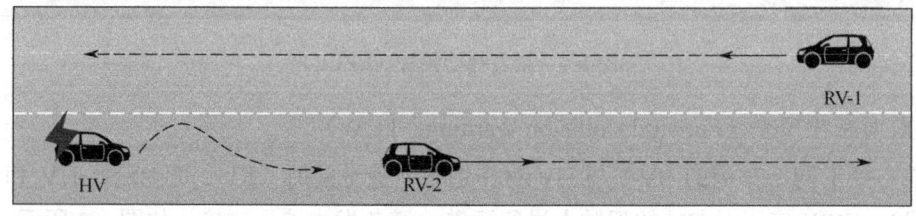

图 1-8　逆向超车预警（DNPW）

5）交叉路口碰撞预警（Intersection Movement Assist，IMA）

当 HV 通过交叉路口，与侧向行驶的 RV-1 可能发生碰撞时（RV-2 可能遮挡 HV 和 RV-1 之间的视线），IMA 应用对 HV 的驾驶人进行预警。IMA 应用可避免或减轻侧向碰撞，提高交叉路口的通过安全性，如图 1-9 所示。

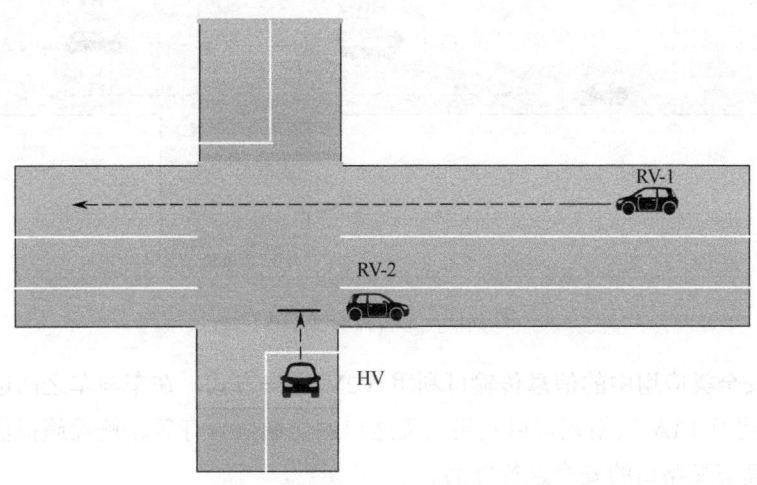

图 1-9　交叉路口碰撞预警（IMA）

6）车辆失控预警（Control Loss Warning，CLW）

当 RV 出现失控状态，触发防抱死制动系统（Anti-lock Brake System，ABS）、电子稳定系统（Electronic Stability Program，ESP）、牵引力控制系统（Traction Control System，TCS）、车道偏移预警系统（Lane Departure Warning，LDW）等功能时，RV 的 CLW 应用会广播车辆失控状态信息，对 HV 的驾驶人进行预警。HV 根据收到的信息识别出 RV 失控，可能影响 HV 的行驶路线，如图 1-10 所示。

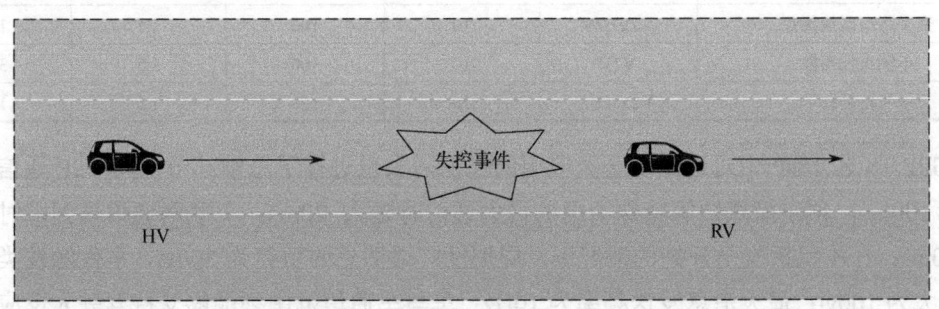

图 1-10　车辆失控预警（CLW）

7）左转辅助（Left Turn Assist，LTA）

当 HV 在交叉路口向左转，与对向行驶的 RV-1 可能发生碰撞时（RV-2 可能遮挡 HV 和 RV-1 之间的视线），LTA 应用对 HV 的驾驶人进行预警。LTA 应用可辅助避免或减轻侧向碰撞，提高交叉路口的通过安全性，如图 1-11 所示。

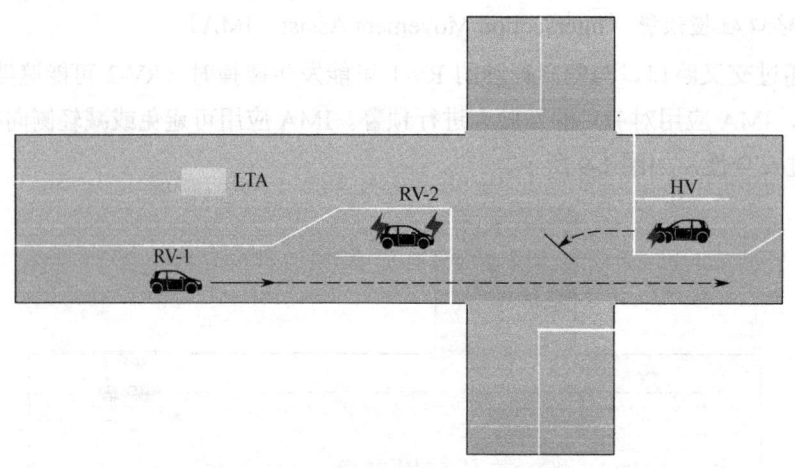

图 1-11　左转辅助（LTA）

上述道路安全类应用中的信息传输可利用 V2V 通信方式，在车与车之间进行信息交互。其中，IMA 应用及 LTA 应用还可以利用交叉路口的交通信号灯等路侧设施提供辅助信息，通过 V2I 通信提高交叉路口的安全通行能力。

在中国汽车工程学会（China-SAE）应用层及应用数据交互标准中，对上述 7 类典型应用的通信需求进行了总结，见表 1-1。

表 1-1　China-SAE 应用层及应用数据交互标准中典型道路安全类应用的通信需求

应　用	通信类型	频率/Hz	最大时延/ms	定位需求/m	通信范围/m
紧急制动预警	V2V	10	100	1.5	150
前向碰撞预警	V2V	10	100	1.5	300
盲区预警/变道预警	V2V	10	100	1.5	150
逆向超车预警	V2V	10	100	1.5	300
交叉路口碰撞预警	V2V/I2V	10	100	1.5	150
车辆失控预警	V2V	10	100	1.5	300
左转辅助	V2V/I2V	10	100	1.5	150

3GPP TS 22.18sP 中对道路安全类应用的通信需求也进行了总结：节点间 V2P 通信的最大时延为 100ms，预碰撞感知等特殊情况的最大通信时延为 20ms；车联网通信端到端时延不超过 1000ms；在不包括安全开销的情况下，周期性广播消息的负荷为 300yt，事件触发类消息的负荷最大为 100yt；最大消息发送频率为 10Hz；车与车通信范围须能够支持驾驶人反应并进行处理的时间（如典型值为 4s）；支持 V2V 应用最大相对速度为 500km/h，支持 V2V 和 V2P 应用最大相对速度为 250km/h，支持 V2I 应用最大相对速度为 250km/h。

除了以上通信需求，在数据处理方面，据统计，单辆汽车每天产生约吉字节级数据，由于汇聚车辆、道路和交通等信息数据，需要满足海量数据存储的需求，并满足实时共享、分析和开放的需求。在定位方面，定位精度需要满足车道级（米级）定位需求，并获知道路拓扑结构等信息。

2. 交通效率类应用

车联网可增强交通感知能力，通过构建智慧交通体系，实现交通系统的智能化和网联化发展，如动态调配路网资源、及时提供准确的静态和动态交通信息、进行拥堵提醒、完成协作变道和协作避免碰撞等协作驾驶行为，以及规划合理的出行路线，提高交通质量等。为了提高交通效率，不同国家及地区开展了多种交通效率类应用的研究与验证。

美国交通部通过多部门合作，开展动态移动应用（Dynamic Mobility Applications，DMA）项目，得到 6 类应用组合，加强了对实时交通数据的应用，改进了应用的动态决策，提升了交通系统效率，见表 1-2。

表 1-2 美国 DMA 项目的应用与示例

DMA 的应用	示　例
多模式智能交通信号系统（Multi-Model Intelligent Traffic Signal System，MMITSS）	智能交通信号系统（Intelligent Traffic Signal System，ITSS）；交通和货运信号优先（Transit and Freight Signal Priority，TSP and FSP）系统；移动接入行人信号系统（Mobile Accessible Pedestrian Signal System，MAPSS）；紧急车辆抢占（Emergency Vehicle Preemption，EVP）系统
智能交通网络流量优化（Intelligent Network Flow Optimization，INFLO）	动态速度协同（Dynamic Speed Harmonization，DSH）；排队告警（Queue Warning，Q-WARN）；协同自适应巡航控制（Cooperative Adaptive Cruise Control，CACC）
响应、紧急救治和通信、统一管理和疏散（Response, Emergency Staging and Communications, Uniform Management and Evacuation，R.E.S.C.U.M.E.）	应急人员到达事故现场前救治指南（Incident Scene Pre-arrival Staging Guidance for Emergency Responders，ISPSGER）；驾驶人和工人的事故现场工作区警报（Incident Scene Work Zone Alerts for Drivers and Workers，ISWZADW）；紧急通信和疏散（Emergency Communications and Evacuation）
使能高级游客信息系统（Enable Advanced Traveler Information System，EnableATIS）	使能高级游客信息系统 2.0（Advanced Traveler Information System 2.0，EnableATIS）
综合动态交通运营（Integrated Dynamic Transit Operations，IDTO）	交通连通性保护（Traffic Connection Protection） 动态交通运营（Dynamic Traffic Operation） 动态共享拼车出行（Dynamic Carpool Travel）
货运高级出行信息系统（Freight Advanced Travel Information System，FRATLS） 货运高级旅客信息系统（Freight Advanced Traveler Information System，FRATIS）	货运特定的动态出行规划和性能计划、托运优化（Freight-Specific Dynamic Travel Planning and Performance，Drayage Optimization）

交通效率类应用根据各地区的实际情况有不同的侧重点，可利用 V2V 通信，也可利用 V4 通信。下面以绿波车速引导（V2I）和紧急车辆提醒（V2V）2 个典型应用为例进行说明。

1）绿波车速引导（Green Light Optimal Speed Advisory，GLOSA）

当主车（HV）通过信号灯控制的交叉路口，收到路侧设备发送的道路数据及信号灯实时状态数据时，GLOSA 应用将向 HV 的驾驶人建议行车区间，使其经济舒适地通过交叉路口，如图 1-12 所示。

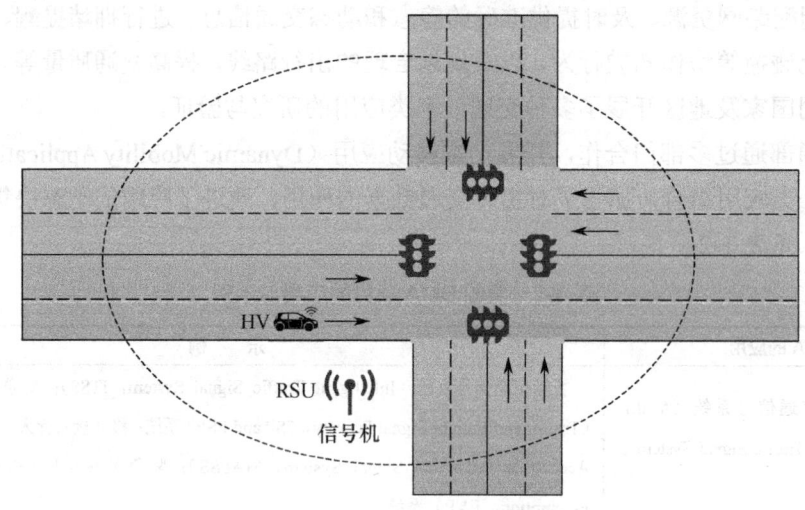

图 1-12　绿波车速引导（GLOSA）

2）紧急车辆提醒（Emergency Vehicle Warning，EVW）

对于紧急车辆，如消防车、救护车、警车或其他紧急呼叫车辆，当 HV 行驶时，如果它收到来自紧急车辆（RV）的提醒信息，则须让行，如图 1-13 所示。路侧设备收到紧急车辆或高优先级车辆的消息后，可调度道路沿线信号灯，开辟绿色通道。

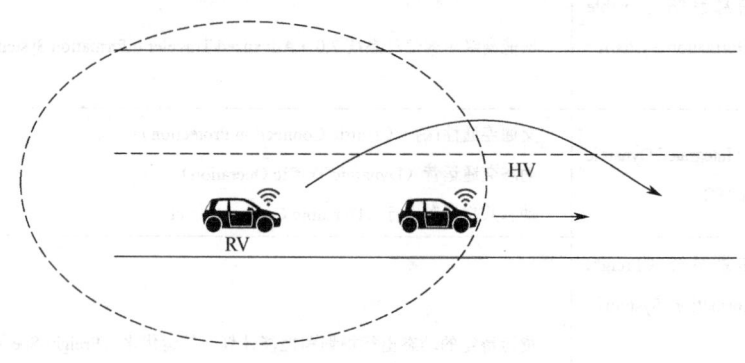

图 1-13　紧急车辆提醒（EVW）

在 China-SAE 的应用层及应用数据交互标准中，上述 2 类典型应用的通信需求见表 1-3。

表 1-3　China-SAE 应用层及应用数据交互标准中典型交通效率类应用的通信需求

应　　用	通 信 类 型	频率/Hz	最大时延/ms	定位精度/m	通信范围/m
绿波车速引导	I2V	2	200	1.5	150
紧急车辆提醒	V2V/V2I	10	100	5	300

利用 V2X 通信技术对交通状态信息进行全面感知，优化交通信号和驾驶操作，可用更少

的资源满足交通需求，提升通行效率。在不同的场景中，基于交通参与者交互的信息，如何优化交通资源的调度和使用，是实现车联网车路协同价值的关键。

3. 信息娱乐类应用

信息娱乐类应用可为车内用户提供远程信息（Telematics）和娱乐（Infotainment）等服务，它是全面提升政府监管、企业运营和民众出行水平的手段。

随着汽车和通信技术的普及，汽车的车载单元（On Board Unit，OBU）可作为支付节点对消费的服务和商品等进行账务支付，即实现车载支付，成为金融支付节点。

下面以典型应用——汽车近场支付（Vehicle Near-Field Payment，VNFP）为例进行说明。

1）汽车在行驶中付费

汽车在行驶中付费的具体应用包括电子收费（Electronic Toll Collection，ETC）、拥堵费等，由有公信力的商户主动扣款。主车（HV）在行驶过程中驶过负责收费的 RSU 时，该 RSU 广播收费能力信息；HV 在收到信息后，与其完成单播通信会话，并反馈车辆信息；负责收费的 RSU 完成扣款后会通知 HV，如图 1-14 所示。

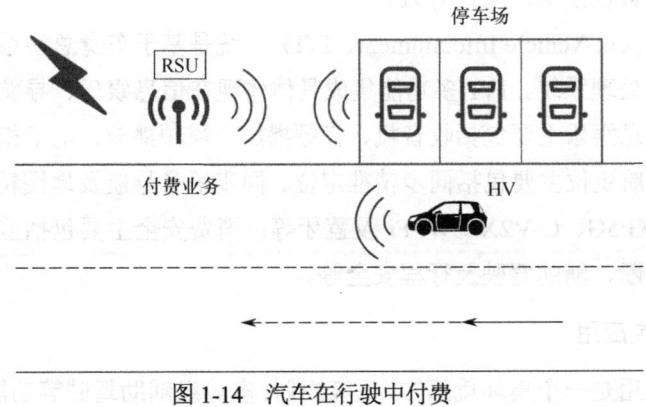

图 1-14 汽车在行驶中付费

2）汽车在停止时主动付费

汽车在停止时主动付费的具体应用包括停车场支付、加油支付、充电支付等。HV 在停止时向负责收费的 RSU 发起支付请求及车辆信息验证，该 RSU 完成扣款后通知 HV，如图 1-15 所示。

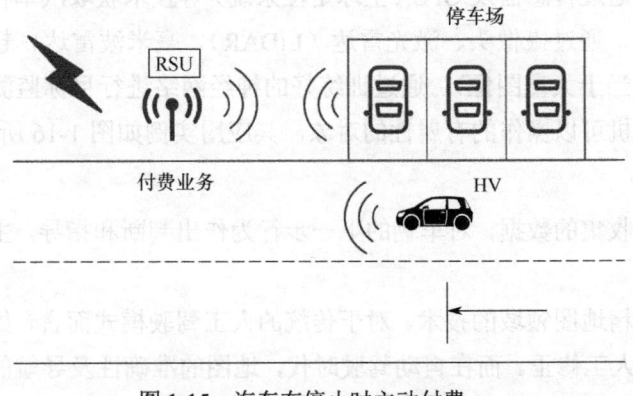

图 1-15 汽车在停止时主动付费

在 China-SAE 的应用层及应用数据交互标准中,汽车近场支付应用的通信需求见表 1-4。

表 1-4 China-SAE 应用层及应用数据交互标准中典型信息娱乐类应用的通信需求

应　　用	通信类型	频率/Hz	最大时延/ms	定位精度/m	通信范围/m
汽车近场支付	V2I	2	500	5	150

远程信息(Telematics)服务是指通过通信网络为安装在车上的信息系统平台提供多样化的信息服务,Telematics 系统可分为车前座系统、车后座系统及车况诊断系统 3 个子系统。

车前座系统主要以安全、车辆保全、驾驶简易性与舒适性为考量,避免造成驾驶人分心,提供的服务包括通信联网、导航、行车安全监视,以及获取路况信息、天气等。车后座系统以多媒体娱乐为主,包括在线网络游戏、在线下载影音资讯、数字广播与数字电视等。车况诊断系统提供的服务包括车况诊断预警、保养通知等。针对"两客一危"之类的特种车辆(从事旅游的包车、3 类以上班线客车和运输危险化学品、烟花爆竹、民用爆炸物品的道路专用车辆),可利用 Telematics 服务的实时监测功能,保证车辆监控数据准确、实时、完整地传输,确保该类车辆工作正常、数据准确、监控有效。

车载信息娱乐(In-Vehicle Infotainment,IVI)系统是基于车身总线系统和互联网服务所形成的车载综合信息处理系统。IVI 多功能集成具体体现在信息娱乐、导航定位、通信网络、消费安全等方面。信息娱乐主要包括收音机、音频播放、视频播放、电子相册及未来的虚拟现实和增强现实等;导航定位主要包括同步精准定位、同步语音导航及地图精准导航等;通信网络主要包括 2G/3G/4G/5G、C-V2X、Wi-Fi 及蓝牙等;消费安全主要包括监控防盗、呼叫服务、道路救援、远程诊断、辅助驾驶及行程安全等。

4. 自动驾驶类应用

自动驾驶类应用是一个集环境感知、决策规划、多等级辅助驾驶等功能于一体的综合系统,集中运用了计算机、现代传感、信息融合、通信、人工智能及自动控制等技术,它是典型的高新技术综合体。自动驾驶的关键技术依次可以分为环境感知、决策规划和执行决策 3 个部分。

1)环境感知

环境感知主要通过传感器及 GPS(全球定位系统)等技术获取汽车行驶过程中的环境指标并采集数据。例如,通过摄像头、激光雷达(LiDAR)、毫米波雷达、超声波雷达收集图像数据(视频分帧后相当于大量图像),通过训练好的神经网络进行目标监测,进而可以将图像中的物体识别为计算机可以操作的有属性的对象,其应用实例如图 1-16 所示。

2)决策规划

决策规划通过收集的数据,对车辆的下一步行为作出判断和指导,主要包括路径规划和行为决策。

路径规划是高精地图领域的技术。对于传统的人工驾驶模式而言,如果地图导航出现了失误,其实可以通过人工修正。而在自动驾驶时代,地图的准确性及导航的准确性将直接关乎车辆的安全性，因此，自动驾驶时代的高精地图技术是非常重要的。关于如何在高精地图领域实施路径规划，其实就是求两点间最短路径的问题。常用的求解最短路径的算法有 Dijkstra、Floyd、A*及 RRT 算法等。

图 1-16　神经网络目标识别应用实例

行为决策主要包含两方面：一是车辆自己的行为决策；二是对其他行驶车辆行为的预测。对于车辆自身，需要决策的指令集包括行驶、跟车、转弯、换道、停车等。车辆如何做决策，需要针对一个具体的场景去判别，具体流程如下：首先进行环境信息感知，在得到感知信息后通过目标识别算法进行场景判断，在得到场景信息后通过模型计算当前行为并输出。

在对其他交通参与者的预测中，由于道路上其他车辆加速转弯等行为存在很大的不确定性，对此比较常用的解法是通过高斯噪声（Gaussian Noise）代表交通参与者运动的不确定性，因为大部分交通参与者的行为是服从正态分布的，所以整个模型的构建可以看成一个高斯过程。对于交通参与者的行为和意图的预测，可以看成一个动态的时序过程，用诸如深度学习长短期记忆网络（LSTM）这样的神经网络就能解决相应的问题。行为意图动态时序如图 1-17 所示。

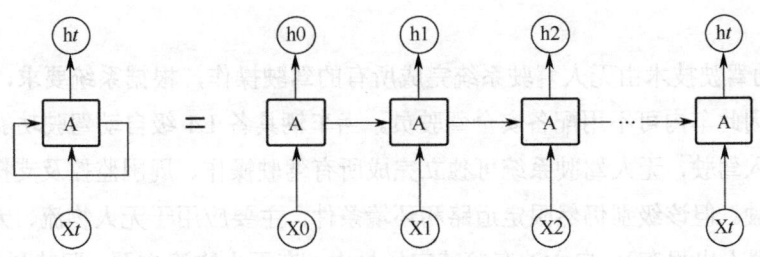

图 1-17　行为意图动态时序

3)执行决策

目前,大部分车辆都采用线控设计,即决策信号通过指令控制汽车的踏板及制动等系统。经过环境感知和决策规划后,即进入执行决策的环节。将决策传送给车辆的功能部件,并落实节气门、制动、转向、换挡指令,是制动控制的关键,也是标准的动力学原理。比较可行的方案是通过 CAN 总线控制每个部件的行为,将指令通过电信号传送至每个部件,这也是目前电动汽车的主要传感方式。CAN 总线的关键环节是如何通过电信号发送及接收指令。

美国汽车工程师学会(Society of Automotive Engineers,SAE)将自动驾驶分为 5 级(L1~L5),见表 1-5。

表 1-5 SAE 自动驾驶分级

分级	名称	车辆横向和纵向运动控制	目标和事件探测与响应	动态驾驶任务接管	设计运行条件
L1	部分驾驶辅助	驾驶人和系统	驾驶人及系统	驾驶人	有限制
L2	组合驾驶辅助	系统	驾驶人及系统	驾驶人	有限制
L3	有条件自动驾驶	系统	系统	动态驾驶任务接管用户	有限制
L4	高度自动驾驶	系统	系统	系统	有限制
L5	完全自动驾驶	系统	系统	系统	无限制

目前,已经可以看到非常完备的 L2 级自动驾驶技术在汽车行业中普及使用,也就是高级驾驶辅助系统(Advanced Driver Assistance System,ADAS),它利用安装在车上的各类传感器(摄像头、毫米波雷达、超声波雷达等),在汽车行驶过程中实时地感知周围环境信息,对收集的数据进行系统运算与分析,从而对可能发生的危险进行预警,必要时可直接对车辆的减速或制动进行控制,能够有效辅助人类驾驶。

L3 级自动驾驶技术由无人驾驶系统完成所有的驾驶操作,根据系统要求,人类提供适当的应答。车内仍需配备安全驾驶员,保证在突发情况下能够采取紧急措施。在车辆启动 L3 级自动驾驶功能期间,人类驾驶员无须驾驶汽车;当出现突发情况时,若该功能请求人类驾驶员接管驾驶,则人类驾驶员必须驾驶汽车,即驾驶操作及周边监控工作均由无人驾驶系统完成,人类驾驶员仅起到支援作用。例如驭势科技的 L3 级自动驾驶解决方案,它依据 ISO 26262 汽车功能安全标准进行设计,具有创新性的系统架构,并自主掌握全套自动驾驶核心算法,可适配融合多种类型的传感器,不仅具备完整的 L3 级自动驾驶功能,还可向下兼容 L2 级自动驾驶功能。

L4 级自动驾驶技术由无人驾驶系统完成所有的驾驶操作,根据系统要求,人类不再提供所有的应答,因此车内可不用配备安全驾驶员。当车辆具备 L4 级自动驾驶功能时,全程无须人类驾驶者介入驾驶,无人驾驶系统可独立完成所有驾驶操作、周围监控及支援工作,即实现真正的无人驾驶。但该级别仍然限定道路和环境条件,主要应用于无人物流、无人微公交(如无人小巴、机器人出租车)、自主泊车等特定场景中。在无人物流方面,驭势科技的 L4 级无人物流解决方案可面向机场、港口、厂区等场景,提供可实现全天候、全功能的无人物流运输服务，安全、高效地完成行李、货物、汽车零部件 7×24h 的"点到点"运送。目前，该方案已在香港国际机场落地实施，负责行李的运送，并将实现规模化部署。除了机场、港口、厂区，无人微公交也是 L4 级自动驾驶功能的适用场景，驭势科技拥有成熟的 L4 级无人驾驶微循环方案，携手头部客车厂打造商用无人小巴，并曾在广州白云机场、南宁园博园、邢台园博园等地展开无人摆渡车的运营服务。此外，在自主泊车方面，驭势科技已携手上汽通用五菱交付了汽车行业内首款搭载 L4 级无人驾驶智能泊车技术的量产产品宝骏 E200，通过手机 App 即可实现"一键召车""一键泊车"。驭势科技 L4 级无人驾驶汽车如图 1-18 所示。

图 1-18　驭势科技 L4 级无人驾驶汽车

L5 级自动驾驶技术由无人驾驶系统完成所有的驾驶操作，车内无须配备安全驾驶员，也不限定道路和环境条件，即无人驾驶系统可在任何条件下驾驶车辆。目前，汽车行业对于 L5 级自动驾驶技术仍处于探索之中，相信未来有了该技术，无人驾驶商业创新也会变得更多元化、更丰富，无人驾驶带来的个性化也能够与共享出行紧密契合。例如，车辆在路上可以编队出行，单个车道的使用效率会提升 3～4 倍，从而不需要在交叉路口设置交通信号灯，因为在全局调度算法下，所有的车都能够高效通过交叉路口；停车也不再是问题，到达目的地后乘客可以直接下车，共享出租车将会在道路上持续通行。

1.2　信息安全视角下的车联网

目前，车联网中的信息安全问题已成为人们关注的焦点，也是整个车联网技术中的难点。车联网技术的安全性和可靠性将决定车联网的推广普及程度，也是车联网走向大规模应用的前提和基础，本节将从应用角度分析车联网的安全风险。车联网在现有的网络基础上扩展了感知网络和应用平台，它是物联网的应用延伸，而应用延伸的末端是感知层的系统和设备。因此，车联网除了面临物理、网络、系统、应用和管理等层面的安全风险，还面临感知层方面的安全风险。对此，本节提出了安全防护体系，并给出了一些国家的车联网安全防护政策以供借鉴参考。

1.2.1 车联网安全概述

车联网是以车内网、车际网和车载移动网络为基础，按照约定的通信协议和数据交互标准，在车与车、车与路侧设备、车与行人及车与网络之间进行无线通信和数据交换与共享的网络系统。它通过人–车–路–网之间的实时感知与协同来实现智能交通管理、智能动态信息服务和智能车辆控制的一体化，向用户提供道路安全、交通效率提升和信息娱乐等服务，以满足人们交通信息消费的需求。

目前，全球范围内普遍接受的 V2X（X：车、路、行人及网络）车联网通信技术主要包括 IEEE 802.11p/DSRC（Dedicated Short Range Communication，专用短程通信）技术和基于移动蜂窝通信系统的 C-V2X 技术。其中，C-V2X 包括 LTE-V2X 和 NR-V2X，LTE-V2X 是大唐电信最早于 2013 年提出的概念，并在 2017 年通过 3GPP 形成国际标准。由于通信标准的持续演进，在产业发展过程中，将基于蜂窝通信的车联网技术统称为 C-V2X，它涵盖了当前正在研究的基于 5G 新空口的车联网技术，即 NR-V2X。与传统网络系统相比，车联网系统有新的系统组成、新的通信场景，这些给系统安全性及用户隐私保护都带来了新的需求与挑战。

车联网设备主要包括车联网终端和路侧设备。从车联网终端的角度出发，由于其集成了导航、移动办公、车辆控制、辅助驾驶等功能，更容易成为黑客攻击的目标，造成信息泄露、车辆失控等重大安全问题。因此，车联网终端面临比传统终端更大的安全风险。车联网终端存在的多个物理访问接口和无线连接访问接口使其容易受到欺骗、入侵和控制的安全威胁，车联网终端自身也存在访问控制风险、固件逆向风险、不安全升级风险、权限滥用风险、系统漏洞暴露风险、应用软件风险和数据篡改与泄露风险。从路侧设备的角度出发，由于路侧设备是车联网系统的核心单元，其安全关系到车辆、行人和道路交通的整体安全，主要面临非法接入、运行环境风险、设备漏洞、远程升级风险和部署维护风险。

车联网通信包括车内系统的通信和车与车、车与路、车与网等的通信，对于车内系统而言，LTE-V2X 车载终端是车辆系统中的一个功能节点。对于 LTE-V2X 车载终端而言，车内系统是 LTE-V2X 车载终端的执行器，包含车内所有与其交互的电子电气系统。从车联网通信的角度出发，LTE-V2X 技术包括蜂窝网通信场景和短距离直连通信场景的通信技术。在蜂窝网通信场景下，LTE-V2X 车联网继承了传统 LTE 网络系统面临的安全风险，存在假冒终端、假冒网络、信令/数据窃听和信令/数据篡改/重放等安全风险。在短距离直连通信场景下，LTE-V2X 系统除了面临假冒网络、信令窃听、信令篡改/重放等安全信令层面的安全风险，还面临虚假信息、假冒终端、信息篡改/重放和隐私泄露等用户层面的安全风险。从车内通信的角度出发，由于车内系统通过车内网络（如 CAN 总线网络、车载以太网等）与车载终端相联，导致整个车内系统暴露在外部不安全的环境中，车内系统面临假冒节点、接口恶意调用和指令窃听/篡改/重放等安全风险。

车联网应用主要包括基于云平台的业务应用和基于 PC5/V5 接口的直连通信业务应用。其中，基于云平台的业务应用以蜂窝网通信为基础，继承了"云、管、端"模式现有的安全风险，包括假冒用户、假冒业务服务器、非授权访问及数据安全等；基于 PC5/V5 接口的直连通信业务应用以网络层 PC5 广播通道为基础，主要面临伪造/篡改/窃听信息和用户隐私泄露等安全风险。

车联网数据来源广泛、种类众多，各种类型的数据在生成、传输、存储、使用、丢弃或销毁等阶段，以及终端、网络、业务平台等层面均面临非法访问、非法篡改、用户隐私泄露等安全风险。为了应对上述安全风险和挑战，车联网系统需要做到以下几点：对信息来源进行认证，以保证其合法性；支持对信息的完整性及抗重放的保护，确保信息在传输时不被伪造、篡改、重放；根据业务需求支持对信息机密性的保护，确保信息在传输时不被窃听，防止用户敏感信息泄露；支持对终端真实身份标识及位置信息的隐藏，以防用户隐私泄露。

1.2.2 车联网安全体系

1. 车联网安全系统架构

为了保证车联网系统能够长期、安全、稳定、可靠、高效地运行，车联网安全系统需要依据不同的保护对象和安全需求建立分层的安全防护体系。根据以上风险分析，整个车联网的安全防护需要在我国相关法律法规及政策的支持下，先分别设计各层的安全防护措施，再建立统一的安全管理平台，以提升网络安全水平及其可控制性和可管理性，从而使各种安全产品相互支撑、协同工作，充分发挥应用效能。车联网安全系统架构如图 1-19 所示。

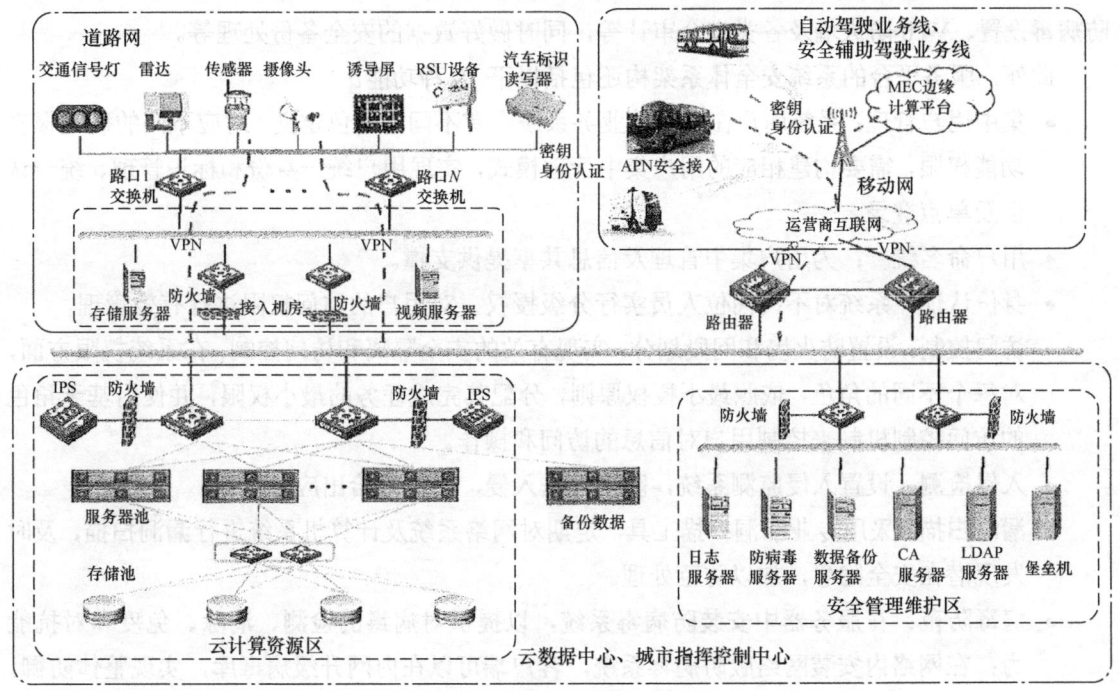

图 1-19 车联网安全系统架构

在网络层面，利用光缆资源建设一个独立的内网，与办公网络相隔离，将道路网中所有的传感器、通信网中的 DSRC 网络和 LTE-V 或 5G 测试专网，以及城市指挥控制中心、云数据中心对应的资源纳入统一网域管理，提高安全性。道路网内部建设物理隔离的专网，通过内部采用用户接入机制进行身份识别；对于支持 LTE-V 或 5G 的自动驾驶和智能交通设备，在运营商的网络体系内采用 APN 进行网络保护，采用密钥方式进行安全身份鉴权认证，确保访问的用户和设备安全可靠。

大数据平台及场景应用系统平台等利用云数据中心原已建立的安全体系进行保障，对于道路网、通信网及能源网存在的安全风险部分需要增加安全防护设施进行保护，主要包括防火墙、Web 防火墙、入侵检测、运维安全审计、防病毒软件等系列设备和系统。

在智能交通车路协同应用中，为了保证路与车、路与平台、路与设备之间的安全，参考 ETC 密钥体系研发适合自动驾驶和智能交通系统的密钥管理中心和数字认证系统，搭建密钥 KMC 和数字认证中心，以保证测试设备能够在密钥保护下安全传输信息。

在自动驾驶和安全辅助驾驶业务线中，车与车、车通过 V2X 设备与路，以及车通过 DSRC、LTE-V 或 5G 网络与边缘计算中心、平台进行通信。行驶中的汽车对安全性的要求很高，为了保证通信的安全，必须确保相互交换车辆与设备设施的安全身份认证，也要保证传输数据的安全性等，这需要从网络及密码鉴权认证的多个维度进行安全保障。

为了保证各个功能区安全可靠，在云数据中心内的云计算资源区、安全管理维护区及道路网的外部接入网络区域作为 3 个业务逻辑区域，分别设置防火墙进行安全保护，将云计算资源区作为所有数据的存储区域，还需要做进一步的安全设置，包括但不限于入侵检测、接入管理、防病毒设置、Web 防火墙及各类安全审计等，同时做好数据的安全备份处理等。

此外，服务平台的系统安全体系架构还包括以下 10 种功能。

- 集中用户管理：系统用户在不同的业务系统中有不同的角色定义，对应不同的研究报告功能权限，需要构建相应的用户集中管理模式，实现用户统一身份和标识管理、统一认证及单点登录。
- 用户命名统一：为用户集中管理及信息共享提供支撑。
- 身份认证：系统对不同岗位人员实行分级授权，对用户的访问权限进行有效管理。
- 访问控制：设置防火墙和网段划分，实现有效的安全隔离和访问控制；在系统权限方面，对每个不同的角色，依照最小授权原则，分配其完成任务的最小权限，并使用基于角色的访问控制机制来控制用户对信息的访问和操作。
- 入侵检测：设置入侵监测系统，防止非法入侵，并及时给出应对措施。
- 漏洞扫描：采用专业漏洞扫描工具，定期对网络系统及计算机系统进行漏洞扫描，及时发现潜在安全隐患，加以防范处理。
- 病毒防范：在服务器中安装防病毒系统，以提供对病毒的检测、清除、免疫和对抗能力；在网络内安装网络版防病毒系统，客户端可以在内网升级病毒库，实现整体防御。
- 数据安全交换：在系统安全、网络安全的基础上，实现内网和外网、内网和专网间的数据安全交换。

- 系统操作日志：通过操作日志功能，定义和区分操作级别，根据操作级别进行记录，为日志分析功能提供数据，发现并处理安全隐患，增强系统防护性能。
- 安全防护体系：建立完善的安全防护系统，从安全规章制度建设、安全管理手段建设等方面保障系统安全可靠、稳定运行。

2. 车联网安全技术体系

1）网络安全方案

（1）访问控制。基于网络的访问控制主要通过防火墙设备实现，根据访问控制规则决定 IP 包是否通过，防止非授权用户访问。

（2）认证系统。采取 AAA 机制，限制非法访问，保证正常通信及信息传输的完整性，满足网络的可靠互联与正常运行要求，确保用户身份的真实性、合法性并详细记录用户对网络资源的访问行为和访问信息，以便于事后审计和事件追溯。

（3）日志与审计。重要网络设备上产生的日志都会通过网络传输到一个日志服务器中，以使网络事件序列化。通过定期对日志服务器进行审计，可以发现针对网络设备可能发生的攻击，或者可以查询管理人员操作的历史记录。通过详细记录用户行为，可以记录用户对路由器的配置管理操作信息。定期对日志信息进行分析，及时消除安全漏洞；当安全策略中的漏洞引起系统出现安全故障时，可根据日志信息进行系统分析和事件追踪，从而找出责任人。

（4）入侵检测系统。入侵检测系统通过对流经的数据包进行数据分析，过滤含有攻击指令和操作的数据包，保护网络安全。它还能提供对内部攻击、外部攻击和误操作的实时检测。利用高效的智能检测算法，并配置过滤规则知识库，能够快速对通过系统的信息包进行检测分析，在保障正常网络通信的同时有效阻止黑客的攻击行为或用户的非法操作。

（5）安全加密。安全加密可以分为虚拟专用网（VPN）和远程登录（SSH）两部分。VPN 任意两个节点之间的连接并没有传统专网所需的端到端的物理链路，而是架构在公用网络平台（如 Internet、ATM、Frame Relay 等）利用加密 IP 隧道，实现私有 IP 包在 Internet 或其他公共互联网络中的安全传输之上的逻辑网络。在数据传输通信点之间建立 VPN 安全传输通道，对传输的数据进行封装、加密和验证。对接入点安装 VPN 网关，采用 PPTP、L2TP、IPSec 等方式建立安全数据通道。SSH 通信系统能够在不向窃听者泄露密码和保密数据的情况下，让远距离的系统管理员和远程办公人员访问公司网络资源，从而保护 TCP/IP 的 Telnet 和 FTP 终端连接。采用在客户管理主机和被管理设备之间建立 SSH 通信信道，实现对远程登录用户名、密码的加密，以充分保证远程登录的安全性和管理信息的完整性、可用性。

2）云计算安全方案

应用平台系统采用云计算平台安全整体解决方案，影响其安全的因素有物理安全、网络隔离技术、用户认证与授权、接入安全、应用层面安全（操作审计、自主可控、数据隔离等）、网络反病毒、网络入侵检测和最小化原则等，如图 1-20 所示。

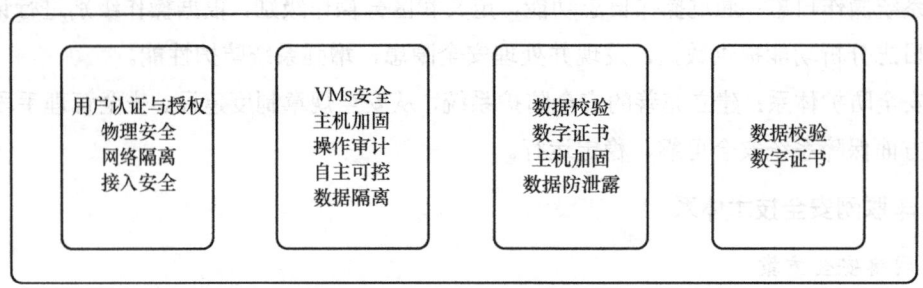

图 1-20 云计算平台安全因素

云计算平台安全总体架构主要分为云安全技术体系、云安全管理体系及云安全运维体系3部分。

（1）云安全技术体系建设。云安全技术方案涵盖了云基础设施安全、云平台安全、云应用安全及用户端安全，从边界接入主机安全防护，全方位打造安全的云计算平台，保障云资源的安全。

（2）云安全管理体系建设。云安全管理方案包括信息安全法律法规、行业规范、流程管理、人员管理、威胁管理及合规性管理等，以等保安全标准为指导，针对信息系采用三权分立的体系。

（3）云安全运维体系建设。云安全运维体系从运维管理角度描述了云计算的安全体系，它包括统一的数据保护要求、服务的访问控制、数据安全审计策略及安全应急灯等，通过严格把控人员对资源池的操作，消除相应的安全隐患，降低风险。

3）安全监控管理

云安全管理与监控是保障云计算环境和云服务持续安全运行的重要环节。云计算环境中运行着大量的操作系统、虚拟化软件、数据库系统、应用服务器、中间件及业务系统，为了保证云计算平台正常运行，云安全管理与监控对整个云计算架构进行全面监控，管理并分析所产生的安全事件，进而保证云计算环境安全可用。下面简要介绍云安全管理与监控所具有的功能。

（1）安全策略管理。对各种安全策略（云服务管理策略、数据安全策略、安全事件策略、身份管理策略、安全审计策略）进行维护和管理，云安全管理与监控的其他功能组件根据所制定的安全策略，执行各自的操作。

（2）服务安全管理。监控云计算环境所提供的各类服务，如 IaaS、PaaS 和 SaaS，获取各类服务的使用情况，监听云服务用户对服务的请求和使用。

（3）数据安全管理。它包括数据存储加密、数据传输加密、数据共享安全、对系统和数据备份，以提高抵御灾难性事件的能力。

（4）安全事件管理。监控云基础设施硬件，根据制定的告警阈值，上报安全事件；支持多种告警方式，接收来自网络、主机、虚拟环境等的安全事件。

（5）身份安全管理。它负责用户的安全接入认证、用户安全登录及单点登录。

（6）安全审计。它包括网络审计、应用审计、操作系统审计、虚拟环境审计，负责记录用户对云服务的访问使用行为信息，监督和记录系统运行的进程及用户操作，保障安全策略正确实施。

（7）网络安全管理。它负责对防火墙、VPN、IDS/IPS（入侵检测系统）进行诸如安全管理、漏洞扫描及网络防毒等设备的统一管理、配置和告警。

（8）云攻击检测。检测来自内部、外部的对云计算环境及服务的非法请求和攻击，对检测到的攻击生成安全事件并记录攻击信息，同时触发应急响应，降低攻击事件所造成的破坏和影响。

1.2.3 车联网信息安全事件

在 2014 年 Syscan360 破解特斯拉的活动结束后，360 网络安全攻防实验室团队成员刘健皓向特斯拉提交了名为"Tesla model S Keyless start system Vulnerability Report"的漏洞报告，该报告中指出可以通过使用数字射频处理技术，伪造钥匙发出的原始射频信号，绕过车内无钥匙检测启动系统来起动车辆。2015 年 1 月 21 日，360 网络安全攻防实验室公布了第二例特斯拉高危漏洞，即"无须钥匙开启车辆"。结合 360 公司首次报告的可远程控制车辆实现开锁、鸣笛、闪灯的漏洞，黑客可以轻松做到无钥匙开走特斯拉汽车。同年，某安全研究专家利用 Linux 系统漏洞对克莱斯勒的 Jeep 车型发起攻击，成功对其固件进行修改，从而获取了车辆的控制权，同时证明该款车型也能够被攻击者从车载诊断（On-Board Diagnostic，OBD）接口注入指令，从而控制车辆。由此可知，车辆的系统漏洞和固件漏洞容易成为攻击者的目标。还是在 2015 年，来自德国 ADAC 的安全研究员基于中间人对宝马汽车的 ConnectedDrive 进行攻击，通过伪基站逆向通信控制协议后伪造控制指令解锁车门，引起了人们的关注。

2016 年，百度自动驾驶事业部旗下的云骁安全实验室通过更为全面的技术对车联网核心控制系统 T-Box 进行安全分析并将其成功破解，实现对车辆的本地控制及其他车辆的远程操作控制。T-Box 是通过汽车上集成的 GPS、射频技术识别及传感器、摄像头和图像处理等电子元件，按照通信协议和数据交互标准，进行无线通信和信息交换的大系统网络，也是实现智能化交通管理、智能动态信息服务和车辆智能化控制的基础网络。为了破解 T-Box，该实验室的研究人员完整分析了它的硬件结构、调试引脚、Wi-Fi 系统、串口通信、MCU（单片机）固件、代码逆向、CAN 总线数据及 T-Box 指纹特征等研究点，成功攻破了 T-Box 的软/硬件安全系统，并劫持了 ARM（RISC 微处理器）和 MCU 之间的串口协议数据，实现对协议传输数据的篡改，从而可以修改用户的指令或者发送伪造命令到 CAN 控制器中，实现对车辆的本地控制。此外，通过破解进入 T-Box 的 Wi-Fi 和移动通信网络，结合对 T-Box 设备的物理指纹特征提取的研究，研究人员还对其他车辆的 T-Box 进行搜索，成功搜索到另外一辆测试车并实现了远程登录，获得了该车的控制权。

2017 年，腾讯安全科恩实验室再次成功对特斯拉汽车发起无物理接触远程攻击，实现对特斯拉汽车多个电控单元的远程协同操控，最终入侵其车内网络并实现任意远程操控。同年，荷兰电子工业设计师 Tom Wimmenhove 在多款斯巴鲁汽车的钥匙系统中发现了一个严重的安全设计缺陷，即某些型号的斯巴鲁汽车所采用的钥匙系统在对车辆进行上锁、解锁或其他操作时，使用的是序列码，或称作滚动代码或跳跃代码。为了避免攻击者发现车辆的序列码并使用这种设计缺陷来劫持汽车，该序列码应该是随机生成的。通过接收钥匙系统发出的一个数据包，攻击者能够推测出该车辆钥匙系统下一次生成的滚动代码，随后可以使用该预测码或者通过直接重放来对车辆进行上锁或解锁。攻击设备可使用现成的电子元件进行制作，也不需要攻击者具备高端的编程技巧。地下网络犯罪分子中有很多硬件黑客，身为电子工业设计师的 Tom Wimmenhove 所能做到的事，这些人同样可以轻松做到——只需要制作一个能够收集汽车钥匙系统无线电信号的简单设备，计算出下一个滚动代码，待目标斯巴鲁汽车的车主离开后，将类似的无线电信号发送回目标汽车，就能够劫持该辆车。同样在 2017 年，来自加利福尼亚州的汽车信息安全研究员 Aaron Guzman 在澳大利亚举行的计算机安全会议上介绍了一种入侵斯巴鲁汽车的方法。他在自己的 2017 年款斯巴鲁 WRX STI 汽车中发现了数量惊人的软件漏洞，通过这些高危漏洞，未经授权的攻击者可以自由执行解锁/锁闭车门、鸣笛、获取车辆位置记录信息等一系列操作。Aaron Guzman 专注于 iOS、Android 移动应用程序和 Web 应用程序如何与斯巴鲁汽车的 Starlink 服务器进行通信，共发现 8 个漏洞，通过分析发现，当组合使用这几个漏洞时，可以将其他用户添加到 Starlink 账户中，从而利用斯巴鲁汽车的移动应用程序获得汽车的远程控制权。Aaron Guzman 发现斯巴鲁汽车的移动应用程序使用随机生成的认证令牌，以便在有用户认证后允许其访问，一般认为客户端与服务端采用该认证方式是正常的，根据良好的 Web 应用安全实践，认证令牌应在短时间内过期或失效，以防止被重用。然而问题是，Starlink 服务器允许用户利用认证令牌永久登录斯巴鲁汽车，也就是说，认证令牌一旦生成，永远不会失效。据 Aaron Guzman 透露，认证令牌通过一个 URL（统一资源定位符）发送，并被存放在未被加密的数据库中。而该令牌可以生成远程服务请求并通过网络发送，Starlink 服务器则认为该令牌足已确认请求是从授权用户处得来的结果，并不检查它从哪里来或由谁发出。

2018 年 3 月，特斯拉被爆出其 Amazon Web Service（AWS）云端服务器账号遭到黑客入侵，一系列敏感数据外泄，包括遥测数据、地图信息及车辆维修记录等。更让人感到意外的是，黑客入侵的目的并不只是获取其敏感数据，还趁机将这些服务器变成"挖矿机"，用来执行加密虚拟货币挖矿恶意程序。在该起事件中，黑客入侵了特斯拉缺乏密码保护的 Kubernetes 主控台，并在某个 Kubernetes 容器包（Pod）中获取了特斯拉在 AWS 环境下的账户登入凭证。该 AWS 环境中有一个 Amazon S3（Amazon Simple Storage Service）储存贮体（Bucket），内含敏感数据（如遥测数据）。之后，黑客进入特斯拉的 AWS 服务器，利用 Stratum 比特币挖矿协定部署了一个挖矿作业。同年 1 月，据澳大利亚警方披露，某黑客对澳大利亚知名汽车共享服务提供商 GoGet 的数据服务器进行了攻击，利用公司服务器访问公司车队，并下载用户资料。还是在 2018 年，荷兰 Computest 公司的安全研究人员 Daan Keuper 和 Thijs Alkemade 通过对大众 Golf GTE 和奥迪 A3 Sportback e-tron 车型进行研究，发现其车载信息娱乐（IVI）系统中存在远程利用漏洞。他们表示，攻击者先通过车载 Wi-Fi 设备连接汽车，将汽车接入自己设置的 Wi-Fi 网络中，再利用 IVI 系统的漏洞向 CAN 总线任意发送 CAN 信息，从而控制中央屏幕、扬声器及麦克风等。出于对大众汽车制造商知识产权与法律风险的考量，安全研究人员不再深入研究 IVI 系统与汽车的加速和制动系统之间相互影响的可能性。但从理论上讲，由于 IVI 系统与汽车的加速和制动系统是间接相连的，攻击者在能够任意发送 CAN 信息后，很有可能会试图控制汽车的加速和制动系统等的关键安全部件。

由于从 2019 年 3 月开始，有黑客一直渗透宝马公司的网络系统并保持活跃状态，该公司于 6 月对有关计算机进行了脱网处理。在密切关注黑客的活动后，宝马公司的安全团队终于关闭了被病毒感染的计算机，以阻止攻击者访问。根据《巴伐利亚广播》的消息，相关攻击行为始于 2019 年春季，黑客渗透进宝马公司的网络系统中，并使用假冒网站伪装成宝马在泰国的分公司。有研究人员通过分析发现，黑客设法安装了一个名为"Cobalt Strike"的工具，它是集成了端口转发、扫描多模式端口 Listener、Windows exe 程序生成、Windows dll 动态链接库生成、Java 程序生成、Office 宏代码生成，以及站点克隆获取浏览器的相关信息等功能的渗透测试工具，该工具通常用于在红队测试方案中模拟对手，可使攻击者更方便地远程监视和控制计算机。通过对黑客所使用的工具及其行为进行分析，研究人员怀疑发起攻击的幕后黑手为某 APT 组织，该组织自 2012 年以来一直处于活跃状态。2019 年 3 月，日本汽车制造商丰田公司通报了第二次数据泄露事件，这是该公司在过去五周内承认的第二起网络安全事件，该起事件可能会影响约 310 万名丰田客户的个人隐私信息安全，丰田公司针对该起事件在日本办事处召开发布会并致歉。丰田公司表示，黑客入侵了其 IT 系统，并攻击了几家销售子公司和 3 家独立经销商。

2020 年，有黑客针对特斯拉汽车成功开发了新的密钥克隆中继攻击，不用 5 分钟，就能通过远程控制开走一辆价值 70 多万元的特斯拉汽车。2020 年 9 月，国内网络安全龙头企业——奇安信的车联网安全研究员演示通过远程方式在线开启一辆智能汽车的车窗、后视镜，并起动汽车并上路行驶。同年，有黑客发现，某车型被技术销毁的媒体控制单元（MCU）中仍存有手机通信列表、通话记录、Wi-Fi 密码、家庭住址及导航记录等大量的客户个人信息，而该 MCU 在国外电商网站上可自由交易，并且价格低廉。还是在 2020 年，腾讯安全科恩实验室遵循白帽黑客准则对梅赛德斯–奔驰汽车的智能互联系统进行信息安全研究。在对其新型车载信息娱乐系统 MBUX 的软/硬件进行全面深入的研究后，该实验室发现了多个相关漏洞并在车载信息娱乐系统（Head Unit）和车载通信模块（T-Box）的部分攻击面上成功实现利用。腾讯安全科恩实验室第一时间向戴姆勒公司报告了该研究中发现的所有漏洞技术细节并协助其进行修复，得到了戴姆勒公司官方充分的认可。

2021 年 4 月，某车企承认在进行最新版本车辆测试时，车内设置的广角摄像头可以检测驾驶者的目光，致使其在不知情的情况下可被车辆监视。2019 年年初，两名美国研究人员发现，某汽车的计算机系统中至少有 17 种设备的数据未被加密，其他研究人员也在其他型号的车辆中发现了同样的问题。

360 智能网联汽车安全实验室联合浙江大学徐文渊教授团队针对备受关注的"海豚攻击"的研究成果，通过市面上现有的主流智能汽车荣威 eRX5 进行测试验证。试验人员成功使用"海豚音"对车载语音助手进行攻击测试，实现在人耳听不到的情况下，通过超声波对车载语音助手下达指令，成功启用天窗开启、控制空调、导航等功能。试验人员通过对 eRX5 语音系统硬件进行研究，发现其在中控上方有两个驻极体麦克风，由于 eRX5 所具有的特性，只有来自驾驶位的语音才能被语音识别系统识别。经过试验人员反复测试与验证，发现将语音系统识别功能调整为驾驶员语音模式后，两个驻极体可识别出语音中间有微小的时间差，并进行攻击测试，这样"海豚音"就能够被语言系统成功识别。上述攻击方式主要针对人工智能领域，只要装载了语音助手的设备都可能受到攻击，一旦这些设备接入物联网，将会为使用安全埋下较大的隐患。该团队建议重新设计语音可控制系统，以防御听不到的语音命令攻击。

目前，由于车联网漏洞引发的安全事故已不在少数，特斯拉公司曾在 2016 年证实其所生产的一辆 Model S 电动轿车在自动驾驶模式下发生撞车事故，导致驾驶者身亡。美国国家高速公路交通安全管理局（NHTSA）负责对该起事故车辆的自动驾驶系统展开调查。这是美国首例涉及汽车自动驾驶功能的交通死亡事故。事故发生后，特斯拉公司立即向 NHTSA 提交了报告。特斯拉公司发表声明，称事发时该事故车辆处于逆光的背景下，其自动驾驶系统和驾驶者都没有注意到突然出现的挂车的白色侧面，事故车辆没有及时制动，"造成该起车祸的情形组合极为罕见"。除了特斯拉，另一家无人驾驶企业 Uber 也遭遇了致命车祸。2018 年 3 月，一辆 Uber 无人驾驶汽车在亚利桑那州进行测试时，撞倒一名行人致其死亡。国内智能汽车也曾发生过类似的安全事故。2017 年 12 月 12 日，在 2017 年中国智能汽车大赛举办期间，长安大学代表队的无人驾驶车辆在躲避"行人"后，突然偏离主路，冲过绿化带和非机动车道，撞上人行道上的树木。正因为种种事故，无人驾驶能够减少交通事故的说法受到了质疑，丰田等公司也暂停了自己的无人驾驶汽车公共道路测试工作。

1.3　车联网安全发展态势

1.3.1　车联网安全管理系统发展态势

IEEE 1609 系列协议是虚拟环境下的无线接入（Wireless Access in Vehicular Environment，WAVE）的高层协议，其中 IEEE 1609.2 定义了 WAVE 的安全消息格式及处理过程，是一种较为成熟的车联网安全标准，它借鉴了传统公钥基础设施（PKI）系统的体系结构，通过证书链实现终端互信。

车联网证书管理系统中的每个模块都通过网络交换有效信息，协同工作，共同对外提供安全服务，主要模块包括根 CA[①]、注册 CA 和假名 CA。

1）根 CA（Root CA，RCA）

RCA 是所有 CA 的管理者，也是可信系统的中心，以分层方式为下级 CA 颁发证书。RCA 的操作与运行需要在隔离的安全环境中进行，并且需要确保其服务器为离线状态，以防遭遇来自互联网的攻击。

---

① CA 是证书颁发机构，有时也称为证书授权机构或证书认证机构。后续内容中对其会有详细介绍。

2）注册 CA（Enrollment CA，ECA）

ECA 为终端颁发准入证书，只有获得准入证书的终端设备才可接入系统，并通过网络申请车联网证书管理系统的其他服务。

3）假名 CA（Pseudonym CA，PCA）

PCA 负责颁发设备的短时匿名证书。设备之间通过匿名证书实现可信的信息交互。

目前，美国和欧洲均在 IEEE 1609.2 协议的基础上根据自己的实际情况和管理需求设计了相应的车联网安全管理系统。安全证书管理系统（Security Certificate Management System，SCMS）是美国针对 V2X 应用层安全设计的一套证书管理系统，它包含证书颁发、证书撤销、终端安全信息收集、数据管理、异常分析等一系列与安全相关的功能，用于保证 V2X 的安全通信，其主要架构如图 1-21 所示。

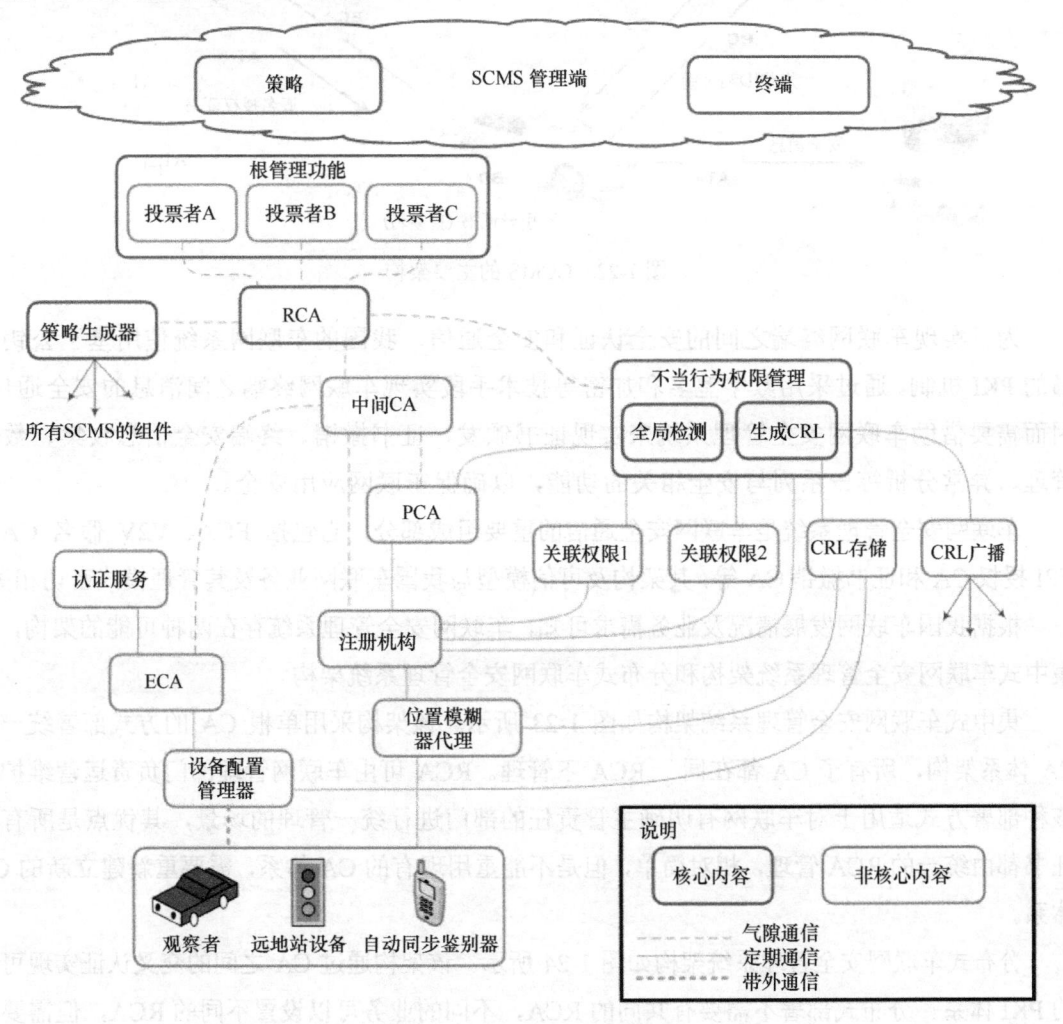

图 1-21 SCMS 的主要架构

合作式证书管理系统（Cooperative Certificate Management System，CCMS）是欧洲针对合作式智能交通设计的一套证书管理系统，其主要架构如图 1-22 所示。CCMS 考虑了不同的信任模型，允许一个或多个 RCA 存在，可以实现单根 CA、交叉认证、桥接 CA 和证书信任列表等多种证书管理模式。

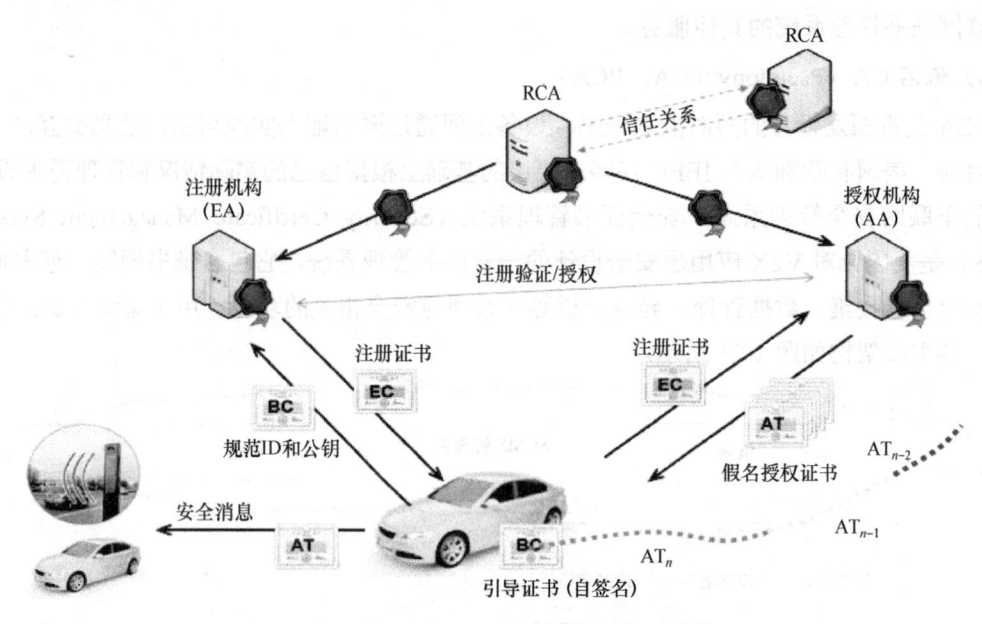

图 1-22 CCMS 的主要架构

为了实现车联网终端之间的安全认证和安全通信，我国的车联网系统使用基于公钥证书的 PKI 机制，通过采用数字签名和加密等技术手段实现车联网终端之间消息的安全通信，因而需要借助车联网安全管理系统来实现证书颁发、证书撤销、终端安全信息收集、数据管理、异常分析等一系列与安全相关的功能，以确保车联网应用安全。

车联网安全管理系统是车联网安全通信的重要组成部分，它包括 ECA、V2V 假名 CA、V2I 授权 CA 和证书撤销 CA 等，其架构及可信模型与我国车联网业务及其管理模式密切相关。

根据我国车联网发展情况及业务需求可知，车联网安全管理系统存在两种可能的架构，即集中式车联网安全管理系统架构和分布式车联网安全管理系统架构。

集中式车联网安全管理系统架构如图 1-23 所示。该架构采用单根 CA 的方式部署统一的 CA 体系架构，所有子 CA 都在同一 RCA 下管理。RCA 可由车联网管理部门负责运营维护。该种部署方式适用于对车联网有明确主管责任的部门进行统一管理的场景，其优点是所有的证书都由统一的 RCA 管理，相对简单，但是不能重用现有的 CA 体系，需要重新建立新的 CA 体系。

分布式车联网安全管理系统架构如图 1-24 所示。该架构通过 CA 之间的交叉认证实现可信的 PKI 体系。分布式部署不需要有共同的 RCA，不同的业务可以设置不同的 RCA，但需要在不同的 RCA 之间建立互信关系。该种部署方式适用于多部门共同对车联网进行管理和维护的场景，其优点是容易对接现有的管理机制，可在现有 CA 体系中增加相应的功能，但是需要执行交叉认证，导致消息长度和消息处理时延增加。

第1章　车联网信息安全概述

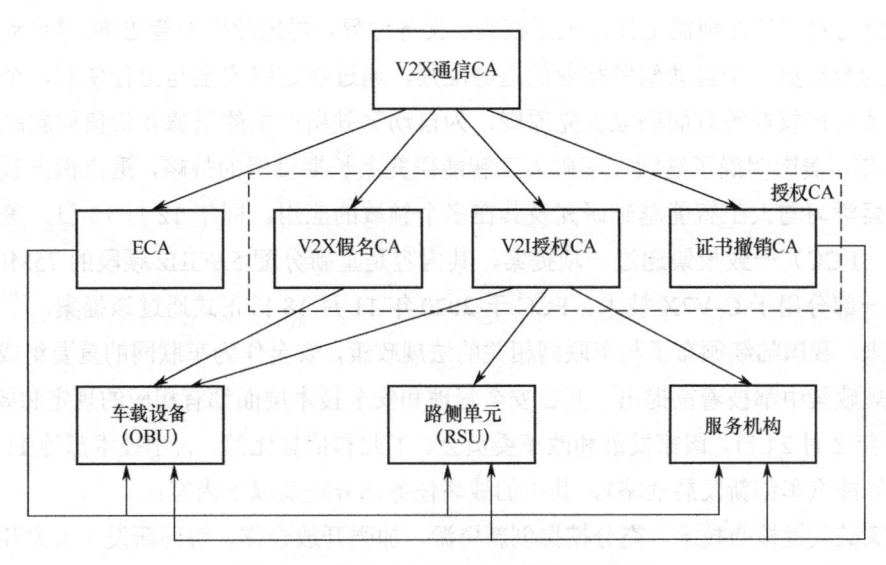

图 1-23　集中式车联网安全管理系统架构

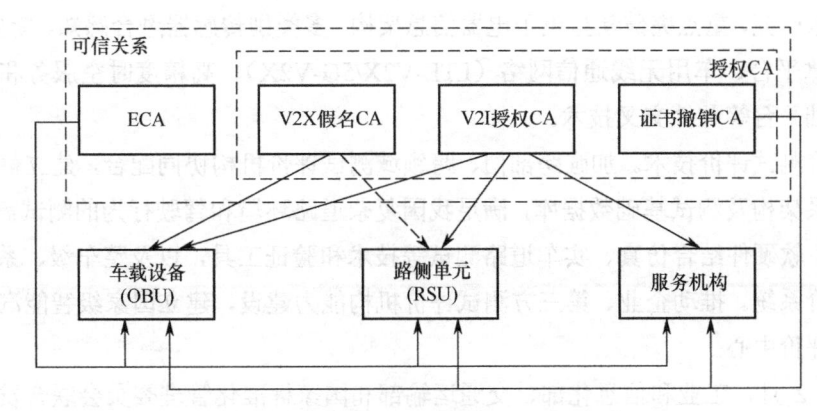

图 1-24　分布式车联网安全管理系统架构

值得注意的是，不管使用哪种部署方式，颁发证书的 CA 都需要具备很高的安全性。攻击者可能从不安全的 CA 体系处获得 CA 颁发的有效证书，进而发送恶意构造的 V2X 消息，造成严重的后果，如车辆碰撞等交通事故。颁发证书的 CA 应根据当前信息安全行业中的最佳实践，通过第三方评估认证等方式，证明自身的安全性和公信力。

1.3.2　车联网安全监管发展态势

目前，美国、英国、德国等国家陆续发布了与智能网联汽车和自动驾驶相关的法律法案，力图从国家层面细化涉及汽车全生命周期各参与体的网络安全责任，加强对车联网安全的重视。美国在 2016 年颁布了《自动驾驶汽车政策》，将高度自动驾驶汽车的安全部署任务分为 4 部分，即自动驾驶汽车性能指南、州政策模式、现行监管方式和监管新工具与权力。

德国在 2017 年 6 月颁布了《道路交通法第八修正案》与《自动驾驶道德准则》。《道路交通法第八修正案》原则性规定了自动驾驶的定义、驾驶人的责任与义务、驾驶数据的记录等内容，为自动驾驶各方利益主体规定了权利、义务边界，提出政府监管方向。《自动驾驶道德准则》作为全球第一个自动驾驶行业的道德准则，通过在道路安全与出行便利、个人保护、人身权益或财产权益等方面确立优先原则，为自动驾驶所产生的道德和价值问题制定规矩。

2019年，美国明确了继续在基础人工智能研究上长期投资的战略，重点指出联邦投资优先考虑机器学习与人工智能基础研究及其在多个领域的应用。同年12月13日，美国联邦通信委员会（FCC）一致投票通过一项提案，其内容是重新分配5.9GHz频段的75MHz频谱，并将其中一部分用于C-V2X技术。FCC于2020年11月18日正式通过该提案。

近年来，我国陆续颁布了与车联网相关的法规政策，安全作为车联网的重要组成部分，在相应的法规政策中都被着重提出，其在安全管理和安全技术层面都有相应的规定和要求。

2020年2月24日，国家发展和改革委员会、工业和信息化部、科学技术部等11部委联合发布了《智能汽车创新发展战略》，其中的战略任务部分提及以下内容：

（1）突破关键核心技术。充分挖掘创新资源，加强开放合作、协同研发，大力开展复杂系统体系架构、复杂环境感知、智能决策控制、人机交互及人机共驾、大数据应用、信息安全等基础前瞻技术研究，重点突破新型电子电器信息架构、多类别传感器融合感知、新型智能终端、车载智能计算平台、车用无线通信网络（LTE-V2X/5G-V2X）、高精度时空服务和车用基础地图、云控基础平台等共性交叉技术。

（2）完善测试评价技术。加强跨部门、跨领域测试评价机构协同配合，建立健全智能汽车测试评价体系架构及测试基础数据库，满足我国复杂道路环境和驾驶行为的测试需要。重点研发虚拟仿真、软硬件结合仿真、实车道路测试等技术和验证工具，以及整车级、系统级、零部件级测试评价系统。推动企业、第三方测试评价机构能力建设，建立国家级智能汽车技术试验及安全运行评价中心。

2021年2月，工业和信息化部、交通运输部和国家标准化管理委员会联合发布了《国家车联网产业标准体系建设指南（智能交通相关）》（以下简称《指南》）。《指南》中指出：到2025年，系统形成能够支撑车联网应用和产业发展的标准体系，形成一批智能管理和服务、车路协同等领域的智能交通关键标准，标准体系完成总数达到40项以上。

2021年7月5日，工业和信息化部（以下简称工信部）等十部门联合发布了工信部联通信〔2021〕77号通知，公布《5G应用"扬帆"行动计划（2021—2023年）》（以下简称《计划》）。《计划》中指出：强化汽车、通信、交通等行业的协同，加强政府、行业组织和企业间联系，共同建立完备的5G与车联网测试评估体系，保障应用的端到端互联互通。提炼可规模化推广、具备商业化闭环的典型应用场景，提升用户接受程度。加快提升C-V2X通信模块的车载渗透率和路侧部署。加快探索商业模式和应用场景，支持创建国家级车联网先导区，推动车联网基础设施与5G网络协同规划建设，选择重点城市典型区域、合适路段以及高速公路重点路段等，加快5G+车联网部署，推广C-V2X技术在园区、机场、港区、矿山等区域的创新应用。建立跨行业、跨区域互信互认的车联网安全通信体系。

在公钥基础设施管理方面，2009年颁布的《电子认证服务管理办法》明确了对电子认证服务提供者实施监督管理的方法，包括提供电子认证服务机构的资质要求、电子认证服务许可申请流程等。

1.3.3　车联网信息安全法规

我国高度重视国民信息安全领域的发展，在法律、标准和国家战略等层面开展信息安全治理，以保障我国公民的信息安全。随着《中华人民共和国网络安全法》（以下简称《网络安全法》）、《中华人民共和国数据安全法》（以下简称《数据安全法》）、《中华人民共和国个人信息保护法》（以下简称《个人信息保护法》）等一系列法律法规的出台，保障我国公民信息安全的法律体系初步形成。我国于2016年颁布了《网络安全法》，首次在法律层面构建个人信息保护法，主要强调了网络产品、服务、运营、信息安全，以及检测、早期诊断、应急响应和报告等方面的要求，形成了较为完整的法律制度闭环。2018年，《中华人民共和国电子商务法》在《网络安全法》的基础上，对个人信息保护提出了更细致的要求，如要求经营者对于用户查询、更正、删除用户信息及用户注册的方式和程序进行明示，不得设置不合理的条件使上述权益无法实现等。2021年6月10日，第十三届全国人民代表大会常务委员会第二十九次会议通过了《数据安全法》，其在规范数据处理活动、保障数据安全、促进数据开发利用、保护个人和组织的合法权益及维护国家主权、安全和发展利益等方面作出相关规定，并对安全评估、数据出境、数据交易等常见问题作出特别规定。2021年8月20日，全国人民代表大会常务委员会通过了《个人信息保护法》。2021年9月10日，我国还颁布了针对智能汽车信息安全的相关法规——《汽车数据安全管理若干规定（试行）》，其对汽车数据处理全生命周期作出针对性规定，明确了重要数据的范围、处理汽车数据的基本要求、汽车数据处理者的报告义务及内容等，可与其他多部法律法规中的相关要求互补，总体实现了对汽车终端安全、云平台安全、网络安全、信息数据安全等方面的覆盖。

结合第3章可知，车联网的信息安全威胁主要来自智能终端、云控平台、通信网络及数据，我国针对这4部分出台了相应的车联网信息安全法律法规，下面分别进行简要介绍。

1. 智能终端安全

随着汽车产业智能化、网联化、电动化和共享化的发展，智能汽车不仅承担了越来越多的电子电气系统控制和车身控制功能，还为包括驾驶人和乘客在内的车辆用户提供了广泛的信息娱乐服务。随着汽车功能的不断丰富，其安全风险也在不断增大，与原来封闭的车载电子系统和车载网络相比，可以接入互联网的智能车载终端，就其自身的功能而言，无论是T-Box还是信息娱乐，或是两者的融合升级，都将显著增加终端处理的信息量和车辆面临的安全风险，这也导致越来越多的用户在使用时变得更注重安全。

在终端安全领域，我国正在对关键网络设备和网络安全产品实施安全认证/测试制度。符合安全标准的产品设备是保障信息安全的基础，对此，《网络安全法》第二十三条中提出网络关键设备和网络安全专用产品应当按照相关国家标准的强制性要求，由具备资格的机构安全认证合格或者安全检测符合要求后，方可销售或者提供。此外，由国家互联网信息办公室联合工信部、国家认证认可监督管理委员会、公安部制定并发布了《网络关键设备和网络安全专用产品目录》，推动网络关键设备和网络安全产品的安全管理进一步加强，促进安全认证和安全测试结果互认，避免重复测试和认证。2020年2月，国家发展和改革委员会、科学技术部、工信部等11部委联合发布了《智能汽车创新发展战略》，为车联网的发展引入了"安全可控"的要求。从全局上要求考虑国内外人才资源和市场需求，形成智能网联汽车协同合作的新态势；加强产业安全和风险防控，完善智能汽车安全管理体系，提高网络信息系统安全防护能力。

智能网联汽车面临的安全风险主要来自车载终端、数据服务平台、V2X通信和外部生态等方面，其根本是在智能网联汽车业务场景的应用层面，对信息安全的考量不足，缺乏针对信息安全的系统性安全保障体系。车载终端的信息安全问题不同于传统网络安全问题，如果车载终端安全受到威胁，严重者会危及使用车辆的用户的生命安全，甚至破坏公共安全，因而需要按照系统的方法展开调研，生成报告，并采取相应的安全防范措施。此外，在国家层面，也需要建立有关车载终端安全的法律法规体系，以确保科学有效地实施安全措施。

2．云控平台安全

云控平台是指为汽车驾驶者提供远程通信服务的平台，它集成了地理信息服务和通信服务等现代计算机技术，是智能网联汽车系统的重要组成部分。该平台主要提供各种远程信息服务和车辆管理服务，以及智能交通管理、远程监控和道路救援等服务，其安全主要包括物理环境、接口、设备主机、数据库及应用程序等的安全。

在治理云控平台安全环节方面，由于其特有的开放性、共享性，政府部门不仅需要联合企业不断改进技术手段，还要着力推进监管政策和法律法规的制定与实施，实现对云控平台安全的管理。根据《中华人民共和国计算机信息系统安全保护条例》的规定，我国对计算机信息系统实行安全等级保护，在《信息安全等级保护管理办法》中，信息系统的安全保护被分为5个等级。按照安全等级划分，云控平台服务器损坏将对国家安全、社会秩序和公共利益造成严重损害，应该属于第三级或更高等级，其运营和使用单位应当严格按照国家行政法规和相关标准的规定予以保护。

政府从国家层面加强云服务网络数据安全、个人隐私保护、知识产权保护、数据跨境流动等方面的法律法规建设，以推进我国云控平台安全健康发展。《全国人民代表大会常务委员会关于加强网络信息保护的决定》的出台旨在根据云服务开放性的特点制定数据跨境流动、个人隐私保护等方面的法律法规或先行制定相应的部门规章，以保障我国云服务健康有序发展并保护用户的合法权益。针对云服务数据跨境流动问题，国外已有一些法律法规，如欧盟颁布的适用于云控平台的《数据保护指令》。我国虽然在《数据安全法》和《个人信息保护法》中对数据出境问题做出了一般性规定，但在云控平台方面目前还缺少针对性的规定，期望尽快提出相应措施。

3．通信网络安全

交通智能化建设的推进提高了人民生活水平，满足了社会大众的出行便捷需求，但随着汽车制造商启用高级通信和安全功能，其互联汽车数据的安全性变得至关重要。随着连接性的提高，汽车网络安全风险不断增加，实际上，汽车网络攻击数量是急剧上升的。目前，平均每辆汽车包含多达 150 个电控单元和大约 1 亿行的软件代码，预计到 2030 年将达到 3 亿行的软件代码。近些年，监管机构积极采取行动，以解决智能网联汽车数据安全方面日益严重的漏洞问题。网络安全作为智能网联汽车信息安全内容的重要部分，涵盖了车内网络安全、云控平台网络安全及车间网络安全等。车联网安全的保护，不仅需要从技术上保证每个环节的安全，还要从法律上规范汽车厂商与平台运营商的权利和义务。

2016 年 11 月，我国颁布《网络安全法》，进一步明确和巩固了网络安全的重要地位。《网络安全法》明确将交通、互联网等行业作为关键信息基础，强调了网络安全在行业发展中的重要作用，明确了政府、网络运营者、网络产品和安全服务提供者及用户的网络安全权利和义务，并界定了关键信息基础设施范围，制定了针对攻击和破坏国家关键信息基础设施的境内外组织和个人的强制惩罚措施。此外，我国还针对交通行业提出了明确要求，并将其关键信息基础设施列为重点保护对象。2019 年 8 月，中国国家标准化管理委员会发布了《信息安全技术 网络安全等级保护实施指南》，清晰阐释了对等级保护对象实施网络安全等级保护的过程。同时，由于网络运营商在实际网络运行过程中可以掌握大量重要的信息数据，在数据传输和安全保障方面发挥着关键作用，因此，我国提出了严格要求，包括消除缺陷、及时告知和安全维护等，可以有效保障网络安全。随着智能网联汽车作为一种新型移动机器人的发展和普及，车联网的网络安全不仅存在传统网络安全的共性问题，也面临新的挑战。而《网络安全法》能较好地规范网络运营商的权利和义务，有效应对智能汽车发展带来的新的网络安全风险。

2017 年 6 月，《国家车联网产业标准体系建设指南》（以下简称《指南》）中提出，网络安全和功能安全对智能网联汽车的发展尤为重要，并明确了智能网联汽车信息安全 20 项标准。《指南》强调智能网联汽车的网络安全标准与自动驾驶汽车技术安全标准同等重要，两者都是为了保证智能汽车的安全运行，避免车辆和网络被外界因素干扰和攻击。

4. 数据安全

进入数据经济时代，通过大数据对个人数据的提取和使用，一方面会带来巨大的经济利益，另一方面则会使用户的个人数据面临前所未有的危机。智能汽车需要通过其所携带的传感器收集大量数据以保障自己安全运行，据统计，一辆智能网联汽车每天至少收集 10TB 的数据，这些数据按照功能和用途大致可分为两类，一类是与汽车终端和交通路况密切相关的数据，如汽车的位置、速度、所处环境状况、交通信号和标志及与汽车功能相关的技术数据；另一类是与用户的私人信息相关的个人数据，如个人行程、办公地点、娱乐和购物偏好，甚至包括但不限于其他可以识别个人身份的数据。如果这些数量庞大的数据信息被不法公司或他人获取并被不当使用，将给人身和财产安全带来不利后果。

现阶段，在我国已颁布的《民法典》《网络安全法》《数据安全法》《个人信息保护法》《消费者权益保护法》《护照法》《刑法修正案》《身份证法》《征信业管理条例》等法律，以及行政法规、规章及其相关司法解释中均有对个人信息保护的规定。《民法典》第一百一十一条明确规定自然人的个人信息受法律保护，不得非法收集、加工、使用、传输他人个人信息，不得非法买卖、提供或公开他人个人信息。《数据安全法》第八条规定开展数据处理活动，应当遵守法律、法规，尊重社会公德和伦理，遵守商业道德和职业道德，诚实守信，履行数据安全保护义务，承担社会责任，不得危害国家安全、公共利益，不得损害个人、组织的合法权益。《个人信息保护法》更是针对个人信息保护相关事项作出专门的详细规定，涵盖个人信息处理的全生命周期，为公民个人信息权益提供了强有力的保护。《中华人民共和国计算机信息系统安全保护条例》明确要求，公安部负责针对计算机病毒及危害社会公共安全的其他有害数据开展防治研究工作。

2021 年 8 月，中共中央网络安全和信息化委员会办公室（以下简称中央网信办）等 5 部委联合发布了《汽车数据安全管理若干规定（试行）》，围绕智能网联汽车数据及个人信息安全保护方面提出专门要求。其中，第三条对于发生安全事件可能危害国家安全、公共利益等的重要数据进行了界定；第五条明确规定利用互联网等信息网络开展汽车数据处理活动，应当落实网络安全等级保护等制度，加强汽车数据保护，依法履行数据安全义务。此外，该规定还指出，汽车数据处理者开展重要数据处理活动，应当按照规定开展风险评估，并向省、自治区、直辖市网信部门和有关部门报送风险评估报告，并且应当在每年 12 月 15 日前向省、自治区、直辖市网信部门和有关部门报送相关年度汽车数据安全管理情况。该规定进一步明确了相关汽车厂商和平台运营者在汽车数据安全保障方面的义务和职责，有助于相关企业具体落实《网络安全法》《数据安全法》《个人信息保护法》等相关法律中的概括性和一般性规定。2021 年 9 月，工信部在《工业和信息化部关于加强车联网网络安全和数据安全工作的通知》中提到要加强对数据的分类分级管理，并且强化数据出境安全管理，要求智能网联汽车生产企业、车联网服务平台运营企业采取合法、正当方式收集数据，针对数据全生命周期采取有效技术保护措施，防范数据泄露、毁损、丢失、篡改、误用、滥用等风险。

虽然在某种程度上，现有法律法规可以防护智能网联汽车的个人数据和隐私泄露风险，但是我国对于用户信息匿名化的规定还是比较笼统和模糊的。为了进一步强化智能网联汽车的数据保护，我国需要加快引入数据匿名化技术，并在此基础上加快制定相关的数据匿名化处理和使用的法律法规，包括明确数据匿名化的认定标准和法律概念，鼓励和联合智能网联汽车厂商制定数据保护风险评估策略，建立健全数据隐私保障机制。

1.3.4　车联网信息安全政策

习近平总书记在中国共产党第二十次全国代表大会上所作的报告中强调："推进国家安全体系和能力现代化，坚决维护国家安全和社会稳定"。近年来，数字化在带来各种便利的同时，也加大了信息泄露风险。从网络偷窥、非法获取个人信息、网络诈骗等违法犯罪活动，到网络攻击、网络窃密等危及国家安全行为，伴随万物互联而生的风险互联，给社会生产生活带来了不少安全隐患。如何有效保障信息安全，是数字时代的重要课题。

实现智能网联汽车产业化、市场化的前提是保障信息安全，智能网联汽车信息安全已成为行业发展的关键环节，国务院、国家各部委等有关部门及更多行业内机构开始重视智能网联汽车信息安全，逐步强化信息安全顶层设计，明确信息安全发展规划及技术路线，发布信息安全细分领域指导性文件，更好地推动和引导我国智能网联汽车的发展。随着近几年不断发生的智能网联汽车信息安全事件，我国政府对智能网联汽车的信息安全防护问题的重视程度正在不断提升，相关政策支持力度也在不断加大。

2016年年初，网络安全被正式划入"十三五"规划重点建设方向，政府重视程度达到前所未有的高度，重磅支持政策加速出台。我国颁布的《网络安全法》《数据安全法》《个人信息保护法》对数据安全、个人信息保护等问题作出规定，行业数据安全相关法规和指导性文件也逐步落地，《国家网络空间安全战略》《战略性新兴产业重点产品和服务指导目录》等多项政策密集出台。

负责制定国内智能网联汽车信息安全相关的标准体系、跟进国际标准化工作的汽车信息安全工作组于2016年4月成立，隶属于全国汽车标准化技术委员会下设的智能网联汽车分技术委员会。

2016年7月，《推进"互联网+"便捷交通 促进智能交通发展的实施方案》由国家发展和改革委员会（以下简称国家发改委）及交通运输部联合印发，以促进互联网与交通深度融合，推动智能交通发展。

2017年4月，工信部等联合发布了《汽车产业中长期发展规划》，提出以网络安全为重点，提出加快网络信息安全和车辆行驶安全保障体系建设，其中的重要目标和任务之一就是保证智能网联汽车的信息安全，防止智能网联汽车安全威胁。

2017年12月，工信部、国家标准化管理委员会联合发布《国家车联网产业标准体系建设指南》，用于确定包括信息安全方面的通用规范类标准的智能网联汽车标准体系，并积极推进标准的制定。

2018年，工信部及有关部门制定发布了多个车联网相关标准体系，进一步推动车联网行业发展的标准化，并在同年12月发布的《车联网（智能网联汽车）产业发展行动计划》中的推动完善安全保障体系部分，提出汽车信息安全涵盖的三方面，具体如下：

（1）健全安全管理体系，以产品和系统的运行安全、网络安全和数据安全为重点，明确相关主体责任，定期开展安全监督检查。完善车联网网络和数据安全的事件通报、应急处置和责任认定等安全管理工作。

（2）提升安全防护能力，重点突破产业的功能安全、网络安全和数据安全的核心技术研发，支持安全防护、漏洞挖掘、入侵检测和态势感知等系列安全产品研发。督促企业强化网络安全防护和数据安全防护，构建智能网联汽车、无线通信网络、车联网数据和网络的全要素安全检测评估体系，开展安全能力评估。

（3）推动安全技术手段建设，增强产业安全技术支撑能力，着力提升隐患排查、风险发现和应急处置水平，打造监测预警、威胁分析、风险评估、试验验证和数据安全等安全平台。推动企业加大安全投入，创新安全运维与咨询等服务模式，提升行业安全保障服务能力。

2020年4月，为了加强顶层设计，全面推动车联网产业技术研发和标准制定，推动整个车联网产业的健康可持续发展，工信部、国家标准化管理委员会等部委联合组织制定了《国家车联网产业标准体系建设指南（车辆智能管理）》，旨在聚焦国家交通强国、科技强国、数字中国、智慧社会战略，发挥标准的基础性和引导性作用，满足车联网环境下的车辆智能管理工作需求，加快推进现代科技与交通管理的深度融合，促进车联网技术和产业发展，建立适应我国技术和产业发展需要的车辆智能管理标准体系。针对我国车联网产业发展技术现状、未来发展趋势及道路交通管理行业应用需求，分阶段建立车辆智能管理标准体系，要求到 2025 年，系统形成能够支撑车联网环境下车辆智能管理的标准体系，制修订道路交通运行管理、车路协同管控与服务等业务领域重点标准 60 项以上。

在符合我国国情的前提下，我国构建了智能网联汽车总体发展战略和政策体系，发布了一系列政策促进智能网联汽车产业发展，政策强化了智能网联汽车信息安全的重要性，统筹推进智能网联汽车及相关产业协同发展。

1.4 思考题

1. 什么是车联网？
2. 车联网的应用需求是什么？
3. 什么是车联网安全？
4. 请简述车联网安全体系架构。
5. 云计算平台安全总体架构主要分为云安全技术体系、云安全管理体系及云安全运维体系 3 部分，它们都有什么作用？
6. 车联网设备主要包括车联网终端和路侧设备，请简述车联网终端存在的隐藏风险。
7. 面对层出不穷的车联网法规，你认为最应该被重视的有哪些？
8. 请简述你对车联网安全的看法。

第 2 章　车联网信息安全理论基础

2.1　认证技术

2.1.1　散列算法

1. 散列算法概述

散列算法（Hash Algorithm）又称为哈希算法，它可以将任意长度的二进制明文映射为较短的二进制串，而不同的明文可能难以映射到相同的哈希（Hash）值。可以将哈希函数简单地理解为一个空间映射函数，它从一个非常大的取值空间映射到一个非常小的取值空间，由于不是一对一的映射，其函数转换是不可逆的，也就是说，不可能通过逆操作和哈希值来恢复原始值。散列算法可以先根据消息的内容计算散列值，然后使用哈希值来检查消息的完整性。

消息不必只是文字，还可以是图像或声音文件等，散列算法都会将其视为一个比特序列，进而根据比特序列计算哈希散列值。此外，该散列值的长度与消息长度无关，无论消息是 1bit、100MB 还是 100GB，散列算法都会计算固定长度的散列值。例如，对于 SHA-256 散列函数，散列值的长度总是 256bit（32B）。

2. 散列算法特点

安全应用中的哈希函数具有以下 3 种特点：

（1）输入敏感。对原始输入信息进行任何更改，新的哈希值都会出现很大变化。

（2）不可逆性。给定明文和哈希算法，在有限时间和有限资源内能计算得到哈希值，但是给定哈希值，在有限时间内很难逆推出明文，因而又称为单向性。

（3）冲突避免。不同消息产生相同哈希值的情况称为冲突，难以发现冲突的性质称为抗碰撞性，即难以找到另一条具备特定哈希值的消息。密码技术中使用的散列算法都需要具备抗碰撞性。

2.1.2　数字证书

1. 数字证书概述

数字证书是鉴别身份的一种方式，它是标记网络通信双方身份信息的数字认证，用户可以通过网络识别对方的身份。数字证书在网络交互中可以对用户数据进行加解密操作，为数据的完整性和安全性提供保证。

数字证书又称为公钥证书，它包含公钥持有人、公钥、有效期、扩展信息及证书颁发机构（CA）对这些信息的数字签名。公钥基础设施通过数字证书解决密钥的归属问题。在 PKI 体系中，CA 拥有自己的公私钥密钥对，可以为每个数字证书进行数字签名，通过公钥可以识别数据的来源、验证数据的完整性，以确保数据的不可否认性。由于数字证书携带了 CA 的数字签名，用户可以将其存储在可靠的介质中，无须担心会被篡改，并且可以离线验证和使用数字证书，不必在每次使用时都查询证书库。

当通信实体双方试图建立身份和信任时，如果双方都信任同一个 CA，就可以实现身份和信任的结合。一旦证书主题呈现为由受信任的 CA 所颁发的证书，试图建立信任的通信实体双方就可以继续交换信息，交换方法是将证书主题的证书存储在本地证书存储库中，并使用证书中包含的公钥对会话密钥进行加密，以确保双方后续通信的安全。

数字证书按照证书用途可以分为签名证书和加密证书。其中，签名证书用于身份认证、完整性保护、抗抵赖等情况；加密证书用于密钥交换和数据保密等情况。

（1）签名证书。签名证书只能用于签名和验证签名，为了密钥的安全，密钥对一般在客户端产生和保存。

（2）加密证书。加密证书只能用于加密，其中密钥对由 CA 产生，通过保护算法和协议发送给用户保存，CA 中心也会保存该密钥对以备管理和恢复密钥对。

2. 数字证书格式

数字证书由 CA 颁发，用户需要对数字证书进行验证，因此数字证书需要使用统一的格式。X.509 是一种通用的证书格式，它使用抽象语法标记（Abstract Syntax Notation One，ASN.1）描述数据结构，并使用 ASN.1 语法进行编码。X.509 证书是包含一些有关用户或设备及其相应公钥的信息标准字段的集合，它定义并描述了信息的数据格式。数字证书的内容包括基本数据（版本号、序列号）、签名对象的信息（签名算法、签发者、有效期、主体、主体公钥）及 CA 的数字签名等。X.509 证书的信息域见表 2-1。

表 2-1　X.509 证书的信息域

成员	格式
版本号	INTEGER
序列号	INTEGER
签名算法	OBJECT
签发者	SET
有效期	UTC_TIME
主体	SET
主体公钥	BIT_STRING
主体公钥算法	OBJECT
签名值	BIT_STRING

3. PKI 概述

公钥基础设施（Public Key Infrastructure，PKI）是指在开放的网络环境下，以公钥密码技术为基础，以数据的机密性、完整性和不可抵赖性为安全目的而构建的提供信息安全服务的基础设施，其功能包括身份认证、密钥管理、数字签名及数据加密等。在 PKI 体系中，用户的身份认证通过引入数字证书的 CA 来实现。用户从 CA 处注册证书，在查看用户申请信息后，CA 对用户及其公钥进行签名并生成数字证书颁发给用户。数字证书是 PKI 的基础，由于数字证书是由可信证书颁发机构签署的，证书的合法性能够得到保证。同时，PKI 也可以实现数字证书及密钥的生成、存储、撤销和管理等功能。

PKI 是一个总称，并非指某个单独的规范或规格。例如，RSA 数据安全公司制定的公钥密码标准（Public-Key Cryptography Standards，PKCS）系列规范就是 PKI 的一种；上文提到的 X.509 标准也是 PKI 的一种。PKI 的组成要素主要包括用户、CA 和证书库。

（1）用户。用户指的是 PKI 的使用者，它包括使用 PKI 注册公钥和使用自己注册的公钥两种类型。使用 PKI 注册公钥的用户能够进行以下操作：生成密钥对（或由 CA 生成）、通过 CA 注册公钥、向 CA 申请证书、申请将已注册的公钥作废、解密接收的密文及对消息进行数字签名等。使用自己注册公钥的用户能够将消息加密发送至接收者并验证数字签名等。

（2）CA。CA 作为数字证书的管理者，能够进行以下操作：生成密钥对（或由用户生成）、注册公钥时认证用户身份、生成并颁发证书及将证书作废等。此外，注册机构（Registration Authority，RA）能够注册公钥和认证用户身份，从而减轻了 CA 的负担。但是引入 RA 也会产生问题，由于 CA 需要对 RA 本身进行认证，随着组成要素的增加，沟通过程变得复杂，大大增加了遭受攻击的概率。

（3）证书库。证书库是保存证书的数据库，PKI 用户可以根据需要从中获取证书。

2.1.3 消息认证

1. 消息认证概述

消息认证码（Message Authentication Code，MAC）是一种用于确认完整性进行消息认证的技术。消息认证码由任意字节的消息及收发双方的共享密钥组成，固定长度的数据输出为 MAC 值。与哈希函数计算散列值时无须使用密钥不同，消息认证码的计算必须持有共享密钥，这样可以避免通信过程中的身份伪装。此外，若消息产生变化，MAC 值也会对应变化，从而实现完整性校验。

2. 消息认证流程

消息认证流程如下：
（1）发送者 A 与接收者 B 预先共享密钥。
（2）发送者 A 根据请求消息使用共享密钥计算 MAC 值。

(3) 发送者 A 将请求消息和 MAC 值发送给接收者 B。

(4) 接收者 B 根据收到的请求消息使用共享密钥计算 MAC 值。

(5) 接收者 B 将自己计算的 MAC 值与发送者 A 发送的 MAC 值进行对比。若两个 MAC 值一致，则接收者 B 可以确认请求消息来自发送者 A，即认证成功；若不一致，则可以确认请求消息并非来自发送者 A，即认证失败。

消息认证码中需要收发双方之间的共享密钥，而主动攻击者无法获得该密钥。如果该密钥落入攻击者手中，攻击者在计算出 MAC 值后就可以对消息实施篡改和伪装攻击，消息认证码将无法发挥作用。发送者和接收者需要共享密钥，与对称密码相似，消息认证码中同样会产生对称密码的密钥配送问题。

2.1.4 数字签名

1. 数字签名概述

数字签名基于公钥密码技术实现，仅由发送者生成，不能被他人伪造，它也是发送者发送消息真实性的有效证明。简单来说，它是一种类似写在纸上的普通物理签名用于鉴别数字信息的方法。一组数字签名通常进行两种互补的运算，包括生成数字签名和验证数字签名，生成数字签名使用私钥进行加密，验证数字签名使用公钥进行解密。而数字签名与公钥密码算法中公私钥的使用顺序不同，公钥密码算法使用公钥对消息进行加密，使用私钥解密加密后的消息；数字签名则是结合公钥密码技术与散列密码技术的应用，主要用于数据的完整性验证、签名者身份的合法性验证及签名行为的不可否认性验证。

2. 数字签名的生成和验证

数字签名的生成由发送者完成，即对消息进行签名。生成签名是指根据消息内容计算签名值，这意味着发送者需要对该消息的内容进行确认。

数字签名的验证由接收者完成，也可以由第三方完成。验证成功表示该消息是由发送者发出的，验证失败则表示该消息不是由发送者发出的。

在数字签名的使用过程中，发送者和接收者使用私钥和公钥进行签名和验证。简单来说，数字签名是公钥密码的反向应用。公钥密码与数字签名的密钥使用方式见表 2-2。

表2-2　公钥密码与数字签名的密钥使用方式

类 型	私 钥	公 钥
公钥密码	接收者解密时使用	发送者加密时使用
数字签名	签名者生成签名时使用	验证者验证签名时使用
密钥持有者	个人持有	只要需要，任何人都可以持有

3. 数字签名方法

数字签名方法包括直接对消息签名和对消息哈希值签名两种。数字签名的目的是保证消息是由只持有其密钥的用户生成的，而非保证消息传递的机密性，即数字签名本身并不是用来保证机密性的。若需要确保机密性，可以将消息加密后发出。

1）直接对消息签名

直接对消息签名的步骤如下：

（1）发送者使用自己的私钥对消息 M_1 进行加密，生成数字签名。

（2）发送者将加密后的数字签名和消息 M_1 发给接收者。

（3）接收者使用发送者的公钥对数字签名进行验证，从而获取数字签名之前的消息 M_2。

（4）接收者将消息 M_2 和消息 M_1 进行对比，若两者一致，则表示签名成功，否则表示签名失败。

2）对消息哈希值签名

直接对消息进行签名的方法虽然简单，但在实际应用中很少使用。考虑到对整个消息进行签名是一项非常耗时的操作，通常选择先使用散列函数对消息进行处理获得哈希值，然后对该哈希值进行签名。对消息哈希值签名的步骤如下：

（1）发送者使用散列函数对消息进行计算获得哈希值。

（2）发送者使用自己的私钥对哈希值进行数字签名。

（3）发送者将消息和数字签名发给接收者。

（4）接收者使用发送者的公钥对数字签名进行解密获得哈希值。

（5）接收者使用散列函数对消息进行计算，并将结果与其解密获得的哈希值进行比对。若两者一致，则表示签名成功，否则表示失败。

4．数字签名与公钥密码

通过使用前文提及的公钥密码算法能够实现数字签名。公钥密码包括一个由公钥和私钥组成的密钥对，其中公钥用于加密，私钥用于解密。公钥密码的公钥加密流程如图2-1所示。数字签名中同样会使用公钥和私钥组成的密钥对，但是这两个密钥的使用方法与公钥密码算法是相反的，即用私钥加密，相当于生成签名；用公钥解密，相当于验证签名。数字签名的私钥加密流程如图2-2所示。简单来说，公钥加密得到的密文只能使用与该公钥相配的私钥解密。同样，私钥加密得到的密文也只能使用与该私钥相配的公钥解密。

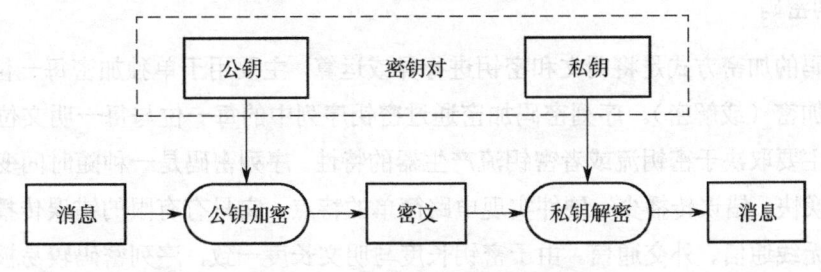

图2-1　公钥密码的公钥加密流程

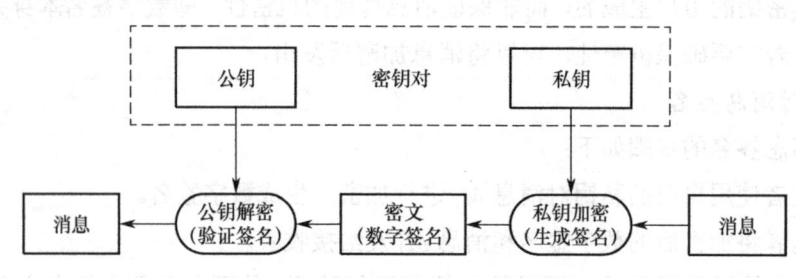

图 2-2　数字签名的私钥加密流程

2.2　密码技术

2.2.1　对称密码

1. 对称密码概述

对称密码算法使用与解密过程相同或容易推断出的密钥，即收发双方的加密和解密密钥是"对称"的。早期的密码算法均为对称形式的加密算法。用户可以通过对称密码算法将明文转化为密文，只有拥有相同密钥和相应解密算法的用户才能将密文转换为有意义的明文。对称密码算法具有快速加解密、计算量小的特点，但是由于收发双方使用相同的密钥，安全性无法得到保障。此外，收发双方在使用对称密码算法时需要使用他人无法得知的唯一密钥，导致发送方和接收方所持密钥的数量成倍增加，密钥管理成为用户的负担。对称密码主要分为序列密码和分组密码两种类型，其算法流程如图 2-3 所示。

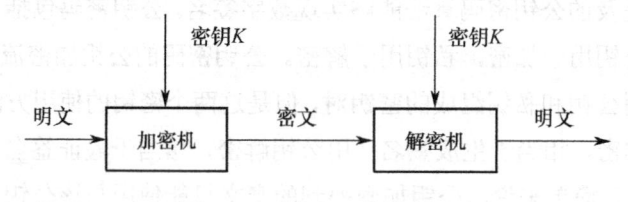

图 2-3　对称密码算法流程

2. 序列密码

序列密码的加密方式是将明文和密钥进行异或运算，主要用于单独加密每一位，即对密文进行逐一的加密（或解密）。序列密码加密通过密钥序列中的每一位与每一明文位相加实现，其安全性能主要取决于密钥流或者密钥流产生器的特性。序列密码是一种随时间变化的加密变换，具有变换快、错误传播少、硬件实现电路简单的特点，它只有有限的错误传播，典型的应用领域包括无线通信、外交通信。由于密钥长度与明文长度一致，序列密码较易被篡改。序列密码算法流程如图 2-4 所示。

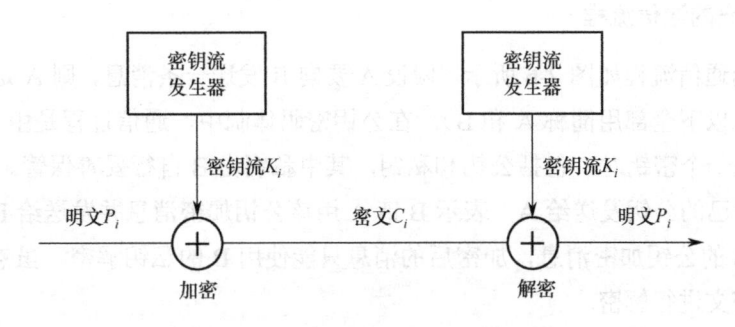

图 2-4 序列密码算法流程

3. 分组密码

分组密码先根据分组大小对明文消息进行分组,再将明文分组、密钥一起作为输入,通过分组密码算法直接输出密文分组。分组密码只能加密固定长度的分组,而需要加密的明文长度可能超过分组密码的分组长度,这时就需要对分组密码算法进行迭代,以便将长明文加密,迭代的方法就称为分组密码的模式。需要注意的是,当需要加密的分组长度短于分组密码的长度时,需要在明文中添加相应长度的特定数据进行填充。分组密码采用固定的变换,不会随时间发生变化,并且插入敏感,还具有良好的扩散性,但其加解密处理慢,并可能存在错误传播。分组密码算法流程如图 2-5 所示。

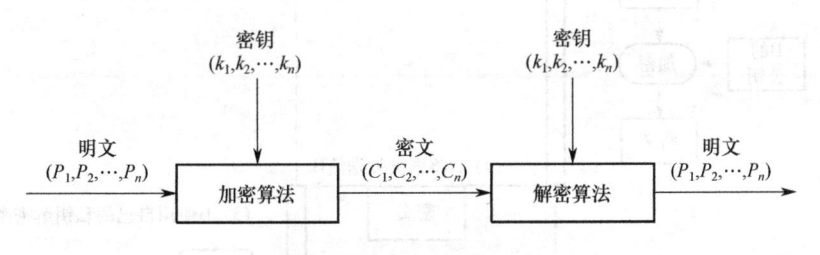

图 2-5 分组密码算法流程

2.2.2 公钥密码

1. 公钥密码概述

公钥密码算法需要使用公钥和私钥两个密钥。同一密钥对中的两个密钥之间具有非常密切的关系,公钥和私钥不能分别单独生成。其中,公钥作为加密密钥可以公开,而私钥作为解密密钥需要保密,由于使用不同的密钥进行加解密,公钥加密也称为非对称加密。

虽然公钥密码算法的复杂度较高,安全性也依赖于算法与密钥,但其加解密速度不如对称密码算法。对称密码算法中仅使用一个非公开的密钥,接收方执行解密操作需要先获取密钥,因此,通过保障密钥的安全性,可以确保对称密码算法的安全。而公钥密码算法具有两个密钥,其中公钥是公开的,无须进行密钥传输,从而使安全性得到进一步保证。

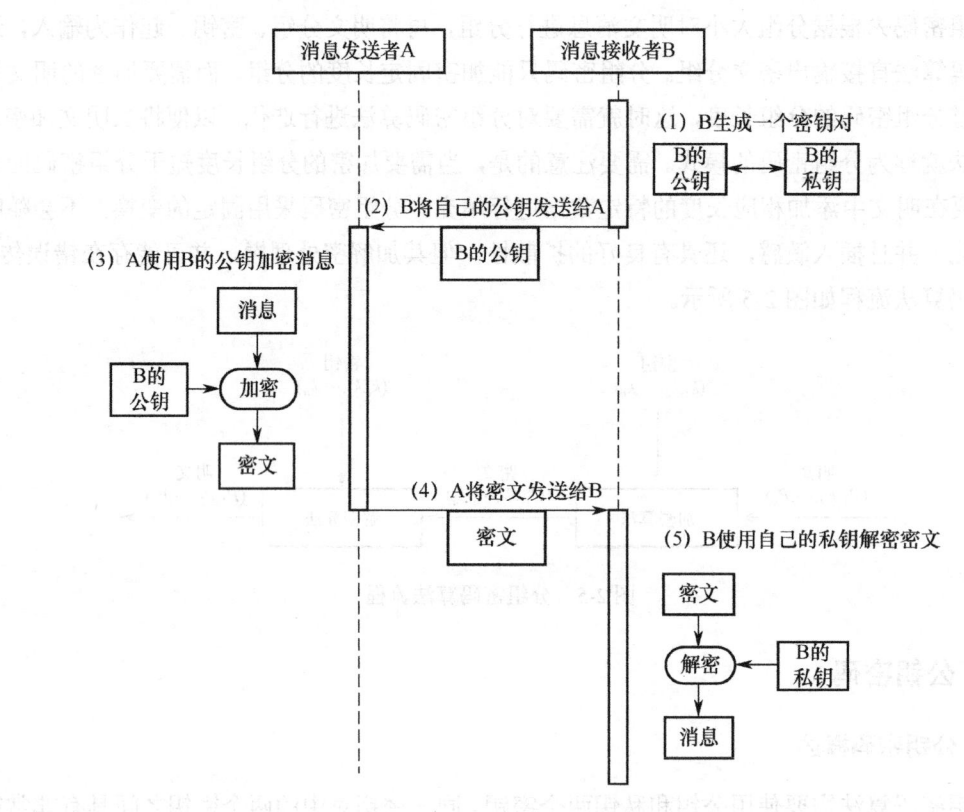

2. 公钥密码的通信流程

公钥密码的通信流程如图 2-6 所示。假设 A 要向 B 发送一条消息，则 A 是消息发送者，B 是消息接收者（以下全部用简称 A 和 B）。在公钥密码体制中，通信过程是由 B 来启动的。

（1）B 生成一个密钥对，包括公钥和私钥，其中私钥由 B 自行妥善保管。

（2）B 将自己的公钥发送给 A，表示 B 请 A 用该公钥加密消息并发送给 B。

（3）A 用 B 的公钥加密消息，加密后的消息只能使用 B 的私钥解密。虽然 A 拥有 B 的公钥，但无法对密文进行解密。

（4）A 将密文发送给 B。就算密文被窃听者截获也没关系，因为窃听者可能拥有 B 的公钥，但是使用 B 的公钥无法对密文进行解密。

（5）B 使用自己的私钥对密文进行解密。

图 2-6 公钥密码的通信流程

2.2.3 混合密码

1. 混合密码概述

对称密码算法能够确保通信过程的保密性，但在实际使用中，需要解决密钥分配的问题。通过使用公钥密码算法，能够解决对称密码算法的密钥分配问题，但是公钥密码算法存在公钥密码处理效率低和公钥密码难以抵御中间人攻击两个难题。

在混合密码机制中，通过具有快速加解密特点的对称密码算法进行加密，使消息转换为密文，从而保证消息的机密性。同时，使用公钥密码算法对用于加密消息的对称密钥（会话密钥）进行加密操作，因为密钥长度通常比消息短，所以能够解决公钥密码处理效率低的问题。若想解决公钥密码难以抵御中间人攻击的问题，则需要对公钥进行认证。混合密码机制结合了对称密码算法和公钥密码算法的优势，能够满足通信安全的需求。

2. 混合密码加密

混合密码机制的加密流程如图 2-7 所示。

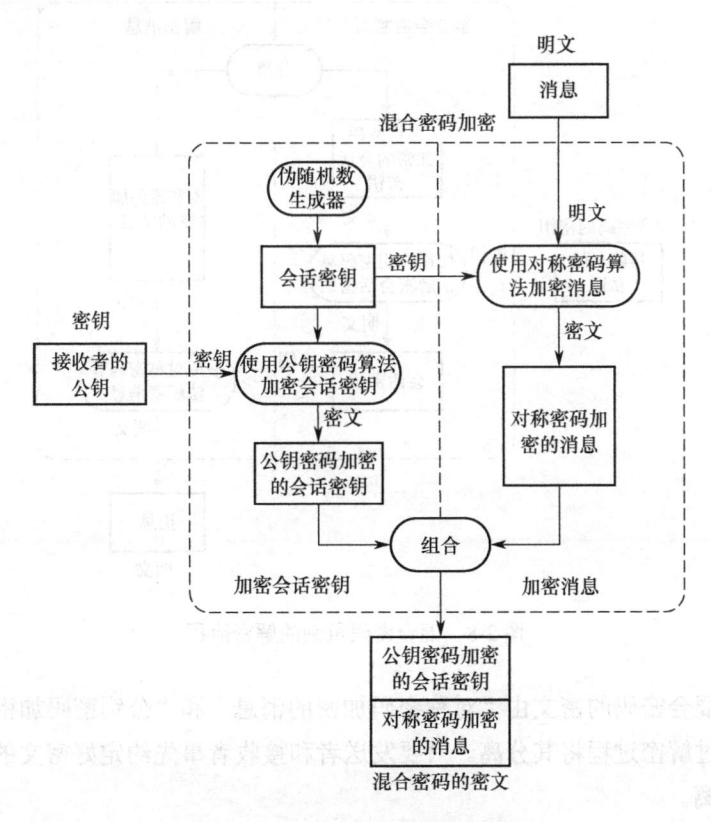

图 2-7 混合密码机制的加密流程

（1）加密消息。消息的加密方法与对称密码的加密方法相同，即便是非常长的消息，也可以通过对称密码算法快速完成加密。

（2）加密会话密钥。会话密钥（Session Key）是指为本次通信而生成的临时密钥，通常由伪随机数生成器生成。由伪随机数生成器生成的会话密钥也将作为对称密码的密钥，传递给加密消息的部分。会话密钥由公钥密码算法进行加密，其所使用的密钥是接收者的公钥。简言之，会话密钥是对称密码的密钥，也是公钥密码的明文。

（3）组合。加密消息过程可获取"对称密码加密的消息"，加密会话密钥过程可获取"公钥密码加密的会话密钥"，两者组合后可得混合密码的密文。

3. 混合密码解密

混合密码机制的解密流程如图 2-8 所示。

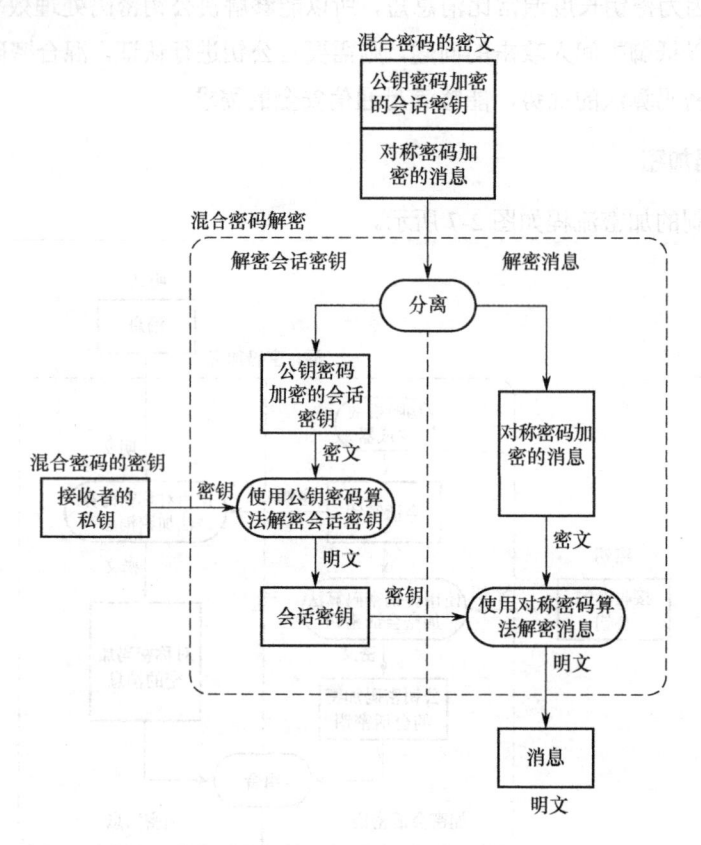

图 2-8　混合密码机制的解密流程

（1）分离。混合密码的密文由"对称密码加密的消息"和"公钥密码加密的会话密钥"组成，因而需要通过解密过程将其分离。只要发送者和接收者事先约定好密文的结构，就能很容易地将这两者分离。

（2）解密会话密钥。会话密钥使用公钥密码算法进行解密，因而需要解密密钥，即接收者的私钥。只有持有私钥的用户才能解密会话密钥，解密所得的会话密钥将被用作解密消息的密钥。

（3）解密消息。使用对称密码算法对消息进行解密，解密密钥是使用公钥密码算法解密的会话密钥。简单来说，混合密码机制的解密流程就是其加密流程的反向操作。

2.2.4　密钥交换

1. 密钥交换概述

Diffie-Hellman 密钥交换是一种在公共信道上安全交换加密密钥的方法，也是 Ralph Merkle 最初设计并以 Whitfield Diffie 和 Martin Hellman 命名的首个公钥协议之一。Diffie-Hellman

密钥交换是在密码领域最早实现公钥交换的实际示例之一。传统的安全加密通信要求通信双方首先通过一些安全的物理信道进行密钥交换，如由可信赖的信使传送的纸质密钥列表。Diffie-Hellman 密钥交换方法允许没有彼此先验知识的通信双方通过不安全的信道共同建立共享密钥，并使用该密钥通过对称密码算法加密后续消息。

互联网安全协议（IPsec）中使用的是经过改良的 Diffie-Hellman 密钥交换方法。虽然该方法的名称中有"密钥交换"，但通信双方并未真正进行密钥交换，只是通过计算产生相同的共享密钥。因此，该方法也称为 Diffie-Hellman 密钥协商（Key Agreement），其密钥交换旨在方便通信双方安全交换密钥，并在交换后对消息进行加密。

2. 密钥交换流程

这里假设用户 A 和用户 B 需要共享对称密码的密钥，为了防止窃听者窃听这两者之间的通信过程，用户 A 和用户 B 可以通过下述步骤进行 Diffie-Hellman 密钥交换，从而生成共享密钥。Diffie-Hellman 密钥交换流程如图 2-9 所示。

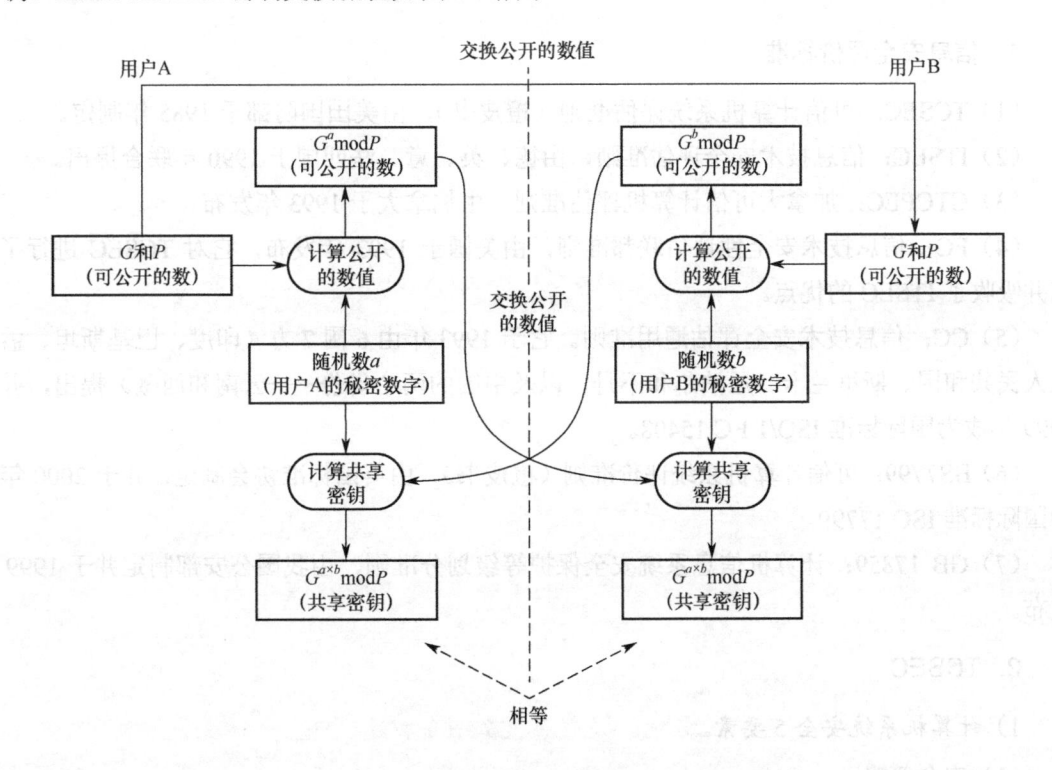

图 2-9 Diffie-Hellman 密钥交换流程

（1）用户 A 向用户 B 发送两个质数 P 和 G，其中 P 是一个非常大的质数，G 则是一个和 P 相关的数，它可以是一个较小的数字。P 和 G 无须保密，并可以由用户 A 或用户 B 生成。

（2）用户 A 生成一个随机数 a，$a \in [1, P-2]$ 且为整数，它只有用户 A 知道。

（3）用户 B 生成一个随机数 b，$b \in [1, P-2]$ 且为整数，它只有用户 B 知道。

（4）用户 A 将 $G^a \bmod P$ 发送给用户 B。

（5）用户 B 将 $G^b \bmod P$ 发送给用户 A。

（6）用户 A 使用用户 B 发送的数计算共享密钥，即

$$\text{用户 A 计算的共享密钥} = (G^b \bmod P)^a \bmod P = G^{b \times a} \bmod P \tag{2-1}$$

（7）用户 B 使用用户 A 发送的数计算共享密钥，即

$$\text{用户 B 计算的共享密钥} = (G^a \bmod P)^b \bmod P = G^{a \times b} \bmod P \tag{2-2}$$

由此可知，用户 A 和用户 B 通过计算得到的共享密钥是相等的。

2.3 访问控制技术

2.3.1 访问控制安全等级

1. 信息安全评价标准

（1）TCSEC：可信计算机系统评估准则（橙皮书），由美国国防部于 1985 年制定。

（2）ITSEC：信息技术安全评估准则，由德、英、意、法四国于 1990 年联合提出。

（3）CTCPEC：加拿大可信计算机评估准则，由加拿大于 1993 年发布。

（4）FC：信息技术安全性评估联邦准则，由美国于 1993 年发布，它对 TCSEC 进行了补充并吸收了 ITSEC 的优点。

（5）CC：信息技术安全评估通用准则。它于 1993 年由 6 国 7 方（印度、巴基斯坦、孟加拉人民共和国、斯里兰卡、尼泊尔和不丹，以及中国的两个省份——云南和西藏）提出，并于 1999 年成为国际标准 ISO/1 EC 15408。

（6）BS7799：可信计算机系统评价准则（橙皮书），由英国标准协会制定，并于 2000 年成为国际标准 ISO 17799。

（7）GB 17859：计算机信息系统安全保护等级划分准则，由我国公安部制定并于 1999 年发布。

2. TCSEC

1) 计算机系统安全 5 要素

（1）安全策略。

（2）审计机制。

（3）可操作性。

（4）生命周期。

（5）保证文档。

2) 4 类安全等级

（1）无安全（D 级）。该类安全等级没有安全措施，不可信赖。

（2）自主安全（C1 级、C2 级）。该类安全等级能够提供审计保护，并为用户的行动和责任提供审计能力。它又称为 C 类安全等级，可划分为 C1 和 C2 两类。其中，安全等级为 C1 的系统（以下简称 C1 系统）的可信任运算基础体制（Trusted Computing Base，TCB）通过将用户和数据分开来保证安全。在该系统中，所有用户以相同的灵敏度来处理数据，即用户认为该系统中的所有文档都具有相同的机密性。与 C1 系统相比，安全等级为 C2 的系统（以下简称 C2 系统）加强了可调的审慎控制。在接入网络时，C2 系统的用户分别对各自的行为负责。C2 系统通过登录过程、安全事件和资源隔离来增强上述控制，它具有 C1 系统中所有的安全性特征。

（3）强制保护（B1 级、B2 级、B3 级）。B1 级支持 C2 级的全部功能并增加了强制访问控制和强制完整性，其中强制完整性标签表示信息提交的可信度。B2 级对网络可信计算基（Base）有明确定义，对安全策略模型有形式化证明，可以扩展 B1 级实现的自主访问控制（DAC）模型和强制访问控制（MAC）模型，使其适用于所有主体和客体，并引入强制完整性机制以保护资源的完整性和限制对资源的访问与修改，同时实现自动测试、检验和报告网络完整性错误与威胁，遵循最小权限原则，只分配完成任务所需的权限。B3 级将所有信道和部件标明为单级安全和多级安全，单级设备只能连接单级信道，不能串用，它能够监视安全审计事件并提供报告。网络可信计算基的语法简单准确，以便于验证。大部分与安全有关的功能和数据驻留在网络可信计算基中（数据完整性和拒绝服务等除外），它有恢复进程，能够隔离故障部分。

（4）验证设计（A1 级）。其功能要求与 B3 级基本相同，系统设计说明必须形式化，安全功能则需要经过形式化证明（两个形式化的目的是使安全功能的实现更有保证）。

3. ITSEC

在 ITSEC 评价标准中，安全功能和安全保证是分开评估的。

安全功能是指相关系统内部的安全机制和控制，包括访问控制、认证、加密、审计等。为了实现更好的安全功能，ITSEC 评价标准给出一组安全功能要求，即 10 个安全功能等级 F1～F10，具体含义如下：F1 代表安全政策；F2 代表安全管理；F3 代表安全能力；F4 代表安全防护；F5 代表安全通信；F6 代表安全评价；F7 代表安全文档；F8 代表安全培训；F9 代表安全规划；F10 代表安全保障。

安全功能等级 F1～F5 的作用类似于安全等级 C1～B3，安全功能等级 F6～F10 则用于描述是否具备数据和程序的完整性、系统的可用性，以及数据通信的完整性、保密性。

安全保证主要分为 7 个等级，即 E0~E6，具体含义如下：

E0——无信任级别。它表示缺乏有效的安全保护措施，相关系统的安全性无法得到保证。

E1——最低信任级别。它表示存在一些基本的安全保护措施，但有较高的风险和潜在漏洞。

E2——低信任级别。它表示对相关系统的安全进行了一定程度的增强，但有一些潜在风险和漏洞。

E3——中等信任级别。它表示相关系统已经采取一系列合理的安全保护措施，对常见的威胁具有一定的防御能力。

E4——高信任级别。它表示相关系统具有较高的安全性，并且能够有效应对大部分已知的威胁和攻击。

E5——很高信任级别。它表示相关系统在安全性方面具备相当高的保护水平，能够有效应对广泛的威胁和攻击。

E6——最高信任级别。它表示相关系统在安全性方面具备非常高的保护水平，能够有效抵御几乎所有已知的威胁和攻击。

其中，E0 无法验证/证明；E6 有形式化验证。

4．国家标准

我国现行信息安全评价标准是 GB 17859—1999《计算机信息系统 安全保护等级划分准则》，其规定了计算机系统安全保护能力的 5 个等级，分别如下：

① 第一级，即系统自主保护级（C1 级）；
② 第二级，即系统审计保护级（C2 级）；
③ 第三级，即安全标记保护级（B1 级）；
④ 第四级，即结构化保护级（B2 级）；
⑤ 第五级，即访问验证保护级（B3 级）。

2.3.2　访问控制模型

访问控制是一种通过某种途径显式地准许或限制主体对客体访问能力及范围的方法，也是针对越权使用系统资源的防御措施。它通过限制对关键资源的访问，防止非法用户入侵或因合法用户不慎操作而造成破坏，从而保证系统资源得到受控的、合法的使用。访问控制的目的在于限制系统内用户的行为和操作，包括用户能做什么和系统程序根据用户的行为应该做什么两方面内容。访问控制的核心是授权策略，授权策略是用于确定主体能否对客体拥有访问能力的规则。在统一的授权策略下，得到授权的用户就是合法用户，否则为非法用户。

访问控制模型定义了主体、客体、访问是如何表示和操作的，决定了授权策略的表达能力和灵活性。若按照授权策略进行划分，访问控制模型可分为传统的访问控制模型、基于角色的访问控制模型、基于任务和工作流的访问控制模型及其他访问控制模型等。

1．传统的访问控制模型

传统的访问控制可以分为两类：自主访问控制（Discretionary Access Control，DAC）和强制访问控制（Mandatory Access Control，MAC）。其中，自主访问控制是基于确认主体身份及其所属组对访问进行限制的一种方法。自主访问的含义是访问许可的主体能够向其他主体转让访问权。在基于自主访问控制的系统中，主体的拥有者负责设置访问权限。然而一个或多个特权用户也可以改变主体的控制权限。对于自主访问控制而言，其所面临的一个重要问题就是主体的权限过大，可能在无意间泄露信息，并且不能防备特洛伊木马的攻击。访问控制表（ACL）是自主访问控制中常用的一种安全机制，系统安全管理员通过维护访问控制表来控制用户访问有关数据。访问控制表的优点在于其内容表述直观、易于理解，比较容易查出对某一特定资源拥有访问权限的所有用户，从而有效实施授权管理。但当用户数量多、管理数据量大时，访问控制表就会变得很庞大。当组织内的人员发生变化或工作职能发生变化时，访问控制表的维护也会变得非常困难。此外，对分布式网络系统进行自主访问控制不利于实现统一的全局访问控制。强制访问控制是一种强加给访问主体（系统强制主体服从访问控制策略）的访问方法，它利用上读/下写来保证数据的完整性，利用下读/上写来保证数据的保密性。强制访问控制主要用于多层次安全级别的军事系统中，通过梯度安全标签实现信息的单向流通，可以有效阻止特洛伊木马的攻击。其缺点主要在于实现工作量较大、管理不便、不够灵活，并且过分强调保密性，对系统连续工作能力、授权的可管理性方面考虑不足。

2. 基于角色的访问控制模型

基于角色的访问控制（RBAC）支持 3 个著名的安全原则，分别是最小权限原则、责任分离原则和数据抽象原则。

（1）最小权限原则之所以被 RBAC 所支持，是因为 RBAC 可以将其角色配置成完成任务所需的最小权限集。

（2）通过将敏感任务分配给互相独立、互斥的角色来体现责任分离原则。

（3）数据抽象原则可以通过权限的抽象来体现，如财务操作用借款、存款等抽象权限，而不用操作系统提供的典型的读、写、执行权限。然而最小权限原则、责任分离原则和数据抽象原则都必须通过 RBAC 模型中各部件的详细配置体现。

RBAC 有许多部件，导致 RBAC 模型的管理变得多面化，尤其需要将以下问题分解为不同的部分进行讨论：用户与角色的指派，角色与权限的指派，以及为定义角色的继承而进行的角色与角色的指派。上述问题都要求把用户和权限联系起来，但是在很多情况下，它们最好由不同的管理员或管理角色来处理。对角色指派权限是典型的应用管理者的职责。例如，在银行应用中，把借款、存款操作权限指派给出纳角色，把批准贷款操作权限指派给经理角色，而将具体人员指派给相应的出纳角色和经理角色是人事管理的范畴。角色与角色的指派包含用户与角色的指派、角色与权限的指派的一些特点。一般来说，角色与角色的关系体现了更广泛的策略。

RBAC 认为权限授权实际是关于 Who、What、How 的问题。在 RBAC 模型中，Who、What、How 构成了访问权限三元组，即"Who 对 What（Which）进行 How 的操作"。

① Who：权限的拥有者或主体，如 Principal（主体）、User（用户）、Group（用户组）、Role（角色）、Actor（参与者）等。

② What：权限针对的对象或资源（Resource、Class）。

③ How：具体的权限（Privilege）。在 RBAC 模型中，Privilege 是被授权的对象，而正向授权和负向授权是授权的方式。RBAC 模型通过对角色和权限的授权，实现对用户访问控制的管理。特定角色被授予了特定的权限，而当用户被分配到某个角色上时，即可获得该角色所具有的权限。在这个过程中，可以使用正向授权或负向授权的方式来控制用户的访问行为。

④ Operator：操作。表明对 What 进行的 How 操作，即 Privilege+Resource。

⑤ Role：角色，即一定数量的权限的集合。作为权限分配的单位和载体，其目的是隔离用户和权限之间的逻辑关系。

⑥ Group：用户组，即权限分配的单位与载体。权限并非直接分配给特定的用户，而是分配给特定的角色。当用户被分配到某个角色上时，就会获得该角色所具有的权限。为了便于管理和维护权限，可以将多个角色组合成一个组，从而实现权限的继承。这种分层方式可以保证系统的可扩展性和活性。Group 也可以包含 User，Group 内的 User 可继承 Group 的权限，而 User 与 Group 是多对多的关系。Group 之间可以形成层次化的结构，以满足不同层级权限控制的要求。

RBAC 的关注点在于 Role 和 User 及 Privilege 的关系，即用户权限（User Assignment，UA）和权限分配（Privilege Assignment，PA），关系两边的实体都是多对多的关系，即 User 可以有多个 Role，Role 也可以包括多个 User。若用过 RDBMS（关系型数据库管理系统），可知 $n:m$（实体关系为多对多）的关系需要用一个中间表来保存两个表（数据库二维表）的关系，UA 和 PA 就相当于中间表。事实上，整个 RBAC 模型都是基于关系模型实现的。

Session 在 RBAC 中是一个比较隐晦的元素。从标准上讲，每个 Session 是一个映射，即一个 User 到多个 Role 的映射。当一个 User 激活其所有 Role 的一个子集时，就会建立一个 Session。每个 Session 和单个 User 相关联，而每个 User 都可以关联到一或多个 Session。

在 RBAC 系统中，User 实际上是在扮演角色（Role），可以用 Actor 来取代 User，这个想法源于《UML 商业建模与实践》(*Business Modeling With UML*) 一书中提到的 Actor-Role 模式。考虑到多人可以有相同权限，RBAC 模型引入了 Group 的概念。Group 同样可以看作 Actor，而 User 的概念就具象到一个人。

这里的 Group 和基于组的访问控制（Group-Based Access Control，GBAC）中的 Group 不同。GBAC 多用于操作系统中，其中的 Group 直接和权限相关联，实际上 RBAC 模型也借鉴了一些 GBAC 的概念。Group 和 User 都和组织机构有关，但不是组织机构，它们在概念上是不同的。组织机构是物理存在的公司结构的抽象模型，包括部门、人、职位等，而权限模型是对抽象概念的描述。组织结构一般用 Martin Fowler 的 Party 或责任模式来建模。Martin Fowler 的 Party 是一种设计模式，用于实施将用户及其角色、权限等信息表示为对象的方法，以实现更加灵活和可维护的访问控制系统。该模式将用户、角色、组织等实体抽象为一个统一的概念，以支持更加动态和可扩展的访问控制模型。

在 Party 中，Person 和 User 的关系是每个 Person 都可以对应到一个 User，但所有的 User 不一定有对应的 Person。Party 中的部门（Department）或组织（Organization）都可以对应到 Group，而 Group 未必对应一个实际的机构。例如，可以有副经理这个 Group，该岗位由多人共同负责。

引入 Group 这个概念，除了用来解决多人角色相同的问题，还可以解决组织机构另一种的授权问题。例如，当 A 部门的消息管理员希望 A 部门所有的人都能看到某消息时，若有一个 A 部门对应的 Group，则可直接授权给该 Group。

3. 基于任务和工作流的访问控制模型

所谓任务（或活动），就是要进行的所有操作的统称。基于任务和工作流的访问控制（TBAC）模型是一种基于任务采用动态授权的主动安全模型，其基本思想如下：

（1）将访问权限与任务相结合，每项任务的执行都被看成主体使用相关访问权限访问客体的过程。在任务执行过程中，访问权限被消耗，当访问权限被用完时，主体就不能再访问客体了。

（2）系统授予用户的访问权限，不仅与主体、客体有关，还与主体当前执行的任务及任务的状态有关。客体的访问控制权限并不是一成不变的，而是随着执行任务上下文环境的变化而变化的，其缺点是在 TBAC 模型中没有将角色与任务清楚地分离，也不支持角色的层次等级。此外，TBAC 模型并不支持被动访问控制，需要与 RBAC 模型结合使用。

4. 其他访问控制模型

在访问控制技术的发展过程中，为了适应不同的应用需求，不同的访问控制模型相继被提出。

1）基于任务和角色的访问控制模型

基于任务和角色的访问控制（T-RBAC）模型把任务和角色置于同等重要的地位，它们是两个独立而又相互关联的重要概念。任务是 RBAC 模型和 TBAC 模型能结合的基础。在 T-RBAC 模型中，先将访问权限分配给任务，再将任务分配给角色，角色通过任务与权限相关联，任务是角色和权限交换信息的桥梁。在 T-RBAC 模型中，任务具有权限，角色只有在执行任务时才具有权限，若角色不执行任务，则其不具有权限；权限的分配和回收是动态进行的，任务根据流程动态到达角色，权限随之赋予角色，当任务完成时，角色的权限随即被收回；角色在工作流中不需要被赋予权限。这样不仅使角色的操作、维护和任务的管理变得简单方便，也使系统变得更安全。

2）基于对象的访问控制模型

控制策略和控制规则是基于对象的访问控制（OBAC）模型访问控制系统的核心所在，在该模型中，将访问控制列表与受控对象或受控对象的属性相关联，并将访问控制选项设计成用户、组或角色及其对应权限的集合，同时允许对策略和规则进行重用、继承和派生操作。这样不仅可以对受控对象本身进行访问控制，也可以对受控对象的属性进行访问控制，并且派生对象可以继承父对象的访问控制设置，这对于信息量巨大、信息内容更新变化频繁的管理信息系统非常有益，可以减轻因为信息资源的派生、演化和重组等而带来的分配、设定角色权限等的工作量。OBAC 模型从信息系统的数据差异变化和用户需求出发，有效解决了信息数据量大、数据种类繁多、数据更新变化频繁的大型管理信息系统的安全管理问题。OBAC 模型从受控对象的角度出发，将访问主体的访问权限直接与受控对象相关联，一方面定义对象的访问控制列表，使增、删、修改访问控制项易于操作；另一方面，当受控对象的属性发生改变或者受控对象发生继承和派生行为时，无须更新访问主体的权限，只需要修改受控对象的相应访问控制项，从而减少了访问主体的权限管理，降低了授权数据管理的复杂性。

3）下一代访问控制模型

使用控制（Usage Control，UCON）模型也称 ABC 模型，它包含 3 个基本元素（主体、客体、权限）和 3 个与授权有关的元素（授权规则、条件、义务）。

（1）主体（Subjects）。它是具有某些属性和客体（Objects）操作权限的实体，其属性包括身份、角色、安全级别及成员资格等，主要用于授权过程。

（2）客体（Objects）。它是主体的操作对象，也有属性，具体包括安全级别、所有者、等级等，主要用于授权过程。

（3）权限（Rights）。它是主体拥有的对客体操作的一些特权。权限由一个主体对客体进行访问或使用的功能集组成，UCON 模型中的权限可分为许多功能类，如审计类、修改类等。

（4）授权规则（Authorization Rules）。它是允许主体对客体进行访问或使用前必须满足的一个需求集。授权规则是用来检查主体是否有资格访问客体的决策因素。

（5）条件（Conditions）。它是在使用授权规则进行授权过程中允许主体对客体进行访问前必须检验的一个决策因素集。条件是环境的或面向系统的决策因素，可用来检查存在的限制、使用权限是否有效，以及哪些限制必须更新等。

（6）义务（Obligations）。它是一个主体在获得对客体的访问权限后必须履行的强制责任。既然分配了权限，就应该有执行这些权限的义务。

在 UCON 模型中，授权规则、条件、义务与授权过程相关，它们是决定一个主体是否有某种权限能对客体进行访问的决策因素。基于这些元素，UCON 模型有 4 种可能的授权过程，并由此可以证明：UCON 模型不仅包含了 DAC、MAC 和 RBAC，还包含了数字版权管理（DRM）、信任管理等。UCON 模型涵盖了现代商务和信息系统需求中关于安全和隐私的重要问题。因此，UCON 模型为研究下一代访问控制提供了一种可能的方法，又被称为下一代访问控制模型。

4）基于属性的访问控制模型

基于属性的访问控制模型（ABAC）是一种应对行业分布式应用中可信关系访问控制问题的模型，它以相关实体（如主体、客体、环境）的属性作为授权的基础来研究如何进行访问控制。基于上述目的，可将实体的属性分为主体属性、实体属性和环境属性，这与传统的基于身份的访问控制（IBAC）不同。在基于属性的访问控制中，访问判定是基于请求者和资源所具有的属性的，请求者和资源在 ABAC 中通过特性来标识，而不像在 IBAC 中只能通过 ID 来标识，这使得 ABAC 具有足够的灵活性和可扩展性，同时使安全的匿名访问成为可能，这在大型分布式环境中是十分重要的。

5）基于规则策略的访问控制模型

E.Bertino 等在 RBAC 模型的基础上给出了一个基于规则的授权模型，该模型提出了一种约束描述语言，既能表达静态约束，也能表达动态约束，并且给出了约束规则的一致性检查算法。朱羚等也提出了一种基于约束规则的访问控制（CBAC）模型，该模型采用显式授权与隐式授权相结合的安全机制，引进一种用于精确描述 CBAC 模型安全策略的形式化语言，并制定了一种描述用户属性约束和时间属性约束的统一语法规范。

6）面向服务的访问控制模型

面向服务的访问控制模型是近几年才发展起来的模型。随着数据库、网络和分布式计算机的发展，组织任务进一步实现自动化，与服务相关的信息进一步实现计算机化，从而增加了工作流访问控制的复杂性。研究人员从工作流访问控制模型与流程模型分离的角度来解决上述问题。中国科学院软件研究所的徐伟等提出了一种面向服务的工作流访问控制模型，该模型中的服务是流程任务的抽象执行和实施访问控制的基本单元，通过服务将组织角色、流程任务和执行权限相关联，避免了访问控制模型与流程模型直接关联。

7）基于状态的访问控制模型

2001 年，B. Steinmuller 等将 RBAC 模型扩展，提出了一种基于状态的 RBAC 扩展模型。该模型在传统 RBAC 模型的基础上引入了状态的概念，将由对象访问控制的变化所引起的 RBAC 组件的变化作为状态的迁移，从而可以为每个对象的访问控制构造一个状态转换图，并根据状态转换图来跟踪各个对象的访问控制策略。该模型中的状态概念与工作流运行中的任务状态和过程状态的概念非常相似，因此可以将其应用于工作流系统中。

8）基于行为的访问控制模型

李凤华等提出了一种基于行为的访问控制（Action-Based Access Control，ABAC）模型，该模型中的行为综合了角色、时态状态和环境状态的相关安全信息。ABAC 模型不仅可以提供传统的角色、角色控制和时态约束，还能提供环境约束，支持移动计算的接入用户、接入的具体业务需求、接入位置、接入时间和接入平台是随机的、事先不可预知等典型特性。因此，ABAC 模型具有广泛的应用范围、便利的应用方式。

2.4 入侵检测技术

2.4.1 基于误用的入侵检测

基于误用的入侵检测系统（Misuse-based Intrusion Detection System，MIDS）也称为基于知识的检测系统、基于模式匹配的检测系统，它通常假设所有入侵行为都拥有固定的模式或入侵特征，针对这种情况，可以根据以往网络攻击的特征捕获入侵行为，从而建立一个网络入侵信息特征库。基于误用的入侵检测系统可以将当前网络中的数据特征与网络入侵信息特征库中的特征进行比对，一旦比对成功，即可判定当前的网络数据存在入侵网络攻击，可对其进行拦截和告警。

根据基于误用的入侵检测原理可知，基于误用的入侵检测系统的关键在于网络入侵信息特征库的建立。在进行入侵检测时，主要判断所采集的数据特征是否在网络入侵信息特征库中出现，如果库中存在当前数据的特征，则判定为网络入侵。这种方式与大部分杀毒软件的工作原理类似。

基于误用入侵检测的实质是将搜集到的信息与已知的网络入侵信息特征库进行匹配，从而发现违背安全策略的行为。该过程可以很简单（如通过字符串匹配来寻找一个简单的条目或指令），也可以很复杂（如利用正规的数学表达式来表示安全状态的变化）。一般来讲，对于同一种攻击方式，可以用一个相对固定的过程（如执行一条指令）或一个输出（如获得权限）来表示。

常用的基于误用的入侵检测方法主要包括 4 种：专家系统误用检测、特征分析误用检测、模型推理误用检测和键盘监控误用检测。

1. 专家系统误用检测

专家系统误用检测方法的基本思想是将网络入侵行为表示为一系列 If-Then 的逻辑规则，并根据这些规则建立对应的入侵专家系统，而逻辑规则里的 If 部分表示判定为网络攻击的条件，Then 部分则表示判定为网络攻击时所触发的操作。专家误用入侵检测系统对网络行为的审计数据事件进行转换，并将转换后的结果用于后续入侵判断，通过推理引擎进行入侵检测，当 If 部分中的条件全部满足或者满足部分关键条件时，Then 部分中相应的操作会被执行。

专家系统误用检测方法需要处理大量的审计数据并且依赖于审计匹配的顺序，当 If 部分中的条件较多且匹配较为复杂时，专家误用入侵检测系统的处理相对较慢，而将各种网络入侵行为转换为 If 部分中的条件也相对复杂。此外，专家误用入侵检测系统只能检测出历史数据中已经发现的网络入侵行为，若要应对新的网络攻击，则须人工添加新攻击所对应的规则，维护相关入侵知识库的工作量相对较大。

2. 特征分析误用检测

在商业化的入侵检测系统产品中，基于特征分析的入侵检测方法运用较多。特征分析误用检测方法与专家系统误用检测方法的过程类似，都需要先广泛收集网络入侵行为。专家系统误用检测方法由于需要进行顺序化的条件匹配，影响了整体运行效率，未被广泛使用，而特征分析误用检测方法可以更直接地使用各种网络入侵知识。特征分析误用检测方法是将网络入侵行为转换为一个事件序列或者某种可以直接在网络数据包审计记录中找到的数据案例，而非抽象成对应的网络入侵规则，这样可以直接从网络数据中提取相应的特征与之匹配，不需要分析处理大量的数据，从而提高了入侵检测的效率。

与专家系统误用检测方法类似，特征分析误用检测方法也需要及时更新相关入侵知识库来应对新的网络攻击，相应地，它也需要根据不同的操作系统建立不同的入侵知识库，同样面临建立和维护入侵知识库的工作较为繁重的问题。

3. 模型推理误用检测

模型推理误用检测方法的基本思想是先根据网络攻击数据的特征建立误用模型，再由基于模型推理的入侵检测系统根据该模型中的入侵行为特征进行推理，判断当前用户的网络请求是否存在误用行为。模型推理误用检测方法需要建立攻击序列数据库、预警器并创建规划者。每个攻击序列都代表一种攻击行为，基于模型推理的入侵检测系统根据攻击序列的子集推断当前是否受到入侵。根据当前的活动模型，预警器产生下一步行为，而规划者会考虑如何将所假设的行为反映在审计追踪数据上,以及如何将所假设的行为与系统相关的审计追踪进行匹配。各个攻击序列的证据会逐渐增加,活动模型组也会被更新,证据推理分析功能可以更新活动模型列表中各攻击剧本出现的概率,根据攻击剧本出现的概率可以检测是否存在入侵行为。

根据攻击序列的子集来推断相关系统当前是否受到入侵的优势在于可结合数学中的不确定推理理论辅助入侵检测系统,可以用模型证据来推理专家系统中不容易处理的未确定的中间结论,并能减少审计数据量,但是会在一定程度上增加创建入侵检测模型的系统开销。与上述误用检测方法相同的是,该方法也只能检测出历史已知的网络攻击,因而需要不断对数据库进行扩充。

4. 键盘监控误用检测

键盘监控误用检测方法是基于用户键盘行为的入侵检测方法,其入侵检测系统负责监视网络中各个用户的击键方式,并将获取的用户击键方式与已确定为网络入侵的击键方式相匹配,一旦匹配成功,就会将当前行为认定为网络攻击。该方法的不足之处是需要操作系统提供监视用户键盘的权限,并提供相应的支持,以获取可靠的用户击键行为。然而键盘监控误用检测方法可能存在多种击键方式表示同一种攻击的情况,并且不能对击键进行语义分析,这就使攻击者可以轻松利用命令的各种别名欺骗其入侵检测系统。此外,因为该方法局限于对用户的击键行为进行检测,所以无法检测那些通过程序实现自动攻击的行为。

2.4.2 基于异常的入侵检测

基于异常的入侵检测系统(Anomaly-based Intrusion Detection System,AIDS)也称为基于行为的入侵检测系统,它根据用户的历史行为和已有的系统日志判断是否存在网络攻击。基于异常的入侵检测系统假设网络中的入侵攻击行为是不常见的,与正常行为有较大出入。如果能够提前总结用户与系统中的正常行为的规律,并依据其规律构建对应的行为模型,通过该入侵检测系统即可将当前捕获到的网络数据与建立的行为模型进行对比,若发现当前行为偏离了正常的行为轨迹,则将其标记为网络攻击,并对其进行拦截。

基于异常的入侵检测系统首先会设定一些系统对象,如用户、文件、目录和设备等,并创建一个统计描述,用于统计其正常时的属性值,如访问次数、操作失败次数和延时等,此外,系统的一些状态值,如 CPU 利用率、内存利用率、文件校验和等也需要特别关注。针对这些属性值和状态值,可通过观察或者统计的方法得出,并在此基础上将系统运行时的数值与所定义的正常情况进行比较,进而判断出是否有被攻击的迹象。该检测系统的核心在于如何分析系统的运行情况。

相对于基于误用的入侵检测系统,基于异常的入侵检测系统通常能够检测出历史数据中未曾出现过的网络入侵行为,检测效果很少依赖于特定的主机操作系统,并且对于内部合法用户的越权违法行为也有较好的检测效果。但是其局限性在于对历史数据的质量要求较高,与基于误用的入侵检测系统相比,该检测系统的误报率较高,入侵检测模型的建立也相对困难。

目前,常用的基于异常的入侵检测方法主要包括 3 种:统计分析异常检测、机器学习异常检测及数据挖掘异常检测。

1. 统计分析异常检测

统计分析异常检测方法的基本思想是对系统及用户的行为按照一定的采样周期进行规律性采样，采样内容主要包括用户的行为、用户的状态及系统的资源占用情况等。在此基础上，对采集到的样本进行计算，得到一系列的参数变量以对用户在系统中的行为进行描述，从而产生行为画像，之后，将每次采样后得到的行为画像与已有轮廓进行合并，最终得到系统和用户的正常行为画像。该方法使用的入侵检测系统通过将当前采集到的行为画像与正常行为画像进行比较，检测是否存在网络入侵行为。

在早期的检测模型中，入侵检测系统先计算出所有变量的平均值，再根据平均偏差检测当前行为是否超过某一阈值。该模型的表现一般，仅对某些数据敏感的攻击检测效果较好，对大多数攻击类型的检测效果较差。目前使用一种更复杂的模型，即入侵检测系统同时计算并比较每个用户长期和短期的活动状态，状态信息则随着用户行为的变化不断更新。

统计分析异常检测方法的优势在于其所应用的技术方法在统计学中已较为成熟，不足之处则是阈值设置会直接影响模型的效果，而阈值可能会随着环境发生变化，通常难以确定。若阈值设置得偏高，则可能产生过多的误检；若其设置得偏低，则会导致漏检率升高。此外，统计分析异常检测方法对事件发生的顺序不够敏感，很可能会漏掉出几个先后发生的关联事件所组成的入侵行为。同时因为行为的检测结果不是异常的，就是正常的，攻击者可以利用这个漏洞在看似正常的数据中加入攻击信息。

2. 机器学习异常检测

随着机器学习技术的发展，基于机器学习模型的异常检测技术成为当前研究的重点。机器学习算法是指通过学习已有的输入和输出信息对，在抽象得到其内在的关系后，通过归纳得到新的输入与输出信息对。机器学习异常检测方法使用机器学习模型对系统和用户的行为进行学习。例如，训练神经网络学习归纳用户输入命令的方式，得到用户行为的轮廓框架，其目的是能够根据用户已执行的命令来预测用户要输入的下一条命令。该方法使用的入侵检测系统的相应模块把某用户当前输入的命令和用户已经执行的多项命令传递给机器学习模型，若该模型预测到用户输入的命令与其后续实际输入的命令不一致，则在一定程度上表明用户的行为与正常行为的轮廓框架发生了偏离，即说明用户行为异常，由此判定用户后续的行为是网络攻击。

机器学习异常检测方法的优势在于不需要对数据进行统计，能够较好地应对原始数据的随机性，并在一定程度上降低了干扰数据对模型效果的影响。与统计分析异常检测方法相比，机器学习异常检测方法能够更简洁地表达各种状态变量之间的非线性关系，并能够自动学习。

该方法的缺点是对采集到的数据要求较高，只有数据量足够大且数据集中各类别样本数量相差不大时，训练所得的模型的检测效果才会相对稳定，反之，可能会存在过拟合的问题，导致模型整体的检测效果变低。

3. 数据挖掘异常检测

将数据挖掘技术应用于入侵检测是因为它具有处理大量数据记录的能力。现实中采集到的网络流量审计记录的数据量往往达到 PB 级别（存储量为 1000TB），特别是在网络中的主机数量较多且网速较快的情况下。数据挖掘异常检测方法先从各种审计数据或者网络数据流中提取相关的知识信息（这些知识信息是蕴涵在数据之中的），再将它们归纳总结为规则、模式等，语义分割算法就是其所采用的算法之一。该方法使用的入侵检测系统借助这些知识信息进行网络入侵检测。数据挖掘异常检测方法的优势在于其具有较强的数据处理能力，缺点是系统整体运行效率不高。

2.5 隐私保护技术

2.5.1 匿名认证

　　车联网环境下的匿名认证技术需要满足可认证性、可归责性、不可否认性、可作废性和匿名性的要求。在车联网中，车与车之间、车与用户之间、车与路侧设备之间都可以充分实现有用信息和数据的交互、共享。但是由于车联网的数据传输和管理都严重依赖于无线信道，而无线信道又具有开放性，无线信道易受到信息泄露和数据攻击等潜在安全威胁。常见的攻击手段有伪造攻击、信息篡改、非法强占、信息重放、拒绝服务攻击、女巫攻击、暴力破解、车辆追踪及模仿攻击等，这些攻击手段给车联网用户带来了极其恶劣的影响，更有甚者会威胁到用户的生命安全。所以说在信息交互前验证用户的身份安全是保障车联网用户信息安全必不可少的一环，是因为车辆高速行驶，车载自组网（VANETs）中的端到端认证是困难的。此外，车辆用户隐私的保护也备受关注，如驾驶者的姓名、年龄、联系方式、住址及车辆的牌照信息、行驶速度、当前位置和行进路径等私密信息，以及这些私密信息之间存在的某种特殊关系。然而保护车辆用户的隐私安全与实现消息的可靠性认证是互相冲突的，即一方面要求不可以暴露车辆用户的真实身份信息，并尽量获取想要的路况实时信息等；另一方面则需要对"不诚实"的车辆所提供的消息进行确认。传统的安全方案并不能有效地适用于其隐私安全，因此迫切需要在 VANETs 中保护车辆隐私的新的安全计划。确保匿名和身份验证是 VANETs 中的双重要求。虽然匿名和身份认证似乎是矛盾的，但它们必须共存，因为信息的真实性和完整性只有通过认证才能得到保障。当前的匿名方案主要包括基于公钥基础设施的匿名认证、基于身份签名的匿名认证、基于代理的重签名的匿名认证、基于群签名的匿名认证和基于环签名的匿名认证，该类方案满足上述匿名认证的功能需求，但是在车联网这种超大规模且安全形势恶劣的无线网络环境中应用时仍存在一些性能壁垒。

2.5.2 假名技术

　　在当前关于车联网保护的研究中，隐私与安全通常密不可分。车联网的安全主要包括用户和数据认证、隐私、追责及安全通信。安全的要素可以扩充为消息验证、完整性、不可否认性、访问控制和隐私。在广义安全范围内受到攻击的不只是车辆，还有可能是路边单元。在车联网中，车辆需要定期广播信标信息，包括车辆的当前位置、方向和速度等。如果车辆使用真实身份，其隐私很容易被泄露，而使用假名能够有效保护隐私。假名就是车辆在短期内使用的身份，它具有合法性和唯一性。使用假名能够有效保护车辆的隐私，但长时间使用同一假名会产生连续性，导致假名失去其保护隐私的作用，因此需要在固定的时间更换假名。假名技术主要有位置假名和身份假名两个研究方向。其中，位置假名是指用户用几个虚假的位置代替自身所处的真实位置来发送服务请求，在此类位置隐私保护方法中，用户不仅向位置服务器发送自己的真实位置，还以一定的策略生成一组假位置同时向外发送，这些假位置可以起到掩护真实位置的作用。真假位置在位置服务提供端是无法区分的，服务器必须查询出所有相关位置的服务请求，并在返回候选结果集后，由用户根据自身的真实位置来判断所需的服务结果。这种方法会明显增加服务器的查询处理开销，并要求用户有判断结果准确性的能力。身份假名是身份匿名的一种特殊形式，其主要思想是让用户在发送位置服务请求时采用虚假的用户身份来代替真实的用户身份，从而使服务提供商无法收集用户身份与位置的关联关系。尽管非法攻击者通过特殊的技术手段获取了用户的位置信息，但是因为用户的身份是虚假的，反而可以大大降低真实用户所面临的安全风险。

2.5.3　差分隐私

差分隐私（Differential Privacy）是一种强大隐私概念，完全独立于攻击背景知识和计算能力，近年来成为研究的热点。和传统隐私保护技术相比，差分隐私具有明显优势。首先，其模型具有完全独立于恶意攻击背景知识的优点；其次，差分隐私具有严谨的数学理论基础、严格的隐私保护定义和可靠的定量评估方法；最后，差分隐私是一种强大的隐私保护模型，不仅可以减少用户位置隐私的泄露，还能保留足够有效的位置信息，保障基于位置的服务质量。

定义：给定数据集 D 及与其最多相差一个记录的任意临近数据集 D'，也就是说，它们的线性距离为 $|D\Delta D'|=1$。M 是差分隐私保护的随机算法，Range(M) 表示 M 的值域。若 M 是 ε-不可区分的，则对于所有的数据集 D 和临近数据集 D' 应该满足下式：

$$P_r[M(D) \in S] \leqslant e^\varepsilon P_r[M(D') \in S]$$

其中，$P_r[\cdot]$ 表示隐私披露概率，由 M 随机控制；参数 ε 为隐私保护强度，其值与隐私安全程度成反比。M 为数据集 D 提供 ε-差分隐私保护。对于数据集 D 及与其最多相差一个记录的临近数据集 D' 的查询操作，隐私保护强度 ε 能够保证在一定概率上是不可区分的。

差分隐私是密码学中的一种方法，旨在提供一种在查询统计数据库时，可以使数据查询的准确性最大化，并最大限度地减少其识别记录的机会。简单来说，就是在数据中加入随机值，使得统计结果在理论上不变，但是具体到某个值时很可能不是原值。例如拉布拉斯机制、指数机制等，它们都是生成随机噪声的方法。差分隐私具有易于实现、防止数据溯源的优点，但加入大量的随机值容易导致数据的可用性降低。

2.5.4　安全多方计算

安全多方计算（Secure Multi-Party Computation）的研究主要针对在无可信第三方的情况下，如何安全计算一个约定函数的问题。安全多方计算是电子选举、门限签名及电子拍卖等诸多应用得以实施的密码学基础。如果一个安全多方计算协议对于拥有无限计算能力的攻击者是安全的，则称其为信息论安全的或无条件安全的；如果该协议对于拥有多项式计算能力的攻击者是安全的，则称其为密码学安全的或条件安全的。相关结果证明了在无条件安全模型下，当且仅当恶意参与者的人数少于总人数的 1/3 时，才会存在安全的方案；而在条件安全模型下，当且仅当恶意参与者的人数少于总人数的一半时，才会存在安全的方案。安全多方计算起源于图灵奖获得者姚期智先生于 1982 年提出的百万富翁问题，之后，Oded Goldreich 给出较为细致且系统的论述。

安全多方计算的数学定义：假设存在 n 个参与方 $P_1, P_2, \cdots, P_n$，每个参与方都有一个私有输入数据 x_i，所有参与方共同计算某个函数 $f(x_1, x_2, \cdots, x_n)$，并要求在计算结束时，每个参与方 P_i 只能得到私有输入数据 x_i 的输出结果，而不能获取其他参与方的输入信息及输出结果。

当安全多方计算开启计算任务时，通过路由寻址的方式，根据所需类型选择数据进行协同计算，根据安全多方计算节点的计算，从本地数据库中查询数据并进行计算。

安全多方计算理论主要解决各个数据参与方的信息保护和计算正确性问题，能够实现在无第三方的条件下，在保护数据不泄露的前提下保证计算的正确性，它具有以下特点：

（1）输入隐私性。安全多方计算在进行计算任务时，先根据安全多方计算节点的计算，从本地数据库中查询数据，再根据计算任务进行数据计算。在整个计算过程中，数据都保存在本地数据库中，不存在数据泄露的问题，因而可以保证输入数据的隐私性。

（2）计算正确性。安全多方计算的数据参与方根据约定进行任务计算，通过安全多方计算协议进行计算数据的查询和协同计算，因而可以保证计算的正确性。

（3）去中心化。安全多方计算不存在有特权的参与方或可信第三方，而是采用协议的方式代替第三方，通过协议保证各数据参与方拥有平等的地位和权力，任何数据拥有方都可以开启计算任务。

2.5.5　同态加密

同态加密是基于数学难题的计算复杂性理论的密码学技术。通过对经过同态加密的数据进行处理，得到一个输出，对该输出进行解密，其结果与用同一方法处理未加密的原始数据所得的输出结果是一样的。简单来说，就是经过一种加密之后还能对加密后的内容进行运算，运算的结果经过解密还能还原成正确的结果，即

$$f(x, y) = D(f(E(x), E(y)))$$

其中，$D()$ 代表解密；$E()$ 代表加密。

根据数学运算的不同，同态加密可分为 3 种：加法同态加密、乘法同态加密和全同态加密。

1）加法同态加密

Paillier 算法是一种基于合数剩余类问题的公钥加密算法，也是目前最常用且最具实用性的加法同态加密算法之一，已在众多具有同态加密需求的应用场景中实现了落地应用，同时也是

ISO 同态加密国际标准中唯一指定的加法同态加密算法。此外，由于支持加法同态，Paillier 算法还可以支持数乘同态，即支持密文与明文相乘。

2）乘法同态加密

在实际应用中，有关密文乘法同态性的需求场景并不多，因此乘法同态性一般是偶然存在于已有的经典加密算法中的。满足乘法同态性的典型加密算法包括 RSA 公钥加密算法（于 1977 年提出）和 ElGamal 公钥加密算法（于 1985 年提出）等。

3）全同态加密

满足任意运算同态性的加密称为全同态加密（FHE）。由于任何计算都可以通过加法和乘法门电路构造，加密算法只要同时满足乘法同态和加法同态的特性，就可以称其满足全同态特性。全同态加密的计算开销极大，虽然可以满足安全性，但其实用性很低，计算效率也低，通常会与较为成熟的 Paillier 算法和安全多方计算结合使用。

2.6 思考题

1．为什么要对数字证书进行认证？
2．如何实现高强度、高安全的混合密码系统？
3．作为公钥证书的颁发机构，PKI 中的认证机构为什么可信？
4．访问控制各个安全等级之间的区别是什么？
5．访问控制模型有哪些？各有何区别？
6．常用的入侵检测技术主要分为几种？
7．常用的入侵检测技术的应用场景和优势是什么？
8．隐私保护技术有哪些？各有何区别？

第3章 车联网信息安全威胁及防护策略

3.1 智能网联汽车信息安全威胁及防护策略

3.1.1 智能网联汽车信息安全威胁分析

智能网联汽车是智能汽车与车联网的结合体，它通过搭载先进的车载传感器、控制器、驱动器和其他设备，同时集成现代通信和网络技术，实现了车辆、人员、道路、云的智能通信和共享，使新一代汽车变得安全、便捷、节能和高效。

智能汽车车端威胁体系架构如图 3-1 所示，主要涉及车载网关、远程信息处理器（Telematics Box，T-Box）、车载信息娱乐（In-Vehicle Infotainment，IVI）系统、电控单元（Electronic Control Unit，ECU）、车载诊断（On-Board Diagnostic，OBD）、传感器、空中下载/远程升级（Over-the-Air，OTA[①]）、车载操作系统（OS）及车内网络（上述部分组成未在图中标出）等的安全威胁风险。

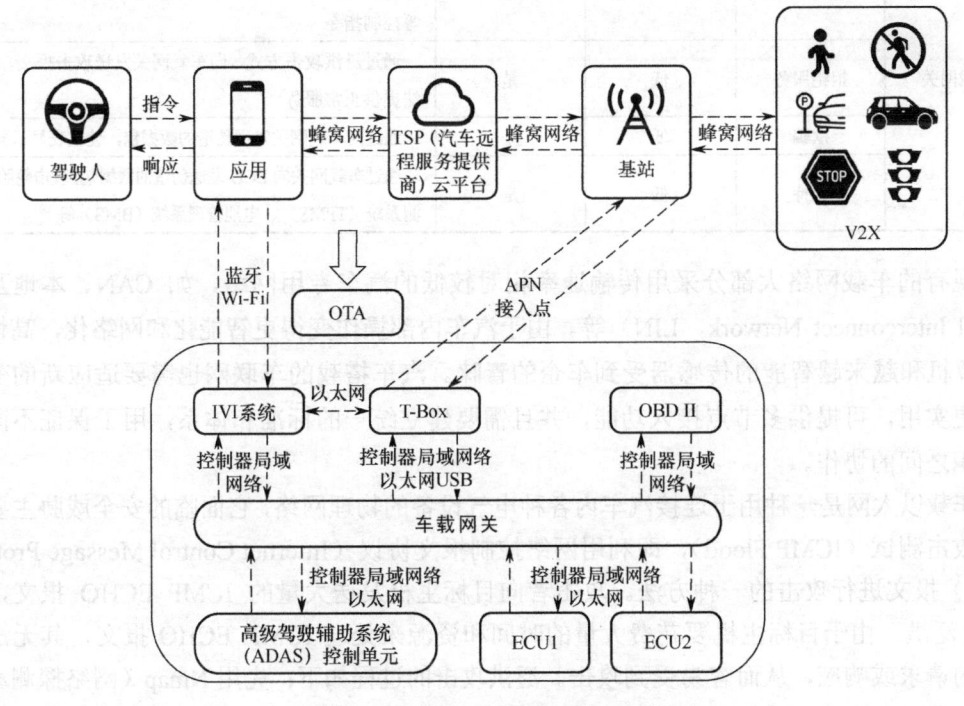

图 3-1 智能汽车车端威胁体系架构

[①] OTA 既可指空中下载，也可指远程升级。

1. 车载网关

车载网关为各网段 ECU 提供报文路由转发服务，它与车内所有 ECU 均有数据交互。部分网关需要提供 OTA 升级的主刷控制器功能，车载网关通过不属于同一网络的物理隔离和不同通信协议间的转换，在各个共享通信数据的功能域，如动力总成域、底盘和安全域、车身控制域、信息娱乐域、远程信息处理域、高级驾驶辅助系统（Advanced Driving Assistance System，ADAS）域之间进行信息交互。车载网关对于整车电子核心架构来说是一个十分重要的部件，它可通过控制器局域网络（Controller Area Network，CAN）协议与车内其他 ECU 进行数据共享和协作，因而成为车内网络数据的沟通桥梁。

在 CAN 协议中，所有消息都以固定格式发送。当总线处于空闲状态时，连接到总线的所有设备都可以开始发送新消息。如果两个或多个单元（CAN 节点、CAN 总线控制单元、设备等）同时开始发送消息，则应根据消息 ID 分配优先级，并对每个消息 ID 的每个位的优先级进行逐个仲裁比较。最高优先级单元有权继续发送消息，较低优先级单元须立即停止发送消息并开始接收数据。一般来说，汽车内部的中央网关（为车载网关提供服务）需要提供车内的通信服务。车载网关安全威胁列表见表 3-1。

表 3-1 车载网关安全威胁列表

攻击目标	攻击方法	攻击成本	物理接触	描述
车载网关	欺骗、劫持	低	是	通过中间人攻击方式截取分析网关通信数据，通过破解 CAN 协议，发送开启车门、打开车窗、鸣笛、开启空调等控制指令
	拒绝服务	低	是	通过泛洪攻击方式，向车载网关发送攻击报文，使其无法提供正常服务
	欺骗	低	是	通过向车载网关发送伪造的数据包，使仪表显示异常
	劫持	低	是	通过车载网关向 ECU 发送伪造的数据包，攻击轮胎压力检测系统（TPMS）、电池管理系统（BMS）等

现有的车载网络大部分采用传输速率相对较低的汽车专用网络，如 CAN、本地互联网（Local Interconnect Network，LIN）等。由于汽车内部操作变得更智能化和网络化，高性能车载计算机和越来越智能的传感器受到车企的青睐。汽车搭载的车联网也需要适应新的变化，变得更实用，可提供多节点接入功能，并且需要建立统一的标准和体系，用于保证不同企业和组织之间的协作。

车载以太网是一种用于连接汽车内各种电气设备的物理网络，它面临的安全威胁主要包括泛洪攻击测试（ICMP Flood），即利用网络控制报文协议（Internet Control Message Protocol，ICMP）报文进行攻击的一种方法。攻击者向目标主机发送大量的 ICMP ECHO 报文，产生 ICMP 泛洪。由于目标主机要花费大量的时间和资源来处理 ICMP ECHO 报文，其无法处理正常的请求或响应，从而容易受到攻击。泛洪攻击的过程如下：先用 Nmap（网络探测和安全评估工具）查找同一网段下的车载以太网网关，再利用 Ping 命令与其建立连接，待进行攻击后，断开连接，同一网段无法再与车载以太网网关进行连接。

2. T-Box

T-Box 是车载智能终端,主要用于和车联网云控平台进行通信,它是智能汽车的通信中枢。T-Box 主要由微控制单元(Microcontroller Unit,MCU)和通信模块组成。其中,微控制单元负责接收和处理 CAN 数据、管理电源、存储数据、故障诊断及远程升级。通信模块主要负责网络连接、数据传输,以及为用户提供 Wi-Fi 热点连接,并为 IVI 系统提供互联网访问通道。T-Box 安全威胁列表见表 3-2。

表 3-2 T-Box 安全威胁列表

攻击目标	攻击方法	攻击成本	物理接触	描述
T-Box	协议破解	高	是	通过逆向固件,破解密钥,解密通信协议,重放、篡改指令
	DoS 攻击	中	否	破坏 T-Box 接收正常指令,拒绝响应 TSP 服务
	信息泄露	高	是	通过调试接口访问内部数据,攻击者可以寻找更好的攻击路径
	会话劫持	中	否	劫持 T-Box 会话,通过伪造协议实施对车身控制域、汽车动力总成域等的远程控制

3. IVI 系统

车载信息娱乐(IVI)系统是采用车载专用中央处理器,基于车身总线系统和互联网服务所形成的车载综合信息娱乐系统。该系统基于嵌入式操作系统或移动操作系统架构,暴露的攻击面比其他车载部件更多。IVI 系统受到的攻击可以分为以下 3 种:

(1)IVI 系统自身可能存在内核漏洞。诸如 WinCE、UNIX、Linux、Android、iOS 等系统均出现过内核漏洞,其迁移操作系统也存在系统漏洞风险。

(2)IVI 系统存在被安装恶意应用程序的风险,可能会破坏系统的可用性。

(3)IVI 系统中的第三方应用可能存在安全漏洞、隐私泄露、关键数据存储、应用鉴权等风险。

此外,IVI 系统的底层可信引导程序、系统层证书签名、PKI 证书框架等也存在易受攻击的弱点。IVI 系统安全威胁列表见表 3-3。

表 3-3 IVI 系统安全威胁列表

攻击目标	攻击方法	攻击成本	物理接触	描述
IVI 系统	利用漏洞提权	中	是	通过漏洞窃取用户隐私
	劫持、拒绝服务	中	是	安装恶意程序,劫持系统界面
	拒绝服务	低	是	恶意占据系统内存,拒绝其他程序服务
	利用漏洞窃取数据	低	是	非法获取用户的关键、敏感数据
	攻击安全引导程序	高	是	避开安全程序检测,与系统实体交互

4. ECU

电控单元(Electronic Control Unit,ECU)是汽车专用微机控制器,由微处理器、存储器等大规模集成电路组成,它主要面临软件和硬件两方面的安全威胁。

（1）软件安全威胁。该类威胁主要包括以下3种：一是通过OBD接口或拆卸ECU来读取其固件，随后进行反向分析；二是由于代码缺陷，ECU固件应用程序存在安全漏洞，可能导致拒绝服务攻击和车辆功能异常响应；三是在安全检查更新时，ECU没有对升级的固件包执行安全检查，或者验证方法被绕过，导致被篡改的系统固件可能被刷新，从而造成严重后果。

（2）硬件安全威胁。该类威胁主要在于多个调试协议可以调试硬件。随着当前ECU集成化水平的提高，域控器的出现给ECU的安全带来新的挑战。攻击者只要对其硬件、存储、启动、通信等某一方面进行数据篡改、植入恶意程序或是进入调试端口，都会给ECU甚至整车带来严重危害。由于域控器是连接通信某一重要域部分的组件，其安全漏洞危害会比普通的ECU危害更高。

ECU安全威胁列表见表3-4。

表3-4　ECU安全威胁列表

攻击目标	攻击方法	攻击成本	物理接触	描述
ECU	伪造、拒绝服务	高	是	篡改ECU固件，破坏操作指令
	篡改、拒绝服务	中	否	攻击者利用远程OTA漏洞篡改ECU固件
	拒绝服务	高	是	发送非法数据，造成通信堵塞

5. OBD

车载诊断（OBD）接口是车载诊断系统的接口，它可以通过诊断指令与总线交互，以诊断车辆故障并控制指令的发送和接收。OBD接口是智能汽车外部访问CAN总线的重要接口，它对接入的设备没有任何验证授权机制。此外，CAN总线系统信息应以明文形式提供，因此任何人都可以使用OBD设备接入车辆并实施操作。

目前，有大量接触攻击是通过OBD接口实现的，OBD接口面临以下两种类型的安全威胁：

（1）OBD接口可能成为攻击者读取CAN总线消息的途径，通过分析并破解总线控制协议，可为后续渗透攻击提供机会。

（2）在设计之初，OBD接口无法识别恶意消息和攻击报文，因为它基于不对公众开放的设定，并且不考虑身份验证及其安全性。

OBD接口安全威胁列表见表3-5。

表3-5　OBD接口安全威胁列表

攻击目标	攻击方法	攻击成本	物理接触	描述
OBD接口	篡改、提权	中	是	植入恶意软件，修改车辆关键控制系统的参数配置
	欺骗、劫持	中	是	包括窃取车内数据、非法访问文件及注入非法数据等行为
	伪造	低	是	发送伪造数据包，干扰TPMS等正常工作

6. 传感器

传感器是智能汽车的数据输入端，主要包括激光雷达、毫米波雷达、超声波雷达及摄像头等。其基本功能是采集周围环境的基本信息并传输至决策层，基于多传感器融合技术，利用感知算法实时计算自动驾驶车辆的位置、类别、速度和方向等信息。因此，传感器是实现车辆自动驾驶的基础，其安全性极为关键。由于智能汽车的传感器位于整个计算系统的最前端，其所面临的安全威胁主要有外部设备的干扰，见表3-6。

表3-6 传感器安全威胁列表

攻击目标	攻击方法	攻击成本	物理接触	描述
激光雷达	干扰	中	否	通过强光干扰激光雷达的正常工作
毫米波雷达	干扰	中	否	通过信号发生器产生干扰信号，使系统信噪比增高，导致毫米波雷达系统失去作用
超声波雷达	干扰	中	否	利用超声换能器不断发送干扰信号，使系统信噪比增高，导致超声波雷达系统失去作用
摄像头	干扰	低	否	通过向摄像头发射激光，使被测物体隐藏或者完全隐藏，导致摄像头出现致盲现象

7. OTA

远程升级（OTA）是指通过云端升级技术，以易于扩展的方式按需为具有联网功能的设备获取系统升级包，并通过执行云端升级，完成系统修复和优化。它面临的主要安全风险如下：首先，攻击者可能利用签名漏洞扫描和篡改固件；其次，攻击者可以阻止对远程更新的访问，并阻止厂商修复安全漏洞。OTA安全威胁列表见表3-7。

表3-7 OTA安全威胁列表

攻击目标	攻击方法	攻击成本	物理接触	描述
OTA	欺骗	低	否	发送假的升级包，实现入侵
	中间人攻击	低	否	修改升级包，实现入侵

8. 车载OS

车载OS作为智能汽车的核心，可以有效分配车机的硬件资源、协同管理车内的各种功能进程和任务，以及控制各种任务的优先级。常见的车载OS有Linux、QNX、Android、WinCE、freeRTOS等系统，其面临的主要安全风险如下：

（1）由于系统特性，内核层存在大量已知的高危漏洞。

（2）攻击者可通过利用漏洞的方式获取系统权限进行攻击，导致车载OS操作异常，威胁用户数据安全和车辆行驶安全。

车载OS安全威胁列表见表3-8。

表3-8 车载OS安全威胁列表

攻击目标	攻击方法	攻击成本	物理接触	描述
车载OS	拒绝服务攻击	低	否	利用漏洞通过分布式拒绝服务攻击、反射式分布拒绝服务攻击等方式进行拒绝服务攻击
	溢出攻击	低	否	利用漏洞实现车载OS系统栈缓冲区溢出
	提权攻击	低	否	利用漏洞通过困惑代理攻击与合谋攻击实现提权攻击

3.1.2 智能网联汽车信息安全防护策略

针对智能网联汽车端网络信息安全存在的漏洞，采用关键组件系统加固、传感器安全防护、CAN 总线认证加密、车载入侵检测、OBD 安全接入、T-Box 安全隔离及 OTA 安全升级等手段为智能网联汽车提供全面的信息安全保护，保障其终端的信息安全。

1．关键组件系统加固

智能网联汽车端的关键组件，如 T-Box、IVI 系统等，通常可以与车内网络通信以获取车内网络数据，也可以与外界通信，但会存在信息被外部披露的风险。当这些关键组件的系统受到攻击时，很容易通过这些关键组件窃取信息，因此有必要加固关键组件的系统。

考虑到智能网联汽车端的主要组件所面临的信息安全风险，通常引入安全启动技术对设备启动的每个阶段进行安全校验，并引入过程白名单技术来检测系统中运行的程序。

2．传感器安全防护

感知层信息安全的防护从两个角度出发：一是使用优化代码层传感器的数据处理方法，通过一致性评估、异常数据检测、数据融合等技术，不断提高自动化系统感知层的鲁棒性。二是从传感器本体着手，通过放置多余的传感器来提高传感器系统的稳定性，同时通过优化镜头材料来保护相机免受强光攻击；在中继攻击的情况下，可以使用实时信号验证和通信设备认证来检测中继设备；在干扰攻击的情况下，可以使用匹配滤波器来过滤高斯噪声信号。

3．CAN 总线认证加密

随着智能网联汽车快速发展，车内总线网络将逐步接入互联网，车内网也将开始通过各种通信方式与外界进行信息交互。在 CAN 总线设计之初，并未考虑任何相关的信息安全机制，导致总线网络完全暴露在互联网环境中，这样黑客可以很容易地跟踪总线报文信息，从而破坏总线协议并实施恶意攻击。不过可以使用各种安全机制来应对 CAN 总线信息安全威胁。例如，对称密码算法用于防止总线协议被破坏，新鲜值机制用于防止重复攻击，加密消息认证码（CMAC）用于解决假冒 ECU 等问题，安全芯片则用于安全存储密钥。

4．车载入侵检测

车载入侵检测技术支持通过在线升级和离线升级方式来更新特征库、规则文件和状态机模型，以提高引擎的保护能力。通过车载入侵检测技术、多重检测技术和多种防御手段，全面实时检测车内网络流量。通过使用 CAN 帧深度检测、CAN-ID 检测、帧周期异常检测、行为状态机检测、洪泛攻击检测、车载以太网协议检测、无线网络协议检测等技术，精准判断攻击行为和异常行为，并支持日志上报、安全规则更新等功能，从而为用户提供立体式多层级网络安全防护方案，确保智能网联汽车端的网络安全。

5. OBD 安全接入

针对 OBD 设备接入存在的安全风险,通过在网关处设置外部诊断设备的安全访问策略来实现对诊断设备的管控。在默认情况下,网关可以通过配置只允许部分诊断指令通过。若诊断设备想发送其他诊断指令,则需要与网关进行身份认证,可采用基于对称算法的随机挑战应答方式进行身份认证并协商会话密钥。认证通过后,网关将进入解锁状态,并转发后续所有的诊断指令,但是每次认证的有效期只能持续很短的时间,而这个时间值可通过网关配置,并通过心跳包技术保证认证过程的时效性。

6. T-Box 安全隔离

在智能网联汽车端采用 T-Box 安全隔离技术为车载网络提供安全域隔离功能,通过本地服务访问控制、数据转发访问控制、基于应用类型的访问控制、基于域名的访问控制、基于应用层内容的访问控制及安全审计技术为智能网联汽车的 T-Box 提供匹配的访问控制技术,以确保智能网联汽车端的网络安全。

7. OTA 安全升级

为了确保 OTA 系统的安全性并充分实现其可靠性,应在 OTA 升级过程中使用安全升级机制,通过数字签名和认证机制确保升级包的完整性和合法性。升级策略可以通过通信加密来确保整个通信包的传输安全。通过将安全组件和安全服务系统集成到固件提供商的 T-Box 和 ECU 平台中,OTA 升级过程中的每个参与者都能够实现安全通信,并确保安全升级。此外,它还具有相应的固件回滚机制,以确保升级失败时,升级设备可以恢复到升级前的状态。

3.2 智能终端设备信息安全威胁及防护策略

3.2.1 智能终端设备信息安全威胁分析

移动应用程序是整个车辆互联网系统的接入终端,用户可以通过移动应用程序远程打开车门、打开车灯、启动车辆或实现其他车辆控制操作。尽管它能为用户提供便利,但会面临各种网络安全风险。用户使用 Wi-Fi 或移动网络通过运行移动应用程序向 TSP 服务器发送远程控制命令,TSP 服务器与 T-Box 通信,并通过车载网关将用户的控制命令发送给相应的 ECU,以实现对汽车及其他功能的远程控制。此外,移动应用程序还可以通过蓝牙、Wi-Fi 或 USB 等短期通信方式与 IVI 系统通信,以使用其提供的娱乐服务。

移动应用程序因其应用广泛且易于访问,已成为被攻击的热点。越来越多的攻击者选择通过调试或反编译应用程序来获取通信密钥和分析通信协议,并使用车联网的远程控制功能伪造驾驶指令,以扰乱用户的使用,如远程起动发动机和打开天窗。移动应用程序安全威胁列表见表 3-9。

表 3-9　移动应用程序安全威胁列表

攻击目标	攻击方法	攻击成本	物理接触	描述
移动应用程序	移动应用重打包	低	否	插入劫持代码，恶意劫持界面
	攻击鉴权机制	低	否	越权控制其他车辆
	活动劫持	低	否	获取隐私密码数据
	反编译攻击	低	否	获取移动应用代码，进行逆向分析
	四大组件[①]权限配置不当	低	否	引发移动应用程序崩溃，窃取移动应用程序数据
	已知漏洞攻击	低	否	窃取移动应用程序用户的登录凭证等信息
	通信协议安全	低	否	可通过重放、篡改蓝牙及 Wi-Fi 数据包，实现通信劫持

注：①四大组件包括活动、服务、广播接收器及内容提供者。

3.2.2　智能终端设备信息安全防护策略

大多数智能汽车厂商使用自己开发或者第三方开发的移动应用软件为客户提供相关服务，由于缺乏标准的监管流程和测试体系，无法进行必要的安全性测试，进而导致智能汽车移动应用程序中的漏洞会在不知情的情况下被攻击者利用，使智能汽车处于风险之中。针对移动应用程序的安全风险，通过使用强化移动应用程序、密钥白盒、敏感数据泄露保护及移动应用程序安全检测等技术来确保移动应用程序的安全。

1．强化移动应用程序

在不更改移动应用程序源代码的情况下，各种移动应用程序的安全漏洞加强技术被集成到移动应用程序的 APK（安卓应用程序的安装包文件格式）中，移动应用程序的整体安全性则通过多种技术的组合得到改善，如反向保护破解、分层文件验证，以及其他多层技术应用程序（如数据资源保护和调试注入保护）。

2．密钥白盒

密钥白盒是白盒密码算法的过程，可分为静态密钥进入白盒和动态密钥进入白框两类，其主要目的是混淆。加密和解密操作在白盒中安全执行，以保护移动应用程序的密钥，同时通过反向分析防止密钥恢复，从而确保移动应用程序的安全性。

3．敏感数据泄露保护

对移动应用程序进行全面检测、监控和保护，通过数据安全管理中心进行统一的策略管理、事件分析、可视化风险显示和安全状况管理。监控和保护静态数据、移动数据和移动应用程序中使用的数据，确保正确使用敏感数据，防止活动或未知数据泄露。

4．移动应用程序安全检测

使用静态检测、动态检测、内容检测及其他检测技术可以检测移动应用程序中的安全风险,并为发现的安全问题提供解决方案。通过提供有效、准确、完整的手机应用安全分析报告,帮助开发者和监管人员控制移动应用程序中存在的风险,有效提高移动应用程序的开发安全性。

3.3 车联网云服务平台信息安全威胁及防护策略

3.3.1 车联网云服务平台信息安全威胁分析

车联网云服务平台,即车辆远程服务提供商(TSP)平台,集成了现代计算机技术(如地理信息服务和通信服务),为用户提供强大的功能,如导航、娱乐、通信、安全、SNS、远程管理,以及车辆和道路基础设施信息的聚合,并提供智能交通管理、远程车辆管理、交通救援等服务。大多数车联网云服务平台都放置在云服务器上,并使用公共云技术,因此一些车联网云服务平台会面临云威胁。例如,可以先通过虚拟机访问主机,再从主机到 TSP 平台虚拟机接收基本信息,如 TSP 主接口、密钥、证书,并横向控制其他汽车。由此可见,车联网云服务平台对系统本身和相关环境的安全至关重要。针对车辆制造商在自己的服务器上部署车联网云服务平台,需要考虑拒绝服务的可能性及传统的 IT 保护、安全管理因素。

车联网云服务平台在车联网架构中是汽车和手机之间重要的通信桥梁,广泛应用于车联网场景中。该平台作为重要的通信服务器,面临形式各异的安全威胁。在收到用户移动应用程序发送的订单后,汽车终端 T-Box 通过专用网络与手机上的 T-Box 通信,同时解析 CAN 总线命令并将其发送到相应的车辆 ECU 处,以实现远程发动机起动、空调启动、车辆预热等功能。

由于车联网云服务平台的开放性,攻击者和普通用户理论上拥有相同的权利,都能访问和共享车联网云服务平台提供的各种资源。随着攻击者访问公共服务接口,车联网云服务平台会比传统云计算服务平台面临更多的攻击风险,攻击造成的损害也更严重。车联网云服务平台安全威胁列表见表 3-10。

表 3-10 车联网云服务平台安全威胁列表

攻击目标	攻击方法	攻击成本	物理接触	描述
车联网云服务平台	跨站点脚本攻击	低	否	泄露用户登录凭证
	SQL 注入	低	否	泄露用户及平台敏感信息
	逻辑漏洞	低	否	泄露信息或导致远程控制他人车辆
	暴力破解	低	否	泄露用户登录凭证
	文件上传	低	否	可获取服务器权限
	信息泄露	低	否	泄露平台或用户隐私信息
	拒绝服务	低	否	导致 TSP 平台无法提供服务
	通信协议安全	低	否	可劫持 TSP 平台与用户、TSP 平台与 T-Box 的通信

3.3.2 车联网云服务平台安全防护策略

在智能汽车正式上路行驶后，云服务平台将作为其储存数据、智能计算、应用加速的平台，负责提供数据支持，加速智能汽车的云端智能决策、推理、车型改进和系统升级。根据保护对象的不同，车联网云服务平台的安全防护可分为站点安全、主机安全、数据安全及业务安全的防护。

1. 站点安全防护

站点安全防护措施主要包括以下内容：利用防火墙技术实现 Web 应用攻击防护和 DDoS 防护；使用病毒过滤网关诱捕病毒、木马、间谍软件和其他恶意软件；防止通过在线行为管理系统传播非法信息和泄露敏感信息，并进行实时监测；文件的驱动程序技术为网站目录提供了全面的保护，防止任何类型的文件被非法侵入和损坏。

2. 主机安全防护

主机安全防护措施主要包括以下内容：利用入侵检测技术检测和预防实时网络攻击，如溢出攻击、RPC（远程过程调用）攻击、WebCGI 攻击、拒绝服务攻击、木马、蠕虫、系统漏洞等；对木马、僵尸网络和其他异常行为进行高度准确的监控和防御；借助异常流量管理和拒绝服务阻塞检测各种已知和未知的拒绝服务攻击流量，并进行实时过滤和清理，确保网络服务的可用性。

3. 数据安全防护

数据安全防护措施主要包括以下两方面：一是基于共同管理框架下的防止数据泄露，通过深入的内容分析和交易安全链接分析来检测、监控及保护静态、移动和正在使用的数据，确保敏感数据的正确使用；二是将数据安全网关用于黑名单、高危操作风险识别、用户访问控制、数据库攻击检测、数据库状态监测、操作行为审计、综合报告等功能，帮助用户实时阻止高风险行为并提高数据库访问的可控性。

4. 业务安全防护

业务安全防护措施主要包括以下两方面：一是在每个固件包当前的网络通信过程中实施必要的安全保护措施，确保 OTA 系统安全；二是将安全组件集成到 T-Box 和 ECU 中，用于提供基本的安全功能，如签名计算、证书解决方案、加密和解密。OTA 平台提供了一个安全服务系统，安全组件和安全服务被添加到该系统中，允许 OTA 系统中的每个参与者安全地进行通信。

3.4 车联网通信网络安全威胁及防护策略

3.4.1 车联网通信网络安全威胁分析

车联网通信网络按照访问边界可以划分为 3 个域：基础设施设备域、V2X 通信域和车内域。

车联网通信网络安全威胁列表见表 3-11。

表 3-11 车联网通信网络安全威胁列表

攻击目标	攻击方法	攻击成本	物理接触	描述
V2X 系统	伪造、传播虚假 V2X 消息影响车辆	低	否	向车辆发送伪造的 V2X 通信或卫星导航信息；伪造车辆 ID，影响车辆的正常行驶；伪造后端服务器身份，向汽车推送各种交互指令
	重放、篡改正常的 V2X 指令并发送给 RSU 或车辆	低	否	造成 RSU 无法正常识别车辆，产生交通隐患
	拒绝服务攻击	低	否	注入干扰消息，以耗尽通信信道的容量，或消耗车辆或 RSU 的计算资源，使其无法正常工作，或通过架设无线干扰器，干扰 V2X 或者卫星导航信号
	伪造	低	是	通过控制 RSU 或以廉价传感器仿冒 RSU，发送虚假消息
	窃取通信数据，造成用户信息泄露	高	否	攻击者在积累足够的通信数据后，即可分析车辆的行驶轨迹或其移动模式
车内通信系统	伪造	中	是	通过 OBD 接口控制网关或 ECU，向车内 CAN 总线发送伪造的交互指令
	伪造	低	是	可通过重放、篡改蓝牙及 Wi-Fi 数据包，远程发送控制指令
	拒绝服务	低	是	向 CAN 总线发送非法数据，造成通信阻塞，影响系统正常工作

1) 基础设施设备域

基础设施不仅指交通信号灯等交通设施，还指提供网络服务的基站等通信设施。由于 V2N 依靠通信设施来实现与互联网的通信，基础设施需要考虑接入设备所提供的网络服务和服务管理系统，包括服务提供商、信托机构、生产链等。基础设施设备域面临的风险主要包括拒绝系统平台服务和窃取敏感数据。

2) V2X 通信域

V2X 通信包括车载设备与路侧设备之间的通信、车载设备与用户之间的通信，以及车载设备之间的通信等。V2X 通信域面临的风险主要包括窃听、干扰、泛洪攻击和伪造身份。

3) 车内域

车内域包括网关、T-Box、IVI 系统、ECU 及 CAN 总线等。用户可以通过蓝牙、Wi-Fi 和 USB 接口等短距离通信方式与车辆的 IVI 系统进行通信。车内域面临的风险主要包括通信包违规、软件系统违规等。

此外，车联网还具有与传统因特网不同的显著特点，这些特点会使一些传统的网络安全防护策略变得不再适用，因而需要引入新的安全机制。例如，在车联网中，每个车辆节点通常是快速移动的，其网络拓扑结构高速动态变化；车与车（V2V）之间采用 P2P（端到端传输协议）的方式进行通信，通信内容一般具有高度的时效性，但是容易泄露用户隐私；车联网中同时存在复杂的 V2V、V2I、V2N 等传输介质（无线或有线），以及协议（TCP/IP 和广播）、不同结构（分布式和集中式）的网络等。专门用于车联网的攻击方式一般针对信息的完整性和时效性，隐私保护也是车联网通信网络安全的重要内容。V2V 通信安全威胁列表见表 3-12。

表 3-12　V2V 通信安全威胁列表

攻击目标	攻击方法	攻击成本	物理接触	描述
V2V	女巫攻击	低	否	攻击者可以模拟多个身份发送消息，其他车辆无法区分这些消息实际是源于同一辆汽车的
	消息抑制攻击	低	否	当攻击者作为消息的中继节点时，其会选择性地丢弃一些包含 VANET 关键信息的包
	GPS 欺骗攻击	低	否	攻击者可以通过 GPS 模拟器给其他车辆注入错误的位置信息
	广播风暴攻击	低	否	多个多跳广播包在网络中传播，形成更多的广播包，进而导致网络阻塞，甚至网络瘫痪

3.4.2　车联网通信网络安全防护策略

1. 车辆通信安全防护

目前，车辆内部通信信息主要通过 CAN 总线传输。CAN 总线协议和传输机制存在一定的安全风险，如无校验的点到线传播方式、通信信息明文传输无加密、无合法性校验报文来源等。针对车内通信的安全问题，可以采用以下防护措施：一是使 ECU 的 CAN 收发器通过软硬件集成进行加密和传输，确保通信数据的保密性；二是将某个重要领域与信息娱乐领域进行物理隔离，使用物理隔离来确保重要信息的真实性；三是在车载诊断或闸门上添加防火墙，并设置黑白名单机制，以防止泛洪攻击并确保数据有效。

2. 汽车云通信安全防护

智能汽车和企业云管理平台之间的通信是所有信息服务的基础。为了安全可靠地部署车辆网络的功能，需要满足以下条件：车辆能够正确识别其云身份、验证每个驾驶指令的合法性，以及确保在线数据传输指令的隐私安全。鉴于汽车云通信的安全保护要求，当前的安全保护主要通过 PKI 系统实现，特别措施包括：在服务器端引入 SSL（安全套接字协议）证书，以加密传输通道并确保机密数据安全传输；加密服务器上的机密数据与证书一起储存，解密后在 Https（超文本传输协议）下查看；所有代码（计算机代码和移动应用程序代码）必须进行数字签名，以确保代码真实可靠，并防止恶意修改；网络设备具有可靠的计算机证书，用于证明设备的身份可靠，并对各种数据和通信进行加密。

3. V2X 通信安全防护

V2X 通信包括车载设备与分交易设备之间的通信、车载设备与人之间的通信及车载设备之间的通信等。其通信内容通常对时间非常敏感，用户隐私很容易被泄露。V2X 通信安全包括移动接口通信安全和直连通信安全。在移动接入过程中，V2X 支持终端和服务网络之间的双向认证，以验证双方身份的合法性。在移动通信过程中，终端和服务网络通过支持 LTE 网络信号的加密、完整性和防重复保护，以及用户数据的加密，确保在传输过程中不会拦截、篡改和重用信息；在直接通信过程中，V2X 通过支持消息源认证、确保消息合法性、支持消息完整性及避免消息重复，确保消息在传输过程中不被篡改或重用，并在必要时支持消息的保密性保护，确保信息在传输过程中不会被拦截，防止用户的关键隐私信息泄露。此外，V2X 还支持隐藏实际身份和位置信息，防止用户泄露其隐私。

3.5 车联网数据安全威胁及防护策略

3.5.1 车联网数据安全威胁分析

车联网数据安全威胁存在于数据采集、数据传输、数据存储、数据使用、数据迁移、数据销毁等数据生命周期的各个阶段。在数据采集过程中，主要面临的安全威胁包括：感知设备存在被干扰、欺骗的风险，感知数据的完整性遭到破坏，以及路侧设备存在风险等；在数据传输过程中，主要面临的安全威胁是数据被截获、篡改，导致数据的完整性、机密性遭到破坏；在数据存储过程中，主要面临数据被篡改、删除、插入等安全威胁；在数据使用过程中，主要面临的安全威胁有非法访问、敏感数据泄露等；在数据迁移过程中，主要面临迁移方式存在风险、迁移设备存在信息泄露风险等安全威胁；在数据销毁过程中，主要面临的安全威胁有数据未被完全销毁、存在副本及数据可被恢复等。

3.5.2 车联网数据安全防护策略

对车联网数据进行安全防护的目的是保障车联网信息服务过程中数据的机密性、完整性、可用性，重点关注数据生命周期活动，如数据采集、数据传输、数据存储、数据使用、数据迁移、数据销毁及数据备份和恢复。

1. 车联网数据采集

在车联网数据采集过程中，可根据安全目标、车联网信息服务数据的重要性和敏感性，以及安全事件的影响程度和严重性，对车联网数据的安全级别进行划分，以便于按数据类别采集不同安全级别的车联网数据。

2. 车联网数据传输

车联网数据传输可采用安全通信协议、适当的数据加密算法、数据签名及其他安全防护措施，确保通信过程中敏感、关键的车联网数据的机密性和完整性。

3. 车联网数据存储

可以采取诸如具有一定安全级别的加密和解密算法、访问控制、安全检测和预警机制等安全防护措施来存储车联网数据，确保其存储的安全性、保密性和可用性。

4. 车联网数据使用

在使用车联网数据时，应通过访问控制、身份认证、建立权限、安全审计和其他安全防护措施，确保车联网数据在使用过程中的保密性。数据使用的授权和用以确保数据使用的目的与范围需要符合相关国家法律法规要求，如《网络安全法》。此外，通过审核关键业务系统操作数据和敏感数据的使用情况，形成审核日志，确保部署过程中数据的完整性和可用性。

5. 车联网数据迁移

在车联网数据迁移之前，系统评估与其相关的安全风险，并根据潜在风险提前采取适当的安全防护措施，确保车联网数据在不同数据设备之间的迁移不会影响业务应用程序的连续性，并在车联网数据迁移期间做好数据备份和恢复工作。

6. 车联网数据销毁

建立完善的数据管理系统并制定数据销毁安全策略，确保车联网数据在销毁和流通过程中的安全性和合理性。通过提供技术工具，帮助清理不同设备之间的剩余数据、终止业务、终止合同等。清除车联网数据的所有副本，确保文件、目录、数据库条目及存储的其他资源在发布或重新分发给其他用户之前已被完全删除，并使用技术手段禁止恢复被破坏的数据。

7. 车联网数据备份和恢复

通过数据冗余备份技术和管理工具，实现车联网关键敏感数据的安全备份和恢复。车联网备份数据应具有与原始数据相同的访问控制权限和安全记录要求。采取安全认证措施，如身份认证，确保本地和远程备份与数据恢复只能在授权的基础上进行。

3.6 思考题

1．车载网关承担了 ECU 报文路由转发功能，那它是如何在不同体系结构下的互联网中实现互通的？

2．如何协调智能网联汽车的低速率信息与高速率信息在汽车网络系统中实现共享？

3. T-Box 是车载智能终端，用于和车联网云服务平台进行通信，如何防止 T-Box 遭受外部攻击？

4. ECU 是汽车专用微机控制器，随着 ECU 集成化水平的提高，如何在保障性能的情况下，避免攻击者对其硬件、通信等方面进行攻击？

5. 什么是 OTA 测试？

6. 智能移动终端信息安全防护机制包括哪些内容？

7. 车联网数据传输存在关键信息泄露的风险，如何确保车联网敏感数据的机密性和完整性？

8. V2X 主要使用哪些技术？

第 4 章　车联网信息安全关键技术

4.1　车联网认证技术

4.1.1　车联网认证技术概述

由于无线信道具有内在广播特性,车联网通信易遭受窃听、重放、篡改和伪造等多种攻击。攻击者通过篡改或者伪造虚假消息,并将其公布到网络中的方式来达到攻击的目的。例如,为了占据更好的交通条件,攻击者向其他汽车发送虚假交通堵塞信息,从而影响正常行驶汽车的判断。更有甚者会发送虚假的道路信息,进而危及车辆及驾驶人员的安全。车联网中的汽车必须充分相信其在决策时所使用的安全消息,而安全通信的根本在于安全认证。汽车需要确认发送安全消息的实体(汽车或路侧设备)是否获得了发送该消息的授权,即证实身份的合法性。车联网认证技术的作用就是为车联网各实体构建信任体系,实现身份合法性认证,确保车联网通信正常进行。

车联网认证技术主要包括基于公钥基础设施(PKI)的认证技术、基于身份的认证技术及无证书签名(Certificateless Signature,CLS)认证技术。下面对这 3 种认证技术进行简要介绍。

1. 基于公钥基础设施(PKI)的认证技术

公钥基础设施(PKI)技术被广泛用于身份认证技术中,它以数字证书的形式把用户身份与公钥联系起来,并利用数字签名对所述节点的身份进行合法性验证。在传统的基于 PKI 的认证技术方面,权威机构负责授予车辆假名身份和相应的公私钥对。车辆签署其所产生的消息,并在消息签名之后附加相应证书。消息接收者在收到消息后,利用证书中的公钥与假名对消息的完整性和合法性进行验证,在整个验证过程中,消息发送者的真实身份信息不会外泄。车联网的 PKI 系统模型如图 4-1 所示。车联网的 PKI 系统包括 3 个实体:CA、异常行为检测机构及车辆认证管理机构等。其中,CA 是证书颁发机构,负责生成、颁发、维护和撤销证书。异常行为检测系统用于采集和分析车联网中的车辆所存在的异常行为,并接收网络中其他成员的举报信息。车辆认证管理机构是车辆的职能机构,主要负责密钥、证书、证书撤销列表(Certificate Revocation List,CRL)及车辆中其他与证书信息有关的管理工作。

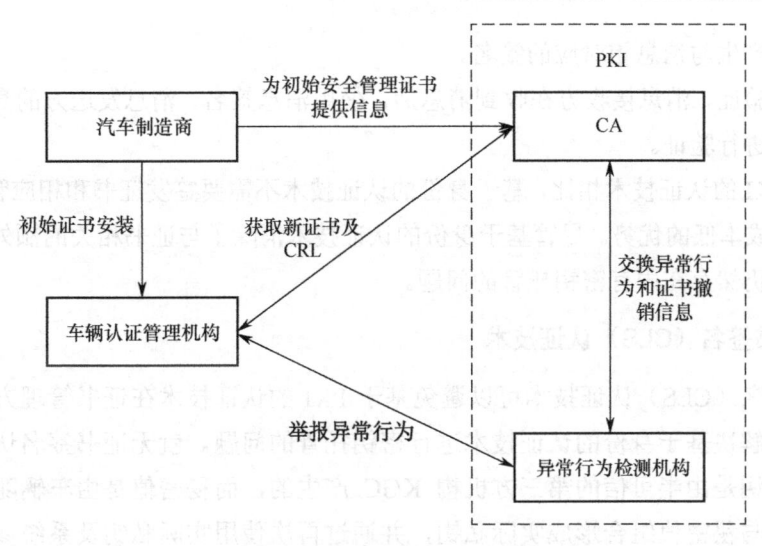

图 4-1 车联网的 PKI 系统模型

基于 PKI 的认证技术支持下列功能和操作：
（1）对车联网系统进行初始安全参数设置。
（2）将初始证书分配给车联网中的车辆和其他网络实体。
（3）生成新的证书。
（4）通过广播车辆证书，使收到车辆消息的实体能够验证消息签名。
（5）对车联网中存在的恶意行为进行实时检测，并对相关车辆进行真实身份溯源。
（6）如果检测到有恶意行为的车辆，可撤销其剩余的未到期证书。
（7）将最新的证书撤销列表发送给车辆和其他网络实体。

基于 PKI 的认证技术是当前热门的车联网认证技术之一，但它存在以下不足：①恶意攻击者可通过发送大量无法使用的签名消息使车辆接受 CRL 检查，造成拒绝服务（Denial of Service，DoS）攻击；②PKI 方案易泄露车辆位置等信息，无法保证位置隐私安全；③从计算开销和通信开销来看，PKI 技术存在 CRL 检查耗时较多、公私钥对需要更多存储空间等问题。

2. 基于身份的认证技术

与基于 PKI 的认证技术相比，基于身份的认证技术不需要为车辆生成证书，从而避免产生相关的计算开销与通信开销。在基于身份的认证技术中，路侧单元（RSU）和车辆使用假名信息作为公共密钥，而该假名对应的私钥是由私有密钥生成器中心（Key Generate Center，KGC）生成的。KGC 作为第三方可信机构，负责私钥的生成与分发。消息接收方利用消息发送方的身份标识符对消息进行签名验证。标准的基于身份的认证技术通常包括以下步骤：
（1）系统初始化。KGC 产生主密钥及相应的公钥等系统参数，并向网络全体成员开放。
（2）密钥提取。KGC 利用主密钥及车辆身份标识来计算私钥，并通过安全信道将私钥发给相应的车辆。
（3）消息签名。消息发送方录入消息内容、当前时间戳及自己的身份标识符和相应私钥，执行签名算法产生与消息相对应的签名。

（4）签名验证。消息接收方在收到消息后，使用消息签名、消息发送方的身份标识符对收到的消息签名进行验证。

与基于 PKI 的认证技术相比，基于身份的认证技术不需要签发证书和相应管理，具有计算成本低、通信成本低的优势。尽管基于身份的认证技术消除了与证书相关的额外通信和计算开销问题，但其仍然存在固有密钥托管的问题。

3. 无证书签名（CLS）认证技术

无证书签名（CLS）认证技术可以避免基于 PKI 的认证技术在证书管理方面所产生的巨大开销，并能解决基于身份的认证技术进行密钥托管的问题。就无证书签名认证技术而言，车辆的部分私钥是由半可信的第三方机构 KGC 产生的，而秘密值是由车辆随机选取的。车辆将部分私钥与秘密值组合形成实际私钥，并通过再次使用实际私钥及系统参数来产生相应的公钥。

无证书签名认证技术由 n 个用户和一个 KGC 组成，主要涉及系统参数生成、部分私钥提取、公/私钥生成、用户签名及签名验证 5 种算法。

（1）系统参数生成算法：输入安全参数 k，输出 KGC 主密钥 s 和系统参数 Para。

（2）部分私钥提取算法：输入用户的身份标识符 ID_i、系统参数 Para 和 KGC 主密钥 s，输出用户的部分私钥 D_i。

（3）公/私钥生成算法：用户选择秘密值 x_i，输入身份标识符 ID_i 和系统参数 Para，输出用户的完整私钥 $S_i = (D_i, x_i)$ 和用户的公钥 P_i。

（4）用户签名算法：输入消息 m_i、身份标识符 ID_i、完整私钥 S_i 及系统参数 Para，输出消息 m_i 的签名 S_i。

（5）签名验证算法：输入消息 m_i 及其对应的签名 S_i、身份标识符 ID_i、用户的公钥 P_i 和系统参数 Para，验证签名的有效性。

无证书聚合签名（Certificateless Aggregate Signatures，CLAS）是一种可以进行聚合签名和验证的无证书签名认证技术。聚合签名的实现能够将多条消息的签名压缩成单个签名，签名验证者只需要对聚合后的单个签名进行有效性验证，从而能够降低签名验证的计算成本及通信成本。

4.1.2 车联网认证安全威胁与需求

1. 车联网认证安全威胁

近年来，车联网通信安全事件频发，其所面临的安全威胁也在逐步升级。攻击者采取违规手段攻击车联网的通信网络，恶意损害车联网系统的正常运行。车联网安全通信的基本前提是身份认证，车联网通信实体需要对消息发送方实施消息发送的授权管理，即确认身份信息的合法性，通过建立车联网通信实体间的互信互认关系，实现车联网节点身份的合法性验证，为车联网数据安全交互提供保障。下面对车联网认证安全威胁进行分析。

1）车联网安全认证攻击

（1）攻击者层面：内部攻击与外部攻击。内部攻击者对注册车辆等网络中认可的节点进行攻击。外部攻击者通常不具有合法身份，其通过伪装或窃听的方式对网络发起攻击。

（2）攻击方式层面：主动攻击与被动攻击。主动攻击的攻击者在网络中分组注入恶意数据，进而影响系统正常的通信和运行。被动攻击的攻击者通常不会对网络的正常通信造成影响，而是通过监听或窃取消息的方式获取车辆用户信息。

（3）攻击目的层面：理性攻击和恶意攻击。理性攻击的攻击者主要是为了自己便利才进行攻击，例如传播不正确的道路信息误导其他车辆，进而为自己行车提供便利。恶意攻击的攻击者旨在影响整个交通系统的正常工作，易引发更大的安全风险。

2）车联网认证攻击方法

（1）消息伪造攻击。攻击者散布虚假消息对车辆造成影响，如向车辆发送虚假交通堵塞信息，迫使其改变路线等。

（2）消息重放攻击。攻击者重放合法用户已发送的有效消息。

（3）消息篡改攻击。攻击者对合法用户发送的消息进行篡改。

（4）模仿攻击。攻击者借用其他车辆或者 RSU 等名义发送消息。

（5）RSU 抢占/复制攻击。攻击者攻击 RSU 并利用被攻击的 RSU 发送虚假消息（如虚假路况信息等）进行恶意攻击。

（6）拒绝服务（DoS）攻击。攻击者通过注入无关的干扰或者虚假消息，耗尽通信信道的容量或者消耗车辆、RSU 的计算资源，破坏系统通信。

（7）移动跟踪攻击。由于 V2X 是基于无线通信方式的，攻击者很容易监听到通信消息，一旦攻击者累积了足够的情报，即可对汽车的行驶轨迹或者移动方式进行分析。

（8）女巫攻击。攻击者在网络中以多重身份同时出现，破坏网络拓扑结构并消耗系统资源。

2. 车联网认证安全需求

为应对车联网认证安全威胁，确保车联网通信安全，在使用车联网认证技术时需要遵循以下原则：一是满足通信过程的安全需求；二是适应车联网的通信环境。

1）通信过程的安全需求

（1）消息的认证性与完整性。在车联网通信认证过程中，消息接收方需要验证消息发送方是否为可靠实体，并确认消息是否被篡改。

（2）身份隐私保护。任何车辆、RSU 或攻击者都无法从消息中识别出消息发送者的真实身份。

（3）可追溯。当攻击者试图将虚假的数据或恶意消息发布到网络中时，执法人员可通过拦截的消息追踪获取消息发送者的身份，并采取相应的措施。

（4）不可链接。攻击者不能从任意两条或更多消息中得知其是否由同一辆车发送，即消息具有不可相关性。

（5）不可否认。当执法部门追溯消息时，消息发送者无法否认已经发出的消息。

（6）抵御攻击。车联网中的身份验证和通信过程必须能够抵御来自网络的多种攻击，并确保安全性与可靠性。

2）车联网的通信环境

（1）可承载大规模车辆用户进行通信。

（2）能够适应复杂的通信环境。

（3）尽可能实现轻量级。

4.1.3 车联网认证技术分析

为了防止消息注入、伪造和窃听，需要通过安全认证技术来确保消息发送者的身份认证及消息完整性。下面对上文中提到的基于公钥基础设施（PKI）的认证技术、基于身份的认证技术及无证书签名（CLS）认证技术进行详细介绍。

1. 基于公钥基础设施（PKI）的认证技术

公钥基础设施（PKI）基于公钥密码体制，实现密钥和数字证书的生成、管理、存储、分发和撤销操作。如图 4-2 所示，受信任的 CA 使用申请人信息和自己的信息填充数字证书，并对这些信息进行哈希计算以获得相应的摘要值，该摘要值使用 CA 的私钥加密以获得签名，并将所有数据打包成完整的数字证书。对于接收方来说，可以通过解密数字证书的签名来获得 CA 的公钥及明文签名，之后，再次计算数字证书主要信息的哈希摘要值并将其与明文签名进行比较，从而验证发送方的身份合法性。

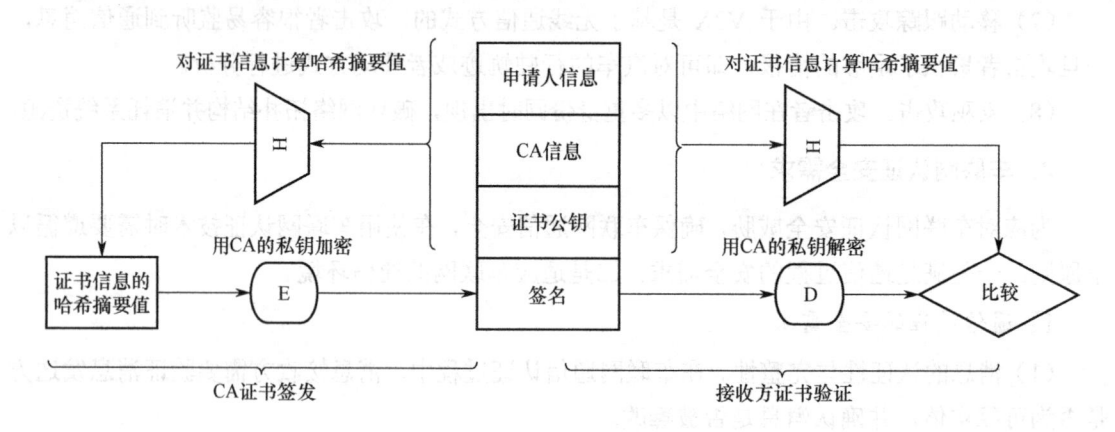

图 4-2 CA 公钥证书的生成和验证

H—哈希计算；E—加密；D—解密

通过 PKI 技术，发送者可以使用安全存储且不被其他实体使用的私钥签署消息，公钥证书则作为数字证书的一部分放在每条消息中，以使每个接收方都通过签名验证消息的完整性和真实性，并在不增加系统开销的情况下提高了通信双方之间的安全性。此外，还可以通过检查证书的签名来实现身份认证，以验证发送方是否得到 CA 的合法授权。

基于 PKI 的认证技术，通过引入第三方可信证书机构，构建完整的车联网通信认证体系，为车联网环境下的通信实体接入提供身份的合法性认证和通信消息的真实性认证。该认证体系具有较高的安全性、可靠性、可用性及可扩展能力，可以实现车辆之间及车辆与网络之间的双向安全交互，并能有效保护用户隐私数据不被非法篡改或窃取。整个车联网 PKI 认证体系的目标如下：

（1）向相应的车联网关键节点提供初始合法凭证，通过颁发预置证书为通信实体提供初始接入合法凭证。

（2）为初始化的车联网节点设备提供注册认证，并为其颁发注册证书，从而接入车联网通信网络。

（3）为车辆提供假名证书，使其能在车联网通信中保障自身隐私安全。

（4）通过控制数字证书的合法性来限制数字证书滥用，将过期的公钥及其对应的证书从整个通信网络中删除，避免通信实体滥用。

（5）通过撤销指定实体的数字证书，从车联网通信网络中排除受损的节点或 PKI 实体。

1）PKI 数字证书颁发机构

在传统的 PKI 认证体系中，CA 向服务器签发证书，服务器又向请求证书的客户端签发证书，这需要人的参与，如信息审核。用于车联网通信的 PKI 认证技术与传统的 PKI 认证技术有不同的要求，加上车联网通信不需要人员认证，因此，所有流程都是高度自动化的。在车联网端对端通信过程中，关键节点在请求新证书时不仅需要对其他用户进行认证，还需要对 CA 进行认证。为了满足上述要求，需要对车联网中的证书签发流程进行优化。此外，车联网系统要求定期更改通信中的所有身份，以保护车辆驾驶人的隐私，因此需要更改用于消息签名的假名证书。

基于 PKI 和假名机制的证书颁发机构体系（以下简称 PKI 证书颁发体系）如图 4-3 所示，该体系中主要包括 3 个实体：根证书颁发机构（Root Certificate Authority，RCA）、注册证书颁发机构（Eroll Certificate Authority，ECA）和假名证书颁发机构（Pseudonym Certificate Authority，PCA）。

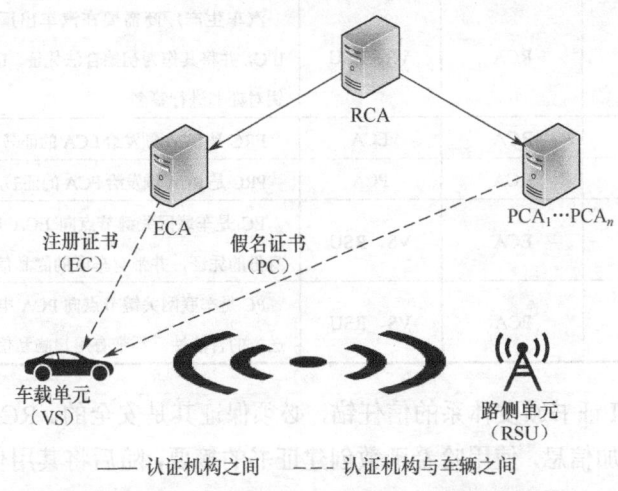

图 4-3　基于 PKI 和假名机制的证书颁发机构体系

（1）RCA。RCA 是 PKI 证书颁发体系的信任锚，其作用是确定所有次级证书之间的公共策略。通过在认证中心与用户之间建立安全连接，RCA 可以为用户提供可信的身份鉴别服务，以确保用户数据得到正确使用。RCA 可以分为静态和动态两类。RCA 只向长期运行的 CA，包括 ECA 和 PCA 签发证书，这些证书的有效期很长。RCA 具有关键的密钥管理功能，处于实体脱机状态，部署在独立受控机房中，并在监督和管理程序下向 ECA 和 PCA 签发证书。基于 RCA 的注册流程，诸如车辆制造商、供应商、政府机构或其他机构可能会运作 ECA 和 PCA。

（2）ECA。每个 ECA 都有一个使用 RCA 私钥签名的证书。ECA 向在其上注册的传感网关键节点发放注册证书，这些证书将长期有效，ECA 签发的注册证书用于查明和验证 PKI 证书颁发体系内的传感网关键节点，并可能用于其他服务。

（3）PCA。PCA 负责向传感网中不包含任何识别信息的关键节点签发假名证书（Pseudonym Certificate，PC），尽量减小证书尺寸。出于保护用户隐私的考虑，V2X 通信使用不具有身份信息而具有车联网关键节点标识的假名证书提供安全性保护。

2）PKI 数字证书类型

PKI 证书颁发体系的结构涉及不同类型的密钥和证书（见表 4-1）。在一般情况下，所有证书都由字段 SignerID 指向其签名者的链接，该链接称为相应证书的摘要（CertID），只有 RCA 证书除外，因为它是自签名的。为了节省 V2X 通信带宽资源，只有直接发行者的 CertID 是证书的一部分，而非完整的证书链。每个车联网通信实体都配备了数字证书、相应的 SignerID，以及由私钥和公钥组成的密钥对。

表 4-1 PKI 证书颁发体系中的证书

证书名称	简写	发放方	持有方	证书描述
RCA 证书	RRC	RCA	RCA	RCA 证书是由 RCA 生成公私钥对后，打包自己的身份信息并签名得到的证书。RCA 证书是公开的，可供网络中所有的车联网关键节点使用
初始预置证书	IPRC	RCA	VS、RSU	汽车生产厂商需要在汽车出厂时预先向车辆设备中写入 IPC，并将其作为初始合法凭证。IPC 由 RCA 生成，并用其私钥对证书进行签名
ECA 证书	ERC	RCA	ECA	ERC 是 RCA 颁发给 ECA 的证书，作为其合法身份凭证
PCA 证书	PRC	RCA	PCA	PRC 是 RCA 颁发给 PCA 的证书，作为其合法身份凭证
注册证书	EC	ECA	VS、RSU	EC 是车联网关键节点向 ECA 申请的证书，用作自己合法身份的凭证，并带有车联的隐私信息
假名证书	PC	PCA	VS、RSU	PC 是车联网关键节点向 PCA 申请的证书，用于证明消息发送方的合法性，不带有用户隐私信息

由于 RCA 是 PKI 证书颁发体系的信任锚，必须保证其是安全的。RCA 证书主要包含公钥及有效性和权限等附加信息，使用哈希函数创建证书的摘要，随后将其用作 CertID。如前所述，RCA 证书是自签名的，这就是证书不包含签名者 ID 的原因，RCA 证书和 RCA 的 CertID 是公

开的，必须可供车联网网络中所有关键节点使用。安装公钥后，RCA 通过创建私钥来签署其他 CA 或相关数据。

为了通过 RCA 颁发 CA 证书，ECA 和 PCA 独立创建公私钥对。公钥被发送到 RCA 中后，RCA 将自己的 CertID 添加为签名者 ID，并使用其私钥对证书进行签名。之后，RCA 将签名的证书返回给相应的 CA。为了与 RCA 保持一致，ECA 和 PCA 根据自己的证书来创建 CertID，并向车联网关键节点颁发证书。

为了向 PCA 申请假名证书，车联网关键节点必须配备由 ECA 发布的有效的注册证书。与 RCA 发布的 CA 证书相比，注册证书包含签名者 ID，以及诸如有效性和权限之类的进一步信息。如果车联网关键节点已收到注册证书，则可以向 PCA 请求用于车联网通信的假名证书集合。假名证书（PC）包含 PCA 的 CertID（作为签名者 ID），以及公钥和其他如权限等特定数据。除了注册证书（EC）和假名证书（PC），每个车联网关键节点还要存储 RCA、ECA 和 PCA 的公钥证书。

3）PKI 认证技术体系

认证技术体系基于 LTE 通信并确保车联网应用层通信安全，底层传输则由 PC5 或 LTE-uu 保证。基于 PKI 认证技术体系的车联网应用层通信安全架构如图 4-4 所示。其中，车联网安全管理实体主要为车联网通信中的车辆、路侧设备和 CA 等通信实体提供注册、授权和撤销等证书管理服务。车联网应用安全服务的抽象层负责对加解密、签名、验证等处理逻辑进行封装，并提供符合规范的操作接口。安全环境负责对密钥和证书等数据进行安全存储，同时提供密码计算服务等。

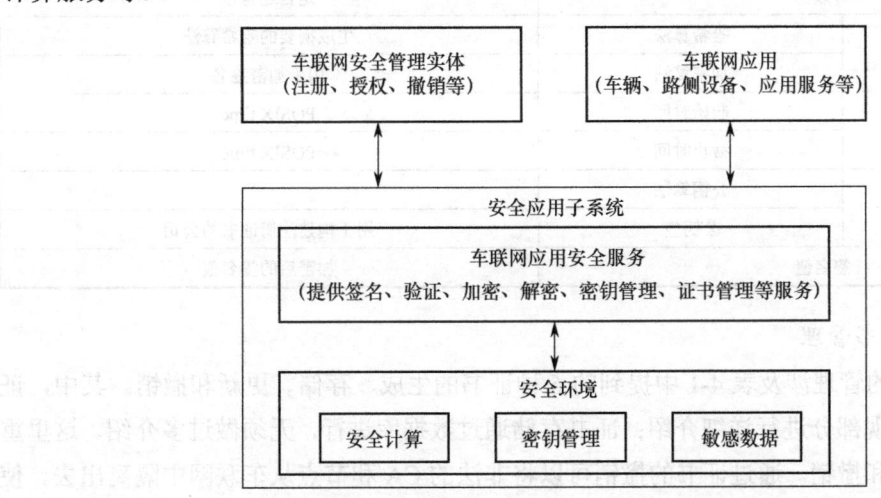

图 4-4 基于 PKI 认证技术体系的车联网应用层通信安全架构

在 PKI 认证技术体系的实现过程中，为了便于扩展和应用，所有涉及的接口应遵循 GB/T 37374—2019《智能交通 数字证书应用接口规范》。

4）PKI 认证证书格式

数字证书是用户身份信息的电子载体，由 PKI 的信任链体系保证身份信息真实有效。X.509

数字证书格式使用 ASN.1 语法进行编码，见表 4-2。

表 4-2　X.509 数字证书格式

证 书 项	备 注
证书版本信息（Version）	识别证书版本，版本值可取 V1、V2、V3
证书序列号（SN）	唯一标识符
签名算法标识（SignAlg）	说明证书的所用签名算法
证书发行机构名（IusserDN）	CA 名称
证书有效期开始时间（StartTime）	证书有效期开始时间
证书有效期结束时间（EndTime）	证书有效期结束时间
证书主题名（SubjectDN）	证书的用户名
证书扩展项	自定义添加的证书信息
颁发者签名	CA 给证书主题内容的签名

通信类数字证书即假名证书，其格式见表 4-3。相对于认证类数字证书来说，通信类数字证书省略了申请者和证书颁发机构的信息，这样做的目的主要是避免隐私信息泄露，同时减少传输负荷。通信类数字证书有且只有假名证书一种，它会随车联网通信报文一起广播出去。

表 4-3　假名证书格式

证 书 项		备 注
证书类型		PC
证书序列号		唯一标识符
有效性		是否还有效
签名算法	哈希算法	生成摘要的哈希算法
	加密算法	用于加密签名
有效时间	起始时间	POSIX time
	截止时间	POSIX time
公钥信息	公钥算法	
	公钥值	用于构建注册证书的公钥
签名值		加密后的签名值

5）PKI 数字证书管理

PKI 数字证书的管理涉及表 4-1 中提到的 6 种证书的生成、存储、更新和撤销。其中，证书生成将在后续实现部分进行详细介绍；证书存储通过数据库进行，无须做过多介绍。这里重点说明证书的更新和撤销。通过证书的撤销可以将非法的 CA 和节点从车联网中隔离出去，使其不再具备发送消息的资格或发送的消息会被接收方视为无效。假名证书的更新则涉及车辆的隐私保护，也是车联网通信过程中重要的一环。

（1）撤销 CA 证书。在需要撤销 PCA 和 ECA 时需要撤销其所拥有的 CA 证书，考虑 CA 证书在很长一段时间内有效，通过分发证书撤销列表（CRL）的方式进行操作。当因某些原因导致 CA 证书受到损害或不可信时，需要先将 CA 证书设为无效，即将其撤销，然后将受影响的 CA 的 CertID 添加到 CRL 中并由 RCA 签名。所有被撤销的 CA 都被添加到 CRL 中，该 CRL

必须被主动分发给 V2X 通信网络中的所有车联网关键节点。RSU 和次级 CA 都可以周期性地向 RCA 请求最新的 CRL，车辆则可以通过向 RSU 发起请求获得 CRL，由于 CA 证书的撤销只应在发生密钥泄露等极端情况下使用，CRL 可能包含很少的条目和更改。车联网节点设备每次收到 CRL 时会将新出现的 CertID 进行保存，并做增量存储。CRL 的格式参考 IEEE 1609.2 中的标准设计，见表 4-4。

表 4-4　CRL 的格式

CRL 项		备　　注
发放方类型		RCA
发放方 ID		唯一标识符
证书个数		总撤销证书个数
签名算法	哈希算法	生成摘要的哈希算法
	加密算法	用于加密签名
撤销证书	证书 ID	CertID
	失效时间	POSIXtime
签名值		加密后的签名值

（2）车联网关键节点撤销。撤销车联网关键节点不能通过车联网关键节点的假名证书来完成，一方面是因为假名证书有很多，会使同时撤销大量的车联网节点变得非常困难且耗时；另一方面是因为即使撤销了车联网关键节点的所有假名证书，其也可能会申请到新的假名证书，依旧可以进行非法车联网通信。因此不考虑通过分发 CRL 的方式来撤销假名证书，而是通过拒绝新假名证书的请求来撤销车联网关键节点。当检测到车联网接入节点不合法时，在对应的 ECA 上将其对应的注册证书在数据库中标记为无效以进行撤销。在该种情况下，如果节点请求新的假名证书，则 PCA 将该请求转发到负责检查请求者是否授权的相应 ECA 处，在撤销的情况下，ECA 向 PCA 提供关于撤销的信息，因此 PCA 可以拒绝节点的假名证书更新请求。

（3）假名证书更新。如果车辆频繁使用同一个或者某几个假名证书，那么攻击者就可以通过多次监测找出车辆和假名证书的关联性，从而进一步跟踪车辆。因此，为了保护车辆驾驶人的隐私安全，必须定期更改车联网通信中的所有假名证书。通过分析可知，车联网所提供的隐私和安全级别可以通过与假名证书相关的 3 个参数来表示。

① 并行假名证书的数量。在并行假名证书数量很大的情况下，车辆可以通过轮转使用假名证书来有效保证车辆的隐私安全。从某种程度上讲，并行假名证书的数量越大，隐私保护性越好。但假名证书的数量过大也可能带来更多的存储负担。

② 假名证书的生命周期。假名证书通过开始时间戳和到期时间戳来定义其生命周期。如果假名证书的生命周期过长，攻击者可能会重复滥用假名证书，导致隐私更容易被暴露，相应的安全等级也就越低。

③ 假名证书的预加载间隔。它表示重新装载假名证书的最长时间。在假名证书都到期失效的情况下，加载时间过长可能会导致未及时加载假名证书，进而导致安全信息不能及时发布，

影响车联网通信安全。

CRL 需要被分发到所有的次级 CA（如 ECA 和 PCA）中，RSU 也需要不断保存和更新。PKI 认证技术体系中的 CRL 更新由次级 CA 或 RSU 周期性自发进行，车辆则从 RSU 处请求并更新 CRL。下面以 PCA 为例描述其 CRL 的更新与实施。

CRL 的更新与 CA 证书撤销流程如图 4-5 所示。PCA 在周期时间到了后向 RCA 请求 CRL，RCA 在收到请求后将 CRL 签名加密并返给 PCA，PCA 对响应报文进行解密和签名验证。响应报文通过签名验证后，依次从 CRL 中获取已撤销证书的 ID 进行保存，同时检索自身是否存有对应的证书，若有则将对应的证书设置为无效或直接删除，从而将其从 PKI 认证技术体系中删除。

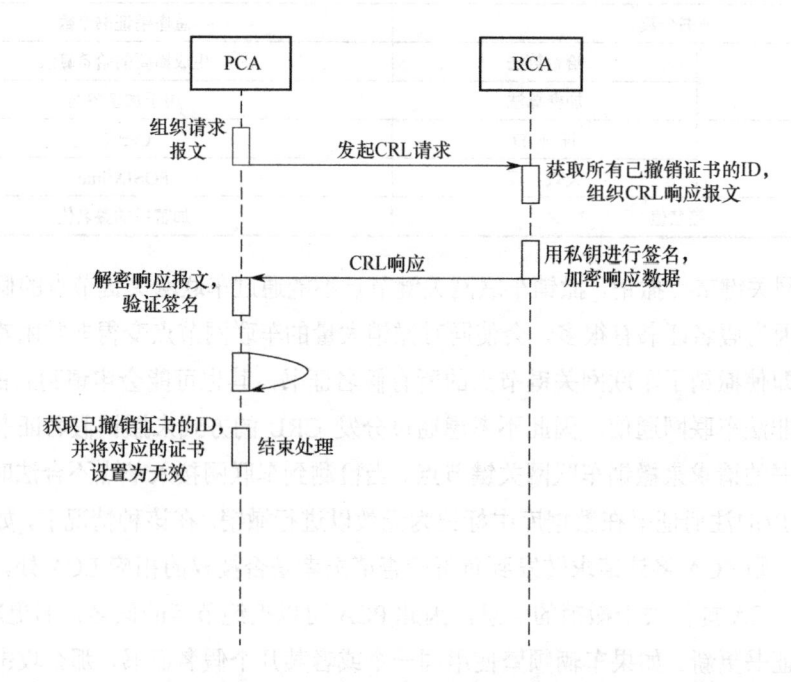

图 4-5　CRL 的更新与 CA 证书撤销流程

一旦某个证书被撤销，对应的 CA 将不能再用该证书进行证书签发或消息签名，接收方也会根据其收到的消息中的 CertID 选择对其放弃验证并直接丢弃对应的消息。例如，若在 PCA 保存的 CRL 中含有某个车辆的注册证书 ID，则对应的车辆在申请假名证书时其请求会被拒绝，即不再能申请假名证书。

与次级 CA 不同，车联网关键节点还有进行车联网通信所需的假名证书，因此在撤销对应的车联网关键节点时，除了将车联网关键节点的注册证书撤销，还需要考虑对车联网关键节点所持有的假名证书进行撤销。但考虑到假名证书的数量较大，逐个撤销的效率低且通信开销大，因而选择撤销车联网关键节点对应的注册证书，从而使 PCA 拒绝对应车联网关键节点的假名证书更新请求。对假名证书的撤销请求先被发往 RCA，RCA 根据假名证书信息向对应的 PCA 获得其注册证书 ID，从而将其加入 CRL 中。

6）证书数据结构实现

证书数据结构的实现具体包括认证类数字证书、假名证书及 CRL 的实现，其中数字证书格式的实现主要遵循 GB/T 37376—2019《交通运输数字证书格式》。

（1）认证类数字证书的实现。认证类数字证书的设计格式参见表 4-2，其主要内容可分为证书类型、证书序列号、发行机构信息、证书主体信息和签名信息，对应的数据结构如下：

```
typedef struct certificate{
    subjectType type;              //证书类型
    CertSerialNum id;              //证书序列号
    bool effective;                //证书是否有效
    IssuerID issuerId;             //颁发者 ID
    TbsCert tbs;                   //证书主体信息
    Signature signature;           //签名信息
}Certificate;                      //证书结构
```

其中，证书类型定义为枚举类型，对应的数据结构如下：

```
typedef enum subjectType{
    enrollmentCredential,          //预置证书 IPRC
    authorizationAuthority,        //PCA 证书 PRC
    enrollmentAuthority,           //ECA 证书
    rootCa,                        //RCA 证书
    authorizationEnroll,           //注册证书 EC
    PseudonymAuthority;            //假名证书 PC
} SubjectType;                     //证书类型
```

颁发者 ID 实际是签名证书哈希摘要值的最后 8 字节。由于 RCA 证书是自签名的，应考虑其 IssuerID 为空的情况，同时记录产生 IssuerID 所使用的哈希算法，对应的数据结构如下：

```
typedef struct certificateDigest{
    HashAlgorithm algorithm;       //哈希算法，枚举类型
    HashedId8 digest;              //8 字节哈希摘要值
} CertificateDigest;               //证书摘要
typedef union issuerID{
    char*self;                     //如果为自签名，则 self = null
    CertificateDigest certificate;
}IssuerID;                         //证书颁发者 ID
```

证书主体信息包括申请者的名称及其上传的公钥，同时定义了证书的有效时间、证书使用的地理范围，它还提供了多种可供选择的描述，如矩形、圆形、多边形等，对应的数据结构如下：

```
typedef struct CircularRegion{
    TwoDLocation center;           //圆心
    unsigned int redium;           //半径
```

```
}CircularRegion;                                    //圆形区域
typedef struct rectangularRegion{
    TwoDLocation  northwest;                        //西北方向
    TwoDLocation  southEast;                        //东南方向
} RectangularRegion;                                //矩形区域
typedef struct polygonalRegion{
    uint8 num;                                      //点数
    TwoDLocation *p2DLocation
} PolygonalRegion ;                                 //多边形区域
typedef  union geographicRegion{
    CircularRegion   circularRegion;                //圆形区域
    RectangularRegion  rectangularRegion;           //矩形区域
    PolygonalRegion  polygonalRegion;               //多边形区域
} GeographicRegion;                                 //地理有效区域
typedef struct subjectAttribute{
    PublicVerifyKey   verificationKey;              //认证密钥
    PublicEncryptionKey  encryptionKey;             //加密密钥
    SubjectAssurance  assuranceLevel;               //信任等级
    ItsAid *itsAidList;
    ItsAidSsp *itsAidSsList;
} SubjectAttribute;                                 //相关认证密钥和加密密钥
typedef struct timeStartAndEnd{
    Time32   startValidity;
    Time32   endValidity;
} TimeStartAndEnd;                                  //起始和截止时间
typedef  union  validityPeriod{
    Time32 timeEnd;
    TimeStartAndEnd  timeStartAndEnd
} ValidityPeriod;                                   //时间限制
typedef struct validityRestriction{
    ValidityPeriod   validityPeriod;                //有效时间
    GeographicRegion  region;                       //地理限制
}ValidityRestriction;                               //有效时间和地理限制
typedef  struct  tbsCert{
    SubjectInfo  subjectInfo;                       //申请者信息
    SubjectAttribute  subjectAttributes;            //相关属性，认证密钥和加密密钥
    ValidityRestriction  validityRestriction;       //有效时间和地理限制
} TbsCert;                                          //证书主体信息
```

  签名信息主要包含生成签名所使用的哈希算法、加密签名所使用的算法，以及最终得到的签名值，对应的数据结构如下：

```
typedef struct signature{
    HashAlgorithm algorithm;          //哈希算法
    EccCurve curve;                   //SM2 椭圆曲线算法
    ECCPoint r;                       //参数
    char s[32];                       //签名值
}Signature;                           //签名
```

（2）假名证书的实现。假名证书的设计格式参见表 4-3，相对于认证类数字证书来说，为了避免隐私泄露，假名证书没有证书主体信息中的申请者信息等，对应的数据结构如下：

```
typedef struct pseudonymcertificate{
    subjectType type;                         //证书类型
    CertSerialNum id;                         //证书序列号
    bool effective;                           //证书是否有效
    IssuerID issuerId;                        //颁发者 ID
    PublicEncryptionKey encryptionKey;        //公钥
    ValidityRestriction validityRestriction;  //有效时间和地理限制
    Signature signature;                      //签名信息
} PseudonymCertificate;                       //证书结构
```

（3）CRL 的实现。CRL 的设计格式参见表 4-4。在 CRL 的实现过程中，用 RevokeInfo 组织记录所有已撤销证书的信息，包括被废除证书的 ID 和计算 ID 所用的哈希算法，以及证书被废除的时间等。此外，还可以用 ToBeSignedCrl 管理 CRL 的统计信息，以便于相关的通信实体进行检查更新。其对应的数据结构如下：

```
typedef struct revokeInfo{
    CertSerialNum id;                 //证书序列号
    Time32 expiry;                    //被废除的时间
}RevokeInfo;
typedef struct toBeSignedCrl{
    unsigned int crlSerial;           //个数
    Time32 issueDate;                 //发布时间
    Time32 nextCrl;                   //下次发布时间
    RevokeInfo sentries;              //指向多个被废除证书实体
}ToBeSignedCrl;
    typedef struct crl{
        char version;                 //CRL 的版本
        IssuerID issuerId;            //发布者
        ToBeSignedCrl crllist;        //被废除的证书
        Signature signature;          //签名值
    } Crl;    //证书撤销列表
```

7）密钥协商过程

为了保证车联网节点设备与 CA 之间、CA 和 CA 之间的通信安全，需要通过密钥协商进行安全的数据互换。基于 SM2 椭圆曲线密码技术的密钥协商过程如图 4-6 所示，定义协商发起者为 A，协商响应者为 B，则整个密钥协商过程的运行步骤如下：

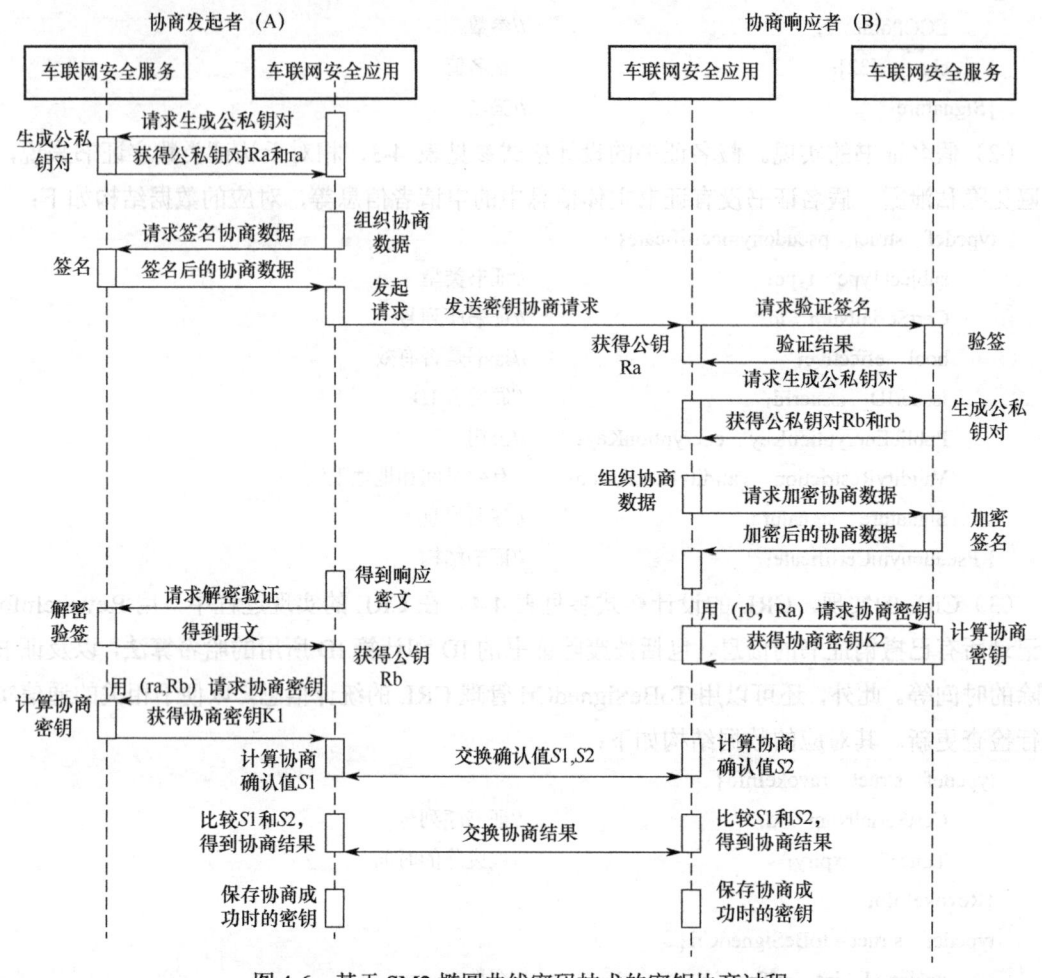

图 4-6　基于 SM2 椭圆曲线密码技术的密钥协商过程

（1）A 生成一对用作椭圆曲线参数的非对称密钥对（公私钥对）Ra 和 ra，并将公钥 Ra 通过签名后作为密钥协商请求发送给 B。

（2）B 在收到密钥协商请求后，先验证其签名，待验证通过后，将收到的 Ra 存起来。之后，B 同样生成一对用作椭圆曲线参数的非对称密钥对（公私钥对）Rb 和 rb。

（3）B 用收到的公钥 Ra 加密由公钥 Rb 组成的密钥协商响应报文，并将响应密文发给 A。

（4）A 在收到响应报文后，用 ra 解密并进行验证，验证通过后用（ra，Rb）作参数计算得到 A 的协商密钥 $K1$，接着用 $K1$ 和公钥计算得到协商确认值 $S1$，最后将 $S1$ 发送给 B。

（5）B 在收到协商确认值 $S1$ 后，用（Ra，rb）作参数计算得到 B 的协商密钥 $K2$，并用 $K2$ 和公钥计算得到协商确认值 $S2$。之后，对 $S1$ 和 $S2$ 进行匹配，并将匹配结果发给 A，若匹配通过，则将协商密钥保存。

（6）A 根据收到的返回结果，决定是否保存协商密钥。

经过密钥协商过程的通信双方都将持有自己计算得到的公私钥对，后续通信将通过协商密钥加密进行，这种机制将用于整个 PKI 认证技术体系中的 RCA、ECA 和 PCA 之间的通信建立过程。

根据上述密钥协商过程，设计密钥协商的主体数据结构 ECDHMessage，其中联合体 ECDHContent 负责确定具体处于哪个阶段并灵活设定对应的数据。在实际传输过程中还要根据请求报文和响应报文增加其他内容，如请求报文需要考虑签名值数据结构、响应报文需要加密，因而需要考虑加密和签名所涉及的数据结构。

8）CA 认证

在车联网节点设备接入之前，CA 之间需要先获取相关必备的证书，并完成彼此间的认证工作，以等待车联网节点设备接入。CA 之间的认证实现主要包括 RCA 自我签发证书的实现和 RC 证书签发的实现。RCA 证书用于签发 PRC 和 ERC，它是整个认证系统的认证基础，其他认证工作都需要基于 RCA 自我签发 RCA 证书展开。ERC 用于签发 EC，PRC 则用于签发 PC，这些证书的下发是后续车联网节点接入的必备条件。

（1）RCA 自我签发证书。RCA 证书是整个 PKI 认证技术体系的认证锚，RCA 需要先为自己签发 RCA 证书，之后才能用 RCA 证书为其他 CA 签发对应的 CA 证书。RCA 自我签发证书的流程如图 4-7 所示，具体步骤如下：

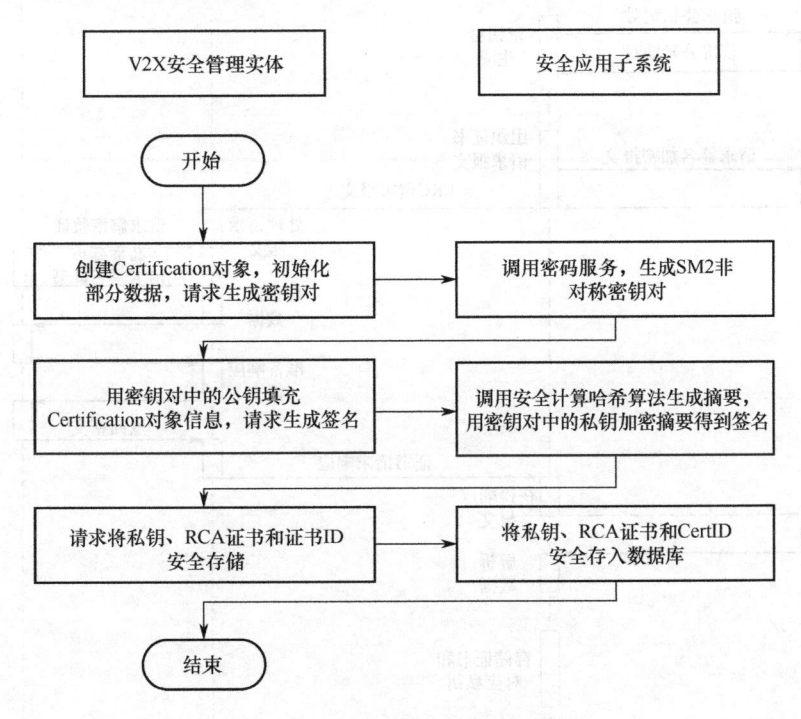

图 4-7 RCA 自我签发证书的流程

① 创建上述证书数据结构的 Certification 对象，并初始化部分数据，调用安全应用子系统的密码服务生成密钥对 PK 和 SK。

② 将密钥对中的公钥 PK 放入 Certification 对象中,组织完善证书数据,调用安全应用子系统用私钥 SK 对 Certification 对象进行签名。

③ 安全应用子系统先用私钥 SK 完成 RCA 证书签发得到完整 RCA 证书,再计算 RCA 证书的哈希值并进行截取得到 CertID。

④ 将私钥、RCA 证书、CertID 安全存储。

(2) RC 证书签发。在整个 PKI 认证技术体系中,ECA 和 PCA 都需要从 RCA 处获取对应的证书 ERC 和 PRC,在得到对应的 RC 证书后才能为车联网节点颁发下一级证书。PCA 申请 RC 证书的过程和 ECA 申请 RC 证书的过程基本相同,但二者所得的 RC 证书的权限不同——ERC 用于颁发注册证书,PRC 用于颁发假名证书。比较明显的一点是,由于上述两种证书都是由 RCA 颁发的,它们对应的 IssuerID 也是一样的。下面以 ECA 申请 RC 证书为例进行介绍,其流程参见图 4-8,具体步骤如下:

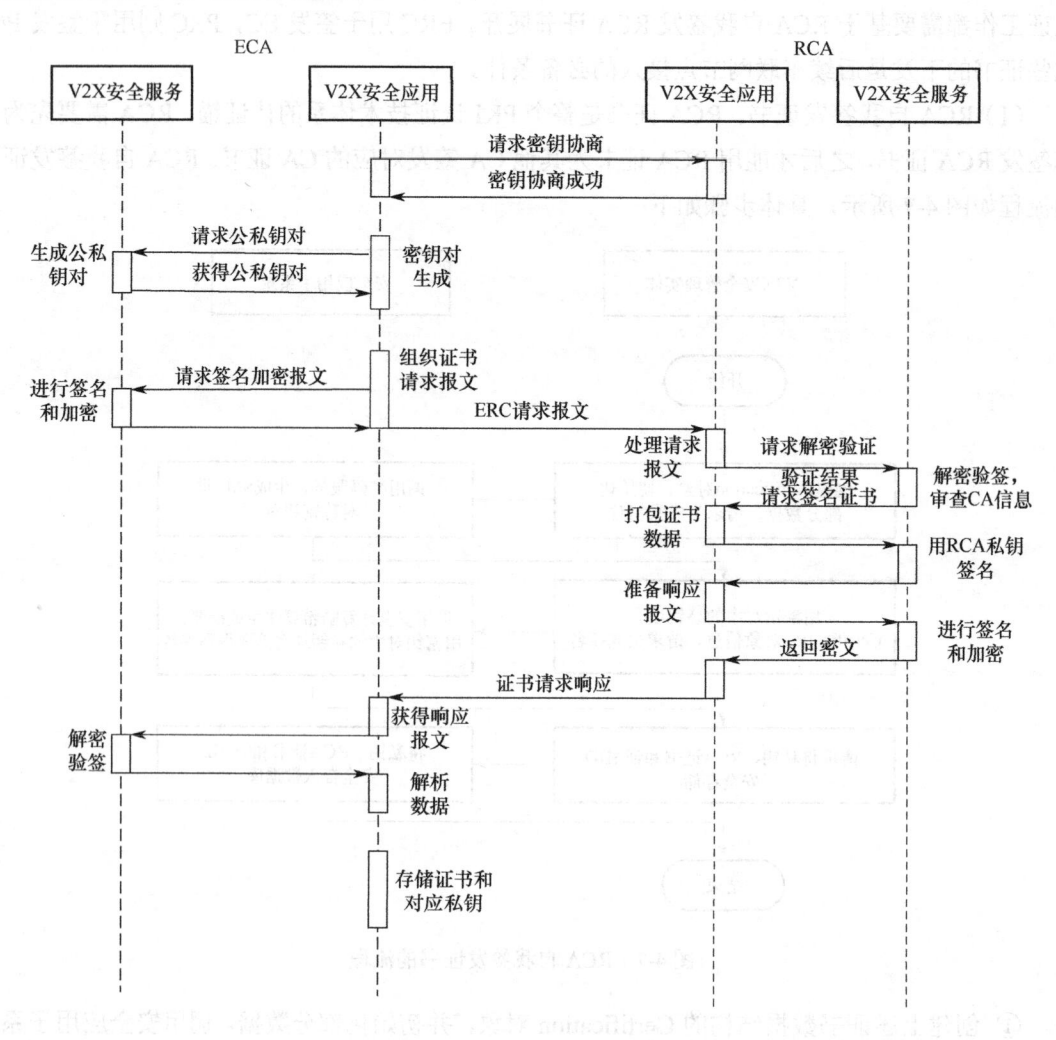

图 4-8　ECA 申请 RC 证书的流程

① 通过在 ECA 和 RCA 之间进行密钥协商，构建安全通信信道。

② ECA 调用安全应用子系统构建非对称密钥对（公私钥对），并用其公钥等信息填充证书请求报文，使用生成的私钥对请求报文进行签名，用之前构建的 RCA 公钥证书中的公钥对请求报文进行加密，随后将请求报文密文发给 RCA。

③ RCA 收到请求报文密文后，用自己的公钥进行解密获得 ECA 请求报文中的公钥和身份等信息，并用公钥对签名进行验证，确保证书的完整性和真实性，此处还需要人工审查 ECA 信息的真实性。

④ RCA 在确定要颁发 RC 证书后，先组织对应的证书数据，然后用自己的私钥进行签名生成 ERC 证书及对应的 CertID，最后由 RCA 将 CertID、公钥证书、公钥等数据安全存储。

⑤ RCA 先组织响应报文，其中包含签发的 ERC 证书，然后用从 ECA 处收到的公钥对响应报文进行加密并发给 ECA。

⑥ ECA 在收到响应报文后，先用对应的私钥解密，再从中提取 ERC 证书并用 RCA 公钥证书中的公钥进行签名验证，验证通过后将私钥和 ERC 证书安全存储，以供后续使用。

9）车联网节点接入认证

车联网节点接入认证基于上述 CA 之间的认证过程进行。为了能使车联网节点接入 PKI 认证技术体系，节点设备需要预置一些凭证，通过使用这些预置凭证，车联网节点能向 ECA 提供合法身份证明、注册过程并获取注册证书，最终通过注册证书获得假名证书完成匿名通信。车联网节点接入认证主要包括车联网节点所需凭证预置、注册证书的申请，以及假名证书的申请。

（1）车联网节点所需凭证预置。为了能在注册时向 ECA 提供合法身份证明，车联网节点需要预置合法凭证。车联网节点的合法身份凭证通常由设备生产厂商在安全环境下写入，这些预置内容通常具有最高的修改权限，在很长时间甚至整个车联网节点的生命周期内都不会发生更改。在一般情况下，设备生产厂商需要在车联网节点中预置的合法身份凭证信息主要包括以下几种：

① 唯一标识。它是车联网关键节点的 ID 信息，可作为通信中的身份凭证。

② 初始预置证书（IPRC）。它由设备生产厂商批量向 RCA 申请获得，可作为车辆向 ECA 申请注册证书时的初始合法证明。

③ RCA 公钥证书、ECA 的公钥证书。这些公钥证书的公钥会作为对应证书的签名验证密钥。

（2）车联网节点注册证书的申请。车联网节点申请注册证书的过程就是其注册过程，之所以在有预置合法凭证的情况下仍然需要进行注册以获取注册证书的原因有两个：一是为了检查车联网关键节点的合法性和有效性，并为其颁发注册公钥证书；二是方便 PCA 构建假名证书和注册证书的关联关系，从而在检测到非法假名证书时能通过假名证书追踪到对应的车联网节点并及时进行撤销，确保车联网的通信安全。

车联网节点申请注册证书的流程如图4-9所示，ECA在收到注册请求报文后决定是否对车联网节点颁发证书，若确定颁发，则将颁发的注册证书放入响应报文中，否则将拒绝颁发证书的原因放入响应报文中并进行响应，具体步骤如下：

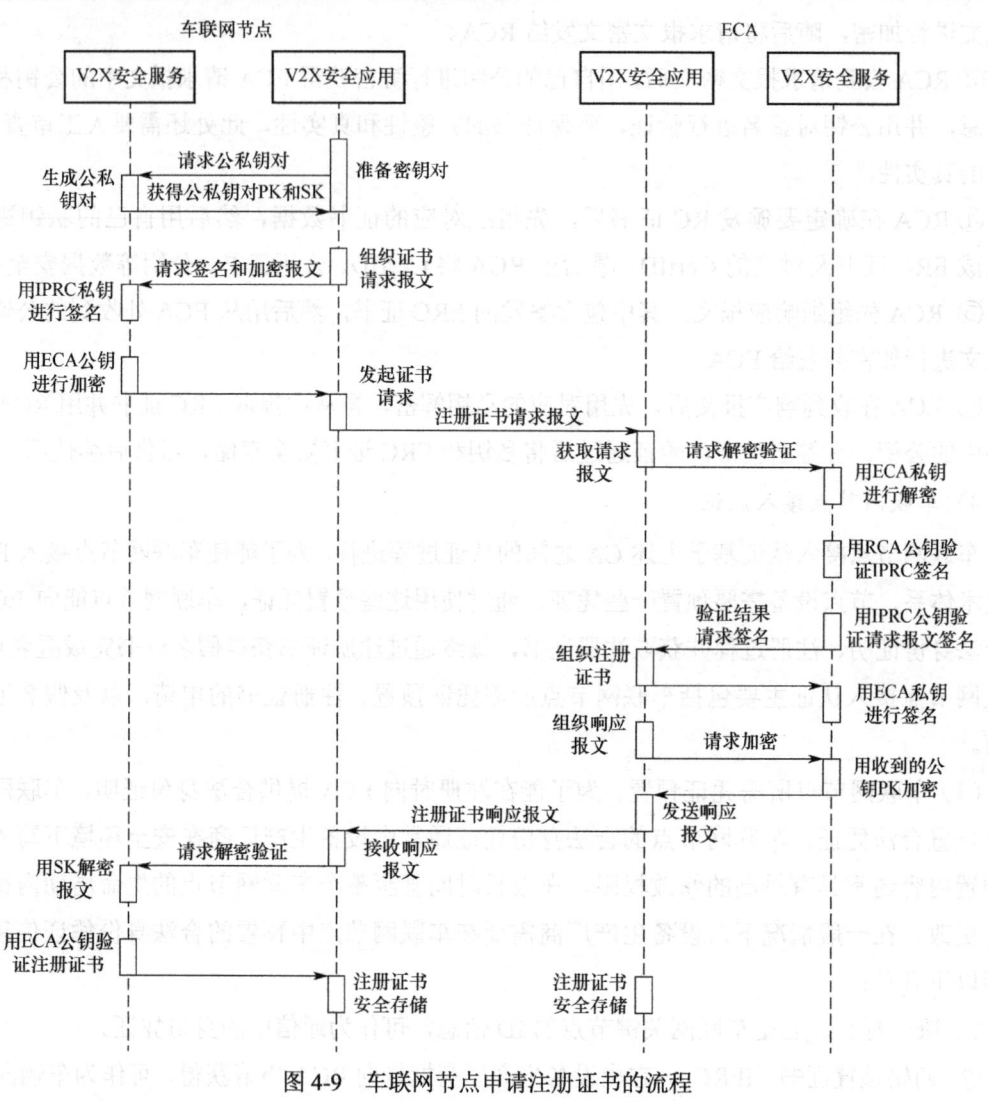

图4-9 车联网节点申请注册证书的流程

① 车联网节点生成公私钥对（密钥对），并用公钥填充相应的注册证书请求报文数据结构。注册证书请求报文的主要内容见表4-5。

表4-5 注册证书请求报文的主要内容

内　　容		备　　注
请求标识		标识证书请求
申请的证书类型		注册证书
申请者凭证	预置证书	IPRC，由RCA颁发
	车辆唯一标识	
有效期		

续表

内容	备注
证书的权限	
证书的使用区域	
公钥值	用于构建注册证书的公钥
签名值	由预置证书私钥签名

② 车联网节点生成注册证书请求报文中的签名值,并用 IPRC 私钥进行签名。

③ 车联网节点使用 ECA 公钥证书中的公钥对请求报文主体数据进行加密并将请求密文发给 ECA。

④ ECA 在收到请求密文后,使用 ECA 私钥解密请求密文;解析证书请求报文得到 IPRC,使用 RCA 公钥证书验证车联网节点的合法性和真实性;使用 IPRC 公钥解密验证请求报文的签名,验证通过则继续下一步操作,否则拒绝证书请求。

⑤ ECA 根据请求报文中的内容签发注册证书,用 ECA 私钥对证书进行签名,并将注册证书安全存储。

⑥ ECA 生成的响应报文内含颁发的注册证书,同时使用请求报文中的公钥加密整个报文得到密文,并将响应密文发给车联网节点。

⑦ 车联网节点在收到响应密文后,先使用 SK 解密得到响应明文,并从响应明文中提取注册证书,再用 ECA 公钥对注册证书进行验证,待验证通过后将其安全存储。

(3) 车联网节点假名证书的申请。假名证书是车联网节点的消息证书,只有携带了假名证书的消息才会得到其他车辆的认可,实现车联网通信数据的传输功能。出于对隐私安全的考虑,假名证书本身不包含任何车联网节点的隐私信息,其主要作用是借助 PCA 签发假名证书的不可否认性向接收方证明通信数据来源的合法性,确保通信数据的安全。由于车联网通信需要频繁使用假名证书,为了不重复使用相同的假名证书,需要在申请时一次性获得多个假名证书以供后续使用。

考虑到车联网节点如车辆可能是移动的,需要车辆在新区域内向对应的 PCA 申请适用的假名证书。为了方便寻找对应的 PCA 地址和获得对应的 PCA 公钥证书,指定 RCA 在数据库中存储每一个申请 PRC 的 PCA 的地址、公钥证书和证书 ID 等相关信息。当车联网节点需要申请假名证书时,需要先发送自身地址给 RCA(可使用 RCA 公钥证书中的公钥加密),从而获得合适的 PCA 地址和 PCA 公钥证书,为进一步申请假名证书做准备。

为了获得加入车联网通信的资格,车联网节点需要向 PCA 申请假名证书,其流程如图 4-10 所示。PCA 在收到假名证书请求报文后可决定是否对车联网节点颁发假名证书,若确定颁发,则将颁发的假名证书集放入响应报文中,否则将拒绝颁发假名证书的原因放入响应报文中并进行响应,具体步骤如下:

① 车联网节点根据需要生成 N 个公私钥对(密钥对),并将公钥集填充进假名证书请求报文数据结构对象中。假名证书请求报文的主要内容见表 4-6。

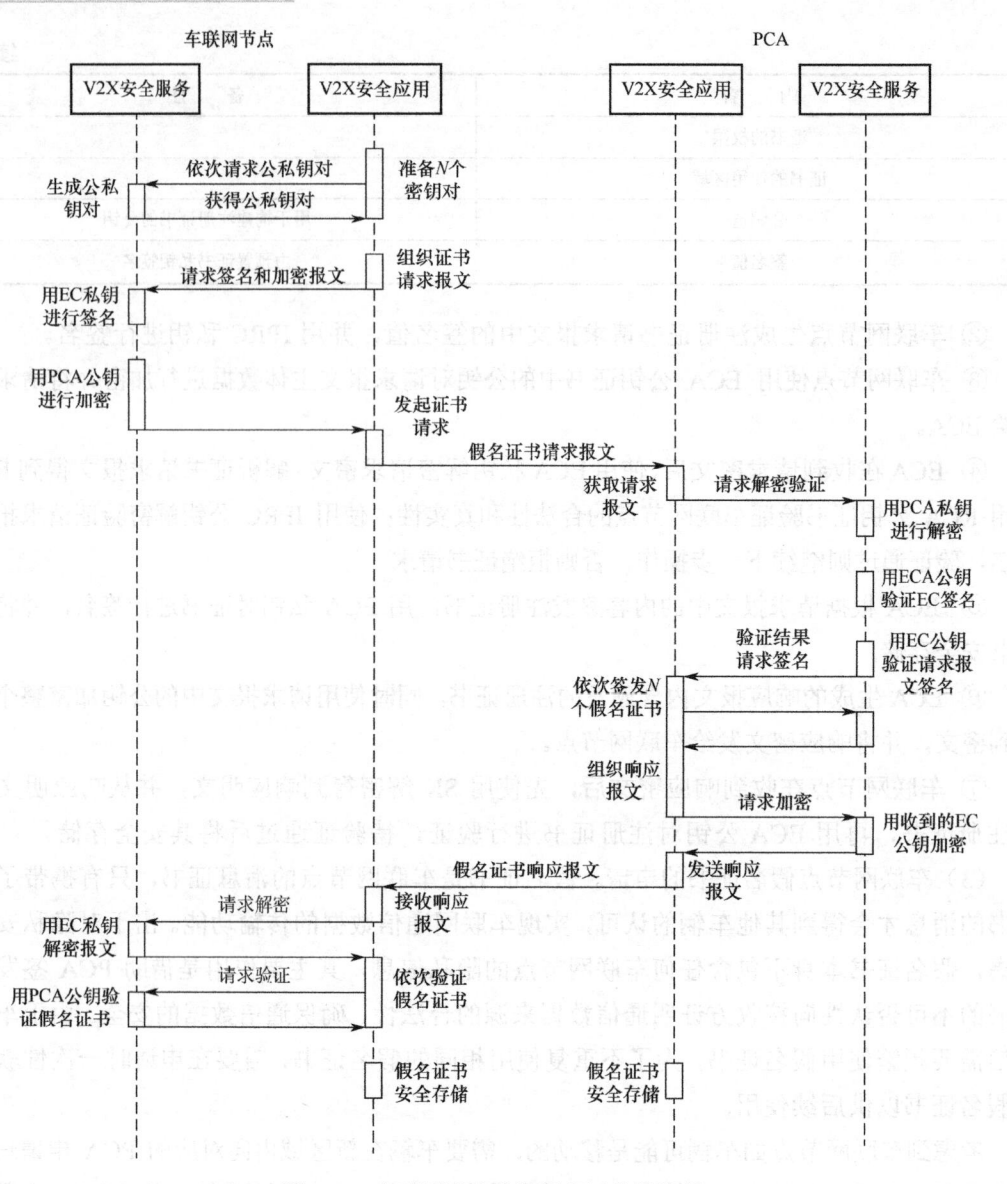

图 4-10 车联网节点申请假名证书的流程

表 4-6 假名证书请求报文的主要内容

内　　容	备　　注
请求标识	标识证书请求
申请的证书类型	假名证书
身份凭证	注册证书
有效期	
证书的权限	适用的安全类消息
所在的区域	
公钥个数	
公钥集	
签名值	由注册证书私钥签名

② 车联网节点组织好假名证书请求报文，其中包含车联网节点的注册证书，用 EC 私钥进行签名。

③ 车联网节点使用 PCA 公钥对请求报文主体数据进行加密，并将其密文发给 PCA。

④ PCA 在收到请求报文的密文后，使用 PCA 私钥解密得到请求报文明文；解析请求报文明文得到注册证书（EC），使用 ECA 公钥对其签名进行验证；验证通过后，使用 EC 公钥验证假名证书请求报文的整体签名，验证通过则继续下一步操作，否则拒绝证书请求。

⑤ PCA 在解析请求报文后，依次读取请求报文中的 N 个公钥并签发假名证书，使用 PCA 私钥对其进行签名并将其安全存储。

⑥ PCA 生成响应报文，内含颁发的假名证书集合，同时使用请求报文中的 EC 公钥加密整个报文得到密文，并将其发给车联网节点。

车联网节点在收到响应报文的密文后，使用 EC 私钥进行解密得到响应明文，并从中提取假名证书集合，使用 PCA 公钥对假名证书签名进行验证，验证通过后将其安全存储。

10）基于 PKI 认证技术体系的车联网通信

车联网节点在完成上述接入认证并获得注册证书和假名证书后，已具备车联网通信资格，可以与其他节点进行通信。基于车联网节点广播通信的特点，车联网节点之间的通信流程如图 4-11 所示。

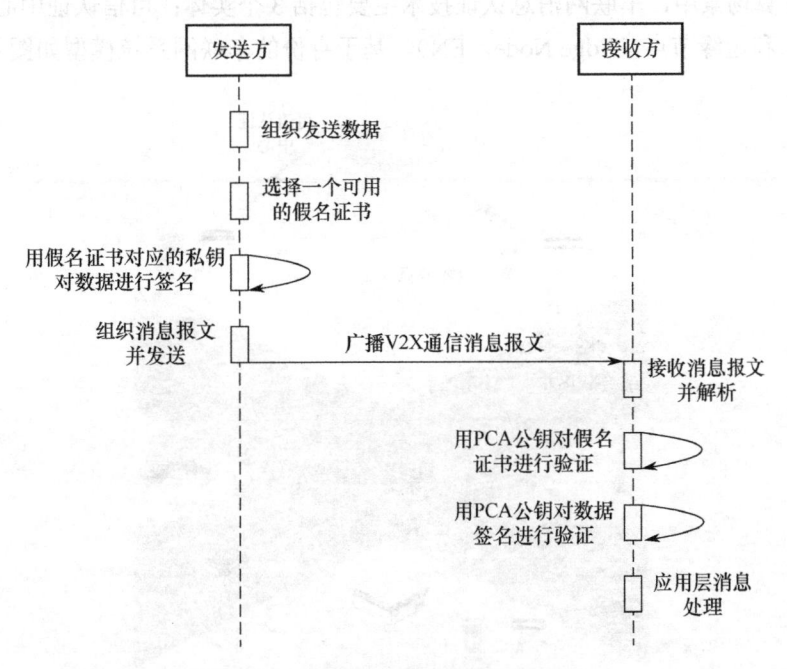

图 4-11 车联网节点之间的通信流程

在车联网通信中，收发双方在通信时所做的具体操作如下：

① 发送方组织需要发送的数据，从自身可用的假名集合中选择一个假名证书（PC），使用其对应的私钥对数据进行签名，并将发送数据、签名和假名证书组织成消息报文进行发送。

② 接收方在收到发送方广播的 V2X 通信消息报文后，从中解析出假名证书，并使用 PCA

公钥对假名证书进行验证；验证通过后，接收方从假名证书中提取公钥，并使用它对接收数据的签名进行验证，验证通过后，由应用层对消息进行处理。在上述两次验证中，前者确保发送方，即车联网节点是经过 ECA 认证的，从而保证了通信数据来源的合法性和可靠性；后者确保通信数据没有被修改或出现差错，从而保证了通信数据的完整性。

在车联网通信认证过程中，由于车辆的移动性，可能会出现车联网关键节点上已有的 PCA 公钥证书无法用于假名证书验证的情况，此时车联网节点需要获取对应可用的 PCA 公钥证书，例如通过采用分散机制来检索对应的 PCA 公钥证书。因为假名证书中有签名的 PCA 公钥证书 CertID，而 PCA 公钥证书由 RCA 颁发并存储，所以接收方向 RCA 发起 CertID 对应 PCA 公钥证书请求，并最终从响应报文中得到相应的 PCA 公钥证书。

2. 基于身份的认证技术

随着车辆数量的增加，车辆的计算任务越来越复杂，传统云计算中心的数据负荷也在增加。如果车辆产生的大量数据全部上传到云端服务器，并由云计算中心对数据进行处理，将加重云端服务器的负担。为了缩短车辆中的请求时间，减少数据传输延迟，引入边缘计算技术，实现计算和存储资源的合理利用。

1）系统模型

在边缘计算场景中，车联网消息认证技术主要包括 3 个实体：可信认证中心（TA）、车载单元（OBU）和边缘节点（Edge Node，EN）。基于身份的车联网系统模型如图 4-12 所示。

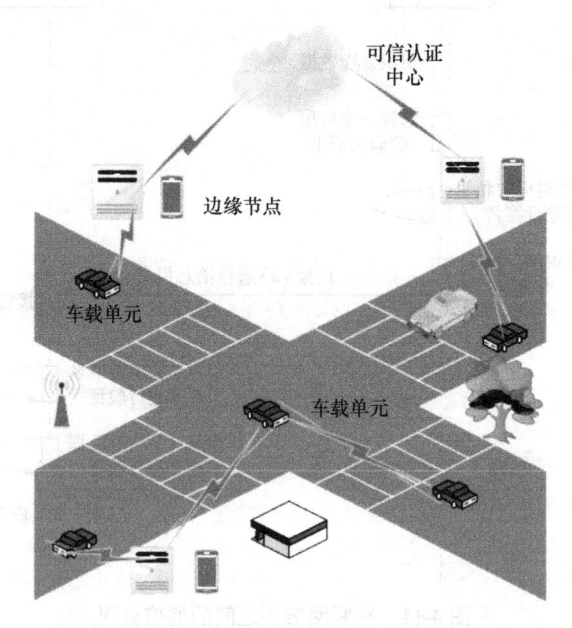

图 4-12 基于身份的车联网系统模型

（1）可信认证中心。可信认证中心负责生成系统参数和初始化系统，并为边缘节点提供假名和身份信息。

（2）车载单元。车载单元负责定期广播与交通相关的信息，如当前的时间、位置、交通事件等，以提高区域内的交通运行效率和交通安全，并与周围车辆、边缘节点进行通信。车辆在收到边缘节点处理的消息之前，需要验证消息的完整性。

（3）边缘节点。为了保障车辆的各种数据请求能在有效时间内得到及时响应，将边缘节点作为云计算中心的补充，通过引入边缘节点，可以降低车辆之间的通信时间。边缘节点有一定的存储和计算能力，可以协助车辆完成计算并将消息发送给车辆。

2）安全需求

基于身份的车联网认证技术需要满足不可链接性、不可伪造性、身份隐私保护性和抗重放攻击的要求。

（1）不可链接性。攻击者无法判定两个消息是否来自同一个实体，于是通过获取系统公私钥对和系统公共参数，对消息进行签名，然后对输出的签名进行验证，并输出一比特 b'，如果 $b'=b$，则表示攻击者获胜。

（2）不可伪造性。挑战者 C 执行系统建立算法，对手 A 进行哈希询问和签名询问，在对手 A 进行两次不同的询问后，挑战者 C 在多项式时间内获得两个签名，其通过计算解决了 CDH（两方协商密钥在公共信道上被窃取）问题。

（3）身份隐私保护。在车联网中，车辆与车辆之间、车辆与边缘节点之间的通信都需要使用无线网络，但是无线网络技术更容易被窃听与追踪，系统必须保护合法用户的隐私。由于车辆和边缘节点都是通过假名身份信息进行通信的，每个签名都通过一个假名身份生成，用户发送的所有信息在每次通信过程中都会改变，恶意车辆无法从假名身份信息中获取用户的真实身份。

（4）抗重放攻击。为了保证车辆通信过程中消息的实时性，消息接收者需要检查消息是否过期，如果在有效时间内收到消息，则选择接收它，否则表示消息过期，消息接收者可以拒绝该消息。

3）技术描述

基于身份的车联网认证技术由系统初始化、注册与密钥生成、消息签名及消息验证 4 种算法组成，下面分别对其进行介绍。

（1）系统初始化。可信认证中心（TA）为系统选择一个阶为 q 的加法循环群 G_1 和一个乘法循环群 G_2，并选择一个双线性配对 $e: G_1 \times G_1 \to G_2$，$P$ 和 Q 是 G_1 和 G_2 的两个生成元，TA 选择随机数 $x_1 \in Z_q^*$ 作为私钥，计算 $P_1=x_1P$，P_1 就是 TA 公钥。TA 定义 3 个哈希函数：$h: \{0,1\}^* \to G_1$，$h_1: \{0,1\}^* \to Z_q^*$，$h_2: \{0,1\}^* \to Z_q^*$。TA 公开系统参数 $\text{prms} = \{G_1, G_2, e, q, P, P_1, Q, h, h_1, h_2\}$ 并发送给车辆和边缘节点。

（2）注册与密钥生成。部署在车辆周围的边缘节点向 TA 发送请求注册信息，TA 响应请求，为边缘节点提供假名身份信息。边缘节点将真实身份信息 Rid 和密码 Pw 发送给可信认证中心，以此生成边缘节点的假名身份信息。TA 随机选择 $w_d \in Z_q^*$，计算边缘节点假名 Pid，$\text{Pid}_1 = w_d P$，$\text{Pid}_2 = \text{Rid} \oplus h(w_d P_1)$，通过安全通道将 $\text{Pid} = (\text{Pid}_1, \text{Pid}_2)$ 发给边缘节点。TA 为车辆生成假名 $\text{Uid} = w_d P$，计算边缘节点的私钥 $\text{sK}_i = x_1 h_1(\text{Pid} \| \text{ts}_i) Q$，其中 ts_i 为当前的时间。

（3）消息签名。边缘节点通过该算法对消息 M_i 进行签名，并发送给接收消息的车辆，即

边缘节点计算签名 $S_i = w_d(\mathrm{SK}_i + h_2(M_i)Q)$，并发送消息 M_i 的签名。

（4）消息验证。车辆对多个边缘节点处理过的消息进行认证，以验证接收消息的完整性。消息认证阶段分为单个消息认证和消息批量认证。

① 消息单个认证。因为消息具有时效性，当车辆 V_i 收到消息的签名 $\{\mathrm{Pid}, S_i, M_i, \mathrm{ts}_i\}$ 后，需要先验证 $|t - \mathrm{ts}_i|$ 与 Δt 的关系，其中 Δt 为时间差，t 为收到消息的时间，ts_i 为发送消息的时间。若 $|t - \mathrm{ts}_i| \leqslant \Delta t$ 成立，则表示签名有效，否则为无效，验证将终止；接着验证式（4-1）是否成立，如果其成立，则表示签名消息合法，可以接收该消息，否则拒绝该消息。

$$e(S_i, P) = e(\mathrm{Pid}_1 h_1(\mathrm{Pid} \parallel \mathrm{ts}_i) + \mathrm{Uid} h_2(M_i), Q) \tag{4-1}$$

② 消息批量认证。为了提高验证的效率，执行消息批量认证。因为消息具有时效性，当车辆 V_i 收到消息的签名 $\{\mathrm{Pid}, S_i, M_i, \mathrm{ts}_i\}$ 后，首先需要验证 $|t - \mathrm{ts}_i| \leqslant \Delta t$ 是否成立，若其成立，则表示签名有效，否则为无效，验证终止。接收者选择向量 $V = (V_1, V_2, V_3, \cdots, V_n)$，车辆验证式（4-2）是否成立，如果其成立，则表示签名消息合法，可以接收该消息，否则拒绝该消息。

$$e\left(\sum_{i=1}^n V_i S_i, P\right) = e\left(\sum_{i=1}^n V_i \left(\mathrm{Pid}_1 h_1(\mathrm{Pid} \parallel \mathrm{ts}_i) + \mathrm{Uid} h_2(M_i), Q\right)\right) \tag{4-2}$$

4）安全性分析

（1）不可链接性。将签名方案记为 ε，假设攻击者为 λ，β_0 和 β_1 为两个合法的用户，攻击者 λ 将执行以下链接游戏。

① 攻击者 λ 通过密钥生成算法获取系统公私钥对 (P_1, x_1) 及系统公共参数 $\mathrm{prms} = \{G_1, G_2, e, q, P, P_1, Q, h, h_1, h_2\}$。

② 攻击者 λ 选取两个不同的消息 m_0 和消息 m_1。

③ 随机选取 $b \in \{0,1\}$，将消息 m_b 和 m_{1-b} 发送给用户 β_0 和 β_1，攻击者 λ 无法获取 b。

④ 用户 β_0 和 β_1 分别执行签名方案，如果这两者输出的签名 M_b 和 M_{1-b} 与消息 m_b 和 m_{1-b} 对应，则将输出的签名发送给攻击者 λ，否则输出 $\perp$。

⑤ 攻击者 λ 对用户 β_0 输出的签名 M_b 进行验证，$b' \in \{0,1\}$，如果 $b' = b$，则表示攻击者 λ 获胜。攻击者 λ 赢得链接游戏的概率为 $\mathrm{Adv}(A) = |\Pr[b' - b] - \frac{1}{2}|$。

攻击者 λ 完成签名后会得到两个签名 $\{\mathrm{Pid}_0, S_{i0}, M_{i0}, \mathrm{ts}_i^0\}$ 和 $\{\mathrm{Pid}_1, S_{i1}, M_{i1}, \mathrm{ts}_i^1\}$。关于消息的签名有 $(\mathrm{Pid}_j, S_{ij}, M_{ij}, \mathrm{ts}_j) \subset \{(\mathrm{Pid}_0, S_{i0}, M_{i0}, \mathrm{ts}_0), (\mathrm{Pid}_1, S_{i1}, M_{i1}, \mathrm{ts}_1)\}$。

（2）不可伪造性。在随机预言模型下，如果一个攻击者能够在多项式时间内伪造签名，则有一个多项式时间算法可以解决 CDH 问题。

假设攻击者为 λ，挑战者 C 公开系统参数 $\mathrm{prms} = \{G_1, G_2, e, q, P, P_1, Q, h, h_1, h_2\}$ 并发送给攻击者 λ，攻击者 λ 向挑战者 C 执行以下随机预言机询问。

① 系统初始化。$\forall x, y \in Z_p^*$，a, b 未知，已知 $P \in G_1$，$P_1 = aP$，$Q = bP$，将 (P_1, Q) 发给攻击者 λ，保存列表 Lh，Lh_1，Lh_2 和 SList。

② h 询问。挑战者 C 维护列表 Lh，h_2 包含元组 (α, b'_i)，列表的初始值为空，挑战者 C 收到攻击者 λ 关于消息 α 的询问后检查列表。

如果列表 Lh 中存在 (α, b'_i)，挑战者 C 将值返给对应的攻击者 λ，否则挑战者 C 随机选择 $b_i \in Z^*_q$，将 (α, b_i) 添加到列表 Lh 中，更新列表 Lh。

③ h_1 询问。当攻击者 λ 用消息 M_i 进行 h_1 询问时，将挑战者 C 维护列表 $(\text{Pid}_1, \text{Pid}_2, \text{ts}_i, h_1)$ 记为 Lh1，挑战者 C 查询该列表中是否存在元组 $(\text{Pid}_1, \text{Pid}_2, M, T)$ 并执行下述流程。

如果 $(\text{Pid}_1, \text{Pid}_2, \text{ts}_i)$ 存在于 Lh1 中，挑战者 C 将返回 $(\text{Pid}_1, \text{Pid}_2, \text{ts}_i)$，否则挑战者 C 随机选择 $\beta_i \in Z^*_q$，并将 $(\text{Pid}_1, \text{Pid}_2, \text{ts}_i, \beta_i)$ 存储在 Lh1 中。更新 Lh1，并将结果返回给攻击者 λ。

④ h_2 询问。当攻击者 λ 用消息 M_i 进行 h_2 询问时，将挑战者 C 维护列表 (M_i, H_2) 记为 Lh2，挑战者 C 查询该列表中是否存在元组 (M_i, H_2) 并执行以下流程。

如果 (M_i, H_2) 存在于 Lh2 中，挑战者 C 将 $H_2 = h_2(M_i)$ 返给攻击者 λ，否则挑战者 C 随机选择 $H'_2 \in Z^*_q$，并将 (M_i, H'_2) 添加到 Lh2 中。更新 Lh2，将 $H'_2 = h_2(M_i)$ 返给攻击者 λ。

⑤ 签名询问。当攻击者 λ 用消息 M_i 进行签名询问时，挑战者 C 选择随机数 $\varepsilon, h'_1, h'_2 \in Z^*_q$，计算 $S_i = \varepsilon Q$，$\text{Pid}_1 = (\varepsilon P - h_1 P_1)(h'_2)^{-1}$，在 Lh1 和 Lh2 中添加元组 $(\text{Pid}_1, \text{Pid}_2, \text{ts}_i, h'_1)$ 和 (M_i, H'_2)，进行签名验证。

⑥ 输出。挑战者 C 收到两个有效签名，即 $S_i = (\varepsilon h'_1 + ah'_2)Q$ 和 $S'_i = (\varepsilon h'_1 + ah'^*_2)Q$，通过运算得到 $(h'_2 - h'^*_2)^{-1}(S_i - S^*_i) = aQ = abP$。

挑战者 C 解决了 CDH 问题，由此可以判定，在随机预言机模型下，基于身份的车联网消息认证技术满足不可伪造性的要求。

（3）身份隐私保护。在车辆与边缘节点的通信过程中，边缘节点不使用自己的真实身份，而是使用自己的假名，在无证书聚合签名认证方案中，每个签名都通过一个假名身份生成，对手无法由 Pid_1 和 Pid_2 获得用户的真实身份 Rid，用户发送的所有信息在每次通信过程中都会改变，恶意车辆无法从假名身份信息中获取真实身份，既实现了用户的匿名性，又保留了用户的隐私性。

（4）抗重放攻击。在车联网通信过程中要保证消息的实时性，为了避免收到过时的消息，接收者须检查消息是否过期。若 $|t - \text{ts}_i| \leq \Delta t$ 成立，则接收该消息，否则表示消息过期，接收者应拒绝该消息。

3. 无证书签名认证技术

1）系统模型

如图 4-13 所示，采用无证书签名认证技术的方案（以下简称无证书签名认证方案）的系统模型主要由可信认证中心（TA）、密钥生成器中心（KGC）、路侧单元（RSU）、车载单元（OBU）4 个实体组成。其中，TA 负责生成系统参数，用于注册 RSU 和 OBU；KGC 是一个独立的半可信第三方机构，主要负责存储车辆的真实身份信息及生成车辆的部分密钥；RSU 和 OBU 的主要功能是传输信息。

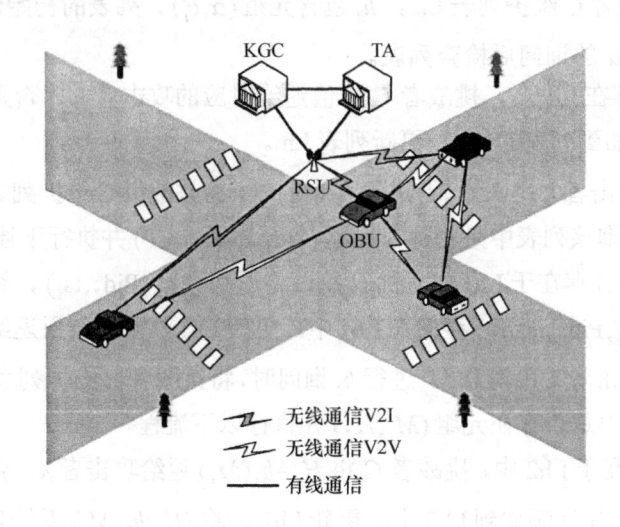

图 4-13 采用无证书签名认证技术的方案的系统模型

车联网通信分为两类：V2V 通信和 V2I 通信。在 V2V 通信中，车辆可以与其他车辆进行通信，主要包括向其他车辆发送或从其他车辆处接收信息。车辆与 RSU 的通信属于 V2I 通信。

2）符号定义

无证书签名认证方案的符号及含义见表 4-7。

表 4-7 无证书签名认证方案的符号及含义

符 号	含 义
p, q	p, q 均为大素数
G, P	G 为加法群，P 为它的一个生成元
V_i	第 i 辆汽车
RID_i	V_i 的真实 ID
PID_i，T_i	PID_i 为 V_i 的假名，T_i 为该假名的有效时间
PSK_i，SK_i	PSK_i 为 V_i 的部分私钥，SK_i 为 V_i 的私钥
m_i	V_i 发送的消息
tm_i	消息 m_i 的当前时间戳
h_1, h_2, h_3, h_4	4 个安全单向哈希函数
λ_1 / λ_2	I 类对手/II 类对手
$\oplus$	异或操作
$\|$	消息分隔符

3）无证书签名认证方案

车联网采用的无证书签名认证方案是利用域密钥进行消息签名验证的安全认证方案，具体包括系统初始化、域密钥生成分发、部分私钥提取、设置公/私钥、个体签名、签名验证及聚合签名验证 7 种算法。

（1）系统初始化。选择两个大素数 p 和 q，且 $p>q$，$q<\left\lceil\dfrac{p}{4}\right\rceil$。系统（不特指某个系统）选择曲线 E：$y^2=(x^3+ax+b)(\bmod p)$，并从其中选择群 G，P 是 G 的生成元，通过下列步骤生成系统参数。

① KGC 的主要职责是为车辆生成部分私钥。KGC 随机选择主密钥 $s\in Z_q^*$，计算其公钥为 $P_{pub}=s\cdot P$。

② TA 的主要职责是生成车辆假名和管理车辆身份信息。TA 随机选择主密钥 $t\in Z_q^*$，计算其公钥为 $T_{pub}=t\cdot P$。

③ TA 随机选择 4 个安全单向哈希函数 $h_i:\{0,1\}^*\to Z_q,1\leqslant i\leqslant 4$。

综上可得系统参数为 $\{p,q,P,T_{pub},P_{pub},h_1,h_2,h_3,h_4\}$。

（2）域密钥生成分发。车辆初次进入 TA 的管辖区域时，TA 首先验证它的身份和假名的到期时间。若该车身份合法，则向其发送用于计算域密钥的成员私钥 SK_i。之后，TA 重新计算 μ 值，并随机选择 $k_d\in Z_q^*$ 作为新的域密钥，通过计算得到 $\gamma=k_d\times\mu$。TA 向所有域内成员广播消息 $\{\gamma,K_{pub},SIG_{SK_{TA}}(\gamma\|t_d)\}$，其中 K_{pub} 为域公钥，t_d 为域密钥的合法时间。μ 值的计算步骤如下：

① TA 分别计算 $\partial_g=SK_1SK_2\cdots SK_n=\Pi_1^n(SK_i)$ 和 $x_i=\dfrac{\partial_g}{SK_i}$，其中 $i=1,2,\cdots,n$。

② 通过 $x_iy_i=1\bmod SK_i$ 计算 y_i。

③ TA 将所有车辆的 x_i 和 y_i 相乘，在得到 $var_i=x_i\times y_i$ 后，计算 $\mu=\sum_i^n var_i$。因此，由孙子定理可得 $\mu\bmod SK_i\equiv1$。合法车辆可以通过一次模除计算 $\gamma\bmod SK_i=k_d$ 来得到新的域密钥。

（3）部分私钥提取。TA 负责给车辆生成假名，车辆将其真实 ID 通过安全信道传送给 TA，TA 随机选择 $w_i\in Z_q^*$，计算得到 $PID_{i,1}=w_iP$。

车辆假名为 $PID_i=\{PID_{i,1},PID_{i,2},T_i\}$，TA 将其通过安全有线信道传送给 $PID_{i,2}=KGC$，用于进一步计算车辆部分私钥，其中 T_i 表示假名有效期。TA 生成车辆假名的流程如图 4-14 所示。

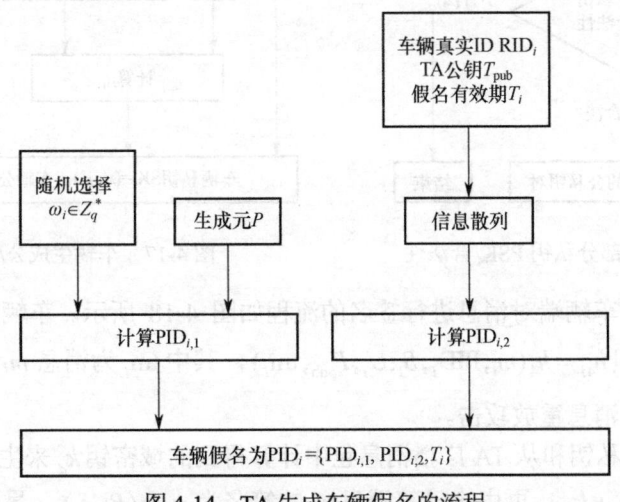

图 4-14 TA 生成车辆假名的流程

KGC 随机选择 $r_i \in Z_q^*$，通过计算 $R_i = r_i \cdot P$ 和 $\alpha_i = r_i + h_{2i} \cdot s$，得到车辆假名对应的私钥 $\text{PSK}_i = (R_i, \alpha_i)$。KGC 打包车辆假名及部分私钥，通过安全信道发送给车辆。KGC 生成部分私钥的流程如图 4-15 所示。

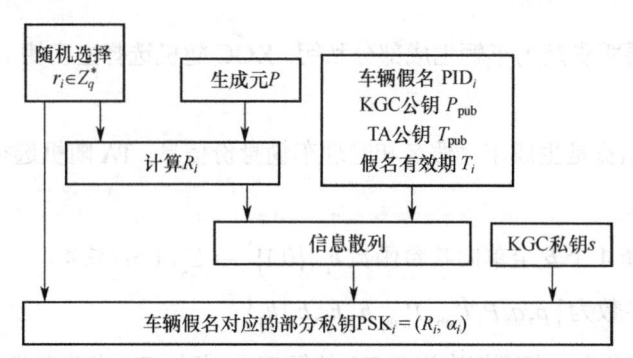

图 4-15 KGC 生成部分私钥的流程

（4）设置公/私钥。车辆在收到 KGC 发来的消息后，执行下列步骤：

① 车辆可以通过 $\alpha_i \cdot P = R_i + h_{2i} \cdot P_{\text{pub}}$ 来验证部分私钥 PSK_i 的合法性，如图 4-16 所示。

② 车辆随机选择 $\beta_i, x_i \in Z_q^*$，通过计算 $h_{3i} = h_3(\text{PID}_i, x_i, R_i)$，$\mu_i = \beta_i \cdot h_{3i}$，$X_i = x_i \cdot P$ and $U_i = \mu_i \cdot P$，得到车辆私钥 $\text{SK}_i = (x_i, \mu_i)$，车辆公钥为 U_i，如图 4-17 所示。车辆在验证消息有效后，会生成可用的公私钥对。

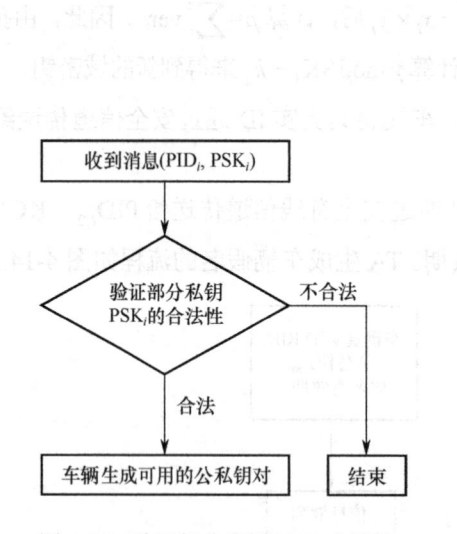

图 4-16 验证部分私钥 PSK_i 合法性

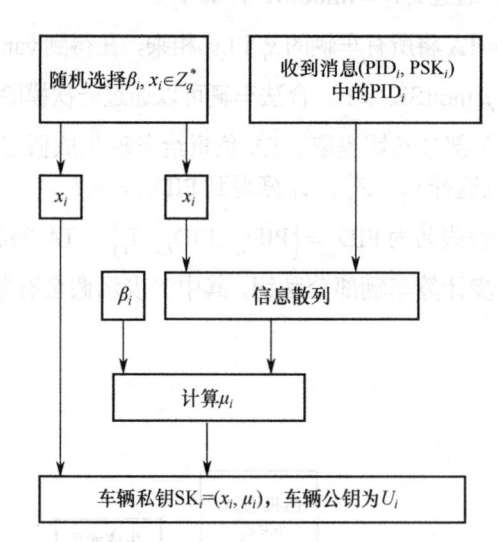

图 4-17 车辆生成公/私钥

（5）个体签名。车辆端对消息进行签名的流程如图 4-18 所示。车辆随机选择 $b_i \in Z_q^*$，并计算 $B_i = b_i \cdot X_i + R_i$ 和 $h_{4i} = h_4(m_i, \text{PID}_i, B_i, U_i, P_{\text{pub}}, \text{tm}_i)$，其中 tm_i 为消息 m_i 的当前时间戳。加入时间戳的目的是防止消息重放攻击。

之后，车辆使用私钥和从 TA 广播消息包中计算得到的域密钥 k_d 来生成消息签名。先计算 $\delta_i = b_i \cdot x_i + h_{4i} \cdot \mu_i + \alpha_i + k_d$，再由 δ_i 计算消息 m_i 的签名为 $\sigma_i = (B_i, \delta_i)$，最后由车辆封装消息包

$\{\text{PID}_i, m_i \| \text{tm}_i, U_i, \sigma_i\}$ 并将其向外发送。

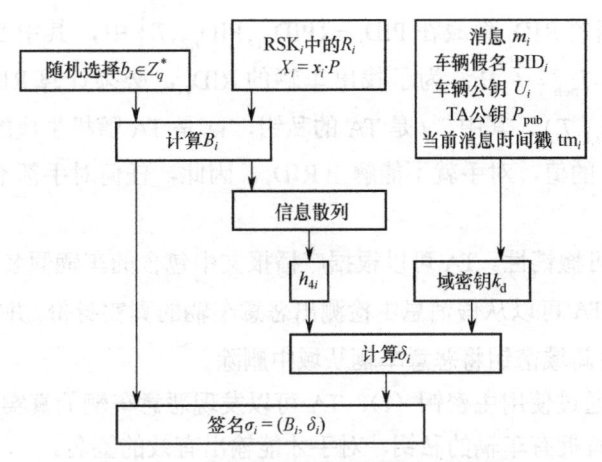

图 4-18 车辆端对消息进行签名的流程

（6）签名验证。

① 接收方在收到消息包 $\{\text{PID}_i, m_i \| \text{tm}_i, U_i, \sigma_i\}$ 后，通过 $T_{\text{tmp}} - \text{tm}_i \leqslant \Delta T$ 验证该消息包是否新鲜，其中 T_{tmp} 为收到消息包的时间，ΔT 为最大传输时延。

② 接收方通过计算得到 $h_{4i} = h_4(m_i, \text{PID}_i, B_i, U_i, P_{\text{pub}}, \text{tm}_i)$ 和 $h_{2i} = h_2(\text{PID}_i, P_{\text{pub}}, T_{\text{pub}}, R_i)$。

③ 接收方通过下式验证消息签名是否合法：

$$\delta_i \cdot P = B_i + h_{4i} \cdot U_i + h_{2i} \cdot P_{\text{pub}} + K_{\text{pub}} \tag{4-3}$$

此外，接收方还可以批量验证消息包 $\{\text{PID}_1, m_1 \| \text{tm}_1, U_1, \sigma_1\}$，$\{\text{PID}_2, m_2 \| \text{tm}_2, U_2, \sigma_2\}$，…，$\{\text{PID}_n, m_n \| \text{tm}_n, U_n, \sigma_n\}$，其所使用的公式如下：

$$\left(\sum_{i=1}^{n} \delta_i\right) \cdot P = \sum_{i=1}^{n} B_i + \sum_{i=1}^{n} (h_{4i} \cdot U_i) + \left(\sum_{i=1}^{n} h_{2i}\right) \cdot P_{\text{pub}} + n \cdot K_{\text{pub}} \tag{4-4}$$

（7）聚合签名验证。使用聚合签名可以用于降低带宽和存储开销，聚合可由 RSU 或车辆实现，即将时隙 T 中收到的消息 $\{\text{PID}_i, m_i \| \text{tm}_i, U_i, \sigma_i\}_{1 \leqslant i \leqslant n}$ 进行聚合。

聚合者需要通过计算 $B = \sum_{i=1}^{n} B_i$ 和 $\delta = \sum_{i=1}^{n} \delta_i$，$1 \leqslant i \leqslant n$，得到聚合签名 $\sigma = (B, \delta)$。收到聚合签名 $\sigma = (B, \delta)$ 后，接收者先验证 tm_i 是否新鲜，再进行下列步骤：

① 聚合者先计算 $h_{4i} = h_4(m_i, \text{PID}_i, B_i, U_i, P_{\text{pub}}, \text{tm}_i)$ 和 $h_{2i} = h_2(\text{PID}_i, P_{\text{pub}}, T_{\text{pub}}, R_i)$，再计算 $U = \sum_{i=1}^{n} (h_{4i} \cdot U_i)$。

② 验证 $\delta \cdot P = B + U + \left(\sum_{i=1}^{n} h_{2i}\right) \cdot P_{\text{pub}} + n \cdot K_{\text{pub}}$ 是否成立，若其成立，则表示签名正确。

4）安全性分析

（1）消息完整性和身份验证。接收方需要验证发送方的合法性，并检查收到的消息是否被修改。接收方根据 $\delta_i \cdot P = B_i + h_{4i} \cdot U_i + h_{2i} \cdot P_{\text{pub}} + K_{\text{pub}}$ 和 $\left(\sum_{i=1}^{n} \delta_i\right) \cdot P = \sum_{i=1}^{n} B_i + \sum_{i=1}^{n} (h_{4i} \cdot U_i) + \left(\sum_{i=1}^{n} h_{2i}\right) \cdot$

$P_{\text{pub}} + n \cdot K_{\text{pub}}$ 来验证发送方的合法性。

（2）匿名。车辆的 RID_i 隐藏在 $\text{PID}_i = \{\text{PID}_{i,1}, \text{PID}_{i,2}, T_i\}$ 中，其中 $\text{PID}_{i,1} = w_i P$，$\text{PID}_{i,2} = \text{RID}_i \oplus h_1(w_i T_{\text{pub}}, T_i)$，$T_{\text{pub}} = t \cdot P$。为了找出车辆的 RID_i，必须计算 $\text{RID}_i = \text{PID}_{i,2} \oplus h_1(w_i T_{\text{pub}}, T_i) = \text{PID}_{i,2} \oplus h_1(t \cdot \text{PID}_{i,1}, T_i)$。其中，$t$ 是 TA 的私钥，w_i 是 TA 随机生成的数据，它们都存储在 TA 中。不知道 t 和 w_i 的值，对手就不能解出 RID_i。因此，任何对手都不能通过分析收到的消息来识别或跟踪车辆。

（3）可追溯性和可撤销性。TA 可以根据广播报文中包含的车辆假名 $\{\text{PID}_{i,1}, \text{PID}_{i,2}, T_i\}$ 来计算车辆的 RID_i，因此 TA 可以从假消息中检测出恶意车辆的真实身份，并将其从车联网中撤销。之后，TA 可以通过更新域密钥将恶意车辆从域中删除。

（4）角色分离。通过使用主密钥（t），TA 可以发现恶意车辆的真实身份。KGC 负责生成车辆的部分私钥。只有拥有车辆的私钥，对手才能输出有效的签名。

（5）抗重放攻击。消息 $\{\text{PID}_i, m_i \| \text{tm}_i, U_i, \sigma_i\}$ 中的 tm_i 用于保证消息的新鲜度。

（6）抗伪造攻击。任何对手都不能伪造合法消息 $\{\text{PID}_i, m_i \| \text{tm}_i, U_i, \sigma_i\}$，因为满足 $\delta_i \cdot P = B_i + h_{4i} \cdot U_i + h_{2i} \cdot P_{\text{pub}} + K_{\text{pub}}$ 能防御伪造攻击。

4．X.509 证书管理系统

X.509 证书管理系统为车载终端、路侧设备、应用服务平台签发 X.509 格式证书，用于 TLS/TLCP 等安全通信，如车载终端与应用服务平台的安全通信、路侧设备向云端回传安全通信等。

X.509 证书管理系统的网络安全保障包括系统安全、通信安全、密钥安全、证书管理安全、安全审计、数字备份和可选性、物理安全等。X.509 证书管理系统部署拓扑结构如图 4-19 所示，它包括密钥管理区、核心区、管理区和服务区。

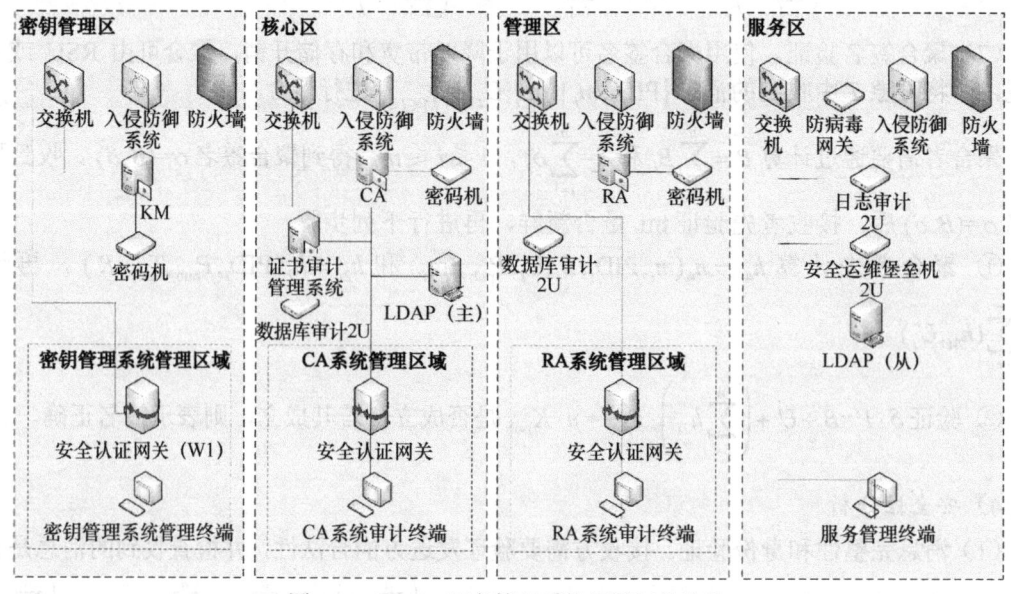

图 4-19　X.509 证书管理系统部署拓扑结构

LDAP—轻型目录访问协议；RA—注册中心

X.509 证书管理系统包含 4 个子系统：根证书签发管理系统、证书签发管理系统、证书注册管理系统和目录管理系统。

1）根证书签发管理系统

根证书签发管理系统负责签发管理二级 CA 系统的数字证书，并提供二级 CA 系统数字证书及 CRL 的查询功能。

2）证书签发管理系统

证书签发管理系统负责颁发 T-Box、IVI、网关（Gateway，GW）、App 等终端设备和应用程序的 X.509 证书。

（1）证书种类。X.509 证书主要分为终端设备证书、服务器证书、签名证书、CA/RA 证书、系统管理员证书、个人证书、单位身份证书、机构证书及虚拟专用网络（Virtual Private Network，VPN）证书等，可以根据新需求，增加新的证书类型，以满足应用的需求。

（2）证书格式。证书签发管理系统颁发的数字证书和 CRL 符合 ITU X.509、GB/T 20518—2018、ITU-T X.509 和 RFC 5280 标准，证书存储支持 Base64、DER、PKCS#7 和 PKCS#12 格式，证书和私钥封装符合 PKCS#12 标准。

（3）证书管理。在证书签发管理系统中，只有具备证书管理角色的管理员才能进行证书管理。证书管理主要包括证书的申请、下载、发布、申请并下载、更新、更新并下载、冻结、解冻、撤销、延期、恢复、归档、授权码更新及证书查询、证书实体查询、CRL 的发布等操作。

（4）模板管理。为了适应各类业务系统对数字证书格式提出的特殊要求，证书签发管理系统需要提供数字证书模板自定义功能，以达到自定义证书扩展域名称、扩展域值的目的。

（5）权限管理。在证书签发管理系统中，严格按照分权管理的思想，通过由超级管理员管理系统管理员、由系统管理员向下授权的方式，实现对管理员的控制和管理及事件追踪。

（6）审计管理。根据系统分权设计管理的思想，只有具有审计管理角色的管理员才能进行审计管理，审计管理包括查询业务日志和统计证书。

3）证书注册管理系统

证书注册管理系统负责提供证书的申请、审核、下载、注销及在线更新等服务。该系统在收到证书申请后，对其合法性进行审核，并将该申请提交给证书签发管理系统。证书注册管理系统具备以下功能：

（1）提供用户管理功能，即针对用户信息，提供"增、删、改、查"等功能。

（2）提供证书查询、下载和统计功能。

（3）提供日志查询、分析和审计功能。

（4）可定制管理角色、管理权限和业务流程，审计业务和其他业务可实现严格的分权管理，审计业务的管理员和其他业务的管理员的产生过程相互独立。

（5）面向证书最终用户提供自助服务，可实现用户根证书自助下载、用户信息自助录入及证书自助申请、下载和更新等功能。

4）目录管理系统

目录管理系统负责提供二级 CA 系统数字证书及 CRL 的查询功能。

4.2 车联网通信加密技术

4.2.1 车联网通信加密技术概述

车联网是通过信息通信技术实现云平台、车、路、设备等功能实体之间的数据高效交互和信息快捷分享，并基于多级多类平台的感知、计算和决策协同，实现车载信息服务、车路协同、自动驾驶、智慧交通等应用服务的复杂系统。

通信安全是车联网产业健康发展的前提。在车联网通信过程中，通过建立车联网通信安全体系，赋予车辆、路侧设备、信息服务平台等基础设施可信的"数字身份"，以抵御信息伪造、篡改等安全攻击，确保车联网系统安全可靠地运行。

我国车联网产业已经进入规模化部署应用的关键时期，国内多地积极打造国家级车联网先导区，众多整车企业已经推出具备 C-V2X 功能的量产车型。《车联网（智能网联汽车）产业发展行动计划》《新能源汽车产业发展规划（2021—2035 年）》和国家制造强国建设领导小组车联网产业发展专委会第四次全体会议明确提出"加快建立车联网数字身份认证机制，推进车联网跨行业跨地区互联互通和安全通信。推动建立车联网安全信任体系，支持跨企业、跨地区互信互认和互联互通，成为当前车联网产业规模化推广的重要工作任务"。

车联网安全通信采用数字证书、数字签名及数据加密技术，建立车与车、车与路、车与云及车与设备之间的通信安全体系，对消息来源进行认证，确保消息的合法性；对消息的完整性及抗重放进行保护，确保消息在传输时不会被伪造、篡改及重放；对终端真实身份标识及位置信息进行隐藏，避免用户隐私泄露。

4.2.2 车联网通信加密安全需求

车联网的通信包括车内系统的通信及车与车、车与路、车与网络（云）等的通信。从后者的视角看，它又包括蜂窝网通信与短距离直连通信两种场景。在蜂窝网通信场景中，车联网继承了传统通信网络面临的安全威胁，如假冒终端、数据窃听、数据篡改及数据重放等。在短距离直连通信场景中，车联网除了会面临上述安全威胁，还会面临虚假信息、信息篡改、信息重放和隐私泄露等用户层面的安全风险。从车内通信的视角看，由于车内系统通过车内网络（如 CAN 总线网络、车载以太网等）与车载终端相连，导致整个车内系统暴露在外部非安全环境下，车内系统面临节点假冒、接口恶意调用及指令窃听、篡改、重放等安全威胁。由于车联网通信数据的来源广泛、种类众多，各种类型的数据在生成、传输、存储、使用、丢弃或销毁等环节中，都面临非法访问、非法篡改和用户隐私泄露的安全风险等。为了避免上述车联网通信安全威胁发生，需要满足以下 5 方面的车联网通信安全需求。

1）数据传输真实性

真实性就是可认证性，可认证性是能够对车联网中所声明的身份的合法性进行认证和测试的特性。通过对车联网中身份的合法性进行验证，可以允许指定的车联网通信主体检测消息发送者的真实性及消息完整性，确保信息在传输过程中不会被改动。其目标是保证所有收到的安全消息都来自车联网中合法的参与主体且没有改动。

2）数据传输完整性

完整性保证消息在传输过程中不会被随意更改。只有在收发双方的消息内容相同时，接收方才能收到发送方发送的准确消息，进而对消息进行准确应答。这一属性能够对未经认证的消息或被恶意篡改的消息进行识别，为了实现它，收发双方需要对传输的消息内容进行信任确认，以防止外部攻击者更改消息内容，外部攻击者的甄别主要通过身份认证进行。

3）数据传输机密性

机密性是网络信息不会向非授权的用户、实体及过程泄露或供其使用的特性，也就是避免信息泄露给非授权的个人或实体，只供授权用户使用的特性。

在车联网系统中，当不同通信实体之间进行通信时，需要对通信的消息进行加密处理，避免外部攻击者窃取通信内容。在车联网环境中，消息加密多用于一些特殊场景，对于不包含敏感内容的相关安全消息而言，无须进行加密；对于部分支付应用而言，由于通信实体需要通过RSU接入互联网，加上支付过程包含大量用户隐私信息，需要对整体通信过程进行多重加密处理。目前，加密处理主要包括公钥加密和对称加密两种。在V2I通信过程中，RSU与车辆节点在身份认证后共享会话密钥，在消息传递期间，该会话密钥会用于持续加密消息，消息认证则主要通过消息认证码（MAC）来完成。

4）数据传输抗重放

数据传输抗重放是防止已经成功接收的历史数据再次被接收（通过历史数据列表比对），或超出数据接收时间（时间戳过期）的数据被接收，或超出合法性范围（如计数器无效）的数据被接收。不满足新鲜性要求的数据一般不予处理，就是为了防止数据重放攻击。

5）通信行为抗抵赖

通信行为抗抵赖是指在车联网系统的信息交互过程中，确信参与者的真实同一性，即所有参与者都无法否认或抵赖曾经完成的操作和承诺。利用信息源证据可以避免发送方不真实地否认已发送的消息，通过递交接收证据可以避免接收方事后对已经接收的消息予以否认。

4.2.3 车联网通信加密技术分析

1. 车与车通信

车载设备通过搭载基于商用密码的安全芯片、软件模块等组件，实现密钥管理、证书管理、安全计算等车端安全凭证管理和数据处理功能。车载设备证书可通过车辆生产环节配置、运营商通道配置、服务器令牌授权等方式进行初始化。通过探索建立车辆全生命周期证书管理方式（如车辆上牌、车辆年检、交易变更、车辆报废等环节），构建 C-V2X 安全证书管理系统，为车载设备提供证书发布、更新及撤销等证书管理服务。车载设备按照有关标准实现与证书管理系统、相关车联网安全信任根及工信部车联网安全信任根管理平台的数据交互。

1）数据传输真实性

在车与车直连通信场景中，需要保证数据传输者身份的真实性，防止车辆在传输消息过程中的身份被假冒。车辆首先使用与假名证书对应的私钥对自己播发的基本安全消息（Basic Safety Message，BSM）进行数字签名，然后将该签名消息连同假名证书或假名证书的摘要值一起向外广播。周围收到上述信息的车辆首先利用签发假名证书的证书颁发机构的证书来验证其中的签名证书是否有效，然后利用假名证书中的公钥验证签名消息中的签名是否正确，最后由接收的车辆通过验证 BSM 的内容来确定发送车辆的行驶状态。

2）数据传输完整性

在车与车直连通信场景中，需要保证传输数据的完整性，防止其在传输过程中被篡改。传输数据的完整可以使用密码杂凑算法（如 SM3）、数字签名算法（如 SM2）来实现。车辆使用密码杂凑算法对 BSM 进行摘要值计算，并将其与摘要值签名一起向外广播；周边收到 BSM 的车辆重新使用密码杂凑算法计算 BSM 的摘要值，并使用车辆的签名公钥对摘要值的签名进行验证，以确保传输数据的完整性。

3）数据传输机密性

在车与车直连通信场景中，需要保证重要数据的机密性，防止其在传输过程中发生泄露，可以使用对称密码算法（如 SM4）来保证传输数据的机密性。车辆可以先通过密钥分发平台或预置方式获取对称密钥，并利用该密钥对 BSM 中的重要数据进行加密，然后将该消息向外广播，周围收到 BSM 的车辆使用对称密钥对其中加密的重要数据进行解密。鼓励探索对称密钥分发机制，确保对称密钥在分发、更新等环节中的安全性和有效性。

4）数据传输抗重放

车辆可以通过时间戳或缓存队列等方式来防御重放攻击，车辆应判断收到的消息中的时间戳是否过期。进行通信的车辆之间需要准确的时间同步，并保证来自合法权威的时间源，如全球导航卫星系统（GNSS）时间。

5）通信行为抗抵赖

车辆发送方使用私钥对 BSM 进行数字签名，周围收到该消息的车辆使用车辆发送方的公钥对签名数据进行验证，防止车辆发送方对其发送 BSM 的行为进行抵赖。

当车与车进行安全通信时，车载设备首先需要获取注册证书和假名证书，并使用假名证书对广播的 BSM 进行签名，以保证消息来源的真实性、完整性、机密性和抗抵赖性，如图 4-20 所示。

在重点城市、高速公路、物流园区、港口、矿山及科技园区等应用场景中，车与车安全通信能够实现基于安全通信的车辆辅助驾驶和自动驾驶。相关典型应用包括交叉路口碰撞预警、前向碰撞预警、盲区预警、紧急制动预警、逆向超车预警、车辆失控预警、左转辅助、变道辅助、紧急车辆提醒、异常车辆提醒、协作式变道及协作式车辆编队管理等。

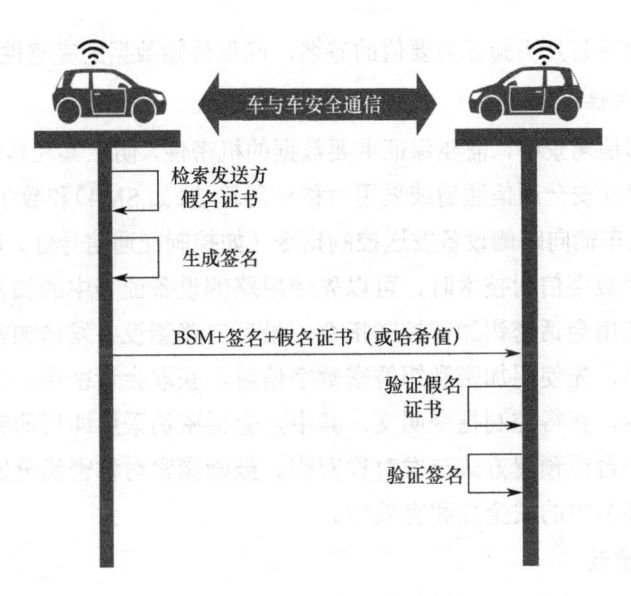

图 4-20　车与车安全通信流程

2. 车与路通信

因为车辆无法与道路直接进行通信,所以需要在路侧安装专用设备进行通信,此即所谓的路侧设备。路侧设备通过搭载基于商用密码的安全芯片、软件模块等组件,实现安全凭证管理和数据处理功能。通过建立 C-V2X 安全证书管理系统,为路侧设备提供证书发布、更新及撤销等证书管理服务。路侧设备按照有关标准实现与车载设备、证书管理系统、相关车联网安全信任根及工信部车联网安全信任根管理平台的数据交互。

1) 数据传输真实性

在车与路直连通信场景中,需要保证数据传输者身份的真实性,防止消息在传输过程中被假冒,可以通过数字签名算法(如 SM2)来保证传输数据的真实性。

在车路协同过程中,当车辆向路侧设备发送控制指令或请求下载交通数据、高精地图时,需要先使用车辆证书的私钥对待发送的数据进行签名,然后将待发送的数据、签名数据及车辆的证书或证书摘要值一起发送给路侧设备,路侧设备在收到上述信息后,验证发送证书的有效性和签名正确性,待验证通过后可认定发送的数据是真实的。当路侧设备向外广播路况消息或车辆向外广播自身状态信息时,需要使用自己的证书私钥对待发送的数据进行签名,接收方则要对消息进行签名验证。

2) 数据传输完整性

在车与路直连通信场景中,需要保证传输数据的完整性,防止消息在传输过程中被篡改,可以通过使用密码杂凑算法(如 SM3)、数字签名算法(如 SM2)来保证传输数据的完整性。

在车路协同过程中,路侧设备负责向车辆发送高精地图或广播交通状况、天气预警等;车辆则向路侧设备发送控制指令或者广播自身运行状态。消息发送方使用密码杂凑算法计算消息的摘要值,并将消息与摘要值一起向外广播;消息接收方使用密码杂凑算法计算消息的摘要值,并使用消息发送方的签名公钥验证摘要值的签名,确保传输数据的完整性。

3) 数据传输机密性

在车与路直连通信场景中,需要保证重要数据的机密性,防止其在传输过程中被泄露。数据的机密性可通过建立安全通信通道或采用对称密码算法(如 SM4)和数字信封技术进行保证。部分特种车辆、重点车辆向路侧设备发送控制指令(如控制交通信号灯)时,需要对控制指令进行加密保护。采用数字信封技术时,可以先使用路侧设备证书中的加密公钥对随机的会话密钥进行加密,再使用会话密钥加密控制指令,最后向路侧设备发送加密数字信封。路侧设备在收到数字信封后,先使用加密私钥解密数字信封,获取会话密钥,再利用会话密钥解密之前加密的控制指令,获得控制指令明文。其中,会话密钥采用即用即销毁策略。此外,还可以通过密钥分发平台或预置方式分发对称密钥。鼓励探索对称密钥分发机制,确保对称密钥在分发、更新等环节中的安全性和有效性。

4) 数据传输抗重放

车辆及路侧设备可以采用时间戳与随机数组合、流水号的方式防御重放攻击,消息接收方应判断收到的消息中的时间戳是否过期。进行通信的车辆与路侧设备之间需要准确的时间同步,并保证来自合法权威的时间源。

5) 通信行为抗抵赖

在车与路直连通信场景中,车辆或路侧设备用自己的私钥对发送的数据进行签名,消息接收方使用消息发送方的证书对签名数据验签,防止其对自己的行为进行抵赖。

当车辆与路侧设备安全通信时,路侧设备需要先获取注册证书和应用证书,然后使用应用证书对广播的信号灯相位与时序消息(Signal Phase and Timing, SPaT)、路侧安全消息(Road Safety Message, RSM)、路侧信息(Road Side Information, RSI)及 MAP 进行签名,以保证消息来源的真实性、完整性、机密性和抗抵赖性,如图 4-21 所示。

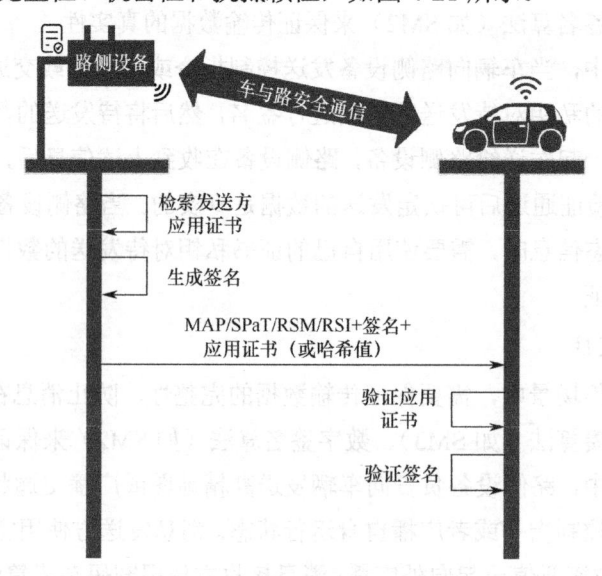

图 4-21 车与路安全通信流程

在重点城市、高速公路、封闭测试场、车路协同试点路段等场景中，车与路安全通信能够在安全通信的基础上实现效率提升、安全预警等车路协同应用。相关典型应用包括交叉路口碰撞预警、左转辅助、道路危险状况提示、限速预警、闯红灯预警、弱势交通参与者碰撞预警、绿波车速引导、车内标牌、前方拥堵提醒、紧急车辆提醒、感知数据共享、协作式变道、协作式车辆汇入、协作式交叉口通行、差分数据服务、动态车道管理、协作式优先车辆通行、场站路径引导服务、浮动车数据采集及道路收费等。

3. 车与云通信

通过基于商用密码的数字证书、数字签名、数据加密等技术，实现车载信息交互系统、汽车网关、C-V2X车载通信设备等与车联网云平台之间的安全通信。基于安全链路协议，建立车与云通信安全隧道，确保车与云通信数据的真实性、完整性和机密性。基于密码应用中间件，在车端实现消息封装、证书管理，在平台侧实现证书验证、数据解析。车载设备按照有关标准实现与证书管理系统、相关车联网安全信任根的数据交互。

1）数据传输真实性

为了保证接入车辆的合法性，在车辆与云平台进行通信时，可采用基于数字证书的双向认证方式，确保认证的安全强度及身份的合法性。数字证书由云平台证书管理系统签发。在双向身份认证过程中，云平台可采用由云平台设置的密码运算服务所提供的高性能密码运算能力来完成认证过程中的密码运算。

2）数据传输完整性

通过使用密码杂凑算法（如SM3）、数字签名算法（如SM2），确保传输数据的完整性。在车辆主动上报数据的场景中，可以先利用密码杂凑算法计算上报数据的摘要值，再用车辆的签名私钥对摘要值进行签名，最后将上报数据、签名发送至云平台。云平台的系统对上报数据的摘要值进行计算，使用车辆签名公钥对摘要值签名进行验证，确保传输数据的完整性。在云平台主动下发数据的场景中，也可以利用上述方式来确保车与云交互过程中重要数据传输的完整性。

3）数据传输机密性

通过对称密码算法（如SM4）及数字信封分发对称密钥等方式，确保传输数据的机密性。可以采用建立车与云安全通信链路或消息层对称加密的方式来保证云平台业务系统与车端通信过程中重要数据（如远程指令、蓝牙钥匙、远程升级包等）传输的机密性。

采用对称加密方式时，在云平台主动下发数据的场景中，它会先产生一个对称密钥，并使用该对称密钥对下发数据进行加密，然后使用车辆的公钥加密对该称密钥，加密的对称密钥和加密后的数据形成一个数字信封后被发送给车辆。车辆在收到该数字信封后，先用自己的私钥解密对称密钥，然后用对称密钥解密加密数据。在车辆主动上报数据的场景中，也可以通过上述方式实现基于数字信封的数据传输机密性的保护。

4）数据传输抗重放

在远程通信场景中，车辆与云平台之间可以采用时间戳方式防御重放攻击，这需要它们之间实现时间同步，并保证来自合法权威的时间源。

5）通信行为抗抵赖

在远程上报通信数据的场景中，车辆发送方使用自己的私钥对上报的数据进行数字签名，云平台服务系统在收到车辆发送方的公钥后，对签名数据验签，防止车辆发送方对上报数据的行为进行抵赖。在云平台主动下发数据的场景中，也可以采用上述方式来防止云平台对发送数据的行为进行抵赖。

车辆通过安全接入网关接入云平台，可基于 X.509 证书实现双向身份认证和数据安全加密功能，使用传输层安全性协议（Transport Layer Security，TLS）、传输层密码协议（Transport Layer Cryptography Protocol，TLCP）等安全协议来建立安全链路，确保云平台与车辆之间数据传输的安全性和可追溯性，推荐使用 TLS1.2 及以上版本，通过使用国家密码安全套阶层（Secure Socket Layer，SSL）协议，探索使用 C-V2X 安全证书实现车与云的身份认证和安全通信。车与云安全通信架构如图 4-22 所示。

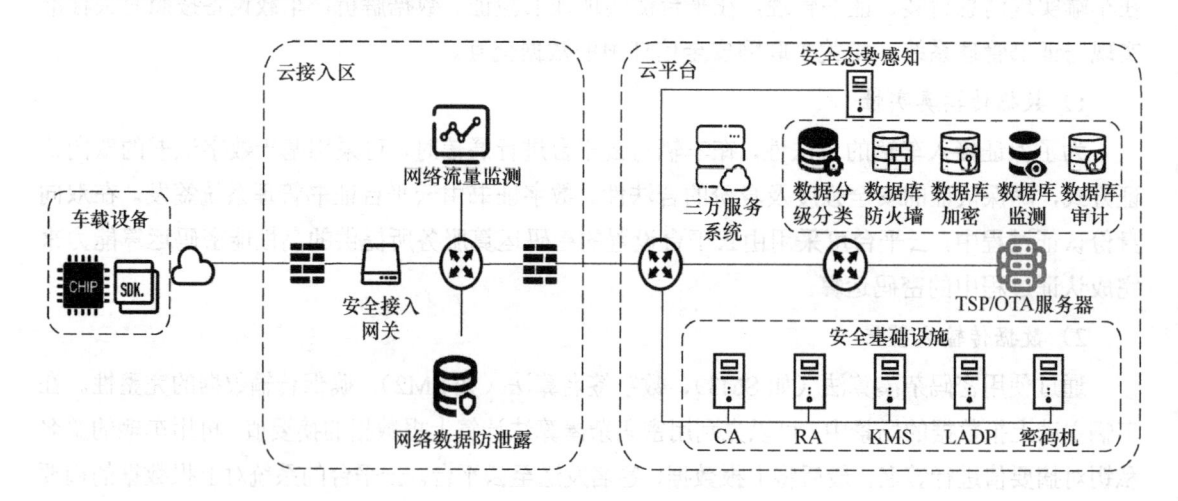

图 4-22　车与云安全通信架构

安全接入网关主要负责安全通信链路的建立和接入设备身份的校验。证书管理系统为车载终端、路侧设备、应用服务平台、移动应用程序等签发证书，用于建立安全通信链路，如车载终端与应用服务平台的安全通信、路侧设备向云端回传安全通信等。

在车辆与车企云平台、路侧边缘云平台、智能辅助驾驶服务平台、车载信息服务云平台、高精动态地图服务平台等车联网服务云平台进行车与云通信的场景中，车联网云服务管理平台负责实现车辆可信接入、车辆定位及感知数据的可信采集、车辆状态信息的可信上传、汽车远程升级的可信验证、基于安全链路的可信车云交互等车与云通信应用。相关典型应用包括车辆导航、车辆远程监控/诊断/接管、紧急救援、信息娱乐服务及软件空中升级（OTA）等。

4．车与设备通信

通过基于商用密码的数字证书、数字签名、数据加密等技术，实现车载信息交互系统与手持移动智能终端、新能源汽车与充电桩等车辆与外部设备之间的安全通信。以商用密码技术为基础，实现车载短距无线通信场景中的密钥可信交换和安全保护，采用安全协议对通信链路进行加密。

1）数据传输真实性

在车与设备通信场景中，需要保证数据传输者身份的真实性，防止消息在传输过程中被假冒。通过使用数字签名算法（如 SM2），确保传输数据的真实性。例如在车辆与移动智能终端通信场景中，在当进行近场通信时，车主使用相关的移动智能终端与云平台建立安全通道，并向云平台发起注册请求，提交该终端的设备鉴别信息、签名公钥、蓝牙地址及认证凭证等信息。云平台在对移动终端进行鉴别后，先将车辆的签名公钥和蓝牙地址返给移动智能终端，再将该终端的公钥及蓝牙地址通过安全通道发送给车辆。在后续开启/关闭车门的过程中，移动智能终端和车辆使用自己的私钥对传输数据进行签名，并用对方的公钥对签名进行验证，以保证传输数据的真实性。当进行远程通信时，车主对移动智能终端进行操作，使用其私钥对传输数据进行签名，并将数据和签名证书发送给云平台。云平台在收到数据和签名证书后，先验证签名证书的有效性，再对签名的有效性进行验证，确保传输数据的真实性。云平台采用上述数据签名方式将传输数据转发给车辆，确保传输数据的真实性。车辆的反馈信息则采用同样的数据签名方式通过云平台传输给移动智能终端。

2）数据传输完整性

在车与设备通信场景中，需要保证传输数据的完整性，防止其在传输过程中被篡改。通过使用密码杂凑算法（如 SM3），确保传输数据的完整性。例如在车辆与移动智能终端通信场景中，当进行近场通信时，移动智能终端可先利用密码杂凑算法计算控制指令的摘要值，再用自己的签名私钥对摘要值进行签名，最后将控制指令、摘要值发给车辆。车辆则对接收的数据进行摘要值计算，并使用移动智能终端的签名公钥对摘要值的签名进行验证，确保传输数据的完整性。当进行远程通信时，也可通过上述方式，先由移动智能终端将控制指令发送至云平台，再由云平台转发给车辆，从而确保传输数据的完整性。

3）数据传输机密性

在车与设备通信场景中，需要保证重要数据的机密性，防止其在传输过程中被泄露。传输数据的机密性可以通过建立安全通信链路或采用对称密码算法（如 SM4）及数字信封分发对称密钥的方式来保证。例如在车辆与移动智能终端通信场景中，当进行近场通信时，可采用数字信封方式，由移动智能终端先产生一个随机对称密钥，并使用该对称密钥加密控制指令，然后使用车辆的公钥对对称密钥加密，加密的对称密钥和加密数据形成一个数字信封后被发送给车辆。车辆在收到该数字信封后，先用自己的私钥解密对称密钥，然后用对称密钥解密加密数据，确保传输数据的机密性。当进行远程通信时，也可以通过上述方式来保证传输数据的机密性。

4）数据传输抗重放

车辆和移动智能终端可以采用时间戳或缓存队列等方式防御重放攻击，消息接收方应判断收到的消息中的时间戳是否过期。进行通信的车辆和移动智能终端之间需要准确的时间同步，并保证来自合法权威的时间源。

5）通信行为抗抵赖

在近场通信和远程通信应用场景中，消息发送方使用自己的私钥对传输的数据进行签名，消息接收方使用消息发送方的公钥对签名数据进行验证，防止消息发送方对其发送的行为进行抵赖。

车与设备安全通信架构包括证书管理系统、车载设备和外部设备中的密码应用中间件与密码模块及业务平台侧的安全网关与安全服务，如图4-23所示。

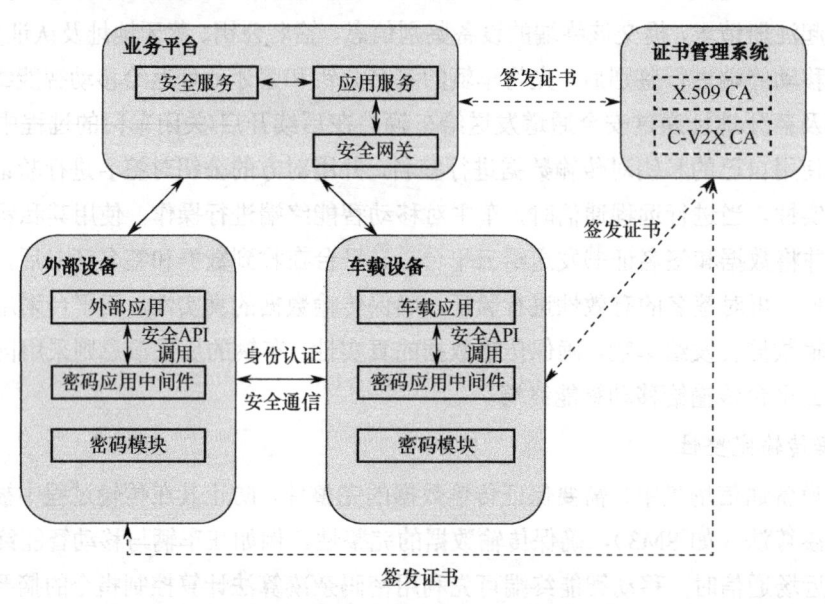

图 4-23　车与设备安全通信架构

基于身份认证和加密技术的车与设备通信典型应用包括基于移动智能终端的车辆远程控制和安全预警等应用、新能源汽车充电应用，以及车载设备互联、无钥匙进入等车载短距无线通信应用等。

5. 密钥管理系统

密钥管理系统（Key Management System，KMS）应使用国家密码管理局鉴定通过的密码算法和加密设备，负责对密钥进行全过程管理，包括密钥生成、密钥分发、密钥存储、密钥注销、密钥归档、密钥查询、密钥恢复及加密/解密的安全管理等。

1）密钥生成

根据密钥管理系统（以下简称系统）相关参数配置连接服务器密码机，对指定数量或策略的密钥进行预生成，支持真随机数生成和密钥分散生成方式，例如根据车型、设备等情况生成密钥。

2）密钥分发

密钥通过加密形式进行分发，即采用传输密钥或非对称密码算法对密钥进行加密后分发。

3）密钥存储

密钥存储于硬件密码机内部或加密放在系统的数据库内，非相应权限管理员无法查看密钥明文。

4）密钥注销

系统提供对指定密钥的注销功能，一般由 CA 发起注销请求并填写密钥注销原因，通过审核后将密钥移位到历史库中。

5）密钥归档

系统支持对系统内的各类密钥进行归档，归档密钥经过加密处理后存储于外部介质中。

6）密钥查询

系统能够提供系统内密钥的查询功能，根据输入的查询条件，用户交互界面将显示相应的密钥信息。

7）密钥恢复

系统负责为相关机构或者 CA 提供密钥恢复服务。恢复的密钥不以明文的形式出现在载体之外，而是存放于相应的密码设备中。

8）加密/解密

系统能够根据密钥索引找到相关密钥，并利用该密钥对输入数据进行加密或解密操作。

4.3 车联网访问控制技术

4.3.1 车联网访问控制技术概述

车联网（Internet of Vehicles，IoV）以车为节点和信息源，利用互联网技术、无线通信技术、全球定位技术、智能终端设备技术及信息网络服务平台等手段，使车与路侧设备（Vehicle to Infrastructure，V2I）、车与车（Vehicle to Vehicle，V2V）、车与人（Vehicle to Pedestrian，V2P）之间实现实时联网，并将驾驶人、车辆、道路等信息有机融合，实现"人-车-路"的和谐统一。车联网的最终目标是智能交通——车联网是因，智能交通是果。利用车联网相关技术可以实现智能交通管理、智能停车管理和智能信息服务等。只有实现智能交通，才能实现真正的智慧出行。然而因为车联网数据的体量庞大，实时更新动态特征，导致其蕴含众多种类的信息，有些信息可能涉及国家安全，如公安网传输的数据等；有些信息则可能涉及个人隐私，如卡口系统检测的车辆轨迹信息等。这种集中存储的大量敏感信息，也会成为攻击者的理想攻击目标。对于车联网数据平台而言，由于需要不断接入新的客户端、服务器、存储设备、网络设备及其他 IT 资源，当访问者的数量多、处理的数据量过大时，访问者权限管理将变得非常沉重和复杂，进而导致访问者权限难以正常维护，降低了车联网数据平台的安全性和可靠性。非授权访问是最常见的风险之一，它可以表现为应当被拒绝访问的某位访问者，最后可以成功进入数据系统。伪装攻击是非授权访问的一种常见形式，伪装是指一个非法用户通过冒充一个合法用户来获取访问权限。伪装攻击从互联网时代开始就表现得十分突出，尤其是针对分布式系统的伪装攻击。内在风险是最具有破坏性的一种风险类型，因为它的攻击者来自系统内部，是一个正常用户，可以使用合法身份登录并获得系统授权，从而可以轻松地对系统进行攻击，或者利用自己的权限把敏感数据泄露给非授权用户等。典型的车联网数据平台为了保护数据安全，防止敏感数据泄露，主要采用以下两种手段：数据加密和访问控制。数据加密可以保证数据在存储过程和通信过程中的安全性，访问控制则可以通过限制访问者对数据资源的访问权限，确保数据资源不被非法使用和访问。

1999 年，美国联邦通信委员会将 5.9GHz 的 75MHz 带宽作为专用短程通信（DSRC）的专用频段，DSRC 成为 V2V 及 V2I 实现短程通信的关键技术。2002 年，DSRC 技术的标准化（ASTM E2213-02 2003[①]）为车载终端的移动通信提供了理论和技术支撑，为车联网的进一步发展作出重大贡献。2004 年，美国电气与电子工程师协会（IEEE）基于自适应交通管理系统（TDM）标准对 802.11P 进行修订并开始制定车载环境的无线访问（Wireless Access in Vehicular Environment，WAVE）标准。2004 年，美国计算机协会通过召开研讨会，对车联网的国际标准进行研究探讨，并创造了"VANET"一词。

为了实现将交通死亡率降至零的远期目标，日本政府从 1999 年开始重新制定道路交通战略，通过研究开发智能交通及相关道路交通管理技术来提高交通效率[②]并加强道路交通安全。其中较为知名的开发计划有先进安全车辆（Advanced Safety Vehicle，ASV）项目、驾驶安全支持系统（Driving Safe Support System，DSSS）项目和智能公路（Smartway）项目。陆续开发的技术主要有车辆信息和通信系统（Vehicle Information Communication System，VICS）、电子收费系统（Electroic Toll Collection，ETC）、车载辅助安全驾驶系统和先进辅助巡航公路系统等。VICS 被认为是一款成功的道路交通信息提供系统，它于 1996 年 4 月正式投入使用，从 2003 年起逐渐向全国推广。目前，日本国内已有 80%的车辆导航系统集成了 VICS，在同一路段上，使用 VICS 的车辆的行驶时间最多可以减少 21.86%，平均减少 9.52%，平均时速提高了 5%左右。

1998 年，国际标准化组织交通信息与控制技术委员会 ISO/TC 204（智能交通系统技术委员会）中国秘书处承担了中国智能运输系统标准体系的研究，并于 2001 年完成了中国智能交通体系框架研究总报告，并给出我国智能交通系统（Intelligent Transport System，ITS）发展的纲领性技术文件《中国智能运输系统体系框架》（第一版），用于指导我国 ITS 研究工作的开展。

2009 年 9 月，在全国第四届 GPS 运营商大会上，车联网概念首度被提出。2011 年 3 月 15 日，大唐电信与一汽旗下的启明信息技术股份有限公司共同创建了联合实验室，致力于研究下一代车载电子通信产品，研发高性能和低功耗的车载电子通信产品，这是我国的车联网研究从概念走向应用的里程碑。我国科学技术部提出的 863 计划分别于 2011 年和 2012 年启动了智能车路协同关键技术研究和车联网技术研究，以推动车联网产业的发展为首要任务。2014 年 7 月，阿里巴巴与上汽集团达成开展智能网联汽车相关研发的协议，旨在研发车载终端及相关网联产品

---

① 美国材料和试验协会发布的标准规范。
② 在给定时间和资源限制的条件下，交通系统所能提供的最大交通服务水平。

的汽车生态圈。阿里巴巴将旗下的阿里云服务、高德导航、阿里通信等与车联网技术发展相关的资源进行整合，加入车联网发展的角逐中。2015 年 1 月，百度与奥迪、上汽通用、现代等汽车生产商确定合作关系，在试验车型上搭载车联网解决方案 Car Life。至此，百度、阿里巴巴和腾讯已全部加入车联网的角逐战。

近年来，我国工业 4.0 和"互联网+"等科技战略计划的相继出台更是加速了车辆由电子信息化向智能化的转变。2014 年 7 月，Visual Threat 在 SyScan360 安全会议上成功演示了第一款对汽车系统进行攻击的安卓应用程序，该程序无须额外定制硬件电路，只要购买现成的 OBD 硬件设备，就能利用安全漏洞对汽车系统发起攻击。2014 年 11 月，Visual Threat 国内团队对某品牌的电动汽车系统进行主动攻击，完成了对车载单元的破解，成功对其进行遥控控制。2015 年 1 月，宝马公司的智能驾驶系统 Connected Drive 被爆出存在安全漏洞，导致超过 200 万辆的宝马汽车面临黑客攻击的威胁。同年 2 月，美国通用汽车搭载的 Onstar 智能终端同样被发现存在安全漏洞，黑客一旦入侵该智能终端就能任意操控汽车。近年来，由于汽车安全事件频发，汽车智能化在给交通带来便捷的同时也滋生了严重的安全问题。车联网安全关系到财产安全甚至人的生命安全，要想使车联网快速稳健地发展，必须先攻克安全问题。2016 年，我国将 LTE-V 无线传输技术标准化及样机研发验证列入新一代宽带无线移动通信网国家科技重大专项课题，在助推 LTE-V 标准形成的同时，也极大地加速了车联网产业化的发展进程。

对此，我国对车联网中安全体系基础设施的建设提出了指导方针。《国民经济和社会发展第十三个五年规划纲要》中提出：强化信息安全保障，着力构建量子通信和泛在安全物联网，加快构建高速、移动、安全、泛在的新一代信息基础设施，推进信息网络技术广泛应用。《中国制造 2025》的规划指南中指出以加快建立具有全球竞争优势、安全可控的信息产业生态体系为主线，强化科技创新能力、产业基础能力和安全保障能力，突破核心技术瓶颈。随着车联网和车辆智能化的发展，V2V 和 V2I 之间传输的消息正趋向多样化，如超车消息及交通事故、道路拥堵、娱乐咨询等消息。为了防止对手窃听和注入错误消息危害交通系统，必须保证消息传输的保密性和完整性。特别是在紧急通信场景中，广播的消息须保证其机密性及接收节点的安全性，否则极有可能受到外部攻击并导致交通事故。因此，有必要采取适当的访问控制手段对车联网中的消息传播进行管控，确保消息安全共享。

此外，由于车联网具有通信拓扑高动态性和自组织性，路侧设备和动态车辆之间形成了多域网络，对信息资源的非授权访问成为车联网主要面临的安全问题。V2V 和 V2I 之间的信息资源共享大多是临时的、动态的，随时可以结盟或解除。正是因为车联网环境具有自组织性和动态性的特点，若想解决车联网环境下的访问控制问题，则需要安全、灵活的访问控制机制。基于属性的访问控制是一种以属性为基本单位的访问控制策略，可使访问策略更加细粒度（某个系统、模型或方法的粒度很小，即具有高度细致和精细的特点）、更具表达能力和扩展性，车辆也不用透露身份信息，从而满足了车辆临时通信的安全隐私需求。

访问控制是计算机信息安全服务的核心技术之一，也是信息安全领域研究的热点、难点问题。访问控制主要通过授权策略限制访问者对相关资源的访问，防止异常访问者的入侵或正常访问者因不慎操作而造成的损坏,确保数据资源得到合理且合法的使用。基于角色的访问控制(RBAC)基本解决了自主访问控制(DAC)灵活性所带来的安全问题和强制访问控制(MAC)不支持完整性保护的局限性问题。然而网络信息技术的快速普及和发展在实用性的基础上对 RBAC 提出了更高、更严格的要求,即具有安全性、灵活性和分布式特性,基于任务、目的、策略等访问控制模型应运而生。

4.3.2 车联网访问控制安全需求

访问控制的安全策略是指在某个自治区域(属于某个组织的一系列处理和通信资源范畴)内用于所有与安全相关活动的一套访问控制规则,它由对应安全区域中的安全权力机构建立,并由该安全权力机构来描述和实现。访问控制的安全策略有 3 种类型:基于身份的安全策略、基于规则的安全策略和综合访问控制策略。访问控制安全策略的原则集中在主体、客体和安全控制规则集三者的关系上。访问控制安全策略实施的原则包括以下 3 方面:

(1)最小特权原则。在主体执行操作时,按照主体所需权利的最小化原则分配给主体权力。其优点是最大限度地限制了主体实施授权行为,可避免来自突发事件、操作错误和未授权主体等意外情况的危险。为了达到一定的目的,主体必须执行一定的操作,但只能是得到允许的操作。这是抑制特洛伊木马和实现可靠程序的基本措施。

(2)最小泄露原则。在主体执行任务时,按其所需最小信息(离散随机变量中包含的最小信息量)分配权限,以防泄密。

(3)多级安全策略。主体和客体之间的数据流向和权限控制,按照安全级别的绝密(TS)、机密(C)、秘密(S)、限制(RS)和无级别(U)来划分,其优点是能避免敏感信息扩散。对于具有一定安全级别的信息资源,只有高于其安全级别的主体才能访问。

实现访问控制的安全策略包括以下 8 方面:入网访问控制、网络权限限制、目录级安全控制、属性安全控制、网络服务器安全控制、网络监测和锁定控制、网络端口和节点的安全控制及防火墙控制。授权行为是制定身份安全策略和规则安全策略的基础。

1. 基于身份的安全策略

基于身份的安全策略主要用于过滤主体对数据或资源的访问,确保只有通过认证的主体才可以正常使用客体的资源。它包括基于个人的安全策略和基于组的安全策略。

(1)基于个人的安全策略。它是以用户个人为中心所制定的策略,主要由一些控制列表组成。这些列表针对特定的客体,限定了不同用户所能实现的不同安全策略的操作行为。

(2)基于组的安全策略。它是基于个人策略的发展与扩充,主要指车联网访问控制系统对一些用户使用同样的访问控制规则,访问同样的客体。

2. 基于规则的安全策略

在基于规则的安全策略系统中,所有数据和资源都标注了安全标记,用户的活动进程与其原发者(创建或启动某个进程或文件的实体)具有相同的安全标记。该系统通过比较用户的安全级别和客体资源的安全级别，判断是否允许用户进行访问。基于规则的安全策略一般具有依赖性和敏感性。

3．综合访问控制策略

综合访问控制策略（HAC）继承和吸收了多种主流访问控制技术的优点，能够有效解决信息安全领域的访问控制问题，确保数据的保密性和完整性，并保证授权主体可以访问客体和拒绝非授权访问。HAC 具有良好的灵活性、可维护性、可管理性、更细粒度的访问控制性和更高的安全性，为信息系统的设计人员和开发人员提供了访问控制安全功能的解决方案。HAC 主要包括以下几方面：

1）入网访问控制

入网访问控制是网络访问的第一层访问控制。它可对用户规定其能登录的服务器及获取的网络资源，控制准许用户入网的时间和登录的工作站点。用户的入网访问控制包括用户名和口令的识别与验证、用户账号的默认限制检查。若用户有任意一个环节的检查未通过，则无法访问网络。

2）网络权限控制

网络权限控制是为了防止网络非法操作而采取的一种安全保护措施。通常用一个访问控制列表来描述用户对网络资源的访问权限。从用户的角度看，网络权限控制涉及 3 类用户：特殊用户、一般用户和审计用户。

（1）特殊用户主要指具有系统管理权限的系统管理员等。

（2）一般用户主要指由系统管理员根据实际需求分配给一定操作权限的用户。

（3）审计用户主要指专门负责审计网络的安全控制与资源使用情况的人员。

3）目录级安全控制

目录级安全控制主要是为了控制用户对目录、文件和设备的访问，或指定用户对目录下的子目录和文件的使用权限。用户在目录一级制定的权限对所有目录下的文件均有效，并可进一步指定子目录的权限。在网络和操作系统中，常见的目录和文件访问权限有系统管理员权限（Supervisor）、读权限（Read）、写权限（Write）、创建权限（Create）、删除权限（Erase）、修改权限（Modify）、文件查找权限（File Scan）及控制权限（Access Control）等。一个网络系统管理员应为用户分配适当的访问权限，以控制用户对服务器资源的访问，进一步加强网络和服务器的安全。

4）属性安全控制

属性安全控制可将特定的属性与网络服务器的文件及目录网络设备相关联，从而在权限安全的基础上，为属性提供进一步的安全控制。网络中的资源都应先标示其安全属性，通过将用户对应网络资源的访问权限存入访问控制列表中，记录其对网络资源的访问能力，以便进行访问控制。

属性配置的权限包括向某个文件写数据、复制一个文件、删除目录或文件、查看目录和文件、执行文件、隐藏文件、共享及系统属性等。安全属性可以保护重要的目录和文件，防止用户越权对其进行查看、删除和修改等操作。

5）网络服务器安全控制

网络服务器安全控制允许通过服务器控制台执行安全控制操作，如用户利用服务器控制台装载和卸载操作模块、安装和删除软件等。操作网络服务器的安全控制还包括通过设置口令来锁定服务器控制台，旨在防止非法用户修改、删除重要信息。此外，系统管理员还可以通过设定网络服务器的访问时间限制、非法访问者检测，以及关闭的时间间隔等信息，对网络服务器进行多方面的安全控制。

6）网络监控和锁定控制

在网络系统中，通常由网络服务器自动记录用户对网络资源的访问，若遇到非法的网络访问，服务器将以图形、文字或声音等形式向网络管理员发出警报，以便引起其注意并进行审查。对试图访问网络的用户，网络服务器将自动记录其企图访问网络的次数，当非法访问的次数达到设定值时，就会自动锁定该用户的账户并进行记录。

7）网络端口和结点的安全控制

网络服务器的端口常用自动回复器、静默调制解调器等安全设备进行保护，并以加密的形式来识别节点的身份。自动回复器主要用于防范假冒合法用户，静默调制解调器则用于防范黑客利用自动拨号程序进行网络攻击。此外，还应经常对网络服务器端和用户端进行安全控制。例如，通过验证器检测用户的真实身份，之后，通过用户端和网络服务器进行相互验证。

4.3.3　车联网访问控制技术分析

访问控制技术通过显性手段和方式对用户的访问能力、可访问范围给出限制性设置。访问控制有 3 种模式，分别是自主访问控制、强制访问控制和基于角色的访问控制。其中，自主访问控制是一种接入控制服务，基于系统实体身份接入，用户可以对自身创建的文件、数据表等对象进行访问，也可授予或者收回其他用户访问的权限。自主访问控制的应用非常广泛，灵活性也较强，但其安全性较低，对于系统资源不能做到良好的保护。强制访问控制是指系统强制主体服从访问控制策略，系统占据主导权，用户自己创建的对象也需要根据规则来设定权限。强制访问控制具有更高的安全性，多被用于多级安全军事系统中，对于大型系统或者通用系统的应用效果则不理想。基于角色的访问控制是通过对角色的访问所进行的控制，其访问权限取决于角色，不同的角色拥有不同的权限，这对于简化权限管理非常有益。

1. 自主访问控制

自主访问控制（Discretionary Access Control，DAC）又称为任意访问控制，它是常用的一类访问控制机制，也是决定用户是否有权访问客体的一种访问约束机制。在自主访问控制机制下，文件的拥有者可以按照自己的意愿精确指定系统中的其他用户对其文件的访问权。也就是说，通过使用自主访问控制机制，一个用户可以自主说明其资源允许系统中的哪些用户以何种权限进行共享。从这种意义上讲，文件的拥有者对资源的访问控制是"自主"的。此外，自主也指其他具有授予某种访问权力的用户能够自主地（也可能是间接地）将访问权或访问权的某个子集授予其他用户。需要自主访问控制保护的客体的数量取决于系统环境，几乎所有系统在自主访问控制机制中都能对文件、目录、IPC 及设备进行访问控制。为了实现完备的自主访问控制机制，文件系统需要将访问控制矩阵相应的信息以某种形式存储在本系统中。访问控制矩阵中的每一行表示一个主体，每一列表示一个受保护的客体，元素则表示主体可对客体进行的访问模式。目前，在操作系统中实现的自主访问控制机制都没有将访问控制矩阵进行整体保存，因为这样做的效率会很低。实际方法是基于矩阵的行或列表达访问控制信息。自主访问控制的基本思想是主体（用户或用户进程）可以自主地将其所拥有的客体访问权限全部或部分授予其他主体。实现方法是建立系统访问控制矩阵，并用该矩阵中的行对应系统的主体，用列对应系统的客体，用元素表示主体对客体的访问权限。为了提高系统性能，在实际应用中常采用基于行（主体）或列（客体）的自主访问控制机制。

1) 基于行的自主访问控制机制

基于行的自主访问控制机制在每个主体上都附加了一个该主体可访问的客体的明细表，根据表中信息的不同可分为以下 3 种形式：能力表、前缀表和口令。

（1）能力表（Capabilities List）。能力决定用户是否可以对客体进行访问，以及进行何种模式的访问（读、写和执行），拥有相应能力的主体可以按照给定的模式访问客体。在文件系统的最高层，即与用户和文件相关联的位置，针对每个用户，系统都有一个能力表。要采用硬件、软件或加密技术对系统的能力表进行保护，防止其被非法修改。用户既可以把自己的文件权限复制给其他用户，以使其他用户可以存取相应的文件，也可以从其他用户处收回相应的能力，从而恢复自己对文件的存取权限。对于上述访问控制机制，系统要维护负责记录每个用户状态的一个表，该表存有数量巨大的条目。当一个文件被删除后，系统必须从每个用户的表中清除该文件对应的能力。即使是一个简单的"谁能存取该文件"的问题，系统也要花费大量的时间从每个用户的能力表中查寻。因此，当前利用能力表实现的自主访问控制系统并不多，而在这些为数不多的系统中，只有少数系统试图实现完备的自主访问控制机制。

（2）前缀表（Profiles）。赋予给每个主体的前缀表，包括受保护的客体名和主体对它的访问权。当主体要访问某个客体时，自主访问控制机制将检查该主体的前缀是否具有它所请求的访问权。作为一般的安全规则，除非主体被授予某种访问模式，否则任何主体对任何客体都不具有任何访问权。用专门的安全管理员控制主体前缀是相对比较安全的，但这种方法非常受限。在一个频繁更迭客体访问权的环境下，该方法是不适合的，因为访问权的撤销一般是比较困难的，除非对每种访问权系统都能自动校验主体的前缀。删除一个客体需要判定其在哪个主体的前缀中。此外，通常由于客体名是杂乱无章的，很难对其进行分类。对于一个可访问许多客体的主体，它的前缀量非常大，因而难以管理。所有受保护的客体都必须具有唯一的客体名，不能出现重复，而在一个客体量很大的系统中，应用该方法就变得十分困难。

（3）口令（Password）。在基于口令机制的自主访问控制机制中，每个客体都有一个对应的口令。主体在对客体进行访问前，必须向操作系统提供该客体的口令。如果正确，它就可以访问该客体。针对每个客体，每个主体都拥有自己独有的口令，这点类似于能力表，不同之处在于口令不像能力是动态的。基于口令机制的自主访问控制系统一般允许对每个客体分配一个口令或者对每个客体的每种访问模式分配一个口令。一般来说，一个客体至少需要两个口令，一个用于控制读，另一个用于控制写。关于口令的分配，有些系统只有系统管理员才有权力进行，另外一些系统则允许客体的拥有者任意改变客体的口令。

口令机制对于确认用户身份，也许是一种比较有效的方法，但用于客体访问控制，它并不适用。其原因是如果要撤销某用户对一个客体的访问权，只有通过改变该客体的口令才行，这意味着同时废除了所有其他可访问该客体的用户的访问权。当然可以对每个客体使用多个口令来解决上述问题，但是每个用户必须记住许多不同的口令，当有很多客体时，用户就不得不将这些口令记录下来以避免混淆或遗忘，不仅麻烦，也不安全。此外，口令是手工分发的，无须系统参与，因此系统不知道究竟是哪个用户访问了该客体。而在一个程序运行期间要访问某个客体时，该客体的口令就必须镶嵌在程序中，这会大大增加口令意外泄露的风险。因为其他用户无须知道某客体的口令，只需运行一段镶嵌该客体口令的程序就可以访问该客体，这同样会带来不安全性。

2）基于列的自主访问控制机制

基于列的自主访问控制机制在每个客体上都附加了一个可访问其主体的明细表，它有两种形式，即保护位和访问控制表。

（1）保护位（Protection Bits）。它为所有主体、主体组及客体的拥有者指明了一个访问模式集合。保护位机制不能完备地表达访问控制矩阵，因而很少使用。

（2）访问控制表（Access Control List，ACL）。它是国际上流行的一种十分有效的自主访问控制形式，它在每个客体上都附加了一个主体明细表，用于表示访问控制矩阵。主体明细表中的每一项都包括主体的身份和主体对客体的访问权限，它的一般结构如图 4-24 所示。

| 客体file1: | ID1.rx | ID2.r | ID3.x | … | IDn.rwx |

图 4-24 主体明细表的一般结构

对于客体 file1，主体 ID1 对它只有读（r）和运行（x）的权力，主体 ID2 只有读的权力，主体 ID3 只有运行的权力，而主体 IDn 则对它同时具有读、写和运行的权力。但在实际应用中，若对于某个客体有很多可访问的主体，则访问控制表会变得很长。而在一个大的系统中，客体和主体都非常多，若使用一般形式的访问控制表，将占用很多 CPU 时间。因此，访问控制表必须简化。例如，将用户按其所属或工作性质进行分类，构成相应的组（Group），并设置一个通配符（Wild Card）"*"代表任何组名或主体标识符。ACL 的优化见表 4-8。

表 4-8　ACL 的优化

	文件 ALPHA	
Jones	CRYPTO	rwx
*	CRYPTO	r···w
Green	*	...
*	*	r

CRYPTO 组中的用户 Jones 对文件 ALPHA 拥有 rwx 存储权限。CRYPTO 组中的其他用户拥有 rx 权限。Green 如果不在 CRYPTO 组中，就没有任何权限。其他用户拥有 r 权限

通过简化，可以大大缩小访问控制表，效率也得到了提高，并且能够满足自主访问控制的需求。

2. 强制访问控制

强制访问控制（Mandatory Access Control，MAC）源于对信息机密性的要求和防止特洛伊木马等的攻击。强制访问控制通过无法回避的存取限制来阻止直接或间接的非法入侵。文件系统中的主/客体会被分配一个固定的安全属性，利用安全属性可以决定一个主体是否可以访问某个客体。安全属性是强制性的，由安全管理员（Security Officer）分配，用户或用户进程不能改变自身或其他主/客体的安全属性。

强制访问控制的本质是基于格的非循环单向信息流策略。系统中的每个主体都被授予一个安全证书，而每个客体被指定具有一定的敏感级别。强制访问控制的两个关键规则是不向上读和不向下写，即信息流只能从低安全级向高安全级流动，任何违反非循环单向信息流策略的行为都会被禁止。

强制访问控制起初主要用于军方的应用中，并且常与自主访问控制结合使用，主体只有通过自主访问控制与强制访问控制的检查后，才能访问某个客体。由于强制访问控制对客体施加了更严格的访问控制，它可以防止特洛伊木马等的程序窃取信息，同时对用户意外泄露机密信息也有预防能力。但是对于用户恶意泄露信息，它可能无能为力。强制访问控制存在以下不足：因为它增加了不能回避的访问限制，会影响系统的灵活性；虽然可以增强信息的机密性，但不能实施完整性控制；网上信息更强调完整性，否则会影响强制访问控制的网上应用。在强制访问控制系统中实现单向信息流的前提是系统中不存在逆向潜信道，因为逆向潜信道的存在会导致信息违反规则流动。但在现代计算机系统中，这种逆向潜信道是难以去除的，如大量的共享存储器和为提升硬件性能而采用的各种缓存（Cache）等，这会给系统增加安全隐患。

1）BLP 模型

BLP 模型从保密性策略的角度出发，结合强制访问控制和自主访问控制的特点，通过禁止上读下写操作，有效防止主体读取安全级别比它高的客体。

（1）BLP 模型的定义。设 $S = \{S_1, S_2, \cdots, S_m\}$ 是主体的集合，主体是用户、进程等能使信息流动的实体；$O = \{O_1, O_2, \cdots, O_m\}$ 是客体的集合，客体是数据、文件、程序或设备等。BLP 模型是一种状态机模型，状态是系统中元素的表示形式，状态 $v \in V$ 由一个有序四元组 (b, M, f, H) 表示。其中，$b \in (S \times O \times A)$ 表示在某种特定状态下，哪些主体以何种访问属性访问哪些客体，其中 S 是主体的集合，O 是客体的集合，$A = \{r, w, a, e\}$ 是访问属性集；M 为访问控制矩阵，表示

系统中所有主体对所有客体所拥有的访问权限，其中元素 M_{ij} 是主体 S_i 对客体 O_j 的访问权限；$f \in F$ 表示访问类函数，记作 $f \in \{f_s, f_o, f_c\}$，其中 f_s 表示主体的安全级函数，f_c 表示主体当前的安全级函数，f_o 表示客体的安全级函数；H 表示当前的层次结构，即当前客体的树型结构，$o_j \in H(O)$ 表示在该树型结构中，o_j 为子节点，O 为父节点。

（2）BLP 模型的公理。每个主体都有一个安全许可，每个客体都有一个安全密级。设 $L = \{l_1, l_2, \cdots, l_q\}$ 是主体或客体的密级（密级从高到低有绝密、机密、秘密、公开等），$L(S)$ 是主体 S 的安全许可，$L(O)$ 是客体 O 的安全密级，BLP 模型满足简单安全性。S 可以读 O，当且仅当 $L(O) \leqslant L(S)$ 且 S 对 O 具有自主型读权限时，即一个主体只能读不高于自身安全级别的客体。S 可以写 O，当且仅当 $L(O) \leqslant L(S)$ 且 S 对 O 具有主动型写权限时，即一个主体只能写不低于自身安全级别的客体。

（3）基本安全定理。设系统 Σ 的某个初始安全状态为 σ_0，T 是状态转换的集合，如果 T 的每个元素都遵守简单安全性和*-特性，那么对于每个 $j \geqslant 0$，状态 σ_j（$j = 0,1,2,\cdots$）都是安全的。简单安全性通常称为"不向上读"，*-特性通常称为"不向下写"，它们共同确保信息只能从低安全级流向高安全级。BLP 模型的这种"上写下读"的基本思想具有十分重要的指导意义，因此被军方和政府机构广泛采用。

（4）BLP 模型的局限性。假设有一个初始状态为安全状态的系统 Z，它只有一种转换类型：当一个主体 S 请求访问一个客体 O 时，系统中的每个主体和客体都降级为最低安全级，访问将被允许，系统 Z 满足 BLP 模型的公理，但不安全。BLP 模型的问题不在于模型允许什么，而在于它不允许什么，该模型的许多安全操作被禁止。因此，尽管 BLP 模型能够有效防止信息的非授权泄露，保护信息的机密性，并得到了广泛应用，但随着安全理论的不断发展，BLP 模型也逐渐显现自身的局限性，体现在以下几方面：

① 完整性。BLP 模型只注重考虑数据的机密性，没有重视数据的完整性。其不向上读、不向下写的思想尽管使低安全级主体无法读取高安全级客体的信息，但向上写会使低安全级主体可以窜改高安全级客体的敏感数据，破坏系统的数据完整性；不向下写则会造成应答盲区，破坏系统的完整性。

② 可用性。向下读、向上写的策略会限制高密级主体向非敏感客体写数据的合理要求，降低系统的可用性。为了提高模型的可用性，Bell 引入了可信主体，允许具有可信范围的主体在受控范围内违反 ss-属性和*-属性。由于这些可信主体不受任何访问控制规则的限制，其过大的访问权限集必然会威胁到系统中所有的可访问资源，然而对于这些可信主体可能引起的泄露危机并没有任何处理和避免的方法。

③ 灵活性。BLP 模型没有调整安全级的相关策略，其"宁静性"原则规定系统的安全除了系统初始状态的安全，还依赖于主/客体敏感标记在其整个生命周期内的静态不变性，但系统中大部分的数据资源对于安全性方面的要求会随着时间的延长而降低，导致合法的资源访问请求遭到拒绝，密级过于简单的静态定义造成模型在实际应用中缺乏灵活性。

④ 隐通道。BLP 模型无法避免隐通道，尽管它控制信息不能直接从高密级流向低密级，

但高安全级主体仍然可以通过一些间接方式与低安全级主体进行通信。

⑤ 其他。BLP 模型的扩展性不强，因为它只为通用的计算机系统定义了安全属性，不能解释主-客体框架以外的安全性问题，也不能很好地为其他安全策略提供支持。此外，BLP 模型中规定的主体对客体的访问属性已经不能满足当前操作系统发展的需求。

2）Biba 模型

（1）Biba 模型的提出。Biba 模型是涉及计算机系统完整性的第一个模型，它于 1977 年发布。Biba 模型的组成元素有主体组合（积极的，信息处理）和客体组合（被动的，信息库）。Biba 模型基于层次化的完整性级别，将完整性威胁分为源于子系统内部和外部的威胁。如果子系统的一个组件是恶意或不正确的，则会产生内部威胁；如果一个子系统企图通过错误数据或不正确调用函数来修改另一个子系统，则会产生外部威胁。Biba 认为内部威胁可以通过程序测试或检验来解决，因此 Biba 模型主要针对外部威胁，达成了完整性的第一个目标：防止非授权用户篡改。Biba 模型用于解决应用程序数据的完整性问题，它不关心信息保密性的安全级别，因此它的访问控制不是建立在安全级别上的，而是建立在完整性级别上的。

Biba 模型能够防止数据从低完整性级别流向高完整性级别，对此，它有 3 条规则可用：

① 当级别为"中完整性"的主体访问级别为"高完整性"的客体时，主体对客体可读不可写，也不能调用主体的任何程序和服务。

② 当级别为"中完整性"的主体访问级别为"中完整性"的客体时，主体对客体可写可读。

③ 当级别为"中完整性"的主体访问级别为"低完整性"的客体时，主体对客体可写不可读。

（2）Biba 模型的评价。Biba 模型定义的完整性只是一个相对的度量，它不是绝对的。依据该定义，一个子系统具有完整性的条件是它可被信任并附有定义明确的行为代码。因为没有关于这种行为属性的语句能描述子系统是否具有完整性，所以需要子系统附有行为代码。

对于 Biba 模型而言，计算机系统的完整性是为了确保子系统实现设计者预期的目标。然而实际情况是设计者是否采用可以实现完整性的设计方法。Biba 模型采用一个结构化网格来表示授权用户和提供用户类型级别的划分。完整性可以防止非授权用户的修改。

目前，在 Biba 模型的所有策略中，使用最多的是严格的完整性策略。该策略的缺点是不能分配适当的完整性标志。Bell LaPadula 模型能很好地满足政府和军事机构关于信息分级的要求，Biba 模型却没有划分完整性级别和类别的相应标准。

3．基于角色的访问控制

网络的发展，特别是 Internet 的广泛应用，使对网上信息的完整性要求超过了机密性，而传统的自主访问控制和强制访问控制（DAC-MAC）策略难以提供相应的支持。于是美国国家标准与技术研究院（National Institute of Standards and Technology，NIST）提出了基于角色的访问控制（Role-Based Access Control，RBAC）的概念并被广泛接受。

基于角色的访问控制的突出优点是简化了不同环境下的授权管理。在 DAC/MAC 系统中，直接向用户授予访问权限,但因用户数量众多且经常变动,反而会增加授权管理的复杂性。基于角色的访问控制的思想是将访问权限分配给角色,而由用户担任一定的角色,因为与用户相比,角色是相对稳定的。角色实际是与特定工作岗位相关的一个权限集,当用户发生改变时,只需要进行角色的撤销和重新分配。虽然基于角色的访问控制仍处于发展阶段,但是它已经在某些系统中得到了应用。例如,通过 X.509 证书来实现用户身份的认证,把用户和密钥结合起来,在验证用户身份的同时,实现基于角色的访问控制。

（1）主体（Subject）。它指的是可以对其他实体实施操作的主动实体,通常是系统用户或代理用户行为的进程。

（2）客体（Object）。它指的是接受其他实体动作的被动实体,通常是可以识别的系统资源,如文件。一个实体在某一时刻是主体而在另一时刻又可能成为客体,这取决于该实体是动作的执行者还是承受者。

（3）用户（User）。它指的是企图使用系统的人员,每个用户都有一个唯一的用户标识（UID）,当通过注册进入系统时,用户要提供其 UID,以供系统认证其身份。

（4）角色（Role）。它指的是系统中一组职责和权限的集合。角色的划分涉及组织内部的岗位职责和安全策略的综合考虑。

（5）访问权限（Permission）。它指的是在受系统保护的客体上执行某项操作的许可。在客体上能够执行的操作常与系统的类型有关,这是 RBAC 系统复杂性的一个重点。

（6）用户角色分配（User-to-Role Assignment）。它指的是为用户分配一定的角色,即建立用户与角色的多对多关系。

（7）角色权限分配（Permission-to-Role Assignment）。它指的是为角色分配一组访问权限,即建立角色与访问权限的多对多关系,从而可以通过角色把用户与访问权限联系起来。用户具有其所属诸个角色的访问权限的总和。

（8）会话（Session）。它指的是特定环境下一个用户与一组角色的映射,即用户为完成某项任务而激活其所属角色的一个子集,激活角色权限的并集即为该用户当前有效的访问权限。

1）RBAC96 模型

RBAC96 模型是一个基于角色的访问控制模型簇,其中包括 4 个模型。基于角色的访问控制是一个内涵广泛的概念,难以用一个模型全面地描述。RBAC0 模型是基本模型,用于描述任何支持基于角色的访问控制系统的最小要求。它包含 4 个基本要素：用户、角色、会话和访问权限。用户在一次会话中激活所属角色的一个子集并获得一组访问权限后,即可对相关的客体执行规定的操作,任何非显式授予的权限都会被禁止。RBAC1 模型是对 RBAC0 模型的扩充,它增加了角色等级的概念。实际组织中职权重叠现象的客观存在为角色等级实施提供了条件。通过角色等级,上级角色可以继承下级角色的访问权限,在被授予自身特有的权限后,可以构成该角色的全部权限,以便进行权限管理。例如,销售部经理除了应具有销售部职员的访问权限,还应具有普通职员不具备的权限,如制订和修改销售计划、考核每个销售员的业绩等。RBAC2 模型也是 RBAC0 模型的扩充,但与 RBAC1 模型不同,RBAC2 模型增加了约束的概念。约束机制早已存在,例如在一个组织中,会计和出纳不能是同一个人（职责分离）。

RBAC2 模型中的约束规则主要包括以下内容：

（1）最小权限。分配给用户的权限应是其完成职责所需的最少权限，否则会导致权力的滥用。

（2）互斥角色。组织中的有些角色是互斥的，一个用户最多只能属于一组互斥角色中的某一个，否则会违反职责分离，如上面提到的会计和出纳。权限分配也有互斥约束，同一权限只能授予互斥角色中的某一个。

（3）基数约束与角色容量。分配给一个用户的角色数目或是一个角色拥有的权限数目都可以作为安全策略加以限制，称为基数约束。一个角色对应的用户数目也有限制，如总经理角色只能由一人担当，这就是角色容量。

（4）先决条件。一个用户需要获得某一角色时必须具备某些条件，如总会计必须是会计。同理，一个角色必须先拥有某一权限后才能获得另一权限。例如在文件系统中，须先有读目录的权限，才能拥有写文件的权限。

RBAC3 模型是 RBAC1 模型和 RBAC2 模型的结合。角色等级与基数约束相结合即可产生等级结构上的约束。RBAC3 模型中的约束规则主要包括以下内容：

（1）等级间的基数约束。给定角色的父角色（直接上级）或子角色（直接下级）的数量限制。

（2）等级间的互斥角色。判定两个给定角色是否可以有共同的上级角色或下级角色，特别是两个互斥角色是否可以有共同的上级角色。例如在一个项目小组中，程序员和测试员是互斥角色，那么项目主管对此应如何解释（项目主管是程序员和测试员的上级角色）。

2）ARBAC97 模型

RBAC96 模型假定系统中只有一个安全管理员（SO）进行系统安全策略的设计和管理。但在大型系统中，由于用户和角色数量众多，单靠一个 SO 是不现实的，一般的做法是指定一组 SO，包括首席安全员（CSO）、系统级安全员（SSO）、部门级安全员（DSO）等，于是提出了 ARBAC97 模型。

在 ARBAC97 模型中，角色分为常规角色和管理角色两种，它们是互斥的。管理角色也具有等级结构和权限继承。访问权限分为常规权限和管理权限，它们也是互斥的。ARBAC97 模型包括下述 3 个组成部分。

（1）用户–角色分配管理（User-Role Assignment：URA97）。它用于描述用户角色的分配与撤销问题。用户成员的分配常会涉及先决条件问题，例如工程部 SO 只能在本部门内分配用户角色，而被分配的用户必须是工程部的职员（哪些职员属于工程部由更高级的 SO 分配），这是一个先决条件。相比之下，用户成员的撤销则简单得多。例如部门 SO 可以依据部门安全策略在本部门内任意撤销角色中的用户，但这种撤销是一种弱撤销。例如用户 M 是角色 A 和 B 的成员，同时 B 是 A 的上级角色，假如 SO 撤销了 M 在 A 上的用户成员关系，那么 M 通过继承仍然具有 A 的权限。要想实现强撤销，可以采用级联撤销，即从指定角色及其所有上级角色中撤销指定用户。但若某个上级角色超出了 SO 的管理范围，又会出现新的问题。

（2）权限–角色分配管理（Permission-Role Assignment：PRA97）。它用于讨论常规角色访

问权限的分配与撤销问题。从角色的角度看，访问权限与用户具有对称性，通过角色关联可以看出，权限-角色分配与用户-角色分配具有相似的特点，可以通过类似的方法来处理，但是权限的级联撤销是沿着角色等级结构向下级联多个相同或不同的组件的，或是部件按照一定的顺序或方式连接形成一个整体。

（3）角色-角色分配管理（Role-Role Assignment：RRA97）。它是指对用户所扮演的角色进行管理和授权，使其能够符合其职责并实现权限访问系统中的各项资源和功能。为了便于讨论，将角色分成以下 3 种类型：

① 能力角色。即只有访问权限成员或其他能力角色成员的角色，也就是没有用户成员。

② 组角色。即只有用户成员或其他组角色成员的角色，也就是没有权限成员。

③ 用户-权限角色。即成员类型不受限制的角色。这种区分方式是由建立角色之间关系的管理模型所决定的。能力角色实际是一组必须同时授予某一角色的访问权限的集合。因为有的操作需要用户同时具备多项权限，缺一不可，为了管理方便，将这些权限提取为能力角色，并禁止为其分配任何用户。同理，对于组角色，它实际是应同时分配给某一角色的一组用户，这些用户形成一个团队共同完成某项任务，将其抽象为一个组角色，禁止为其分配权限。基于上述思想，PRA97 可用于能力-角色分配管理（Abilities-Role Assignment：ARA97），URA97 可用于组-角色分配（Group-Role Assignment：GRA97）。可以这样理解，能力角色只能用能力角色作为其子角色，但是可以用能力角色或用户-权限角色作为其父角色；用组角色或用户-权限角色作为子角色，管理角色可以在自己的管辖范围内进行系统要素的创建、修改、删除等管理活动。

3）NIST RBAC 建议标准

2001 年 8 月，NIST 发表了 RBAC 建议标准。该标准采纳了相关领域众多研究者的共识，包括两部分内容：RBAC 参考模型（RBAC Reference Model）和 RBAC 功能规范（RBAC Functional Specification）。RBAC 参考模型不仅定义了 RBAC 的通用术语和模型构件，也界定了 RBAC 建议标准所讨论的 RBAC 领域范围；RBAC 功能规范则定义了 RBAC 的管理操作。这两者均包括以下 4 个组成部分：

（1）基本 RBAC（Core RBAC）。它包括任何 RBAC 系统都应具有的要素，如用户、角色、权限、会话等。其基本思想是通过角色建立用户和访问权限的多对多关系，使用户获得访问权限。

（2）等级 RBAC（Hierarchical RBAC）。它在基本 RBAC 之上增加了对角色等级的支持。角色等级是一种严格意义上的半序关系，即上级角色继承下级角色的权限，下级角色获得上级角色的用户。根据半序关系中有无限制，等级 RBAC 可分为通用等级的 RBAC 和有限等级的 RBAC 两种。通用等级的 RBAC 支持任意的半序关系；对于有限等级的 RBAC 而言，可在半序关系中加入某种限制，一般是使等级结构趋于简单，如使其成为树结构。

（3）静态职责分离（Static Separation of Duties，SSD）。它用于解决角色系统中潜在的利益冲突（Conflict of Interest）。利益冲突源于用户被授予相互冲突的角色。一种解决方法是在分配用户时实施限制，如禁止为一个用户同时分配一组互斥的角色。考虑等级结构的影响，静态职责分离可分为两种情形：基本静态职责分离和等级结构中的静态职责分离。

（4）动态职责分离（Dynamic Separation of Duties，DSD）。与静态职责分离类似，动态职责分离也会限制可提供给用户的访问权限，但实施的机制不同。动态职责分离在用户会话中对可激活的当前角色进行限制，用户可被授予多个角色，包括相互冲突的角色，但是它们不能在同一个会话中被激活。动态职责分离约束可视作一个二元组（roleset，n），表示任何用户在某个角色子集中不能同时激活 n 个以上的角色。动态职责分离是最小权限原则的扩展，每个用户根据其执行的任务可以在不同环境中拥有不同级别的访问权限，动态职责分离确保访问权限不会在时间上超越其履行职责的必要性，这种机制称为信任的适时变更。

在具体实现一个基于角色的访问控制系统时，除了必须有基本的 RBAC 构件，其他构件可根据应用的需求取舍，因此参考模型具有较大的弹性。在上述每个构件中都定义了相应的功能规范，将抽象的模型概念映射为可以提供的管理操作、会话管理及管理审查。基于角色的访问控制功能规范定义了用于创建和维护 RBAC 模型构件和提供系统支持的各种功能原型，它可以分为以下 3 类：

（1）管理功能。它用于创建和维护构成 RBAC 模型构件的各种系统要素及相互关系。

（2）系统支持功能。它用于在用户与系统交互时支持 RBAC 模型构建的各种功能，如建立会话、添加和去除活跃角色、确定访问、决定逻辑等。

（3）审查功能。它用于审查由管理功能和系统支持功能所产生的各种活动的结果。基于角色的访问控制的目的是简化安全策略，管理并提供弹性的、个性化的安全政策。从思想上讲，基于角色的访问控制是目前最为深入的访问控制方法，却因为提出的时间较晚，在理论上尚未达成共识，也没有制定统一的标准。但这似乎并不影响它的应用，已有许多厂商开始提供基于角色的访问控制的解决方案，呈现理论与应用同步发展的态势。面对这一状况，应尽快制定通用的标准，NIST 通过综合众多学者的观点并参考许多厂商的产品提出了 RBAC 建议标准，旨在提供一个权威的、被广泛接受的、可用的 RBAC 参考规范，为进一步研究指明方向。但是这个标准只描述了 RBAC 系统最基本的特征，在实际应用中可以在此基础上扩展其他更强的访问控制功能。

4.4 车联网入侵检测技术

4.4.1 车联网入侵检测技术概述

入侵检测的概念由 Anderson 于 1980 年首次提出，入侵检测系统则是由乔治敦大学的安全研究人员在 1984—1986 年期间发明的。随着人工智能的发展和机器学习技术的成熟，越来越多的研究人员开始将机器学习模型用于入侵检测，入侵检测系统的检测效果也取得了很大的进步。

入侵检测的实现方法是对从网络中采集的实时流量和从计算机内部获取的系统日志、系统状态等重要信息进行分析，判定相关系统是否遭受网络入侵。其原理是对收集的数据进行处理，发现其中攻击数据所具有的独特特征并进行记录，同时对检测为攻击的行为样本给出相应的反应，如拦截访问请求并进行告警。

通过归纳入侵检测的流程可知，首先需要采集足够的数据，这些数据可以是网络流量、系统状态、系统日志等，由于采集的原始数据不能直接用于入侵检测模型，需要对其进行预处理，之后对已处理的数据集进行特征选择，并把经过特征选择的数据进行汇总，建立相应的入侵检测模型或者攻击特征库。对于新流量，可以在攻击特征库中寻找匹配或用入侵检测模型进行分类。一旦发现当前数据与网络攻击数据的相似度较高，即可采用相应的手段进行拦截。

车联网入侵检测是入侵检测技术在车联网环境中的一个应用，车联网入侵检测技术的主要功能是对车联网环境中存在的网络攻击进行检测，并对检测为车联网攻击的请求进行拦截，以保护车联网环境的安全。车联网入侵检测系统网络架构如图 4-25 所示。

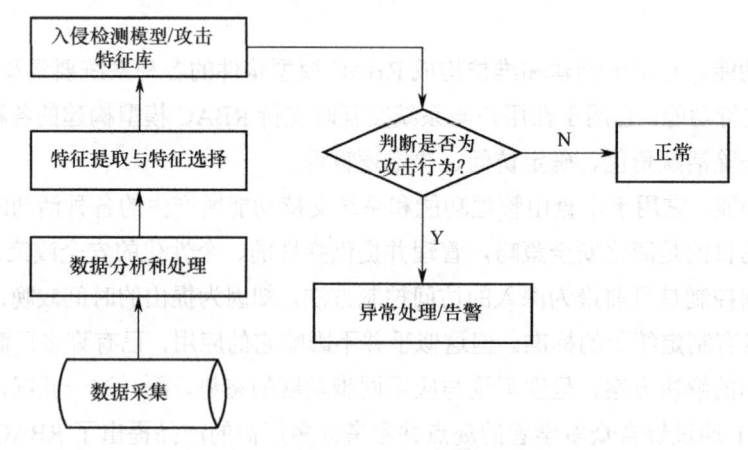

图 4-25 车联网入侵检测系统网络架构

当前的被动安全技术对于各种系统都是必不可少的。例如，网络系统中会存在一些被动安全手段，但其存在一定的弊端：①由于手段的传统功能是智能识别来自外部的攻击，在抵御非授权的内部破坏行为时反而会存在很大的局限性；②当前某个系统自身出现漏洞时，尽管可能会通过扫描发现漏洞，但无法提供实时监控。车联网入侵检测系统主要由数据采集、数据分析和处理、特征工程和模型检测组成。

1. 数据采集

数据采集是实施车联网入侵检测的首要任务，即对待检测的数据进行采集，主要包括车内网和车外网的各种数据。在采集数据的过程中，应从不同的网络节点出发，这样可以保证采集的数据不会存在偶然性。由于采集的数据往往看不出异常，需要对其进行分析。

2. 数据分析和处理

数据分析是车联网入侵检测系统的核心，不进行数据分析就无法得到有效的网络入侵数据，通过数据分析可以对采集的数据进行预处理，将其转换为后续模型所需的数据，同时可在数据分析阶段进行平衡数据集处理，使攻击数据和正常数据的比例区域达到平衡，以便于后续模型的训练。

3. 特征工程

特征工程是车联网入侵检测中的重要一环，通过有效的特征工程方法，可以缩小数据处理的规模，通过筛选核心特征，剔除无用特征，可有效提升模型的检测精度。

4. 模型检测

模型检测是车联网入侵检测的关键环节。根据不同的场景，应选择不同的模型。使用经过数据分析和处理及特征工程处理的数据对模型进行训练，之后，使用训练好的模型对网络数据进行检测，同时通知车联网入侵检测控制台采取措施抵御入侵行为。常见的入侵信息处理措施如下：

（1）向用户发送告警信息。

（2）拦截数据包。

（3）将入侵行为记录在系统日志中，应包括攻击时间、日期、源地址、目的地址、类型及响应措施等数据。

4.4.2 车联网入侵检测安全需求

随着智能网联汽车的普及，有大量的汽车接入车联网中，极大扩展了汽车的功能，进而提高了使用者的驾乘体验。例如，汽车制造商与TSP（远程通信服务提供商）为汽车提供了许多车联网服务，用户可以通过安装在手机中的App，实时监控自己汽车的状态，并能够下发指令直接控制汽车起动、车灯与车门的开启和关闭，甚至能控制汽车运动。实际调查数据显示，2021年中国车联网市场规模约为1177亿元。

随着车联网技术的飞速发展，其所面临的信息安全问题日益突出，安全事故不断涌现。以用户通过App控制智能网联汽车为例，整个过程涉及用户的手机、TSP、车辆三者之间的通信，中间过程中涉及各种无线接入点和3G/4G网络。攻击者可以对上述环节进行攻击，以获取通信过程中的通信数据，进而实现远程控制汽车，威胁车辆驾驶人的人身安全和财产安全。

传统汽车主要以机械控制为主，驾驶人通过多种控制元件对它进行操控，但是当前的智能网联汽车大多通过电子控件进行控制。在智能网联汽车中，用户并不会直接操控汽车的机械设备，而是通过操纵杆、按钮等，将用户的操作意图传递给汽车的电控单元（ECU），ECU根据车辆传感器采集的数据进行智能化计算和决策，最后向机械执行器件发送控制指令，实现驾驶人对车辆的控制。

在智能网联汽车中，大量的ECU通过CAN总线连接，彼此之间通过CAN报文交互数据、传递信息。而汽车本身又保留了大量的外部接口，通过这些接口，外部的扩展设备可以接入智能网联汽车内部的CAN总线网络中，通过CAN实现各个设备之间的通信。

车载自诊断接口是汽车对外的诊断接口，它可使智能网联汽车实时检测内部各个ECU的健康状况。该接口直接接入智能网联汽车的 CAN 总线，因此，一些外部设备也可通过该接口接入车内网环境。当前市面上存在各种基于车载自诊断接口开发的外部设备，这些外部设备通过直接插入该接口，并结合对应的 App 为智能网联汽车用户提供一些车辆信息的监控内容及车联网服务。但是这些外部设备也可能存在一些硬件上或软件上的安全漏洞，容易被攻击者利用。

此外，智能网联汽车通常会配备功能丰富的信息娱乐系统，如 Jeep 智能汽车的 Uconnect 系统和宝马汽车的 Connect Drive 系统。用户可以通过这些系统进行上网操作，也可通过外接存储设备，如 U 盘、外接磁盘等播放音乐和视频等。由于车载信息系统一般会接入 CAN 总线网络，它可以显示车辆的实时信息。这也使得攻击者有机可乘，例如，通过感染病毒的 U 盘等方式，攻击信息娱乐系统，从而实现对车载 CAN 网络的攻击。

2016 年，百度成功破解了 T-Box 并成功篡改协议传输数据，通过修改用户指令或发送伪造命令给 CAN 总线控制器，实现对车辆的本地控制和远程操作控制。

通过对攻击内容进行分析总结可知，车联网中的网络攻击主要源于以下两个层面：

（1）V2X。V2X 包括 V2V、V2R 等多种形式实体间的通信。攻击者可以通过多种无线网络通信手段篡改或伪造攻击信号，并向车辆注入攻击指令，从而达到影响车辆正常状态或者直接控制车辆的目的。此外，多种类型的终端设备也能成为攻击者入侵车联网体系的入口，如云服务平台、TSP 及 App 等。

（2）智能网联汽车的车内网。由于 CAN 总线具有高速及不加密不认证的特性，其通信矩阵容易被攻击者破解，攻击者可以轻易伪造 CAN 总线报文，从而影响车辆状态，造成安全事故或车主的经济损失。此外，智能网联汽车中含有多种类型的传感器 ECU，其中保存了车辆或车主的多种敏感数据，这些数据容易被攻击者非法收集，导致个人隐私泄露。

由于车联网中的网络情况较为复杂，各个节点都可能成为网络攻击的入口，因此车联网很可能会受到各种类型的攻击，这就要求车联网具有识别各种攻击、定位攻击者并防范攻击的功能，上述功能可以由车联网入侵检测系统实现。车联网入侵检测系统通过实时监控车联网中的网络流量，对车联网中节点的可疑行为和问题进行检测，并判断其是否为攻击行为，一旦判定为攻击行为，就对相关消息进行拦截。对于车联网而言，由于入侵途径较广，攻击种类较多，被动安全手段很难及时发现最新的攻击。因此，对车联网入侵检测系统的深入研究是解决当前车联网安全需求问题不可或缺的部分。

4.4.3 车联网入侵检测技术分析

当前主流的车联网入侵检测技术是通过机器学习模型完成入侵检测的。基于机器学习模型的入侵检测技术通过历史数据训练初始模型，通过不断学习新的网络数据来获取新的知识技能，以不断更新模型。基于机器学习模型的入侵检测技术通常具有自学习和自演化的特征，因而能够较好地适应复杂多变的网络环境，检测出未知的新型网络攻击。

机器学习是一个广泛的概念，它包括狭义机器学习、深度学习等。常见的狭义机器学习方法包括逻辑回归、决策树、支持向量机和随机森林等。深度学习通过神经网络模型实现数据的拟合。机器学习方法能够实现数据分类，从而识别出正常请求与网络攻击，并能通过学习数据进行改造，提升系统的整体性能和检测效果。

车联网入侵检测技术主要包括数据采集、数据分析和处理、特征工程及入侵检测4个步骤。

1. 数据采集

数据采集主要是提取车内网和车外网的通信数据，其中针对车内网的数据采集主要集中在车载 CAN 网络上；针对车外网的数据采集主要集中在车际网、车载移动互联网等外部网络上。当前的车联网市场有3种主要的数据采集方法：

（1）将 OBD 设备和其他安装后的硬件作为数据采集载体，如博泰的 IVoka Mini、腾讯的 Lubao 盒均属于 OBD 产品。

（2）将 App 用于数据采集，如 Zebra Driving。

（3）基于 T-Box、汽车和其他预装设备，通过汽车 CAN 总线采集数据。

2. 数据分析和处理

数据分析和处理是将采集的原始数据转化为模型能够识别的数据，主要方法包括无量纲化、编码化、平衡化等。

（1）无量纲化。无量纲化是指消除数据特征的数量级别差距对入侵检测模型的影响，常见的无量纲化方法包括标准化和归一化。

标准化是在不改变原始数据分布的情况下，对数据按比例进行缩放，使处理后的数据都落在一个范围确定的区间内，从而使数据之间具有可比较性。但是当某些数据特征明显不遵从高斯分布时，标准化的效果会比较差。标准化的目的是方便模型学习数据。常用的标准化方法有 Z-Score 标准化、Standard Scaler 标准化等。

归一化是将数据的值压缩到 0~1 之间，由于数据集中不同特征的数据范围有很大的不同，不同特征之间的数据差值较大，若不进行归一化处理，直接利用原始数据训练，将会造成特征空间中样本点的距离被个别特征值所主导，而受其他特征的影响比较小，也有可能导致梯度爆炸或梯度消失，导致模型难以收敛。这里使用 Min-Max 数据归一化方法对数据集进行归一化处理，以便于后续模型进行训练。Min-Max 归一化公式如下：

$$x' = \frac{x - x_{\min}}{x_{\max} - x_{\min}}$$

式中，x' 表示归一化后的值；x 表示未归一化的初始值；$x_{\min}$ 表示该特征的最小值；$x_{\max}$ 表示该特征的最大值。

（2）编码化。编码化主要是将原始数据转换为入侵检测模型能够识别的数据类型，常见的编码方式包括序列编码和 One Hot 编码。

序列编码是最简单的一种偏码方式，即对于一个具有 m 种类型的特征，将其对应地映射为属于 $[0,m-1]$ 的整数。例如，对于"学历"这种类别，"学士""硕士""博士"可以编码为 $[0,1,2]$，因为它们内在就含有这种逻辑顺序。但是对于"颜色"这种类别，"蓝色""绿色""红色"分别编码为[0,2]是不合理的,因为没有理由认为"蓝色"和"绿色"的差距与"蓝色"和"红色"的差距对于特征的影响是不同的。因此,通常对具有逻辑顺序的特征可以使用序列编码,反之则不推荐使用。

One Hot 编码又称为独热编码,它使用 N 位状态寄存器对 N 种状态进行编码,每种状态都由独立的状态寄存器位表示,并且在任何时候都只有一位有效。One Hot 编码是分类变量作为二进制向量的表示,因此需要先将分类值映射为整数,然后将每个整数值表示为二进制向量。使用 One Hot 编码,可将离散特征的取值扩展到欧式空间,离散特征的某个取值就对应欧式空间中的某个点。在回归、分类、聚类等机器学习算法中,特征之间距离的计算或相似度的计算对于后续模型的效果影响较大,而常用的距离或相似度的计算都是欧式空间[①]的相似度计算,计算余弦相似性也是基于欧式空间的。同时,对离散型特征使用 One Hot 编码,会让特征之间的距离计算变得更合理。例如,有一个离散型特征,它代表工作类型,共有 3 个值,如果使用 One Hot 编码,会比序列编码更合理。

(3)平衡化。平衡化是对采集的原始数据集通过标签来平衡各个类别的数据样本容量,常见的方法包括过采样、欠采样和混合采样。

过采样是多类不平衡数据预处理技术中常用的方法,通过引入新的少数类实例来解决多类不平衡问题,从而实现原始偏态数据的再平衡。在过采样方法中,合成少数过采样技术(SMOTE)是颇具代表性的一种方法,它根据少数类的样本人工合成新的样本并添加到数据集中,从而实现数据类别的平衡。除了 SMOTE,其他常见的过采样方法包括 ADASYN、Borderline-SMOTE 等。

欠采样通过删除多数类实例的数目来平衡类的分布。由于欠采样容易丢失重要样本信息且分类结果不稳定,在处理多类不平衡问题上人们多采用过采样。然而一些研究者通过对欠采样进行改进和调整,仍能够得出较好的分类结果。常见的欠采样方法包括 Tomek Links 及其变种。

在多类不平衡数据预处理方法中,混合采样是过采样与欠采样的结合,这种组合方案可以有效缓解过采样带来的过拟合问题和欠采样导致的信息丢失问题。在混合采样中,将 SMOTE 与其他欠采样技术结合是一种常用的方法。此外,将集成学习方法与数据采样模型结合的混合采样正在得到大众的认可,相较于传统的过采样和欠采样相结合的混合采样,该种方法可以显著提高数据采样的效果。

3. 特征工程

特征工程是指用一系列工程化的方式从原始数据中筛选出更好的数据特征,以提升模型的训练效果。数据和特征决定了最终效果的上限,而模型和算法只是在逼近这个上限。由此可知,好的数据特征是模型和算法发挥更大作用的前提。特征工程主要包括特征选择和特征降维。

(1)特征选择。特征选择是指通过一系列方法筛选出对入侵检测比较重要的特征。通过特征选择筛除一些与待解决问题相关性不是很强的特征,可在一定程度上实现数据的降维。此

[①] 欧氏空间是指以欧氏距离为基础的空间,其中欧氏距离指的是直角坐标系中两点之间的距离,即两点间直线距离的长度。

外，特征选择还可以直接影响后续模型的训练效果。常用的特征选择方法有过滤策略（Filter Strategy）、包裹式策略（Wrapper Strategy）和嵌入式策略（Embedded Strategy）。

过滤策略通过评估每个特征和模型效果的相关性，对特征进行选择，保留使模型效果达到最好的部分特征。其核心思想是先对数据集进行特征选择，再使用经过特征选择的数据对模型进行训练。具体方法是先通过 Pearson 相关系数法、方差选择法、互信息法等方法计算相关性，然后保留相关性最强的 N 个特征，最后将只含有这 N 个特征的数据交给模型训练。过滤策略的缺点是没有考虑到特征之间的相关性，导致模型最终的训练效果并不理想。

包裹式策略把最终要使用的机器学习模型、评测性能的指标作为特征选择的重要依据，每次根据评估效果去掉一部分特征。包裹式特征选择方法的效果一般比过滤式特征选择方法更好，但由于其训练过程更复杂，系统开销也大。较为典型的一种包裹式算法是迭代特征删除算法，其原理是使用一个基模型（如随机森林、逻辑回归等）进行多轮训练，在每轮训练结束后，先消除若干重要程度较低的特征，再基于新的特征集进行新一轮的训练。

嵌入式策略根据机器学习的算法、模型来分析特征的重要性，从而选择使模型效果达到最好的特征组合。嵌入式特征选择方法与包裹式特征选择法最大的区别在于其将特征选择过程与模型训练过程融为一体，从而可以快速找到最佳特征集合，使整个过程更高效、快捷。常用的嵌入式特征选择方法有基于正则化项（如 L1 正则化）的特征选择法和基于树模型的特征选择法（如 GBDT）。

（2）特征降维。如果直接使用经过特征选择的数据对模型进行训练，由于数据的特征矩阵维度大，很可能导致训练时间过长甚至训练失败，因此需要在特征选择的基础上对数据进行降维。数据降维是指把原始高维空间的数据投影到低维空间，实现特征的重组，以降低数据的维度。特征降维与特征选择最大的不同在于特征选择是进行特征的剔除、删减，而特征降维大多是对特征进行线性或非线性重构，从根本上改变了特征的值和含义。常见的特征降维方法包括主成分分析（Principal Component Analysis，PCA）和线性判别分析（Linear Discriminant Analysis，LDA）。

主成分分析是线性降维方法的代表之一，它是一种无监督线性降维技术。该方法通过正交变换实现对数据中相关特征的值进行线性变换，从而映射成一系列线性不相关的值，这些不相关的值就是主成分。可以认为主成分是原始特征的线性变换，通过主成分可以最大限度地表示原始数据，主成分的特征向量可用于重建原始数据的大部分方差。通过主成分分析方法进行特征降维可以有效降低特征的数量。

线性判别分析也是一种比较常见的线性降维方法，但与主成分分析不同，它是一种有监督的算法，数据集的每个样本都会有一个输出类标。线性判别分析的核心思想是在把数据投影到低维空间后，使同一类别数据的投影点尽可能接近，使不同类别数据的类别中心相距尽可能远。其基本思想是让降维后的数据点尽可能地被区分开。

4. 入侵检测

根据 2.4 节的内容可知，入侵检测主要包括基于误用的入侵检测方法和基于异常的入侵检测方法。在误用入侵检测中，车联网入侵检测系统存储已知的攻击特征，并在网络流量中寻找这些特征，如果有与之相匹配的，则视为攻击。基于误用的入侵检测系统使用包含攻击特征的数据库来检测数据中的入侵行为，不仅具有良好的检测率，还可以检测到误报率较低的攻击，但无法检测到没有定义特征的新攻击。因此，当前主流的入侵检测系统通常使用基于异常的入侵检测方法。

在异常入侵检测中，使用传统机器学习模型完成入侵检测已成为当前主流的研究方向。常用的传统机器学习模型包括支持向量机、KNNK-Nearest Neighbors 算法、集成学习模型等。使用经过上述算法处理和特征选择的数据对机器学习分类模型进行训练，并使用训练后的模型对线上数据进行入侵检测，返回入侵检测结果。随着采集的数据流量不断增加，攻击类型也在不断变化，因而可以定时更新模型的参数，以保证模型的检测准确率。

4.5 车联网数据隐私保护技术

4.5.1 车联网数据隐私保护技术概述

为了解决车辆随意移动网络（VANET）中存在的安全问题和隐私保护问题，研究者提出了大量有效的安全方案。这些方案大多采用现代加密技术，其构建一般是基于双线性配对和椭圆曲线密码学的，通过这两种理论可生成消息签名和认证相应的消息签名。通过对已有文献的分析，可以将加密方案大致分为基于假名的隐私保护认证方案、基于匿名的隐私保护认证方案和基于差分隐私的隐私保护认证方案。

（1）基于假名的隐私保护认证方案。该方案的主要设计思路是车辆在对外通信时使用可信任机构生成的虚拟身份代替自己的真实身份，以使其他节点无法获取其真实身份信息。同时，车辆在利用假名通信的过程中必须确保恶意攻击者无法通过已过期的假名关联到当前使用的假名，这样可以避免新假名和旧假名之间建立起某种特别的联系，从而减少了车辆隐私被泄露的风险。因此，可信任机构一般会在规定的时间间隔内更换新的假名，以保证车辆在不同的时段和行驶区域内使用不同的假名。基于假名的隐私保护认证方案通常需要使用证书撤销列表（CRL），该表包含了已经被撤销的恶意车辆信息。在该方案中，通常会因为撤销车辆的增多而导致 CRL 所占空间的突然增大，极大增加了通信开销。在广播消息期间，CRL 会在车辆之间进行传输，导致车辆系统的部分存储空间被占用。因此，CRL 的管理也是基于假名的隐私保护认证方案中普遍存在的问题。

（2）基于匿名的隐私保护认证方案。匿名认证是安全和隐私保护的关键问题，也是近年来的研究热点。匿名认证协议在车辆与访问网络及访问网络与本地网络之间通过一次交互完成身份认证。彭华熙等分析了匿名认证的缺陷，并提出了一种改进的匿名无线认证协议。吴振强等提出了基于可信平台模块的可控可信匿名通信系统架构，它通过群组通信技术实现发送方的身份匿名，采用加密、嵌套、封装的数据通信方法实现隐私保护。相邻车辆共享多个证书，并检测相邻车辆正在使用的证书，从而可以决定自己所需的共享证书以完成安全通信。该方案在一定程度上减少了使用唯一证书的车辆数量，并提高了车辆的隐私水平。上述内容都是围绕匿名认证的方式，较少提及匿名撤销或揭示的问题，不能满足某些场景需要权威可信机构撤销或揭示匿名者身份的要求。例如，在生活中，交通事故必须追究肇事者的责任，车联网的隐私保护必须具有可追溯的特点，在一定条件下需要揭示肇事者的真实身份。

尽管近年来匿名认证的研究成果不断涌现，但其仍存在以下挑战：

① 当权威机构不可信时，该机构可能会故意泄露车辆的隐私信息、伪造篡改合法车辆身份，需要考虑如何保证车联网的隐私安全。

② 效率和隐私在一定程度上可能会有冲突，需要考虑如何在保证隐私安全的同时提高效率。

（3）基于差分隐私的隐私保护认证方案。差分隐私因其严谨的数学推理，以及不考虑恶意攻击获取用户信息的背景知识，成为位置隐私保护领域的研究热点，并逐渐成为隐私保护标准之一。差分隐私概念最初源于保护关系数据集的相关技术，许多研究人员对其进行了实验分析。

① 基于隐私分级的差分隐私算法。由于传统差分隐私算法无法根据用户不同的位置隐私需求来调整隐私保护强度，导致车辆在公共区域内无法实现精准位置服务，车联网面临位置隐私保护强度与基于位置服务的精确度之间难以平衡的矛盾。首先，根据用户的真实位置与测量位置进行比较，若能满足用户的隐私需求，则发送测量位置给基于位置的服务（LBS）；若不能，则应根据用户自定义敏感关键字，通过决策树模型将位置进行隐私分级。其次，通过隐私等级对差分隐私算法中添加的噪声进行调整。

② 基于差分隐私的时空事件隐私保护。由于现有的位置隐私保护机制（Location Privacy-Preserving Mechanisms，LPPM）无法保护用户时空活动的敏感信息，加上可信第三方系统容易遭受单点攻击，用户向服务器发送携带敏感信息的请求时会增添其位置隐私泄露的风险。时空事件隐私保护算法将时空事件作为隐私目标，形式化为时间和空间维度的布尔表达式，同时通过差分隐私定义时空事件隐私，给出一个时空事件隐私保护模型，将真实位置 I_t 干扰为能够满足用户隐私需求的位置 Q_t，以满足不同时空事件的隐私需求。

4.5.2 车联网数据隐私保护安全需求

通过分析车联网的网络组织结构可知，相较于其他移动自组织网络，车联网自身存在网络拓扑变化频繁、组织结构复杂、网络规模庞大等特点，车辆作为通信节点接入网络后，攻击者可以通过伪装身份、篡改信息、发布虚假信息等手段达到目的，给车联网的通信安全带来了极大的威胁。下面对车联网通信结构中几种常见的攻击者进行划分。

（1）自私节点。该类节点可能通过广播虚假消息，如前方道路拥挤、前方道路事故等消息误导其他车辆，从而达到占用道路资源的目的，破坏车联网秩序。

（2）窥探节点。该类节点通过车联网系统中消息共享的特点收集网内用户信息，并通过数据挖掘等手段进一步获取他人隐私。

（3）恶意攻击者。该类攻击者可能通过攻击手段对车联网通信系统进行毁灭性攻击，导致系统崩溃，造成更大的社会危害。

上述攻击者可能来自系统内部，即已经通过身份认证，也可能来自系统外部，即通过专业设备或技术达到攻击目的。其所带来的相关攻击可以进一步细化为以下5类：

（1）篡改攻击。攻击者通过参与车辆通信并获取消息，对消息进行篡改或延时转发，从而使消息失效，或者直接广播虚假消息来达到自己的目的。

（2）假扮攻击。恶意车辆节点通过修改自己的身份信息，伪装成其他车辆，实现车祸现场逃逸，或者假扮成多个用户，对系统发动女巫攻击等。

（3）窃听攻击。通过技术手段接入无线信道，实现对节点间通信数据的监听或窃听，从而获取车主身份、车辆位置等信息。

（4）重放攻击。在车联网系统对车辆进行身份认证的过程中，通过发送一个可信中心已经接受的数据包来欺骗系统，从而达到通过系统认证的目的。

（5）拒绝服务攻击。通过向网络发送大量无用的消息，占用和耗费可信中心与 RSU 的存储空间与计算能力，使其无法及时处理关键事务，埋下交通事故的隐患。

为了防御以上可能存在的攻击，解决车联网的安全隐患，车联网在架构和部署过程中必须注意以下信息安全需求：

（1）可用性。可用性确保车联网系统在遇到故障或恶意攻击的情况下，网络和应用程序仍能继续运行。

（2）保密性。为了保证报文消息只能让指定的车辆接收查验，报文消息的内容在传输过程中是隐秘的。保密性确保只有指定的接收者能够访问内部数据，而外部节点无法获得与每个实体相关的机密信息。

（3）可认证性和完整性。要求消息在传输过程中，没有被非法篡改，车联网中的所有节点（包括 RSU）都应对收到的消息进行认证，确保其完整性和安全性。

（4）不可关联性。接收者无法确认不同消息是否由同一车辆广播。

（5）不可否认性。消息发送者不能否认已发送的消息，也不能污蔑他人未发送过的消息。为了防止产生争议，被发送的消息和被接收的消息都不能被否认。

（6）接入控制。根据车联网的状态选择合适的网络接入控制点。

（7）身份认证。车联网系统中的每个车辆用户都能够被验证。

（8）可追踪性。当出现破坏系统的车辆时，可信中心能够找出该车的真实身份。

（9）认证性。报文接收方可判断消息是否源于真实的消息发送者，并检验消息本身是否被篡改。

（10）可撤销性。当恶意节点发起攻击后，权威机构可追溯恶意行为的源节点，并撤销它的合法性权利。

（11）隐私保护。车辆用户在通信过程中需要保障自身的隐私信息不被泄露，其中包括身份隐私信息、位置隐私信息及服务隐私信息。

车联网通信环境主要为开放的无线信道，在这种环境中，车辆需要定期向外广播自身的车速、位置等信息，同时避免非法用户窃取这些安全信息，甚至以此实现对车辆的追踪。由此可知，车联网环境的自身特性在给用户带来便利的同时，也带来了隐私泄露的风险，主要体现在以下两方面：

（1）车联网的开放性。车联网的开放性主要表现为无线信道、通信数据、公共服务的开放性。其中，无线信道的开放性能够保证所有车辆都接入信道，确保网络畅通，但也加大了车辆防御窃听等攻击行为的难度；车联网内传输的数据主要为与交通安全相关的数据，实时性要求较高，为了减少通信时延，一般会降低加密复杂度，这会增加数据被窃取的风险；作为基础服务，车联网为路网中的车辆提供实时服务，但是因为接受服务的成员来源复杂，反而会增加通信节点之间的隐私安全风险。

（2）交通安全应用可能带来隐私安全威胁。车联网环境中存在多种提供安全服务的第三方，车辆上也会安装各种安全警告类应用以满足用户的需求，这恰好会暴露用户的隐私。为了确保安全警告类应用发布警告消息的安全性，车辆会定时向外广播包括驾驶数据和合法数字身份证书的安全信息，而这些信息直接关联了用户的真实身份和车辆的当前位置。这样攻击者就可以通过最新技术获取车辆的安全信息，进而知晓用户的日常生活习惯等，甚至可以预测用户的生活轨迹，实现对车辆的长期追踪。

由于车辆安全与用户的日常活动、工作紧密相联，隐私的泄露会影响其正常生活，甚至影响其生命及财产安全。因此，用户迫切需要车联网环境下的隐私保护，除了基本的信息安全需求，还有以下 7 方面的重要需求：

① 匿名性。安全的车联网通信环境需要保证消息发送者真实身份的安全性，即在节点通信过程中，通信双方只需要确认对方的身份是否合法、真实，不能通过相互发送的消息包获得对方的真实身份，这也是身份隐私保护的基本要求。

② 不可关联性。不可关联性一般为位置隐私保护的基本要求，主要包括同一节点于不同时段发送的消息不能被关联，节点的真实身份与当前位置之间的关联不能被权威机构以外的节点获得，以及节点的新旧假名之间不能相互关联 3 方面的要求。其中，假名关联一般用于采用假名保护用户位置隐私的方案。

③ 保密性。保密性一般为数据隐私保护的基本要求，主要指通信数据在网络间传输时需要经过加/解密技术的保护，防止数据在以明文形式传输时被攻击者直接获取，导致通信数据的隐私遭到破坏，间接造成车辆位置隐私与车主身份隐私的泄露。

④ 消息完整性。确保通信过程中接收的消息没有被篡改。

⑤ 追踪性。对于发送恶意消息的车辆，可信中心能够追踪其真实身份。

⑥ 撤销性。确保被撤销的恶意车辆不能从 RSU 处获得临时证书。

⑦ 抗 RSU 关联攻击。确保车辆与同一个 RSU 进行了多次认证行为后，该 RSU 不能判断这些认证消息是否源于同一辆汽车。

4.5.3 车联网数据隐私保护技术分析

1. 匿名认证技术

在车联网的匿名认证机制中,现有的方案或产品的侧重点一般都集中在匿名认证机制上,忽视了匿名滥用的问题。传统的匿名认证机制大多基于复杂的计算,通信开销大,不能很好地满足 VANETs 处于高速通信的实际情况,因此,研究如何降低车辆网匿名认证方案的计算复杂度,并提高 VANETs 的安全性和时效性,会变得很重要。此外,研究如何更好、更高效地保证车联网用户的身份信息安全,也将有助于提高用户对使用车联网的信心,使车联网的普及变得更有可能,从而可以在改善交通环境方面作贡献。随着车联网技术的日益成熟,车联网使用的普及率将增加,智慧城市的建设步伐也将加快,人们的生活水平有望得到显著提升。

针对车联网中面临的内外攻击威胁,依据相关方案的设计目标,基于群签名的思想,这里给出了方案的形式化定义,它由 8 个概率多项式时间算法组成,符号说明见表 4-9。

表 4-9 符号说明

符 号	说 明
gpk	TM 生成的全局公钥
tk_{TM}	TM 的追踪密钥
rk_{TM}	TM 的未撤销令牌密钥
sk_{GM}	RSU 的密钥
pk_{GM}	RSU 的群公钥
sk_{OBU}	OBU 的密钥
pk_{OBU}	OBU 的公钥
$cert_{RSU}$	RSU 的公钥证书
$cert_{OBU}$	OBU 的公钥证书
t	撤销时刻
RL_t	t 时刻的撤销列表
RC_t	撤销公钥证书集合
$token_{i,t}$	OBU_i 使用的未撤销令牌
θ	一组未撤销的节点
$gCert_i$	由 RSU 颁发的 OBU_i 群证书
tag_i	OBU_i 用于获取 $token_{i,t}$ 的标签
W	OBU 发送的消息
σ	群签名值
‖	消息连接操作符
H	哈希函数 $H:\{0,1\}^* \rightarrow Z_p$

基于上述定义，下面对安全匿名认证方案进行详细介绍。该方案包括 8 个阶段：系统初始化阶段（Initialization）、注册阶段（Registration）、加入阶段（Join）、签名阶段（Sign）、验证阶段（Verify）、追踪阶段（Trace）、撤销阶段（Revoke）和更新阶段（Update）。

（1）系统初始化阶段。在该阶段，TM 通过初始化算法，生成全局公共系统参数及追踪密钥，RSU 和 OBU 分别生成各自的公私钥对。为了更加清晰地描述 TM、OBU 及 RSU 在系统初始化阶段的行为顺序，给出系统初始化时序图，如图 4-26 所示。

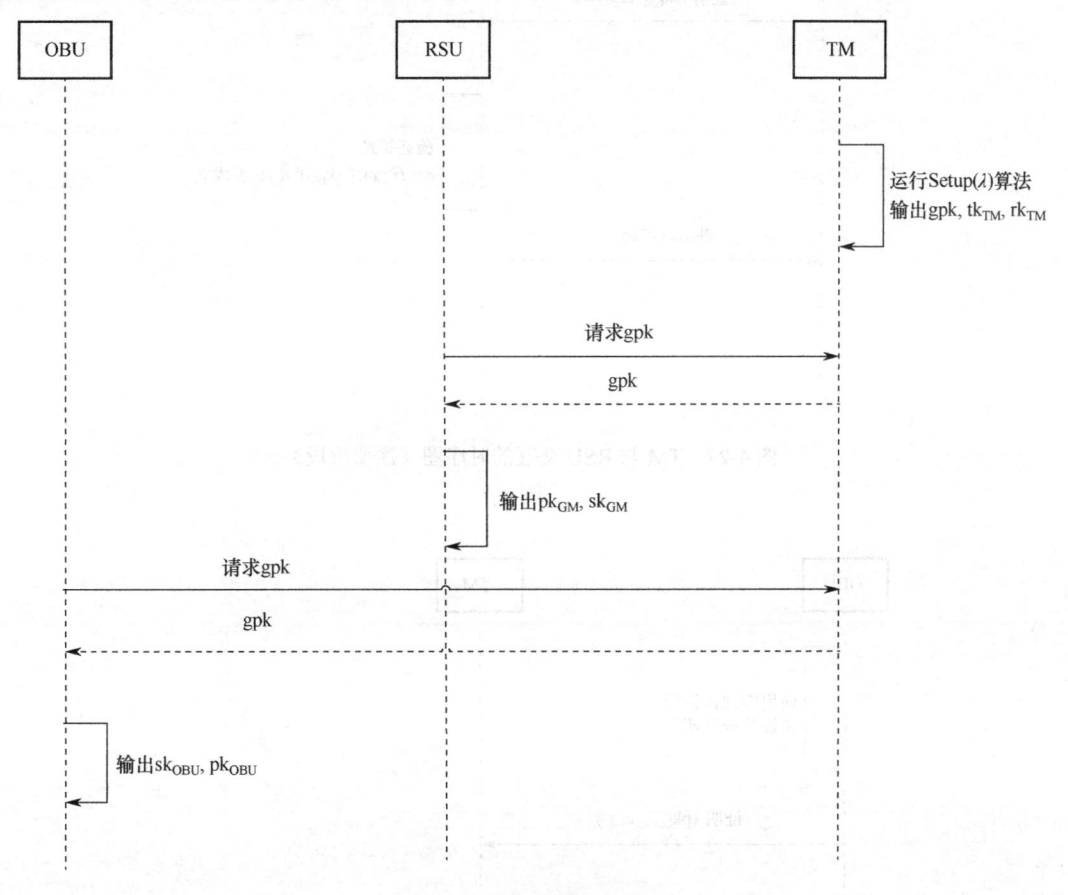

图 4-26 系统初始化时序图

（2）注册阶段。在该阶段，TM 为每个 RSU 和 OBU 颁发公钥证书，并为每个 OBU 创建未撤销令牌。为了证明 sk_{GM} 的知识，RSU 使用零知识证明协议与 TM 交互，之后，TM 为 pk_{GM} 生成公钥证书 $cert_{RSU}$。注册阶段 TM 与 RSU 交互的时序图如图 4-27 所示。

向 OBU 发出公钥证书后，TM 将执行 Revoke 算法更新未撤销令牌集并将 $\{i, cert_{OBU}, pk_{OBU}, tag_i\}$ 存储于对应的本地数据库（如 DB_{cert}）中。注册阶段 TM 与 OBU 交互的时序图如图 4-28 所示。

（3）加入阶段。在该阶段，OBU 和 RSU 进行交互，RSU 为 OBU 生成群成员证书。为了更清晰地描述 OBU 与 RSU 在加入阶段进行交互的行为顺序，图 4-29 给出了 OBU 加入时序图。

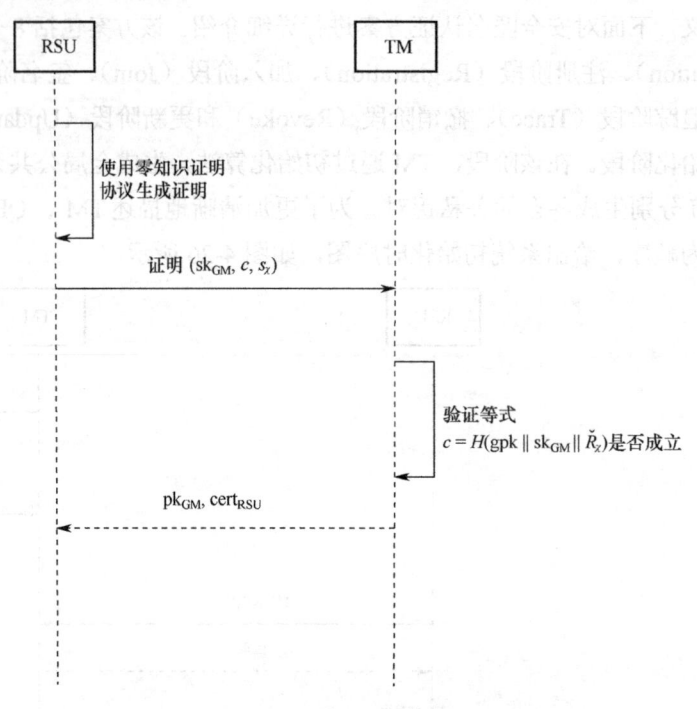

图 4-27　TM 与 RSU 交互的时序图（注册阶段）

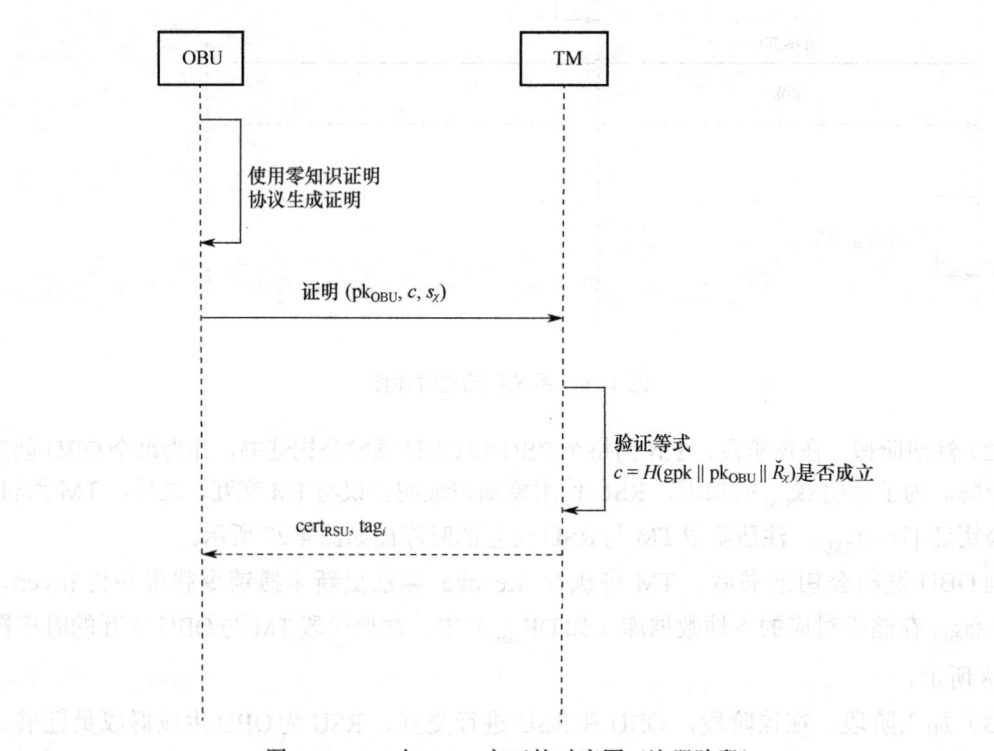

图 4-28　TM 与 OBU 交互的时序图（注册阶段）

第4章 车联网信息安全关键技术

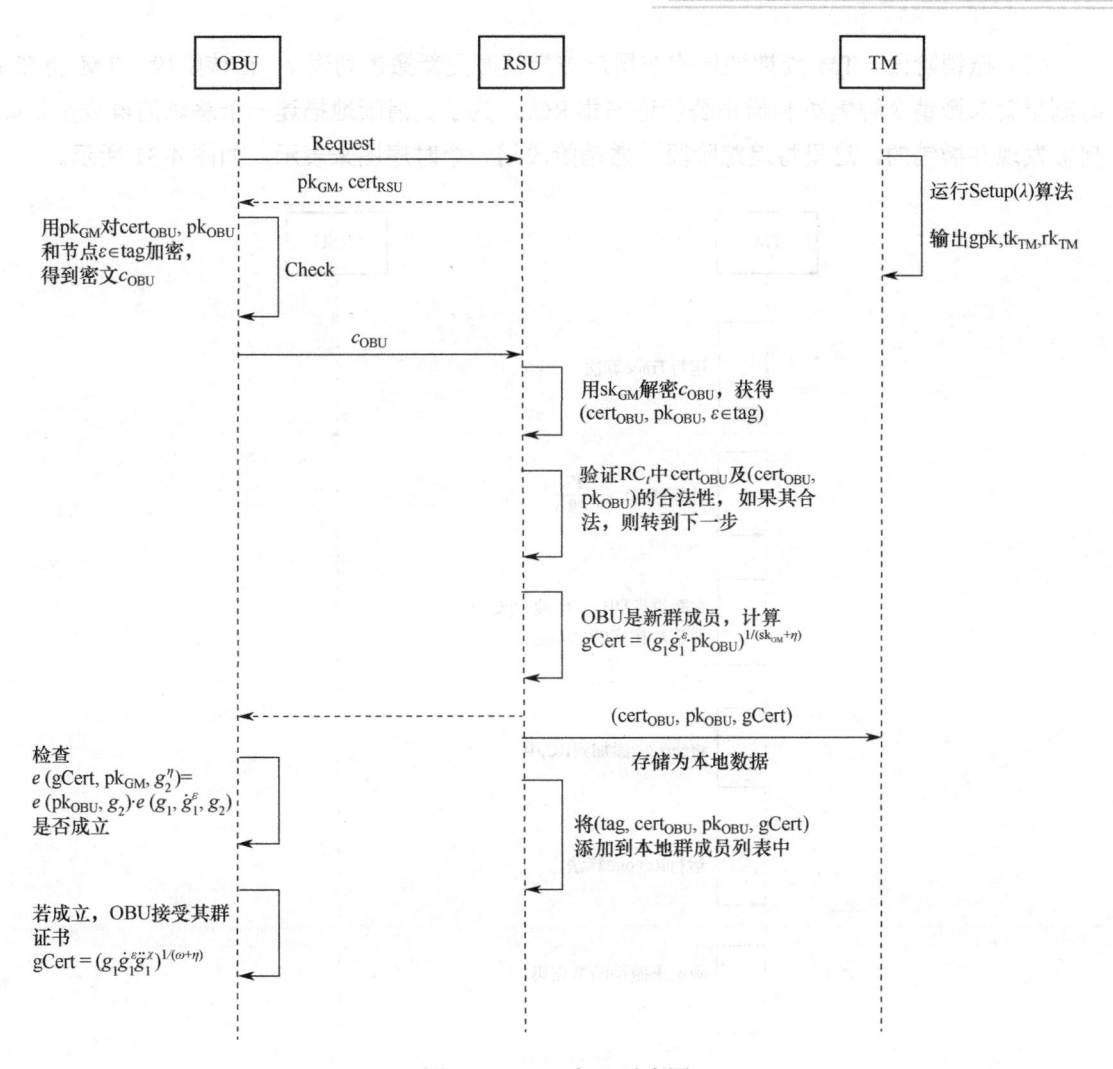

```
    OBU                    RSU                      TM
     │                      │                        │
     │──── Request ────────▶│                        │
     │                      │                        │
     │                      │───────────────────────▶│ 运行Setup(λ)算法
     │◀── pk_GM, cert_RSU ──│                        │
     │                      │◀───────────────────────│ 输出gpk,tk_TM,rk_TM
 用pk_GM对cert_OBU, pk_OBU  │
 和节点ε∈tag加密,          Check
 得到密文c_OBU              │
     │──── c_OBU ──────────▶│
     │                      │
     │                      │ 用sk_GM解密c_OBU,获得
     │                      │ (cert_OBU, pk_OBU, ε∈tag)
     │                      │
     │                      │ 验证RC_t中cert_OBU及(cert_OBU,
     │                      │ pk_OBU)的合法性,如果其合
     │                      │ 法,则转到下一步
     │                      │
     │                      │ OBU是新群成员,计算
     │                      │ gCert = (g_1·ġ_1^ε·pk_OBU)^{1/(sk_GM+η)}
     │                      │
     │◀─────────────────────│ (cert_OBU, pk_OBU, gCert)
     │                      │
     │                      │───存储为本地数据──────▶│
 检查                       │
 e(gCert, pk_GM·g_2^η) =    │ 将(tag, cert_OBU, pk_OBU, gCert)
 e(pk_OBU, g_2)·e(g_1, ġ_1^ε, g_2)  添加到本地群成员列表中
 是否成立                   │
     │                      │
 若成立,OBU接受其群
 证书
 gCert = (g_1·ġ_1^{ε·χ})^{1/(ω+η)}
```

图4-29 OBU加入时序图

（4）签名阶段。签名消息中包含6种信息，如图4-30所示。其中，Message ID 表示签名消息的类型；Payload 表示其有效载荷，包含装置OBU的车辆信息；TTL 为生存时间，表示在车联网系统中允许消息转发的次数；RE 为撤销时刻，表示当前的撤销周期时刻；Group ID 标记由哪个RSU向OBU发送群成员证书；Signature 代表对前面5种信息的签名。

Message ID	Payload	TTL	RE	Group ID	Signature

图4-30 签名消息的格式

（5）验证阶段。在该阶段，RSU范围内的其他OBU通过Verify算法对接收的消息进行验证。

（6）追踪阶段。使用追踪密钥tk_{TM}，TM可以揭示对虚假消息生成签名值σ的签名者的真实身份。

（7）撤销阶段。TM 周期性地或在用户被撤销时更新撤销列表 t。在该阶段，TM 将在 t 时刻更新未撤销令牌集 Φ 和撤销公钥证书集 RC_t。为了更清晰地描述一个恶意的群成员是如何被发现并撤销的，这里将追踪阶段、撤销阶段用一个时序图来表示，如图 4-31 所示。

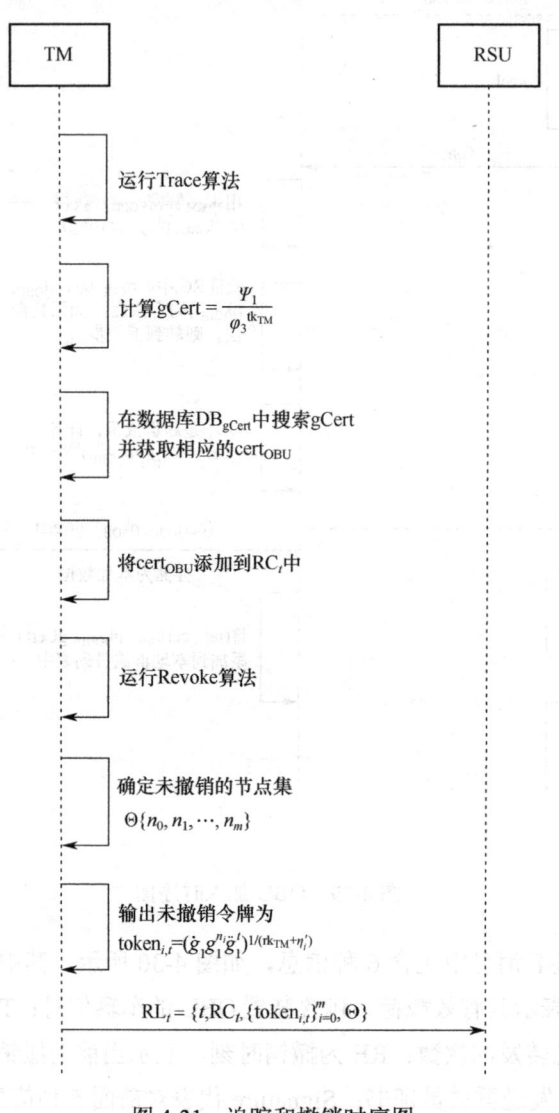

```
TM                                                          RSU
│                                                            │
│ 运行Trace算法                                               │
│                                                            │
│ 计算gCert = Ψ₁/φ₃^{tk_TM}                                  │
│                                                            │
│ 在数据库DB_gCert中搜索gCert                                 │
│ 并获取相应的cert_OBU                                        │
│                                                            │
│ 将cert_OBU添加到RC_t中                                      │
│                                                            │
│ 运行Revoke算法                                              │
│                                                            │
│ 确定未撤销的节点集                                          │
│ Θ{n₀, n₁, ···, n_m}                                         │
│                                                            │
│ 输出未撤销令牌为                                            │
│ token_{i,t} = (ġ₁g₁^{n'_i}ġ₁^{t})^{1/(tk_TM+η'_i)}          │
│                                                            │
│ RL_t = {t, RC_t, {token_{i,t}}_{i=0}^m, Θ}                  │
│────────────────────────────────────────────────────────────→│
```

图 4-31　追踪和撤销时序图

（8）更新阶段。在该阶段，OBU 定期从 RSU 处更新其未撤销令牌。OBU 和 RSU 之间的交互过程参见图 4-32 所示的令牌更新时序图。

2. 假名技术

假名技术是在匿名技术的一种演变，其主要思想是在车辆节点对外通信时使用可信中心颁发的虚拟身份来代替其真实身份，以使其他节点无法获取其真实身份。同时为了保护车辆的隐私，车辆在使用假名时须确保攻击者不能通过曾经的假名关联到新更换的假名，避免其建立新

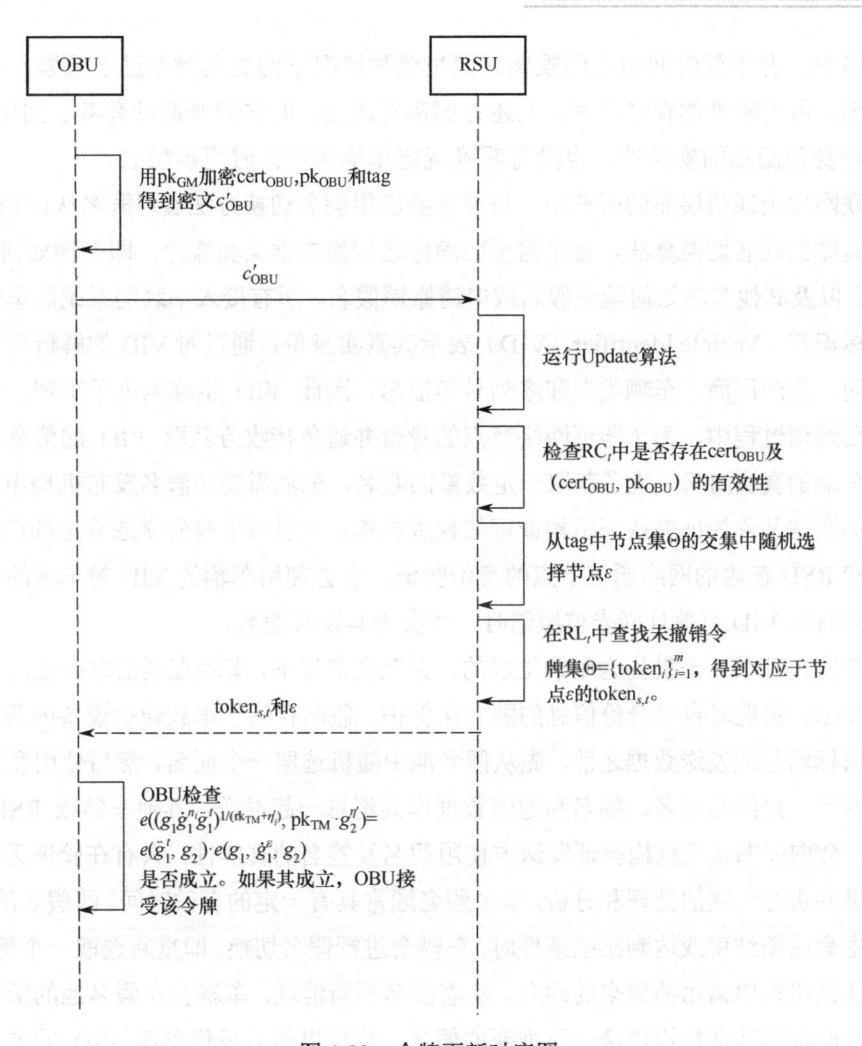

```
OBU                          RSU
 │                            │
 │ 用pk_GM加密cert_OBU,pk_OBU和tag │
 │ 得到密文c'_OBU               │
 │                            │
 │─────── c'_OBU ───────────▶│
 │                            │ 运行Update算法
 │                            │
 │                            │ 检查RC_t中是否存在cert_OBU及
 │                            │ (cert_OBU, pk_OBU)的有效性
 │                            │
 │                            │ 从tag中节点集Θ的交集中随机选
 │                            │ 择节点ε
 │                            │
 │                            │ 在RL_t中查找未撤销令
 │                            │ 牌集Θ={token_i}_{i=1}^{m},得到对应于节
 │                            │ 点ε的token_{s,t}
 │◀────── token_{s,t}和ε ─────│
 │ OBU检查                     │
 │ e((g_1ġ_1^{n_i}ğ_1^{t_i'})^{1/(\tilde{t}k_{TM}+η_i')}, pk_{TM}·g_2^{η_i'})= │
 │ e(ğ_1', g_2)·e(g_1, ġ_1^e, g_2) │
 │ 是否成立。如果其成立,OBU接  │
 │ 受该令牌                    │
```

图 4-32 令牌更新时序图

旧假名之间的正确联系。因此,可信中心一般会采用特殊的假名更换策略,使车辆每隔一段时间就更换一个新的假名,保证其在不同时段内使用不同的假名。一种名为候选位置列表的假名更换策略通过插入"Hop"、"Max Live Time"和"Ch Slot"字段来扩展信标,利用信标收集消息形成候选位置列表,并由"Ch Slot"字段的值决定车辆何时更换假名。但是候选位置列表是由与更名车辆相距最近的车所发送的消息形成的,若是在同一时段内规定无车辆或车辆较少的场景下,该方案会失效。在一种为诚实用户提供完全匿名的方案中,用户使用周期性的 n-show 匿名凭证对 PCA 进行身份验证,以保持完全匿名。在同一时段内,用户只能请求 n 个假名,若超过该数量,其证书将被撤销。该方案保证了一定数量的用户可以匿名,但是限制了用户可更换的假名数,未考虑到用户的需求。一种基于密度的隐私保护方案 DLP 以邻近车辆的密度作为阈值,当中心节点周围车辆的密度达到触发条件时,将为其更换假名。若中心节点一跳范围内的车辆不够多,该方案将无法生效。一种用于保护用户隐私的动态混合区算法(Dynamic Mix-zone for Location Privacy,DMLP)指出用户可以在需要时向控制平台发出

假名更换请求，并不受时间地点的限制。但是该种情况下的更名频率过于频繁，易产生大量的废弃假名，占用额外的存储空间。上述方案都有改进，但它们普遍没有考虑到用户的需求，忽略了用户身份隐私的安全性，也没有明确规定车辆应在何时更换假名。

在车联网安全通信层面的研究中，目前主要应用假名切换方法实现匿名认证和隐私保护。为了实现具体的假名切换算法，首先需要明确假名切换的框架和流程，即车辆如何获取假名、更换假名，以及其他车辆如何验证假名或申请撤销假名。所有接入车联网系统的车辆都拥有唯一的数字标识符（Vehicle Identifier，VID）表示其真实身份，通过对VID的解析可以得到车辆的出厂时间、生产厂商、车辆类型和序列号等信息，因此VID也称为电子车牌，预装在通信单元中。在通信过程中，为了验证网络节点的身份并避免接收方获取VID的信息，车辆使用假名替代车辆的真实身份。为了获取一定数量的假名，车辆需要向假名发布机构申请注册。假名发布机构通常又称为证书认证机构或可信权威机构，一般属于政府交通管理部门，能够管理包括车辆和RSU在内的网络通信节点的身份验证。它会使用车辆的VID对车辆的真实身份进行核验，只有在VID有效且尚未被撤销时，才会为其发布假名。

假名其实是证书认证机构为车辆生成的一系列匿名证书，车辆在通信时会使用这些匿名证书来替代VID，实现对自己身份信息的匿名化保护。假名存储于车载通信设备的假名池中，车辆在广播信标消息或发送数据之前，先从假名池中随机选取一个假名，然后使用私钥和该假名生成车辆签名，最终将假名、签名和通信数据作为消息一起发送。其他车辆或RSU在收到上述消息后，会向证书认证机构验证发送方使用假名及签名的真实性，只有在验证无误后，其才会接收消息并进行后续的处理和分析。单个假名通常具有一定的有效时间，即假名的生命周期。在假名的生命周期结束或达到某些条件时，车辆会进行假名切换，即重新选取一个随机的假名，并向证书认证机构申请吊销原来的假名。随着假名不断消耗，车辆会在假名池的所有假名用完之前，再次向证书认证机构申请一系列新的假名。这种以假名替代车辆VID的方法，实现了对真实身份的保护。同时因为周期性的假名切换，通信数据的接收方，甚至是攻击者都无法判断消息是否来自同一个发送方，进而增强了假名和真实身份的不可关联性，保护了用户车辆的位置隐私安全。此外，假名切换属于一种条件性的隐私保护，证书认证机构保存了车辆的身份信息及与之关联的所有假名。一旦车辆出现肇事逃逸等交通违法行为或存在发送恶意虚假信息的情况，证书认证机构可以追溯用户车辆的真实身份，追究相关车辆的责任并吊销其牌照。假名切换方案的框架和流程如图4-33所示。

车联网的证书认证机构在初始阶段为每辆车都发布了n个假名，车辆i的假名集合可以表示为$P_i = \{p_i, p_i', \cdots, p_i^{n-1}\}$。为了实现安全驾驶类的应用服务，车辆需要周期性地广播信标消息，每条信标消息记为$\langle p_i, l_t, v_t, \alpha_t, \theta_t \rangle$。其中，$p_i$是车辆的假名；$l_t, v_t, \alpha_t$和$\theta_t$分别表示$t$时刻车辆的位置、速度、加速度和方向角。周围车辆根据收到的信标消息进行数据处理和分析，并对危险状况提前发出警告。实施假名切换时，车辆从假名集合P_i中随机选择新假名p_i'以替代原有假名，并使用p_i'发送通信消息。基于现有研究中提出的各种设计方法，假名切换可以按照触发条件的不同分为3种类型：时间、交通变量及混合区域。下面对这3种类型的假名切换方法进行具体介绍，并列举其中具有代表性的算法实现流程。

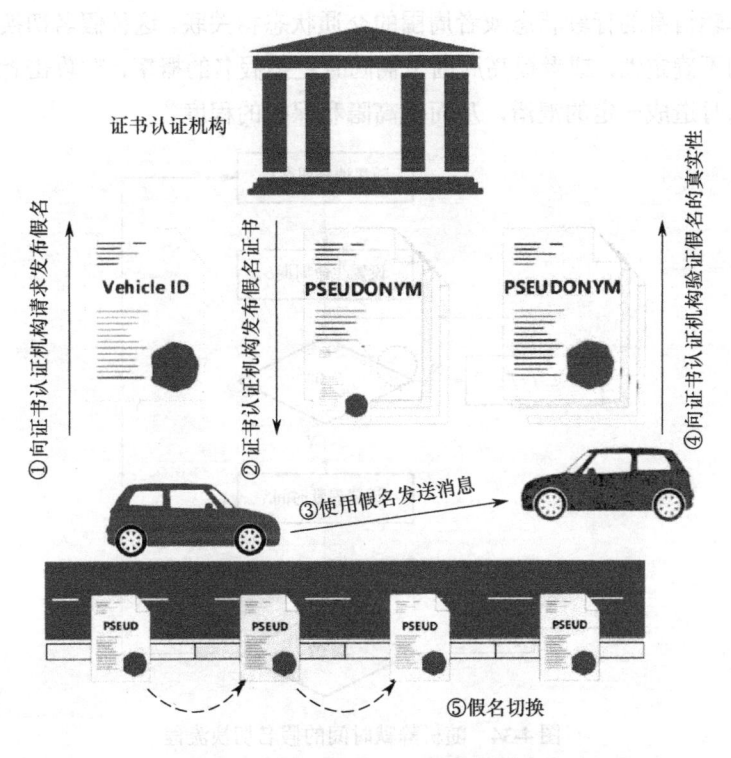

图 4-33 假名切换方案的框架和流程

1）基于时间的假名切换方法

在基于时间的假名切换方法中，车辆的每个假名 p_i 都具有对应的生命周期 L，在其生命周期结束后即可进行假名切换。在使用假名 p_i 之前，可以在一定的时间范围内对其生命周期 L 进行随机设定，这个时间范围记作 (L_{min}, L_{max})，这种切换方法就是随机时间（Random Time）的假名切换方法。当 $L_{max} = L_{min}$ 时，每个假名的生命周期都固定不变，这是随机时间假名切换方法的一种特殊情况，又称为固定时间（Fixed Time）的假名切换方法。相较于固定时间，尽管随机时间的切换策略增加了一定的随机性，但是攻击者仍然能够根据信标消息中的状态数据实现对新旧假名的匹配和关联。

为了增加假名之间的不可关联性，通常会在假名切换后引入一小段静默时间 S。在静默时间内，车辆不会广播信标消息或发送通信数据。出于安全的考虑，S 往往被设置为几秒钟（如 3~13s），或者只在一些危险系数较低的路段使用。类似于生命周期 L，静默时间也会从预先设定的时间范围 (S_{min}, S_{max}) 内随机选择，以提高前后假名在时间上的不可预测性。随机静默时间（Silent Time）的假名切换方法是在随机时间切换的基础上增加了静默时间，其流程如图 4-34 所示。

2）基于交通变量的假名切换方法

与基于时间的假名切换方法相比，基于交通变量的假名切换方法中的车辆可以对预设的变量进行检测，并判断是否进行假名切换。这里将触发假名切换的交通变量的阈值设定为X，一般来说，X与车辆自身的行驶状态或者周围的交通状态相关联。这种假名切换方法能够增加切换时间及地点的不确定性，或者提高周围车辆同时更换假名的概率，对攻击者或恶意的消息接收者在连接假名时造成一定的混淆，从而提高隐私保护的程度。

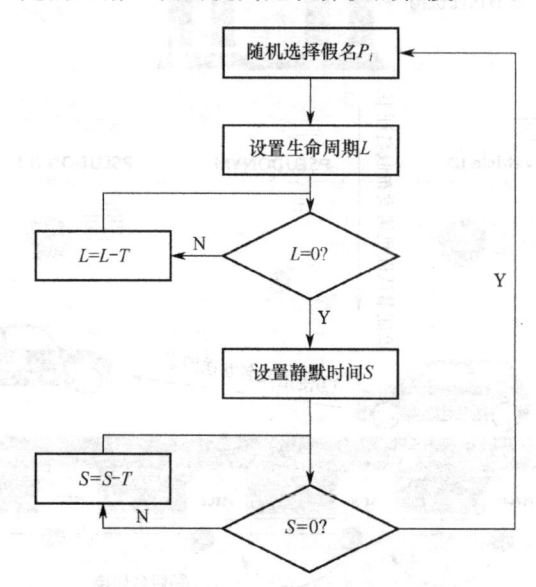

图 4-34　随机静默时间的假名切换流程

在基于交通变量的假名切换方法中，单个假名的使用包括两个时间节点：最小使用时间U_{min}和强制切换时间U_{max}。在当前假名p_i的使用时间未达到U_{min}时，车辆在行驶过程中正常接发信标消息，不对交通变量进行检测。而当假名使用时间介于U_{min}和U_{max}之间时，车辆开始检测交通变量，并判断其是否达到X。如果达到X，车辆立即进行假名切换；如果在U_{max}时间内仍未达到X，车辆将自动切换假名。此外，还可以在完成假名切换后设置一段静默时间S来增强前后假名之间的不可连接性。基于交通变量的假名切换流程如图 4-35 所示。

在假名切换方法的实施过程中，交通变量通常可以设置为车辆的行驶速度、相邻车辆的数目及不同因素组成的混合变量等。下面介绍 5 种典型的基于交通变量的假名切换方法，并描述其切换过程。

（1）低速时的静音（SLOW）假名切换方法。SLOW 将车辆的行驶速度作为变量，当车速低于阈值时，车辆会停止发送信标消息并保持静默状态。在静默期间，车辆需要完成假名切换。

（2）将当前车辆的行驶方向和通信范围内相邻车辆的数量作为混合的交通变量。当车辆检测到行驶方向相同、数量达到交通变量阈值的相邻车辆时，开始进行假名切换。

（3）基于 SLOW 方法改进的使用标志位的 CROWD 假名切换方法。该方法在信标消息中设置了标志位 flag，用于表示车辆切换假名的意愿，并将行驶速度、相邻车辆的数量和标志位共同作为交通变量。车辆在行驶速度低于阈值的情况下将 flag 置 1，表明其愿意切换假名；当前车辆检测到 flag = 1 的相邻车辆的数量超过阈值时，进行假名切换，从而可以提高周围车辆同时切换假名的概率，增加了攻击者对假名进行连接的难度。

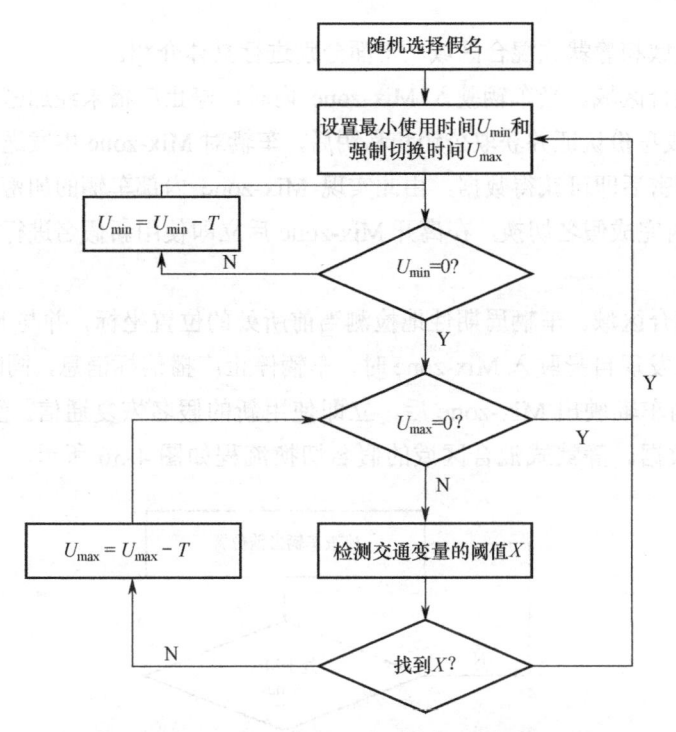

图 4-35　基于交通变量的假名切换流程

（4）基于邻居的合作假名策略（CPN）的协同式假名切换方法。CPN 同样在信标消息中设置了标志位 flag，当前车辆对通信范围内 flag=1 的相邻车辆的数量进行检测。当其数量达到阈值并保持一段时间后，这些车辆同时进行假名切换。与 CROWD 假名切换方法不同，CPN 能够使所有 flag=1 的车辆同时切换假名，而非单辆汽车进行假名切换。

（5）TAPCS（Traffic-Aware Pseudonym Changing Strategy）的假名切换方法。在该方法中，车辆通过检测其行驶速度实现对道路拥堵状况的估计。在一段时间内，如果估计状态显示为交通拥堵，车辆需要向 RSU 反馈信息并动态创建一个静默状态的假名切换区域，当其他车辆驶入该区域内时，车辆立即停止广播信标消息并进行假名切换。

3）基于混合区域的假名切换方法

在车联网中，混合区域（Mix-zone）是指用于车辆进行假名切换的特殊区域。Mix-zone 的概念最早出现在普适计算的研究中，它是保护用户位置隐私的一种重要方法。Freudiger 等最早在车联网中提出了 Mix-zone 的方法，并设计了名为混合加密（Cryptographic MIX，CMIX）的通信加密协议，用于实现混合区域内车辆之间的通信数据交互。在一般情况下，Mix-zone 的形状设置为方形或圆形，部署在十字路口或停车场等车辆密度较大的区域。

混合区域主要基于 k 匿名的思想实现隐私保护。从攻击者的角度讲，任意车辆驶入路口处设置的 Mix-zone 后，都拥有直行、右转、左转和掉头 4 种驶出的可能，并且车辆的行驶轨迹彼此交叉。当有至少 k 辆车同时处于 Mix-zone 内并在此期间完成假名切换后，攻击者成功连接任意一对假名的概率均为 $1/k$，由此可以达到单辆汽车位置及身份隐私保护的效果。当车辆进入 Mix-zone 后，按照预先设定的方式进行加密通信或者保持静默状态。混合区域一般可以分成加密式混合区域和静默式混合区域，下面分别进行具体介绍。

（1）加密式混合区域。当车辆驶入 Mix-zone 内时，停止广播未经加密的信标消息。通过向附近的 RSU 完成身份认证并获取公钥和私钥后，车辆对 Mix-zone 中发送的信标消息进行加密，周围车辆在解密后即可获得数据，由此实现 Mix-zone 内部车辆的加密通信。与此同时，车辆在 Mix-zone 内完成假名切换，在离开 Mix-zone 后立即使用新假名进行通信，并恢复原有的通信方式。

（2）静默式混合区域。车辆周期性地检测当前所处的位置坐标，并与 Mix-zone 的区域范围进行比较。当其发现自身驶入 Mix-zone 时，车辆停止广播信标消息，同时保持静默状态并完成假名切换。当车辆驶出 Mix-zone 后，立即使用新的假名恢复通信，重新开始广播信标消息或发送其他数据。静默式混合区域的假名切换流程如图 4-36 所示。

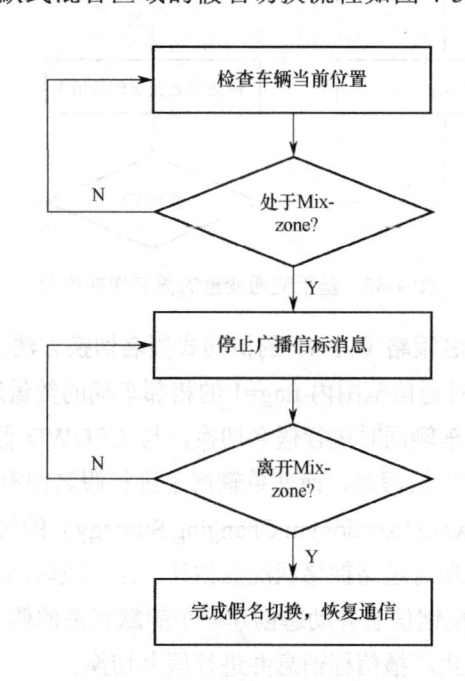

图 4-36　静默式混合区域的假名切换流程

3．差分隐私保护技术

差分隐私保护技术是基于数据失真的隐私保护技术，采用添加噪声的技术使敏感数据失真但保持某些数据或数据属性不变，要求保证处理后的数据仍然可以保持某些统计方面的性质，以便进行数据挖掘等操作。差分隐私保护技术可以做到在数据集中添加或删除一条数据但不影响查询输出结果，因此，即使是在最坏的情况下，就算攻击者知道除一条记录以外的所有敏感数据，仍可以保证这一条记录的敏感数据不会被泄露。

定理 1　对于所有差别至多为一个记录的两个数据集 D_1 和 D_2，Range(K) 表示一个随机函数 K 的取值范围，$\Pr[E_s]$ 表示事件 E_s 的披露风险，若随机函数 K 提供 ε - 差分隐私保护，则对于所有 $S \subseteq$ Range(K)，由 $\Pr[K(D_1) \in S] \leqslant \exp(\varepsilon) \times \Pr[K(D_2) \in S]$ 计算出的披露风险取决于随机

化函数 K 的值。

随机函数 K 的选择与攻击者所具有的知识无关，只要 K 满足**定理 1** 就可以保护数据集中任意数据的隐私，即使攻击者已经掌握其他所有数据。设查询函数为 f，数据集为 X，真实的查询结果为 $f(X)$。随机函数 K 通过在 $f(X)$ 中加入合适的随机噪声的方式来保护隐私。在查询函数 f 下，ε – 差分隐私保护函数 K 的响应值为 $f(X)+[\mathrm{lap}(\Delta f/\varepsilon)]^k$。其中，$\Delta f$ 为查询函数 f 的敏感度，其计算方法参见下述**定义 1**。

定义 1 对于 $f:D \to R^k$，f 的敏感度定义为 $\Delta f = \max\limits_{D_1,D_2} \|f(D_1)-f(D_2)\|$，数据集 D_1 和 D_2 之间至多相差一个记录。

对于多数查询函数 f 来说，Δf 的值都比较小，如简单的计数查询（有多少行具有属性 P）敏感度 $\Delta f = 1$。值得一提的是，敏感度只是函数 f 的性质之一，与数据集 X 无关。

设噪声函数 $\mathrm{lap}(b) = \exp(-|x|/b)$ 符合标准差为 $\sqrt{2b}$ 的对称指数分布，其中 $b = \Delta f / \varepsilon$，则概率密度函数为 $p(x) = \exp(-|x|/b)/(2b)$，累积分布函数为 $D(x) = (1/2)\{1+\mathrm{sgn}(x)[1-\exp(|x|/b)]\}$。

加入的噪声与 Δf 成正比，与 ε 成反比，即 Δf 较小时，上述算法表现较好，因为加入的噪声较少。当 ε 减小时，$\mathrm{lap}(\Delta f/\varepsilon)$ 的曲线会变得扁平，这意味着噪声幅度的预期会变大；当 ε 固定不变时，高敏感度的函数 f 对应的曲线会变得更扁平，噪声幅度的预期同样会变大。

在满足 ε – 差分隐私保护时，ε 越小，加入的噪声越多，隐私保护的级别越高，因而可以通过设置不同的 ε 值来实现隐私保护等级的划分。

每种隐私保护方法都会基于一种攻击模型（Attacking Model），例如 k – 匿名和 l – diversity 所基于的攻击模型假设攻击者对敏感属性的信息一无所知，否则隐私无法得到保护。差分隐私定义的攻击模型如下：在最坏的情况下，就算攻击者已知除一条记录以外的所有数据的敏感属性，这条记录的敏感属性信息仍然可以得到保护。因为由**定理 1** 可知，当数据集 D_1 和 D_2 之间只相差一条记录时，无论对 D_1 和 D_2 进行何种查询，都会得到近似"相同"的结果，从而保证攻击者在一定的概率下无法推断出该记录的任何敏感属性信息。

1）差分隐私保护的重要方法

目前，差分隐私保护在多个领域都取得了突破性的进展，表现出高准确率和低风险的特性。利用挖掘技术本身所基于的统计和计算理论来解决数据挖掘中的隐私保护问题一直是隐私保护研究的热点。在差分隐私保护方法出现后，统计和数据挖掘过程中的差分隐私保护便引起了研究者的关注，也出现了一些有代表性的研究成果，下面介绍两类差分隐私保护的重要方法的研究进展。

（1）差分隐私直方图方法。作为列联表（Contingency Table）、边界图（Marginals）分析等数据分析的基础，直方图查询在众多差分隐私保护方法中占有非常重要的地位。

差分隐私保护技术很早就开始研究直方图查询下的隐私保护方法。2006 年，Dwork 对直方图查询的一些本质特性进行了深入分析，指出差分隐私直方图方法与现有方法相比，最大的优势在于敏感度的计算与维度无关，对于某些具有高维输出的列联表、协方差矩阵分析的差分隐私，可以在加入少量噪声的前提下保护隐私。2011年，Dwork对获取差分隐私保护的直方图查询方法进行了完整的归纳总结，指出虽然一个具有k个单元的直方图可以视作k个单独的计数查询，但是一行数据的增加或删除只会对这行数据所对应的单元的计数造成影响，这种影响最大为1个计数，由此可知一个直方图查询的敏感度为1。上述结论为差分隐私直方图方法在各类问题中的应用奠定了基础。

（2）差分隐私K-means聚类方法。它是在K-means聚类过程中通过添加适当噪声来获取差分隐私保护的方法，总结了查询函数的敏感度计算方法，以及获取ε-差分隐私保护的K-means算法的主要步骤。在K-means算法中，计算离每个样本点最近的中心点会泄露隐私。然而对于一个未知集合，计算均值只需要用总和除以数目。因此，只需要发布集合S_j的近似值，不需要集合本身的信息。其不足之处在于没有对迭代过程中参数ε的变化进行分析。

差分隐私K-means算法中给出了每个查询函数的敏感度计算方法，并给出了整个查询序列的总敏感度。目前，对差分隐私聚类方法的研究仍停留在理论研究阶段，以仿真实验或实际应用进行验证并对算法加以改进的文献未见发布。

2）差分隐私分类方法

（1）差分隐私算法（ERM）分类。通过将差分隐私保护技术的思想应用于正则逻辑回归，提出一种不依赖于敏感度的改进差分隐私分类方法，并在正则化和隐私保护之间建立了联系。针对正则ERM中的损失函数及正则因子满足特定的凸函数特性和可微特性的隐私保护问题，提出了一种为正则ERM机器学习算法而设计的保护隐私的新方法，即目标函数加扰。该种方法与Dwork的输出加扰思想的不同之处在于它需要在最优化分类器前对目标函数加扰。

在通用机器学习算法中调节参数以保护隐私的方法，可以提供衔接各个训练过程的隐私保护。应用隐私保护算法模拟生成隐私保护的正则化逻辑回归和支持向量机，在权衡了隐私保护和学习效果后的综合表现都优于现有的输出加扰方法。其不足之处在于约束条件过高，适用范围有限，只适用于正则因子满足强凸函数特性的情况。

（2）其他差分隐私分类器。这里介绍一种构造和更新差分隐私随机决策树分类器的方法。首先构造一个ID3差分隐私决策树，通过实际数据集上的运行实验表明，要想获得合理的隐私保护级别，需要付出损失极大预测精度的代价。之后，又提出了一种基于随机决策树方法的差分隐私决策树构造改进算法。相关实验表明，该算法在小型数据集上也能获得较好的预测精度。此外，也有文献提出了数据增量下的差分隐私随机决策树更新算法，并通过实验证明在更新数据的同时能够维持同样的隐私保护级别。它能满足差分隐私的多类高斯分类器的构造方法，包括向目标函数加入扰动项，并证明了一个风险上限，该风险上限与数据维数成反比。

4．同态技术

全同态加密（FHE）是指可以通过密文进行计算，将相应的计算效应传递给明文结构，即对于任意有效的函数f和明文m，有性质$f(\text{Enc}(m))=\text{Enc}(f(m))$。但是随着研究的深入和应用层面的扩大，为了适应不同结构的需求，同态技术定义得到不断的完善和扩展。

定义 2（同态加密） 一个同态加密方案包含 4 个计算函数，它可以用 4 元组表示为 $E =$ (KeyGen, Encrypt, Decrypt, Evaluate)，每个函数的定义如下：

（1）(sk,pk) ← KeyGen($1^\lambda, 1^\tau$)，即给定安全参数 λ 和电路深度参数 τ，输出公私钥对 (sk,pk)。

（2）c ← Encrypt(pk,b)，即给定公钥 pk 与明文比特 b，输出密文 c。

（3）b ← Decrypt(sk,c)，即给定私钥 sk 与密文 c，输出明文比特 b。

（4）c' ← Evaluate(pk,π,c)，即输入公钥 pk、电路 π 和密文串 $c = \langle c_1, c_2, \cdots, c_l \rangle$，输出另外的密文串 c'。

一般来说，对于由函数 Encrypt(pk,b) 生成的密文，因其未经过同态处理，故而可以称为新鲜密文；对于由函数 Evaluate(pk,π,c) 生成的密文，因其已经过同态处理，在噪声和密文结构上发生了改变，故将其称为评估密文。上述结果需要满足正确性的条件，下面给出同态加密正确性的条件。

定义 3（正确性定义） 令 $E =$ (KeyGen, Encrypt, Decrypt, Evaluate) 为一个同态加密方案，$X = \{X_\tau\}, \tau \in N$ 为一个电路集合。如果解密函数 Decrypt($\cdots$) 能够正确解密新鲜密文和评估密文，即满足下述两个条件，则认为 E 是正确（完美）的。

① 对于任意比特 $b \in \{0,1\}$，满足以下条件：

$$\Pr[\text{Decrypt}(\text{sk},c)=b : (\text{sk},\text{pk}) \leftarrow \text{KeyGen}(1^\lambda, 1^\tau), c \leftarrow \text{Encrypt}(\text{pk},b)] = 1$$

② 对于任意电路 $\pi \in X_\tau$ 和明文比特组 $b = (b_1, b_2, \cdots, b_t) \in \{0,1\}^t$，满足以下条件：

$$\Pr\left[\text{Decrypt}(\text{sk},c') = \pi(b) : \begin{matrix}(\text{sk,pk}) \leftarrow \text{KeyGen}(1^\lambda, 1^\tau) \\ c \leftarrow \text{Encrypt}(\text{pk},b), c' \leftarrow \text{Evaluate}(\text{pk}, \pi, c)\end{matrix}\right] = 1$$

定义 4（语义安全） 令 $E =$ (KeyGen, Encrypt, Decrypt, Evaluate) 为一个同态加密方案，A 为攻击者，则攻击者 A 对于方案 E 的优势如下：

$$\text{Adc}_A^\varepsilon(\lambda)^{\text{def}} = \Pr\left[A(\text{pk},c) = 1 : \begin{matrix}1^\lambda \leftarrow A(1^\tau), (\text{sk,pk}) \leftarrow \text{KeyGen}(1^\lambda, 1^\tau) \\ c \leftarrow \text{Encrypt}(\text{pk},1)\end{matrix}\right] -$$

$$\Pr\left[A(\text{pk},c) = 1 : \begin{matrix}1^\lambda \leftarrow A(1^\tau), (\text{sk,pk}) \leftarrow \text{KeyGen}(1^\lambda, 1^\tau) \\ c \leftarrow \text{Encrypt}(\text{pk},0)\end{matrix}\right]$$

如果对于每一个多项式概率时间（Polynomial Probatilistic Time，PPT）的攻击者 A，$|\text{Adc}_A^\varepsilon(\lambda)|$ 对于 λ 是可以忽略的，则认为方案 E 是语义安全的。可以将概率修改为一个可忽略概率，进而对定义进行弱化。但是为了定义方便，使用完美的定义以便于理解。从同态加密到全同态加密，需要对参与计算的电路进行扩展，由部分电路集合转化为全电路集合，也就是说，可计算的函数由部分函数转变为任意函数，由此可得到全同态加密的定义。

定义 5（全同态加密） 如果方案 E 能够在全布尔电路集合下满足**定义 3** 中的正确性条件，则认为方案 E 是一个 FHE 方案。

全同态加密要求能够对所有的电路进行计算。对于一般的同态加密方案而言，随着同态加法和同态乘法的增多，附加在密文之中的噪声也会随之增加，当噪声超过一定限度时，就会造成解密失败。为了解决解密失败的问题，Bootstrapping 技术在每一次进行同态计算之后，都会对其密文中的噪声进行更新，使其保持一个新鲜密文的程度。因此，无论进行何种电路计算，最终生成的密文所附带的噪声分布都是与密文相同。Bootstrapping 技术的本质是将解密电路同态化，也就是说，把解密电路按照 Evaluate 中的布尔电路对密文进行计算。在全同态加密的电路集合中，首先需要对密文及其所用的私钥进行二次加密，然后将得到的两个密文进行同态解密，最后得到一个更新过噪声的密文。该技术在加密中对密文进行了解密，从而得到了一个新的密文。

使用 Bootstrapping 技术能够将一个部分同态加密方案全同态化，但是需要保证该部分同态加密方案的解密电路的扩大电路属于其计算电路集合。如果扩大电路不属于该集合，则由 Bootstrapping 技术得到的结果将会解密失败。解密电路的扩大电路是在解密电路的基础上连接一个与非门所构成的新电路，其基本结构如图 4-37 所示。由于与非门能够组成任意的基础运算（熟悉逻辑电路的读者可能知道，所有的逻辑门都可以用一个逻辑门 NAND 来表示），它也能构成任意的计算电路。在与解密电路连接后，可以保证每一次与非计算所产生的结果噪声一直都处于新鲜状态。由此可以给出 Bootstrapping 技术的定义。

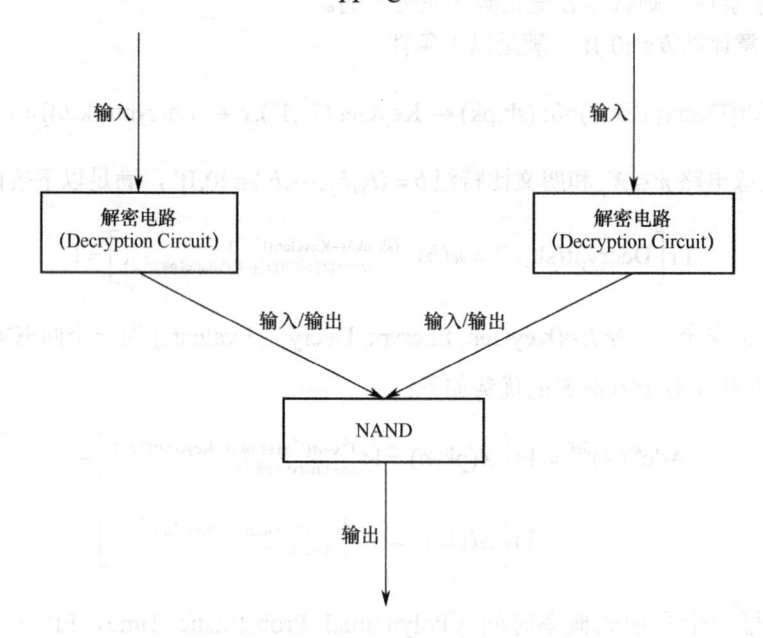

图 4-37 解密电路的扩大电路的基本结构

定义 6（Bootstrapping 技术） 如果一个同态加密方案 E 的计算电路集合包含了所有扩大解密电路，则认为 E 是一个 Bootstrapping 加密方案。

在每个电路层上都调用 Bootstrapping 技术虽然可以将满足条件的部分同态加密方案转换为全同态加密方案，但是随着电路层数目的增加，解密电路的调用次数也会大大增加。因此，由 Bootstrapping 技术衍生的全同态加密方案在当前的技术下难以达到实用标准。为了能够构建实用化的全同态加密方案，层次级全同态加密开始得到重视。在达到全同态加密的目标之前，很多方案都能够实现一定条件下的加法同态和乘法计算，根据这些确定性条件，可以确定上述方案能够适应的电路集合。如果这个电路集合是由深度来约束的，则认为上述方案是层次级全同态加密方案。

定义 7（层次级全同态加密） 如果方案 E 能够在电路层数最多为 d 的布尔电路集合下满足正确性条件，则认为方案 E 是一个层次级全同态加密方案。

层次级全同态加密方案使用电路层数 d 和安全参数 λ 两个约束参数控制其他参数，并对密文添加的噪声大小进行约束，从而保证在达到一定深度之前可以实现全同态加密运算。

5. 多方安全计算技术

多方安全计算的模型主要由 4 个部分组成：协议参与者、协议攻击者、网络条件和通信信道。

1）协议参与者

按照协议参与者在协议执行过程中的行为，可将其分为以下 3 类：

（1）诚实的协议参与者。此类参与者是最理想的协议参与者，可根据计算任务时约定的过程，按照协议执行每个步骤。

（2）半诚实的协议参与者。此类参与者不会像诚实参与者那样按照协议进行每个步骤，而是根据现实情况私下收集所需数据，推导其他参与者的输入数据和输入值，但不会主动攻击或联合其他参与者破坏协议。半诚实的协议参与者由于不主动攻击或联合其他参与者，一般很难被检测到，这会对协议的安全性产生很大影响，一旦此类参与者被买通或攻破，其所收集的数据将会泄露。

（3）恶意参与者。此类参与者容易被攻击者买通，或者就是攻击者伪装形成的参与者，进而非法获取有用数据。

在实际情况中，主要存在的是半诚实的协议参与者和恶意参与者，于是提出了半诚实模型和恶意对手模型。

① 半诚实模型。在协议执行过程中，参与者按照协议规定的流程进行，但是可能会被恶意攻击者监听获取参与者的输入/输出及所获得的信息。

② 恶意对手模型。在协议执行过程中，攻击者可以通过由其控制的参与方进行不合法的输入，或者恶意篡改输入等方法来分析诚实的协议参与者的隐私信息，并可以通过提前终止和拒绝参与等方式使协议终止。

2）协议攻击者

协议攻击者和协议恶意参与者参与协同计算的目的相同，即通过非法途径获取数据。与协议恶意参与者行为不同的是，协议攻击者可以控制协议参与者，通过篡改其执行步骤，使其按照自己的意愿继续执行协议来获取信息。协议攻击者对不诚实的协议参与者的控制可以分为以下两种情况：

（1）被动攻击/窃听者。协议攻击者只是窃听信道或者获取不诚实的协议参与者在协同计算过程中所得到的信息，不诚实的协议参与者仍然按照协议约定执行协议步骤。

（2）主动攻击。协议攻击者会改变不诚实的协议参与者的行为，不仅窃听或者获取其在协议执行时所得到的信息，还会使其按照自己的意愿参与协议来达到窃取信息的目的。

3）网络条件

多方安全计算的各数据所有者在进行协同计算任务时都需要通过网络媒介进行连接，在同步网络媒介中，所有的数据参与者将拥有同一个全局性的时钟。所有的信息都会在同一时间段内送达，并且每个数据参与者都能在下一时间段内收到属于自己的数据信息。而在非同步网络媒介中，所有的数据参与者无法拥有同一个全局性的时钟。信息从某个数据参与者的本地数据库中发出，需要经过若干时间段，对应的接收方才能收到属于自己的数据信息，并且因为收到的数据信息来自不同的数据参与者，接收数据信息的顺序可能不是真实发送的顺序。

4）通信信道

多方安全计算的参与者之间的网络媒介需要通过信道相连，以完成与其他参与者的数据交换。由于协议攻击者会对不诚实的协议参与者进行一定程度的控制，需要将通信信道分为3个级别：安全信道、非安全信道及未认证信道。对于安全信道，协议攻击者没有控制能力。对非安全信道，协议攻击者可以窃听协议参与者的通信信息，但不能篡改其内容。对于未认证信道，协议攻击者可以完全控制，甚至可以伪装成诚实的协议参与者执行协议。

4.6 思考题

1. 车联网数字证书认证系统如何保证对生命周期内的密钥对进行全过程管理？
2. 数据安全的本质是对数据重建访问规则，试问如何通过数据加密、数字身份认证等技术手段，构建车联网的通信安全机制，以提供更确定的安全效果？
3. 在车联网通信安全方面采用密码技术实现网络传输过程中对于通信双方真实性、数据机密性、完整性保护等的要求，如何对其安全性能进行测评？
4. 自主访问控制和强制访问控制的实现过程有何不同？
5. 请简述车联网入侵检测的处理流程。
6. 车联网访问控制的各种安全需求有何区别？
7. 车联网目前存在哪些隐私保护问题？
8. 请简述各种车联网数据隐私保护技术的实现原理。

第 5 章　车联网信息安全技术融合

5.1　车联网与 5G 技术融合信息安全

5.1.1　5G 技术概述

第五代移动通信（5G）技术的含义是当前的移动通信技术已经发展到了第五代，它是第四代移动通信（4G）技术的优化和扩展。物联网和移动互联网的快速发展推动了 5G 技术的诞生，这也使得成本更低、能耗更低、更安全可靠成为它的明显特征。与 4G 技术相比，5G 技术的优势主要包括高速（传输速率提升 10~100 倍，峰值传输速率达到 10Gbit/s）、省时（端到端时延缩短至毫秒级）、高密度（设备连接密度提升 10~100 倍，流量密度提升 1000 倍），以及频谱效率高（提升 5~10 倍）。5G 技术可以快速实现人与万物的互联，大大缩短人与物的距离，使信息交流不受时空和地域的限制，从而为用户的使用提供便利。

从 5G 技术的发展趋势来看，它不只是移动宽带技术的进步，更是对整个行业的颠覆性变革，直接推动了人们工作和生活方式的改变，进而推动人类社会进入数字化时代。预计未来 30 年，物联网将连接人们生活中的方方面面，而物联网发展最重要的两个核心就是海量连接和 1ms 延迟，但是当前的网路状态，包括 LTE 及 LTE-Advanced 都无法提供支持。5G 技术的到来有效解决了上述问题，实质性地解决了 4G 网络所面临的难题，对推动高传输速率、高可靠性、低时延、用户体验优异的网络社会的发展起到了促进作用。

5G 技术中含有新的大规模天线技术。在无线通信飞速发展的今天，数据流量的需求急剧增加，但是频谱资源是有限的，于是提高频谱利用率成为一项紧迫的任务。5G 技术中的多天线技术有效解决了这一问题，提高了频谱利用率和网络的可靠性。这项技术正在通信领域的各个方面逐一落实应用，如 3G、LTE、LTE-A 等。增加天线数量可以保证传输的可靠性和频谱效率。在大规模 MIMO（多输入多输出）中，基站配置大量天线，大量用户在相同的时频资源上得到服务。配置天线有两种方式：一种是大量放置同一基站，形成大规模集中式 MIMO；另一种是分布多个节点，形成大规模分布式 MIMO。大规模 MIMO 具有以下优势：①大规模 MIMO 可以在同一时频资源上支持多个用户，提高了 MIMO 的空间分辨率；②大规模 MIMO 可以在短范围内集中波束，大大减少了因波宽过大而带来的干扰；③大规模 MIMO 因天线数量多，成为最佳线性检测器；④大规模 MIMO 具有高功率效率。

5G 技术具有全双工[①]的特性。传统的无线通信由于技术的限制，无法实现同频同时双向通信，这会造成资源的极大浪费，而全双工模式可以实现上下行同频资源同时双向通信，有效提高了资源利用率。

5G 技术可以轻松实现多网协同。移动蜂窝网络、Wi-Fi 和端到端连接将为用户提供未来网络发展的链接。5G 系统可以密切协调上述网络，持续为用户带来良好的体验，如 Hotspot 2.0。

5G 系统的正式使用不仅会加速旧的无线传输技术的改进，还能促进新的无线传输技术的发展。5G 网络将是一个多层异构网络，它采用多种无线接入技术。在未来的无线通信网络发展中，站与站之间的距离可以缩短到 10m 甚至更短，这将比现有的站与站之间的距离显著减小。在无线传输技术方面，相比现有站点的部署密度，各类低功耗节点的部署密度提高了 10 倍左右；支持的用户数量可达 25 000 个/km^2，数量明显增加，甚至可以做到一个服务节点对应一个用户，形成超密集的异构网络。

5G 网络是多个网络共存的体现，多种通信方式之间的协调互动将成为发展趋势。网络发展呈现多元、交织、相互关联但又存在差异的态势，各种不同类型的网络在无缝互动、相互融合的过程中共同发展。因此，5G 技术的发展方向是由蜂窝移动数据与无线网络融合构成的新型网络架构，可以通过有效利用非法频段实现业务分流。在移动通信的通信量急速增加的当下，搭载数据交换功能的基站的通信量正在增加，基站的运算量也在急剧增多。为了提高数据的传输速率，同时减轻基站的运算压力，设备对设备（Device to Device，D2D）网络 App 应运而生。D2D 又称为设备直通技术，可使收发双方不通过基站直接进行设备间的通信。该技术的优势在于能够有效减轻基站的运算压力，降低终端电池的功耗，提高网络基础设施的鲁棒性，提高比特率。D2D 基于 SDN（软件定义网络）、NFV（网络功能虚拟化）、云计算等先进技术，5G 技术的应用则有助于更好地完善以用户为中心的服务宗旨。D2D 也是 5G 的核心技术之一。

5G 技术的成熟带动了工业互联网的发展，随着智能网联汽车的普及，车联网在近几年也迎来了新生。

在 5G 网络中，D2D 通信方式允许 5G 技术直接实现终端通信。以 D2D 为支撑，5G 车载单元与附近车载单元、5G 基站及汽车内部网络进行通信连接。从多渠道来看，这是一个互动的过程。与传统的标准电信[②]V2X 通信方式相比，上述方式能够节约成本、减少能耗，并提高效率和性能。

全双工通信是 5G 移动终端设备中使用的重要通信技术，在相同频带下，可以使不同的汽车之间、汽车与 5G 基站之间在相同的时段内收发消息，有效提高了频谱效率。

5G 基站采用天线交错连接，通信性能不受影响，可以有效节约能源。在车辆自组织网络运行时，5G 车载单元可以随时掌握、搜索周边区域内的终端设备，并与之相对应，其通信能力也能有效减少车载单元通信损耗和资源浪费，节约成本，避免资源短缺带来的其他

---

① 全双工是通信双方同时发送和接收数据的通信方式。
② 标准电信是在国际标准化组织（ISO）和国际电信联盟（ITU）等机构制定的各种通信标准规范下，通过电话、传真、数据和互联网等技术实现的公共通信服务。

问题。

5G 网络比以往的通信网络有更高的期望值和更大的优势。例如，用户对其容量有极高的期望——汽车驾驶人想要体验 1000m/s 的传输速率，会对服务质量（Quality of Service，QoS）有更高的要求。频带为 $3\times10^{10}\sim3\times10^{11}$Hz 的电磁波称为毫米波，它可使 5G 终端之间实现终端和基站之间有效的互操作，从而提高了数据传输的速率、效果和质量，通信质量也得到了飞跃性的提高。高速数据传输速率的提高可以有效降低环境干扰所带来的影响，大大减少汽车间网络中断的可能性。5G 技术全面普及后，将呈现以下特点：

（1）在通信距离方面取得改善和进步。在 5G 网络中，V2V 可以实现 1000m 以上的通信距离，并能避免发生因巨大物体遮挡而影响通信的情况，解决了 IEEE802.11p［一种专门为 V2V 通信和 V2I 通信而设计的无线局域网（WLAN）标准］中车辆与组网通信连接不正确、信号中断的问题。

（2）5G 网络确保车辆在高速行驶时也能维持其基本性能。与传统通信网络相比，5G 电信可支持的最高车速达到 350km/h。

（3）5G 技术提供了更高的数据传输速率。5G 电信有效提高了终端的通信效果，使不同汽车之间、汽车与链路数据之间的通信速度和效率明显提高，从而完全实现相互通信，甚至可以在车辆高速行驶中实现视频通话。

5.1.2　车联网与 5G 技术融合概述

相关数据表明，若想实现汽车无人驾驶，必须保证车辆每小时的信息数据处理量达到 100GB 以上。当前流行的 4G 技术还不能满足电信（TCE，即一种用于电信信令的协议，通常用于基于 IP 的通信系统中。它定义了一组交易处理功能，用于支持各种电信应用，如电话呼叫、短信和多媒体消息传递）的应用要求。此外，4G 网络还存在硬件复杂、功耗大、可靠性差等问题。5G 技术因具有低时延、高可靠性、超宽带无线通信保障能力和高性能计算能力的优势，能够满足电信业务各方面的需求。

未来 5G 技术在电信业务中的应用，将体现为电信更灵活的架构和新的系统元素（如 5G 车载单元、5G 基站、5G 移动终端、5G 云服务等）。除了通过内网、网络互联、车载移动互联网实现 V2X（X 代表车、路、行人、网络等）的信息交互，电信还通过融合 5G 技术实现车载单元（OBU）、基站、移动终端、云电信与 5G 技术的融合，主要表现为 OBU 多网接入融合、多身份 5G 基站及多渠道互联网接入。

1．OBU 多网接入融合

目前，在车联网中有多种网络共存，包括基于 IEEE 802.11a/b/g/n/p 标准协议的 WLAN、2G/3G 蜂窝通信、LTE 及卫星通信等网络，这些网络在车联网通信中使用不同的标准和协议，导致数据处理和信息交互不完善。而 5G 车联网将融合多种网络，可实现无缝的信息交互和通信切换。

5G 网络是一个包括宏蜂窝层和设备层的双层网络。其中，宏蜂窝层与传统蜂窝网络相似，涉及基站和终端设备之间的直接通信；在设备层通信中，设备到设备（Device to Device，D2D）

通信是5G技术的重要组成部分，也是一种终端与终端之间不借助任何网络基础设施直接进行信息交互的通信方式。根据基站对资源分配和起始、目的、中继终端节点的控制情况，D2D终端通信方式可分为4类，具体如下：

（1）基站控制链路的终端转发。终端设备可以在信号覆盖较差的环境中，通过邻近终端设备的信息转发与基站通信，其中，通信链路的建立由基站和中继设备控制。在该通信方式下，终端设备可实现较高的QoS。

（2）基站控制链路的终端直接通信。终端设备之间的信息交互与通信无须基站的协助，但是需要建立基站的控制链路。

（3）终端控制链路的终端转发。基站不参与通信链路的建立和信息交互，源终端与目的终端通过中继设备协调控制相互之间的通信。

（4）终端控制链路的终端直接通信。终端之间的通信无须基站和终端设备的协助，其可自行控制链路的建立，这有利于减少设备之间的干扰。

未来5G车联网D2D通信技术将为车联网提供新的通信模式。例如，在车载移动互联网中，OBU可以直接通过5G基站或中继设备（包括附近的OBU、用户移动终端）快速接入互联网，实现车与云服务的信息交换；在车内网中，为了充分实现用户与车辆的人机交互，以OBU为媒介，在与用户的5G移动终端之间无须基站或其他终端设备的配合下，通过自身控制链路进行短距离的车辆数据传输；在基于D2D的通信网络中，5G车载单元可在网络通信端或信号拥堵区基于单跳或多跳D2D建立自组织网络，并实现车辆自组织网络的通信。

根据上述有关5G车联网通信方式的分析可知，5G车联网将改变基于IEEE 802.11p标准协议的车联网通信方式，实现了多实体之间（OBU之间及OBU与车联网移动终端、行人、5G基站、互联网之间）的信息共享和互联互通。

2．多身份5G基站

传统基站作为终端通信的中继，在数据传输和链路控制等方面具有至关重要的作用，而5G基站的大量部署则将赋予用户实现超密集网络、精确定位、支持终端通信等功能。在基于毫米波的5G网络中，D2D通信技术涉及终端与基站（D2B）、基站与基站（B2B）之间的直接通信。其中，D2B与B2B自组织通信是一个重要突破，这决定了5G基站将在不同的角色中发挥重要作用。在车联网应用场景中，5G基站具有以下功能：

（1）协作中继。5G基站具备传统基站的中继转发功能，作为无线接入点，它负责协助车辆与互联网通信。

（2）充当路侧单元（RSU）。在车辆高速行驶时，车辆自组网通信中的5G基站将取代RSU实现与OBU实时通信，该基站通过广播方式向车辆自组网中的车辆发布交通信息，并协助V2V通信及多个车辆自组网通信。这不仅降低了车联网体系的构建成本，也解决了V2I协作通信系统融合所面临的各种问题。

（3）精确定位。GPS作为OBU当前使用的定位系统，它本来就很脆弱，容易受到诈骗、屏蔽等多种类型的攻击。此外，GPS的信号容易受到天气的影响，无法准确定位。未来5G基站的大量部署将使用更高的频率和信号带宽构建密集网络和大规模天线阵列，减少 OBU 在 NLOS（非直视传输）复杂环境下的碱式定位误差。D2D 通信技术发挥高密度终端设备连接的优点，可从下述两方面提高定位性能。

① 多个 D2D 链路可以提供车辆之间伪距的估计。D2D 通信技术不仅可以使 OBU 接收来自附近车辆和移动终端的信息，还可以将信号处理实体（如同步和信道估计单元）用于信号传输的延迟估计。在远程通信中，D2D 通信模式提供网状网络，例如由 n 个 OBU 构成的最大链路数是 $n(n-1)$。

② OBU 的 D2D 通信链路能够直接交换定位所需的数据，因而可以进一步加快局部决策，改善位置估计过程的收敛时间。

3. 多渠道互联网接入

在未来 5G 通信中，5G 终端通过自主建立通信链路，定期广播身份信息，使邻近的其他终端及时发现并评估多个信道状态信息（Channel State Information，CSI），自适应地选择当前最优的信道，从而决定建立一个 5G 终端之间的直接通信或选择合适的中继转发消息。这种通信方式可使 5G 终端以最佳方式实现信息交互，并提高频谱和能源的利用率。

根据 5G 终端高效、多样化的通信方式，OBU 可通过多种渠道接入互联网。除了按照当前车联网的 V2I 协作通信方式，OBU 还能通过邻近的 5G 基站、5G 车载单元和 5G 移动终端等多种渠道自适应地选择信道质量较好的方式接入互联网。

综上所述，车联网通过融合 5G 技术，可以开发出多种智能化的车载系统，丰富用户的车载生活，满足用户的实际需求。借助 5G 网络时延低、带宽容量大的特性，车联网可为用户提供高度准确的行驶地图，在提高导航精度的同时，也满足了用户对移动办公、各种车载娱乐信息的需求。例如，当车辆遇到突发情况时，可利用车载操作系统和定位系统，配合 5G 技术，借助车联网设备及时进行信息互传。救援中心在收到请求救援信息后，可以快速分析周边路况和定位车辆，从而使救援工作更加及时、准确，有效减少事故损失。传统车联网的通信模式随着 5G 技术的应用而发生变化，整个车联网的通信架构向着智能化、灵活化、多样化的方向发展。5G 网络环境下的电信形成大型、综合、互联的异构网络，5G 车载单元可以通过多种渠道、多种网络接入其中，最终达到相互融合的目的。未来车联网与 5G 技术的深度融合，有望使交通环境变得更安全、高效。

5.1.3　车联网与 5G 技术融合安全需求

安全是交通发展面临的主要问题。根据世界卫生组织统计，2021 年全球有约 205 万人死于道路交通事故，在所有导致死亡的因素中排名前五。交通事故也是导致 5～29 岁人群死亡最主要的原因。据相关判断，随着智能网联汽车的普及，因车联网中通信安全而导致的车联网安全事件将成为交通事故的主要原因之一。

5G 通信时代的到来，给交通工具所承载的移动公共区域的信息物理融合系统的综合安全监控带来巨大机遇。5G 网络融合了大规模天线阵列、超密集网络、终端直达、认知无线电

（Cognitive Radio，CR）等先进技术，以更加灵活的架构解决多样化应用场景中差异化性能指标引发的问题。其中，5G 技术在低时延、高移动性的车联网场景中的应用，解决了当前车联网通信面临的多方面问题和挑战，使 OBU 在高速移动中获得更好的性能。此外，5G 技术还可使车联网无须单独建设基站和基础服务设施，而是随着 5G 技术应用的普及而普及，从而为车联网的发展带来历史性的机遇。

5G 车联网把具备更高水平的 5G 技术应用于车联网领域，以促进车联网通信质量的全面提升，从而可以降低能耗，构建新的体系结构，使车辆网技术水平得到提升，信息及数据传播的效果也变得更好，完全满足实际应用需求。当前 5G 车联网技术主要在下述 3 方面面临挑战。

1. 干扰管理

5G 技术能够充分利用资源，因而可以提高资源的利用效率。对于 5G 蜂窝网络，资源的多次利用可以极大促进网络容量的提升，进而实现资源共享，但也存在一定的问题，如同信道干扰。因此，5G 网络带来的干扰管理问题是无法避免的。

2. 安全通信和隐私保护

个人安全性问题一直都是车联网发展过程中不能被忽视的课题，在网络安全的时代背景下，若个人隐私被公开，其人身安全将受到威胁。因此，安全技术的发展越来越受到人们的重视。

在很多相关研究中都提到了 D2D 网络，以及基于寻秘钥协商方法管理群签订的 adhocd2d 协议。此外，使用者还可以将 D2D 通信技术应用于日常生活中。例如，当发生盗取信息及身份信息被泄露的危险时，通过提高相关数据的导入速度，在通信设备的帮助下，实现多网络、多设备之间的合作，进而构建一种高效率、高使用率的大数据算法。

因为 5G 车联网通信的复杂性较高，所以需要进行多方安全认证。这种车联网的多方安全认证包含车内局域网用户移动端及 5G 车载单元的强效安全认证，同时还要确保车与车、车与人之间符合安全认证的要求。

3. 安全驾驶

车联网应注意车辆行驶过程中的安全问题，驾驶人的驾驶状态与行为就是与该问题有关的极为重要的参考因素。因此，对于驾驶人的驾驶状态与行为的分析和研究就显得尤为重要，它可以实现提高安全性和可靠性的目的。通过对车辆行驶轨迹的收集，可以有效预测其变化趋势，并为用户提供完善的网络系统，从而达到安全运行的要求。虽然车联网中的网络拓扑频段灵活多变，呈现多样化特点，数据也连续增长，但是车辆运动受到多种因素限制，然而可以通过对交通道路规则和驾驶人意图的了解与分析，预测驾驶人的状态。

综上所述，虽然 5G 技术促进了互联网的发展，但也带来了很多安全问题，只有很好地解决 5G 车联网中存在的信息安全问题，才能从根本上降低车联网信息系统的安全风险，减少交通安全事故的发生、人员伤亡和经济损失，以及不良舆情和不必要的社会恐慌。

5.1.4 车联网与 5G 技术融合安全技术分析

1. 认证和授权技术

在车联网安全通信中，首先需要考虑对 V2X 设备进行认证和授权，并与证书机构进行交互，确保设备能够顺利接入系统。

车联网安全通信的认证流程如下：V2X 设备先与 GBA（一种用于网络认证和安全访问的架构）系统交互。如果 V2X 设备没有有效的 GBA 共享会话密钥，V2X 设备就接入 GBA 认证授权系统并发起认证授权请求；GBA 认证成功后会向 V2X 设备返回认证授权响应。BSF（一种在 GBA 系统中负责用户身份验证和密钥生成的功能）负责对 V2X 设备进行身份认证并向 NAF/AP（网络应用功能/应用程序功能）提供 GBA 密钥，NAF/AP 负责产生多个 GBA 共享会话密钥供 ECA 使用；V2X 使用 USIM（一种智能卡，用于存储移动电话用户的个人身份和密钥信息）生成的 GBA 共享会话密钥 $K1$ 和 $K2$ 对 EC（非对称加密算法）申请请求消息进行加密和完整性保护；V2X 设备通过 GBA 认证授权系统向 ECA 发送经过保护的注册证书申请请求消息。

在进入 GBA 与 CA 交互阶段后，GBA 认证授权系统根据 ECA 服务器域名信息向 ECA 转发注册证书申请请求；ECA 向 GBA 认证授权系统申请获取 GBA 共享会话密钥及用户信息；GBA 认证授权系统生成 GBA 共享会话密钥 $K1$、$K2$、$K3$、$K4$，并向 ECA 返回用户信息；ECA 审核注册证书申请请求，通过后签发 EC 注册证书；ECA 使用 GBA 共享会话密钥 $K1$ 和 $K2$ 对 EC 注册证书进行加密和完整性保护。

ECA 通过 GBA 认证授权系统向 V2X 设备发送注册证书申请响应消息，应答成功。该响应消息中包含签发并受保护的 EC 注册证书；GBA 认证授权系统向 V2X 设备转发注册证书申请响应消息，应答成功；V2X 设备请求 USIM 使用 GBA 共享会话密钥 $K1$ 和 $K2$ 对消息进行完整性保护校验和解密，并将 EC 注册证书安全存储；基于 GBA 共享会话密钥 $K3$，ECA 与 V2X 设备可选择双向身份认证。

基于 GBA 共享会话密钥 $K4$，V2X 设备与 ECA 之间可建立安全通信通道，如 TLS、应用层加密等，用于数据端到端的安全传输。如果已经生成有效的 GBA 共享会话密钥，V2X 设备也能够发起查询密钥和推送密钥的相关流程。

2. 密钥生成和配置技术

V2X 数字证书需要采用在线安全配置，提供"一事一密"的专用会话密钥，确保远程配置的安全性，这样才能顺利进行认证和授权。在此过程中，OBU 发起安全认证请求，与 GBA 系统建立安全认证通道，GBA 安全网关负责对 V2X 设备的真实身份进行认证；认证通过后，OBU 通过 GBA 系统向 CA 传递认证结果，验证密钥。之后，OBU 从 CA 处下载证书，不同的 OBU 之间可利用合法证书实现安全通信。

典型的车联网密钥生成应遵循统一的生成规则：$K(i) = \text{KDFunction}(\text{Ks\_int\_NAF}，字符串，\text{B-TID}，\text{UE}$ 标识，应用服务标识），其中 i 的范围可以设为 1～5。

（1）KDFunction 是密钥生成算法，采用国家密码管理局规定的商用密码算法实现，生成长度为 128bit 的会话密钥。

（2）Ks_int_NAF 是 USIM 与 NAF/AP 共享的 GBA 密钥，基于 GBA_U 方式产生。表 5-1 给出了由 NAF/AP 生成的 GBA 应用层会话密钥种类及其对应的字符串取值。

表 5-1 由 NAF/AP 生成的 GBA 应用层会话密钥种类及其对应的字符串取值

GBA 应用层会话密钥	字符串取值	密钥功能
$K1$	V2X_Enc	证书请求/响应消息加密
$K2$	V2X_Int	证书请求/响应消息完整性保护
$K3$	V2X_Auth	V2X 设备-CA 服务器双向身份认证
$K4$	V2X_E2E_Sec	端到端安全通道建立
$K5$	V2X_ID_Sec	V2X 设备用户身份隐私保护

（3）B-TID 是 GBA 引导事务标识；UE 标识是 V2X 设备的标识 IMPI（IP 多媒体子系统中的一个实体，用于标识 IMS 用户的私有身份）；应用服务标识是 CA 服务器的 FQDN 域名（完全限定域名），该域名全局唯一。

目前，车辆网行业普遍认为，基于量子密钥分发（Quantum Key Distribution，QKD）的安全服务成为保障数据安全的有效手段。QKD 具有密钥协商、高熵值随机数等特性，可防止数据被破译、窃取。因此，在 5G 车联网通信系统架构中引入云化量子安全服务的中间件，可构建"云-网-端-用"全栈技术创新的量子可信云平台和一体化量子安全防护体系，为加密密钥提供生命周期管理，通过引入使用量子安全加密的传输层安全协议（Transport Layer Security，TLS）连接功能，在密钥生命周期管理中保护数据，进而形成量子虚机/容器/网盘/云桌面和量子信息加密传输等应用保障，以提供量子安全云服务和信息的安全托管。

5G 车联网终端安全配置方案结合了安全通信机制与 V2X 数字证书管理流程，用户只需要通过"一键触发"在线配置 V2X 设备，不仅操作简单，还能有效实现 V2X 数字证书的在线安全配置。

3．切片和 QoS 保障技术

网络切片对 5G 网络进行逻辑划分，从逻辑上隔离资源和服务，把一个物理网络虚化出多个逻辑上的虚拟切片网络。不同等级的业务数据可以在不同逻辑层面的网络切片上传输，满足不同业务场景对网络的数据传输速率、安全性、可靠性等的差异化需求。

车联网业务是综合性业务，不同场景对 5G 切片的需求不同。电信运营商通常会结合切片 ID 和 5G 网络中的服务质量标识符（5G QoS Identifier，5QI）对切片进行业务调度。此时，切片及切片内的业务会共享基站 PRB 资源。如果业务在抢占 5G 无线通信中的物理资源块（Physical Resource Block，PRB）的过程中产生冲突，则会根据 5QI 的优先级来调配资源。

车联网业务涉及交通安全和高度协同，如交叉路碰撞预警、前后车事故预警、路侧异常预警及车队编队行驶、远程遥控驾驶等，电信运营商需要为这些业务分配超高优先级切片并为其预设固定的 PRB 资源。预设资源可以确保这些业务能够得到最高优先级资源并独享该资源，同时得到严格的安全隔离保障，从而确保低于 5ms 的时延和 99.999%的高可靠性。而对于其他非紧急类业务，如高精地图下载、周边服务信息推送等，仍采用常规的切片共享 PRB 调度方式，由所有切片共享资源。

切片与 PRB 相结合并统一管理的方式，既保证了车联网的业务需求，也提升了系统资源利用率。此外，电信运营商还可以引入动态保守调度、预调度增强、基于时延的调度等算法，用于完善调度编排。

4．5G 车联网隐私数据保护和加密

在车联网应用场景中，V2X 的用户、业务及网络多方数据会频繁交互，各个数据域较独立。OBU 客户端在进行原始数据处理时，不仅会在本地进行训练和优化，也可能对模型参数/梯度进行加密，然后通过 GBA-GW［GBA-GW 通常用于在 3GPP 网络中部署 eSIM（嵌入式 SIM）方案，负责用户设备的认证和安全密钥的管理］上报到 VSP 服务器端（与 VSP 设备连接并传输视频信号的服务器或主机端设备）。VSP 对 OBU 客户端的模型参数进行分类、聚合，经过模型训练和不断迭代优化后，将训练好的模型下发给 OBU。5G 网络中可能会存在漏洞和攻击的风险，因此需要重点加强隐私数据保护和加密。

在 5G 车联网通信中，模型训练采集的数据涉及 OBU、RSU、5G 无线、云核心网及 VSP 服务供应商等多种跨域设备，有必要引入基于联邦学习的 5G 车联网安全通信系统，以解决数据跨域互通时的隐私保护问题。

联邦学习模型是一种机器学习模型。电信运营商设置中心服务器，在该服务器协调下，多个客户端互相合作，即使数据分散在客户端也能得到一个完整的机器学习模型。在传统的分布式机器学习模型中，由于客户端接受服务端的指令，用户并不完全拥有数据控制权；而在联邦学习模型下，用户对设备和数据有绝对控制权，从而可以保护用户的隐私数据安全。

基于联邦学习模型的 5G 车联网数据特征既可以是横向跨域的，如介于 OBU 和 RSU、5G 无线、云核心网之间，也可以是纵向贯穿某个域的。

此外，还可以考虑结合加密技术，常用的有安全多方计算、同态加密、差分隐私等。安全多方计算能够解决互不信任的参与方各自持有秘密数据，安全多方计算系统计算一个既定函数的问题，其关键技术有秘密共享、不经意传输、混淆电路、隐私集合求交集等，以在纵向联合学习中采用隐私集合求交来对齐数据，实现梯度计算过程加密。同态加密是一种特殊的加密算法，允许对加密后的密文直接进行计算，并且计算结果解密后正好和明文的计算结果一致，可以用于保护计算过程和加密梯度计算过程。差分隐私基于建模结果在信息中添加"噪声"，使攻击者无法根据建模结果反推训练样本，解决了单个查询的隐私保护问题。

电信运营商牵头部署联邦学习模型并结合上述加密技术，旨在实现与 5G 车联网相关的用户隐私数据的保护，以及对于原始数据、计算参数、计算过程的全方位加密。

5．基于机器学习的 5G 车联网安全技术

车联网涉及的环境复杂多变，尽管在 UDM（统一数据模型）放号签约及 PCRF（策略与计算规则功能）下发策略阶段都可以对车联网业务赋予高优先级定义，但与前向碰撞预警、紧急车辆避让等业务相比，路况预测、前方加油站提醒、高精地图下载和导航等业务并不需要设置同样的高优先级。因此，在确保 5G 车联网安全通信业务 QoS 保障的基础上，为了提升 5G 网络的引用效率，有必要引入机器学习能力，通常可以考虑部署 K 均值聚类算法（K-means Clustering Algorithm），实现自我学习和优化。它是一种典型的迭代求解的数据挖掘算法，处理者将数据分为 K 组后，先随机选取 K 个对象作为初始的聚类中心，再计算每个对象与各个聚类中心之间的距离，并把对象分配给距离它最近的聚类中心，聚类中心及分配给它的对象就代表一个聚类。每分配一个样本，聚类的聚类中心就会根据聚类中现有的对象进行重新计算。上述过程不断重复直到满足某个终止条件为止。终止条件可以是没有（或最小数目）对象被重新分配给不同的聚类，没有（或最小数目）聚类中心再发生变化，以及误差平方和局部最小。

按照业务价值及 QoS 保障的要求，先把 5G 全网用户的实时采样数据分为 4 类，具体如下：①"高价值，需要高 QoS 保障"，如紧急车辆避让和前方行人提醒业务；②"低价值，需要高 QoS 保障"，如路况预测和道路流量优化业务；③"高价值，可低 QoS 保障"，如交通信号灯消息推送和绿波通行业务；④"低价值，可低 QoS 保障"，如道路周边加油站、旅游商圈信息推送业务，再将其分别定义为 4 个组（Group1、Group2、Group3、Group4），计算每个采样数据 x 和聚类中心 a 之间的距离，并将其分到相距最近的聚类中心所对应的类别组中，最终将用户分为 4 个类别组，即

$$\arg\min\left(\lambda\sqrt{\sum_{i=1}^{n}|x_i-a_j|^\lambda}\right)$$

为了简化处理，可取 $\lambda=2$，针对得到的每个类别组，重新计算该组的聚类中心作为新的均值点并进行新的迭代，即

$$a_j = \frac{1}{|C_j|}\sum_{i\in C_j} X$$

在条件允许的情况下，可以取 λ 为 3 或其余数值，并设置迭代次数、最小平方误差、簇中心点变化率等条件作为终止条件进行判断，不断进行收敛，最终识别出"高价值，需要高 QoS 保障"的用户数据、行为特征和场景，并快速分配高优先级的 QoS 保障。对上述 5G 用户的类别组再次进行细分，即把 K 进一步扩大，以便进一步细分，但会对 5G 车联网中心服务器、边缘计算中心的处理能力和带宽提出更高的要求。

与车联网相关联的多数场景都可以归类为这种类别组，若机器学习模型预测到 5G 网络可能会产生拥塞，则需要提前重分配资源并进行灵活调度。一方面考虑申请调度新的虚拟化资源以确保车联网场景得到资源保障，设置合理的生命周期保证结束后释放资源；另一方面可以将其他组别业务进行迁移，如将"低价值，需要高 QoS 保障"业务的用户迁移到 5G 低频段，将"高价值，可低 QoS 保障"及"低价值，可低 QoS 保障"业务的用户迁移到 4G 网络中，实现用户无感知迁移。

经过相关验证，在采用 QoS 增强及迭代优化的机器学习改进算法后，5G 车联网安全通信

可满足提高网速、超可靠、低时延通信的要求。在测试的环境条件下，当自动驾驶的汽车速度为 60km/h 时，指令紧急制动时延为 5.2ms，指令紧急制动距离约为 8.5cm，可靠性达到 99.99%，低时延最快可以实现 5ms 以内的端到端（源和目的地）通信，基本满足我国城市普通环境对无人自动驾驶的可靠通信要求，并能满足密钥生成、配置和隐私数据保护的安全通信需求。

5.2 车联网与边缘计算融合信息安全

边缘计算是 5G 网络中实现低时延业务的使能技术之一，可以提供对车联网基础通信能力的支持。此外，它还可以对车联网的其他前瞻性应用场景，如交叉口信号灯控制参数优化、区域内高精地图的实时加载及自动驾驶车辆的调度等提供支持。因此，车联网将与边缘计算相结合，形成分层、多级边缘计算体系，满足高速、低时延车联网业务处理及响应的需求。但是边缘计算的数据处理实时性、数据多源异构性、终端资源受限性和接入设备复杂性，会使传统云计算环境的安全机制不再适用于边缘设备产生的海量数据的安全防护，边缘计算的数据存储安全、共享安全、计算安全及传输和隐私保护等问题成为边缘计算模型必须面对的安全挑战。车联网与边缘计算融合的体系架构需要针对数据安全、身份认证、隐私保护和访问控制提出相应的安全机制，确保车联网业务安全开展。传统的网络与业务的信任模型不能适应新的业务模式，例如边缘计算与车联网应用之间的信任关系缺失会导致攻击者接管用户服务，因而需要研究车联网业务与边缘计算之间新的信任模式，以满足边缘计算系统与车联网系统共生融合的部署方式。

5.2.1 边缘计算概述

边缘计算已受到学术界、产业界及政府部门的极大关注，正在从产业共识走向产业实践，在电力、交通、制造、智慧城市等多个行业有了规模应用，产业界在实践中逐步认识到边缘计算的本质与核心能力。随着行业数字化转型进程的不断深入，边缘计算网络架构的变迁将导致针对云边缘、边缘云、云化网关等边缘计算节点的安全攻击不断增多，边缘计算安全问题已成为限制边缘计算产业发展的阻碍之一。当前对于边缘计算安全和隐私保护的研究工作尚处于初级阶段，已有的研究成果较少。在现有自动驾驶的各项流程业务中，几乎所有的业务都对实时性、时延、能耗提出了要求。随着车联网数据量的扩大，各业务对计算量、实时性也提出了更为严苛的条件，将计算任务卸载到云端进行处理的传统方法已无法满足车联网系统中延迟敏感型应用的要求，采用终端层、边缘层和云层的多接入边缘计算体系结构有助于解决车联网面临的一系列问题。

（1）终端层。终端层包括可供移动用户穿戴的传感器及具有执行能力的智能手机、智能手表等。初始数据处理通常在移动用户的智能手机或手表上进行，凭借终端设备提供的计算能力，可为移动用户提供实时服务，并减少带宽的消耗。但是由于终端设备的计算能力、存储容量有限，一些计算密集型应用程序在其上无法保证服务质量。因此，终端层的设备可选择将难以处理的任务上传至边缘服务器。

（2）边缘层。边缘层位于移动用户附近，介于传感器、智能终端等设备和云层之间。边缘层包括能够运行更复杂应用程序的设备。大部分采用深度学习算法的图像识别和视频分析任务均在边缘层的设备上进行管理。

（3）云层。云层的服务器需具备强大的计算和存储能力，它可以满足不同应用的资源和存储需求。此外，云层还支持多个移动边缘计算服务器之间的交互，包括相互协作和数据交换。云服务器拥有海量资源，其部署在离终端设备较远的地方，在终端设备将感知到的数据卸载至云服务器时会面临传输时延过长的挑战。

随着智慧城市、智能交通等物联网应用的不断推进和空间位置服务、移动支付服务等新型服务模式的快速发展，物联网设备的连接数量和产生的数据呈海量增长趋势。传统的云计算模型采用集中处理方式，即把所有数据通过网络传输到云计算中心，利用云计算中心强大的计算能力集中解决计算和存储问题。在万物互联的物联网应用背景下，云计算中心负载、传输带宽和数据安全等云计算局限性问题越发突出，各种接入设备感知产生的海量数据使云计算的网络带宽变得更有限，令云端不堪重负，造成更大的数据瓶颈。例如，云计算对时延敏感的业务系统效果有限，而时延敏感的业务往往处于数据中心边缘，可以利用附近的计算设备完成计算，并减少时延；对于有高实时性要求的智能交通中的联网车辆、火灾探测与消防系统及高度分布架构的在线移动视频内容交付等，集中于数据中心的云计算模型已难以满足需求。边缘计算模型应运而生，并成为近些年研究的热点。

边缘计算是在网络边缘执行计算的一种新型计算方式，边缘计算中的"边缘"是指从数据源到云计算中心之间的任意计算资源和网络资源。边缘计算面向的对象包括来自物联网的上行数据和来自云服务的下行数据。边缘计算允许终端设备将存储和计算的任务迁移到网络边缘节点中，既可满足终端设备的计算能力扩展需求，又能有效地节约计算任务在终端设备与云计算中心之间的传输链路资源。将高复杂度的计算任务转至云计算中心完成可以解决移动终端资源有限的问题，如计算、存储能力和功耗，从而降低终端成本并延长其待机时长。虽然在云计算中心部署业务应用并通过智能终端访问的移动云计算能给人们的生活带来极大的便利，但是也增加了网络负荷，引入了传输时延，从而对网络带宽提出了更高的要求。为了有效解决移动互联网和物联网快速发展所带来的高网络负荷问题，并满足某些应用高带宽、低时延的要求，国际标准组织欧洲电信标准化协会（ETSI）于 2014 年提出了移动边缘计算（MEC）。移动边缘计算通过在网络边缘增加智能和计算单元，即在移动网络边缘提供 IT 服务环境和云计算能力，使业务本地化、近距离部署成为可能，从而更好地支持高带宽、低延时业务。此外，移动边缘计算还可以通过感知无线网络上下文信息来实现与集中化云计算平台的相辅相成，以降低传输网络的压力，让网络运营商能于基站侧快速处理信息，实现差异化服务，提升用户体验。目前，ETSI 有相应的行业规范组负责制定相关标准。此外，其他研究机构和标准化组织，如下一代移动网络、3GPP 和中国通信标准化协会等在研究和制定下一代移动通信网标准时也会考虑移动边缘计算。

移动边缘计算通过在无线接入侧部署服务器来为无线接入网提供智能和云计算的能力，移动边缘服务器如图 5-1 所示。其中，虚拟化基础设施（Virtualization Infrastructure）基于通用服务器的计算、存储等物理资源，为应用层提供灵活高效、多个应用独立运行的平台环境，它可通过软件功能实体实现业务本地化和近距离处理；移动边缘平台（Mobile Edge Platform）负责处理移动边缘应用程序（Mobile Edge App）所需的基本功能，包括域名、路由规则管控、数据分流、无线网络信息管理、网络自组织管理、大数据分析、网络加速及业务注册等，其中数据分流是业务应用本地化、近距离部署的先决条件，也是移动边缘平台最基础的功能之一，可使无线网络具备低时延、高带宽传输的能力。

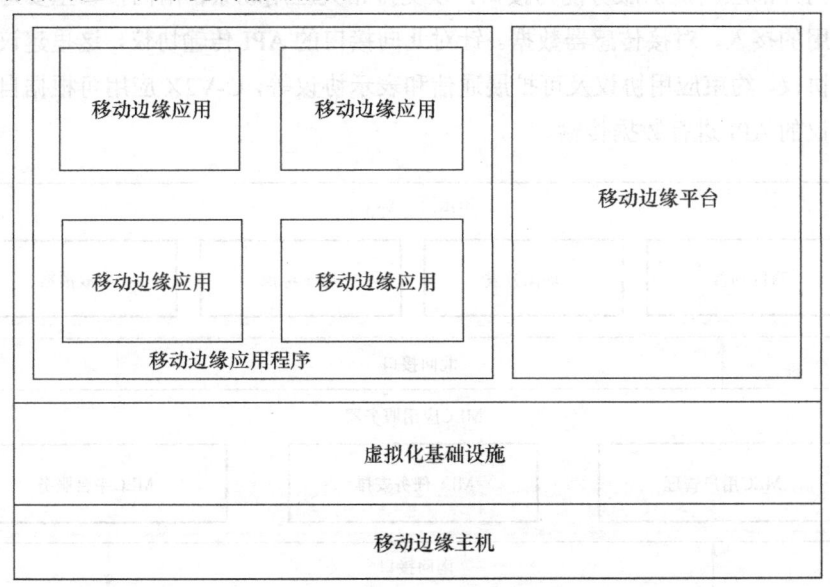

图 5-1 移动边缘服务器

移动边缘计算的部署位置主要包括室外宏站及室内微站。室外宏站具备一定的计算和存储能力，可以将移动边缘计算服务器直接嵌入宏站中，这对降低网络时延、提高网络设施利用率更有利。考虑到微基站的覆盖范围及服务用户数量，移动边缘计算服务器可以设在本地网关中，从而实现区域内的运营支持。相关部署完成后，网络运营商可以把无线网络的边缘计算能力开放给需要低时延和高带宽的第三方业务应用和软件，如移动互联网、物联网和车联网业务。

5.2.2 车联网与边缘计算融合概述

2016 年，ETSI 将移动边缘计算的概念扩展为多接入边缘计算，将边缘计算从蜂窝网络延伸至其他接入方式。边缘计算可以提供更快的网络服务响应，满足相关行业在实时业务、应用智能、安全与隐私保护等方面的基本需求。云计算主要聚焦非实时的大数据分析应用，边缘计算主要应用于对时延和带宽要求很高的领域。车联网是对时延和可靠性要求都非常高的业务场景，将 C-V2X 业务部署在移动边缘平台上，借助 5G、LTE-V 等新一代通信技术，实现"车-路-人-云"的协同交互，使应用数据的时延显著降低，同时缓解边缘侧的计算和存储压力，避免大量数据通过网络回传产生的拥塞，从而提供本地的高质量服务。

未来车路协同规模应用后，受空间资源限制，各个车路协同解决方案供应商不会在每个路口重复部署设备，极有可能是由少数规模较大的运营商部署路侧的感知终端、计算平台和网络通信设备，各项车联网应用服务以软件形式运行在移动边缘平台上。为了保证不同品牌的车辆与不同运营商部署的移动边缘平台实现互联互通，须制定统一的标准协议。车联网移动边缘计算参考架构如图 5-2 所示。面向 C-V2X 的多边接入计算服务能力框架主要包括移动边缘计算（MEC）应用服务器、南北向接口，通过南北向接口对接道路设备、应用服务 App。其中，北向接口主要为外部应用提供服务能力接口，以支持相关应用场景；南向接口主要适配各大厂商的设备及应用的接入，对接传感器数据。针对北向接口的 API 传输协议，这里建议包括消息队列遥测传输协议、约束应用协议及可扩展通信和表示协议等，C-V2X 应用可根据自身需求调用基于不同协议的 API 进行数据传输。

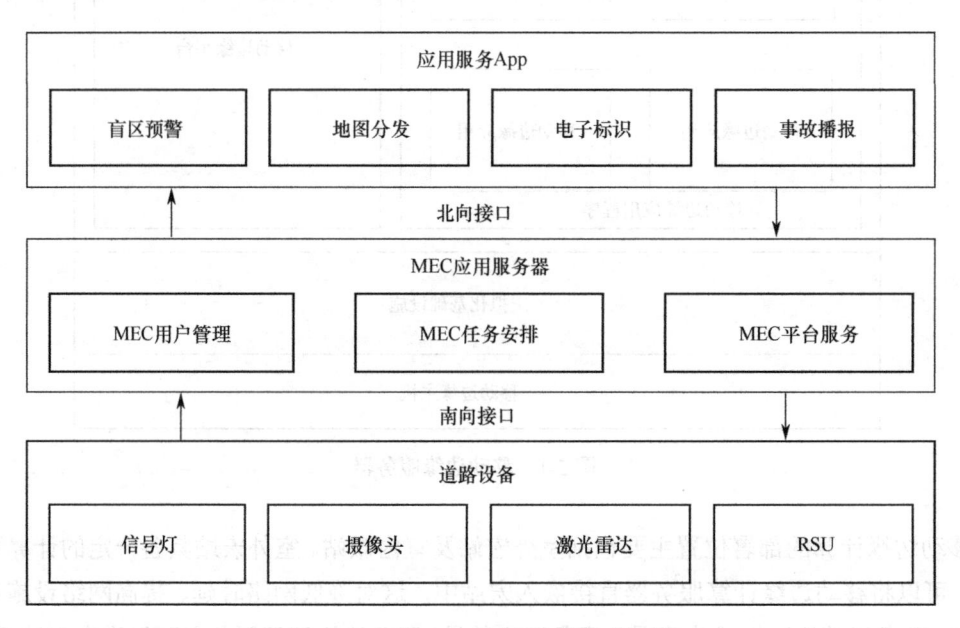

图 5-2　车联网移动边缘计算参考架构

路侧感知设备、RSU 等将传感器等的原始数据集信息上传到 MEC 应用服务器进行分析处理，RSU 接收输出的数据集下发给车辆、行人等交通参与者。上传到 MEC 应用服务器中的数据集分为 3 个层次，包括传感器原始数据集、中间件数据集及输出数据集，可依据不同的 C-V2X 应用场景，调用相关的数据集。ETSI 于 2016 年发布了与移动边缘计算相关的 3 份技术规范，提出了移动边缘计算框架、参考架构、相关功能单元及其相互间的参考点，引入了移动边缘编排器作为核心组件对整个系统进行全局化管理，并在移动边缘主机管理方面定义了应用规则及需求。此外，ETSI 还定义了若干参考点用于规范移动边缘系统各个模块间的协作。目前，国内外各标准组织对于移动边缘计算与 C-V2X 融合、面向车联网应用场景的标准化并没有得到实质的成果或者提出明确的规划。移动边缘计算与 C-V2X 融合的系统架构、功能、性能、开放接口、测试方法等均未形成标准化方案。国内部分企业也开始在一些行业联盟和协会中立项探索移动边缘计算与 C-V2X 融合接口标准化课题，为解决车联网业务中因车辆快速移动而产生的连续性问题，IM T-2020 工作组也在研究用户在跨移动边缘计算、跨运营商等情况下的业务切换方案。移动边缘计算在车联网中有很多应用场景，它们可以分为安全、效率、视频、定位、信息服务 5 类，按照道路和其他车辆协同的需求可划分为 4 个象限。

不同的 C-V2X 应用场景从时延、带宽和计算能力等方面对网络环境提出了不同的要求。例如，在 3GPP 对增强型 V2X 场景的需求分析中，针对时延的要求最低为 3ms，针对带宽的要求最高为 1Gbps，全局路况分析场景对服务平台的计算能力也提出了要求——能快速对视频、雷达信号等感知内容进行精准分析和处理。移动边缘计算与 C-V2X 融合可以增加 C-V2X 端到端的通信能力，也可以对 C-V2X 应用场景提供辅助计算、数据存储等支持。移动边缘计算与 C-V2X 融合具有网络信息开放、低时延高性能、本地服务等特性。不同的 C-V2X 场景可能需要某一个或数个方面的能力，同一个 C-V2X 场景也可能通过移动边缘计算与不同通信技术的组合来实现。在网络管理允许的情况下，移动边缘计算能够承载网络信息开放功能，通过标准化接口传输开放边缘网络的实时状态信息，具体包括无线网络信息、位置信息、用户信息等。例如，在 C-V2X 的应用中利用移动边缘计算的位置信息开放，可以辅助车载终端实现快速定位，有效提高定位效率和精度。此外，利用移动边缘计算开放的无线网络信息也可以对传输控制协议（TCP）的控制方法进行优化，有效规避高清视频等多媒体数据在传输过程中发生网络拥塞。低时延高性能移动边缘计算运行在靠近用户终端的网络边缘位置，能够显著降低 C-V2X 业务的传输时延，提供强大的计算与存储能力，改善用户体验。例如，驾驶安全类 C-V2X 业务对通信时延提出了苛刻的要求，将此类业务部署在移动边缘计算上，比部署在中心云上更能减少业务响应时间。此外，移动边缘计算也可以为车载/路侧/行人终端提供在线辅助计算功能，实现快速的任务处理与反馈。本地服务 MEC 具备本地属性，可以提供区域化、个性化的本地服务，同时降低回传网络负载压力，也可以将接入移动边缘计算的本地资源与网络其他部分相隔离，将敏感信息或隐私数据控制在区域内部。例如，在智慧交叉路口场景中，移动边缘计算可以融合和分析多个路侧及车载传感器所采集的数据，并对大量数据进行实时、精确且可靠的本地计算与分析。下面以 5 个典型应用场景为例进行说明。

1）交叉路口交通信息感知

路侧感知设备（激光雷达、毫米波雷达、摄像头等）对交叉路口信息进行采集，通过分析计算，对交叉路口的车辆、行人、非机动车等交通参与者进行识别及分类，生成各种交通参与者的 ID、经纬度、速度、航向角、加速度、历史轨迹及时间戳等信息，并传递给移动边缘计算。若联网车辆订阅了交叉路口碰撞预警服务，则会收到移动边缘计算通过 RSU 广播的交叉路口交通参与者的全部信息；联网车辆在收到这些信息后，会结合自身车辆位置和状态信息进行决策控制。

2）闯红灯预警

当车辆经过有信号控制的交叉路口（车道），遇交通信号灯即将变红或正处于红灯状态时，若其未能停在停止线内并继续前行，路侧感知设备将检测到车辆存在不按信号规定或指示行驶风险，可以对其发出预警，同时警告其他车辆避免与其相撞。移动边缘计算通过 RSU 周期性地发送路口地理信息和交通信号灯实时状态信息；联网车辆依据自身的全球导航卫星系统地理信息，计算其与停止线的距离，并依据当前速度和其他交通参数预估到达路口的时间；闯红灯语音系统将上述信息与收到的红灯切换时刻及红灯保留时长信息进行对比分析，决定是否发出预警。

3) 高精地图分发和本地信息服务

移动边缘计算凭借其大带宽和低延时的特点，可以存储动态高精地图信息，减少时延并降低对核心网传输带宽的压力。在实际应用中，车辆向移动边缘计算发送自身具体位置及目标地理区域信息，基于移动边缘计算的地图服务则可以提取相应区域的高精地图信息发送给车辆。当车辆传感器检测到现实路况与高精地图存在偏差时，可将自身传感信息上传至移动边缘计算用于更新地图，之后，移动边缘计算的地图服务可选择将更新后的高精地图回传至中心云平台。在上述场景中，移动边缘计算提供了存储高精地图的能力、用于动态地图更新的计算能力，以及与中心云的交互能力。在网络中部署移动边缘计算及相应的功能服务后，车辆可利用对应的通信模组使用上述应用服务，当车辆具备智能传感器时，可以通过上传自身传感信息对地图进行更新。

4) 车载信息增强

移动边缘计算可提供车载信息增强功能，车辆可将车载传感设备感知的视频、雷达信号信息等上传至移动边缘计算。移动边缘计算通过车载信息增强功能提供的视频分析、感知融合、AR 合成等多种应用实现信息增强，并将结果下发至车辆进行直观显示，同时提供低时延、大带宽的通信能力。在网络中部署移动边缘计算及相应的功能服务后，车辆需要装配智能传感器及显示设备，并利用对应的通信模组实现数据的上传和下载。

5) 车辆在线诊断

移动边缘计算可支持自动驾驶在线诊断功能。当车辆处于自动驾驶状态时，可将其状态、决策等信息上传至移动边缘计算，利用在线诊断功能对实时数据样本进行监控分析，用于试验、测试、评估或应对紧急情况。此外，移动边缘计算可定期将样本及诊断结果汇总压缩后回传给中心云平台。在此场景中，移动边缘计算提供了支持实时处理大量数据的计算能力、数据存储能力、低时延的通信能力，以及与中心云的交互能力。在网络中部署移动边缘计算及相应的功能服务后，车辆需要将自身传感、决策、控制信息通过对应的通信模组上传至移动边缘计算。

5.2.3 车联网与边缘计算融合安全需求

车联网中存在部分敏感通信过程。因为在该种类型的通信过程中，其他网络节点可能会干扰正常的通信，所以借助接入可控属性的设定来实现通信实体的管控，进而提升通信的安全性和便捷性。

在边缘计算场景中，终端将面临更加复杂的数据交互环境，传统网络中的安全解决方案则不再适用于多接入边缘计算。从车联网应用角度分析，任何车、路信息的泄露或者篡改都将产生不可预测的交通事故。因此，提出有效的应对网络主动攻击和车联网信息被动泄露的方案对于车联网场景是至关重要的。中国联通提出的车载安全网关解决方案，通过 IPSec 在终端与云之间建立隧道的方式，确保数据在安全隧道中传输，该方案可以有效防止网络主动攻击和数据被动泄露。此外，不同层级的网关等网络实体单元的认证鉴权方式也将发生极大改变，而数据安全是车联网场景中极为重要的一部分。因此，车联网场景中的移动边缘计算本地化服务的网络架构必须有效解决终端认证、鉴权等安全问题。由于基于移动边缘计算的服务方式涉及大量数据的共享和计算协作，用户的隐私保护也成为移动边缘计算网络架构中亟待解决的挑战。

边缘计算面临的安全攻击与传统的信息安全属性相似，边缘设备的安全性包括机密性、合法性和可用性。机密性需要应用一组规则来限制对某些信息进行未经授权的访问，这对于边缘设备是至关重要的，因为其可能处理敏感的个人信息，如医疗记录和处方，若未经授权就能访问个人健康设备，可能导致个人健康信息泄露，甚至影响个人生命安全。边缘设备必须确保收到的命令和采集的信息都是合法的。边缘设备的可用性对于提供功能齐全的物联网连接环境是非常重要的，它可确保设备用于数据采集，并防止服务中断。下面介绍边缘设备层容易遭受的安全攻击。

（1）硬件木马。硬件木马对边缘设备的集成电路进行恶意修改，使攻击者能够利用该电路或其功能获取边缘设备上运行的数据或软件。硬件木马已经成为边缘设备的主要安全隐患之一。为了在原始电路中插入硬件木马，攻击者在集成电路的制作过程中恶意改变集成电路的设计，设定触发机制和激活木马的恶意行为。硬件木马根据其触发机制分为两类：①外部激活的木马，它可以通过天线或传感器与外界交互触发；②内部激活的木马，它在集成电路内部满足一定条件后被激活，当它从攻击者添加的倒计时电路中收到触发信号时，木马会在特定时间被唤醒。

（2）侧信道攻击。每个边缘设备在正常运行时，即使不使用任何无线通信传输数据，也可能会泄露关键信息，因为通过分析边缘设备发出的电磁波，就可以获取关于设备状态有价值的信息。一种基于电磁信号的攻击和美国国家安全局解密文件都展示了非网络侧信道威胁的存在。

（3）拒绝服务攻击。针对边缘设备的拒绝服务（Denial of Service，DoS）攻击有 3 种类型，即电池耗尽攻击、睡眠剥夺攻击和宕机攻击。

① 电池耗尽攻击。受尺寸限制，边缘设备通常会携带电量有限的小电池，若攻击者向边缘设备发送大量随机数据分组，将导致边缘设备不间断地运行其检查机制，最终耗尽电池的电量。电池耗尽攻击本身就是一种很强的攻击，可能会间接导致边缘设备中断或无法报告紧急情况的严重后果。例如，若攻击者找到耗尽烟雾探测器电池的方法，就能禁用火灾探测系统。如果边缘设备充电困难，该种攻击可能会破坏网络。

② 睡眠剥夺攻击。睡眠剥夺攻击是 DoS 攻击的一种特殊类型，被攻击者是一个用电池供电的边缘设备，其电量有限，攻击者试图发送一组看似合法的请求，用于刺激边缘设备。检测此类攻击比检测电池耗尽攻击更难。睡眠剥夺的概念最初由 Stajano F 提出。

③ 宕机攻击。当边缘设备停止正常运行时，一组设备或管理员设备可能会停止工作，这可能是因制造过程中的意外错误、电池耗尽、睡眠不足、代码注入或对边缘设备的未经授权物

理访问等而导致的结果。

（4）物理攻击。在物理攻击中，攻击者通过对设备进行物理访问提取有价值的加密信息，进而篡改电路、修改编程或者更改操作系统。边缘设备遭受物理攻击可能会导致其出现永久性破坏，因为其主要目的是提取信息以供后续使用，如查找固定的共享密钥。

（5）应答攻击。攻击者通过复制边缘设备的标识号，将一个新的边缘设备添加到现有的边缘设备集中。这种攻击会导致网络性能显著降低。此外，攻击者很容易破坏或误导到达的数据分组。应答攻击的攻击者通过获得加密/共享密钥所需的访问权限，对相关系统实施破坏，边缘设备副本通过执行边缘设备撤销协议来撤销授权的边缘设备。

（6）伪装攻击。攻击者通过插入伪造的边缘设备或攻击授权的边缘设备，以便在边缘设备层隐匿。经过修改/伪造的边缘设备可以作为普通边缘设备来获取、处理、发送或重定向数据分组，它们也可以在被动模式下工作，只进行流量分析。

（7）恶意边缘设备攻击。恶意边缘设备攻击的主要目的是获得对其所属网络的未授权访问权限或者破坏网络。恶意边缘设备可以获得对其所属网络的其他边缘设备的访问权，进而代表攻击者控制网络、注入虚假数据或阻止传递真实消息。

（8）RFID 标签攻击。针对物联网 RFID 标签的攻击主要包括追踪攻击、复制攻击、物理攻击、干扰阻塞、DoS 攻击、窃听攻击及中间人攻击等。

① 追踪攻击。通过未经授权的阅读器隐形读取标签信息，当标签标识符与个人信息相结合时，可提供很强的信息跟踪能力，导致敏感信息或隐私信息泄露。

② 复制攻击。攻击者复制标签的所有信息，制作与合法标签完全相同的电子标签。

③ 物理攻击。通过获取标签的访问权限，对标签进行物理操作和修改，包括探针攻击、Kill 命令、电路操作和时钟故障，进而从标签中提取信息、修改或删除标签。

④ 干扰阻塞。通过静电屏蔽和主动干扰无线电信号等方法，阻止阅读器读取标签。

⑤ DoS 攻击。当阅读器收到来自标签的认证信息时，会将认证信息与数据库后端的信息进行对比，攻击者借助看似合法的手段阻塞射频通道，导致阅读器无法读取标签。阅读器和后端数据库都容易遭受 DoS 攻击。

⑥ 窃听攻击。这种攻击通过拦截标签和读写器之间传输数据的电磁波来获取传输内容。

⑦ 中间人攻击。无源 RFID 系统标签会在收到读写器的信号后主动响应，发送联络信号。攻击者先伪装成一个阅读器靠近标签，在标签携带者毫不知情的情况下读取标签信息，并将从标签中窃取的联络信号发送给合法的阅读器，达到攻击的目的。

下面介绍边缘计算的通信层容易遭受的主要攻击。

（1）窃听攻击。窃听攻击是指有意监听通信链接上的私密通话。若通信数据分组未加密，攻击者可以直接获取有价值的信息；而在其已加密的情况下，攻击者也有可能获取用户名和密码。当数据分组包含访问控制信息时，如边缘设备配置、共享网络密码和边缘设备标识符，攻击者通过窃听可以捕获关键信息，并使用这些信息设计其他攻击。例如，如果攻击者能够成功提取相关信息，将某个伪造的新边缘设备添加到授权边缘设备集中，则其能够把一个恶意边缘设备添加到相应系统中。

（2）侧信道攻击。尽管侧信道攻击不易实现，但它是针对加密系统的强力攻击，能对加密系统的安全性和可靠性构成严重威胁。侧信道攻击也可以在边缘设备层发起。与之不同的是，边缘计算通信层的侧信道攻击通常是非侵入性的，它只会提取无意泄露的信息。这种攻击的一个重要特征是其难以检测，因此，除最小化泄露或为泄露的信息添加噪声外，当前对于侧信道攻击没有简单可行的防御方法。

（3）DoS 攻击。针对边缘计算通信层的 DoS 攻击的目的是阻塞无线电信号的传输。它包括两种有源干扰攻击：①持续干扰，即对所有传输进行完全干扰；②间歇性干扰，即保证边缘设备可以周期性地发送/接收数据分组。持续干扰的目的是阻断所有通信传输，而间歇性干扰的目的是降低通信性能。例如，一个火灾探测系统原本可以探测到环境中气体水平的异常变化，并在紧急情况下呼叫消防队。攻击者通过间歇性地干扰边缘设备到边缘设备、边缘设备到基站的传输，使其变得不可靠，而在同种情况下，如果攻击者使用持续干扰，该系统将停止服务，以降低针对各种传输协议（包括蓝牙）发起 DoS 攻击的可能性和有效性。除了主动干扰攻击，攻击者还可能使用恶意边缘设备或路由器发起 DoS 攻击，即攻击者通过插入故意违反通信协议的边缘设备或路由器，产生冲突或干扰通信。恶意边缘设备或路由器也可能拒绝路由消息或试图误导它们，这种 DoS 攻击可以间歇性或持续性进行。持续性 DoS 攻击通常容易被检测到，间歇性 DoS 攻击的检测则需要精确和高效的监视设备。

（4）注入欺骗分组攻击。攻击者可以使用插入、操纵和重播 3 种不同的攻击方式将欺诈性数据分组注入通信链路。在插入攻击中，攻击者能够生成并发送看似合法的恶意数据分组；操纵攻击是指捕获数据分组并对其进行修改（如更新报头信息、校验和、数据），然后发送操纵的数据分组；在重播攻击中，攻击者捕获之前两个对象之间交换的数据分组，并在通信过程中重播相同的数据分组。

（5）路由攻击。影响消息路由方式的攻击称为路由攻击。攻击者可以使用此类攻击在通信层欺骗、重定向、误导或删除数据分组。最简单的路由攻击类型是更改攻击，即攻击者通过生成路由循环或错误消息更改路由信息。

（6）未授权对话攻击。每个边缘设备都需要与其他边缘设备通信，以便于共享数据或访问它们的数据。但是每个边缘设备应该只与需要其数据的边缘设备子集进行通信，这是物联网系统的基本要求，特别是对于由不安全边缘设备和安全边缘设备组成的物联网系统。未授权对话攻击是获取未授权的边缘设备与其他边缘设备之间的对话信息的一种攻击。

（7）其他攻击。除了上述攻击方式，还有一些其他攻击方式，如黑洞攻击、灰洞攻击、蠕虫洞攻击、泛洪攻击和女巫攻击等。

① 黑洞攻击。黑洞攻击通过一个恶意边缘设备发起。该边缘设备通过在网络中宣称它有到目标最短路径的方式吸引网络中的流量，导致大部分的数据分组被发送到恶意边缘设备中，攻击者可以利用这些数据分组，也可以直接将其丢弃。

② 灰洞攻击。灰洞攻击是黑洞攻击的一个变体，在数据分组丢失过程中，灰洞攻击让边缘设备有选择地丢弃数据分组。

③ 蠕虫洞攻击。蠕虫洞攻击的攻击性很强，即使通信中的所有实体都能保证其真实性和

保密性，该种攻击也可以发起。在蠕虫洞攻击中，攻击者通过在两个合谋恶意节点间建立一条私有通道，将在网络中某个位置记录的数据分组传递到网络中的另一个位置。

④ 泛洪攻击。假设接收边缘设备在发送方的通信范围内，泛洪攻击的基础是接收边缘设备必须广播"Hello packet"，以向邻居显示其存在。在这种攻击中，攻击者使用具有高传输能力的恶意边缘设备向网络中的每个边缘设备发送"Hello packet"，并声称是它们的邻居。

⑤ 女巫攻击。在女巫攻击中，攻击者添加或使用Sybil边缘设备，这些边缘设备均具有合法的假身份，如果Sybil边缘设备足够多，在进行投票时，Sybil边缘设备就可以胜过"诚实的"边缘设备。

边缘计算层的安全易遭到攻击，因为边缘计算模型是一种新兴技术，其脆弱性尚未得到充分的论证。少数针对边缘计算攻击的研究主要集中在传感器网络可能面临的威胁上。下面主要介绍针对边缘计算层的一些攻击。

（1）恶意注入攻击。对输入数据的验证不足可能导致恶意注入攻击。攻击者可以注入恶意输入，导致服务提供者代表攻击者执行攻击操作。例如，攻击者可能会向下层（通信或边缘设备层）添加未经授权的组件，下层随后会将恶意输入注入服务器，攻击者即可窃取数据、破坏数据库完整性或绕过身份验证。此外，数据库返回的标准错误消息也可以帮助攻击者获取信息。例如，在攻击者不知道数据库表的情况下，强制执行返回的错误消息可能会揭示关于每个表及其字段名称的更多细节。

（2）基于机器学习的完整性攻击。针对物联网系统中使用的机器学习方法，可以发起两类攻击：因果攻击和探索性攻击。在因果攻击中，攻击者通过操纵训练数据集改变训练过程；而在探索性攻击中，攻击者利用漏洞获取数据的信息，但不改变训练过程。一种新型的致因性攻击又称为中毒攻击，它是指攻击者将精确选择的无效数据点添加到训练数据集中。在基于边缘计算的系统中，攻击者可以启动此种攻击的学习算法，直接访问服务器或各种边缘设备，或者将恶意数据添加到拥有足够恶意边缘设备的低水平物联网数据集中，其目的是通过操纵训练数据集使分类算法偏离对有效模型的学习。

（3）侧信道攻击。前文提到的针对边缘设备层和通信层的几种侧信道攻击，对于边缘计算层也有效。此外，攻击者还可能使用其他组件（如服务提供者和服务器）泄露的信息发起侧信道攻击。例如，生成详细的错误警告的方法可以为设计人员和开发人员提供有用的信息，但在实际环境中，相同的警告可能提供过多的信息，从而被侧信道攻击者利用。

（4）非标准框架和不充分测试的攻击。非标准框架缺陷会产生严重的隐私和安全问题。由于边缘设备通常需要连接到中间服务器，其被挟持的后果可能会被放大。基于边缘计算的系统的开发是一个复杂的过程，因为它需要将不同厂商生产的异构资源和设备结合起来，若开发的系统测试不充分，则会遗留一些安全漏洞。此外，基于边缘计算的系统的实现没有能被普遍接受的框架，也没有标准的策略集，若其未经过充分的测试，一些隐私和安全漏洞可能难以被发现。

边缘计算是5G的核心技术之一，通过在移动网络边缘的无线接入网（RAN）侧扩展数据存储及分析能力，减小业务交付的端到端时延，提高业务分发、传送能力，提升网络运营效率，从而提升用户体验，以满足 5G 高带宽、低时延、大连接的核心应用场景需求。由于边缘计算将部分网络业务能力和运算能力下沉到接近用户的 RAN 侧，与传统大型数据中心相比，它可以提供给边缘主机的保护级别较低。此外，由于边缘网络设备的物理存储及计算能力有限，它也难以提供可靠的安全防护、安全审计及数据备份恢复能力。如果边缘设备遭到攻击，除了节点自身的业务功能及数据隐私会受到影响，攻击者在获得边缘节点用户权限后，也可能以边缘计算平台节点为跳板，进一步攻击核心网，导致核心网遭受敏感数据泄露、DoS/DDoS 攻击等威胁。因此，边缘计算安全成为边缘计算平台及应用设计过程中必须重点考虑的关键问题。结合移动边缘计算（MEC）系统的架构及特点，MEC 服务面临以下 3 方面的安全风险问题。

（1）基础设施安全。MEC 基础设施通常部署在无线基站等网络边缘，更容易暴露给外部攻击者，缩短了攻击者与边缘计算节点物理设施之间的距离，导致搭载于 MEC 基础设施之上的 MEC 平台和 MEC 应用处于相对不安全的物理环境中，攻击者可以通过近距离接触多接入边缘计算硬件设施，非法访问物理服务器的 I/O 接口，并对其进行物理攻击，进而引发物理设备损坏、服务终端崩溃、数据泄露等安全风险。

（2）MEC 平台及 MEC 应用安全。MEC 平台是在虚拟化基础设施架构（VIM）上运行 MEC 应用的必要功能集合，它包括 MEC 虚拟化管理和 MEC 平台功能组件。其中，MEC 虚拟化管理的功能是实现 MEC 虚拟化资源的组织和配置，为 MEC 应用层提供按需分配、灵活使用的运行环境；MEC 平台功能组件通过第三方 MEC 应用的开放 API，为 MEC 应用层提供无线网络信息服务、位置服务及配置 DNS 代理服务器等，加强网络与上层业务的深度融合。开放性的引入容易将 MEC 暴露给外部攻击者，导致 MEC 平台与 MEC 应用在通信时面临传输数据的篡改、拦截、重放攻击和 DoS/DDoS 攻击等安全威胁。此外，当 MEC 平台及 MEC 应用以虚拟网络功能（VNF）或容器方式部署时，VNF 或容器的安全威胁同样会影响上层 MEC 应用的安全（如 VNF 分组、镜像被篡改等）。5G 垂直应用落地的一个关键因素是在 MEC 边缘云上部署可信的第三方应用，目前对于第三方 MEC 应用缺少安全准入审查规范，可能导致恶意 MEC 应用的引入，造成 MEC 主机资源被消耗，利用网络能力开放接口恶意修改无线资源配置，同一环境内的其他应用资源被攻击，以及密码被破解等安全威胁。

（3）用户设备安全。当 MEC 的用户设备被恶意用户控制后，不仅会造成用户的隐私数据泄露，还有可能被攻击者窃取用户的身份信息，并向同一平台内的其他边缘节点用户发送虚假信息，例如遭受攻击的车联网 MEC 终端设备向其他车辆传播错误的路况信息。为了应对 MEC 面临的安全问题，可从以下 3 方面考虑增强 MEC 服务的安全。

① 基础设施的安全防护需求。MEC 基础设施的安全防护包括物理基础设施防护和虚拟化基础设施防护两个层面。对于物理基础设施的安全防护，首先应确保物理环境的安全，由于位于网络边缘侧且采用分布式部署，对于边缘机房可通过加锁、加强人员管理等方式保障物理环境安全；其次，可信计算和可信 I/O 接入的引入也可以确保物理服务器可信。虚拟化基础设施防护可分为宿主机操作系统、虚拟机和容器等方面。对于宿主机操作系统，可实施安全加固，定期进行基础检查、漏洞扫描、病毒查杀、升级及补丁管理。对于虚拟机和容器，应设计有效的虚拟机（VM）之间的虚拟隔离机制及权限控制机制，如对不安全的设备进行严格隔离，实

时监控 VM 的运行情况，及时发现恶意 VM 行为；对东西向的流量进行安全检测，避免恶意 VM 迁移对其他设备或 VM 产生影响。

② MEC 平台及 MEC 应用的安全防护需求。首先需要完善 MEC 平台对于 MEC 应用的安全审核机制，从第三方 MEC 应用提供商及 MEC 应用镜像的正确性、完整性校验等角度设计 MEC 应用的准入策略；然后对于与关键业务逻辑相关的应用，如涉及计费的安全应用需要重点关注，可采用沙箱检测等手段检测 MEC 应用是否存在攻击或欺骗行为。

③ 应用已有通信安全协议增强用户侧安全。用户与 MEC 服务器之间采用的 TCP/IP 协议、802.11 协议、5G 协议等通信协议已包含用户的接入认证、数据传输安全协议和机制，在 MEC 服务框架下，可以借助已有协议的安全基础解决 MEC 中的认证鉴权、数据传输、隐私保护问题，提升用户侧安全。

5.2.4 车联网与边缘计算融合安全技术分析

1. 车联网安全技术分析

1）硬件安全

针对现有的车联网网络安全风险，为了提高网络安全性，首先需要从硬件安全方面进行控制。因为在车联网网络攻击中，硬件受到攻击和异常入侵的可能性非常大，为使硬件安全得到保障，车企应致力于研发安全级别更高的硬件芯片，从而使硬件在遭受攻击时能发挥自身的安全防御功能。目前，部分企业已经研发出硬件安全模块（HSM），它在与加密算法等相关技术相结合后，可使汽车电子控制系统的安全防护能力大大提升。从当下车联网领域的主流设计规范来看，采用更多的是安全硬件扩展（SHE）和电子安全汽车入侵保护应用（EVITA），针对这两种设计规范所采用的加密方式具有明显的区别，但无论是哪种加密方式，对于提高硬件的安全性都有一定的作用。相关硬件安全的研究重点体现在设备安全识别、消息验证、安全调试等方面，拥有巨大的发展潜力。

2）软件安全

近年来，尽管人们对车联网网络安全的关注日渐增多，相关安全投入和技术研发也在增加，但硬件防护并未完全普及，反而在软件安全防护方面取得了一定的成果。针对软件安全，一般有以下防护手段：①定期对软件实施漏洞和补丁修复；②构建网络防火墙，发挥其阻隔作用；③添加签名认证系统，实现双向认证；④加强安全监测软件的全面研发，提升软件防护水平；⑤积极应用智能传感器和识别设备。

3）管理安全

关于车联网网络安全的提升，除了要从技术性的角度出发，更要从管理方面的因素着手，积极通过网络安全管理进行各种网络安全风险的识别与处理。因为车联网的运行涉及设备制造商、整车厂商、平台运营商和用户等多个参与主体，为从管理的角度提升车联网网络安全水平，应构建完善的安全管理措施，结合当前国家和行业颁布的相应安全规范和法律法规，应用最先进的安全管理理念和模式，形成与车联网网络安全相符的安全管理制度，对车联网中的各个主体、要素都开展相应的安全管控。

4）应用服务安全

对于车联网网络安全，应用服务安全也是一个重要因素，如果想实现应用服务的完全安全，应从服务云平台、大数据平台、服务环境、服务接入等多个角度出发，接入安全技术方面的内容。应用服务面临的安全风险源于以下两方面：①各个操作系统的安全漏洞；②车联网应用场景的复杂性和特殊性，因为安全技术并不能完全解决应用服务平台中的全部安全问题，尤其是一些通用的应用程序，如 Web Server 程序、FTP 服务程序、E-mail 服务程序等自身就存在一定的漏洞。因此，为了提升车联网网络安全水平，应从科学的角度进行应用服务安全技术的创新。

5）数据安全

由于车联网关联了很多车辆的信息，而车辆又包含多方面的信息，导致车联网中的数据种类繁多、数量庞大，主要有用户信息、用户关注内容及汽车功能运行数据等，这些信息都可能成为黑客攻击的主要对象。因此，针对车联网网络安全，数据安全防护显得尤为重要，应加强各类数据的安全防护。在一般情况下，黑客对车联网数据安全的威胁主要表现如下：黑客可以对各类数据开展逆向分析，进而获得与车主、车辆相关的信息，引发严重的信息泄露，甚至会引起严重的安全事故。因此，应针对车联网中的数据安全威胁，采取相应的加密技术。

2. 边缘计算安全技术分析

1）公钥基础设施

车联网的边缘计算安全技术可分为对称密码（SKC）技术、公钥密码（PKC）技术和无密钥密码技术 3 类，如图 5-3 所示。其中，对称密码技术又称为单密钥模式，公钥密码技术又称为双密钥模式，无密钥密码技术又称为随机密钥模式。随机密钥模式下的通信双方不使用固定的密钥，每次通信时双方都会随机产生一个密钥进行加密通信。对称密码技术在低通信和计算开销方面具有优势，但应用于边缘计算时需要分发共享密钥。密钥的预分发有以下 3 种方式：

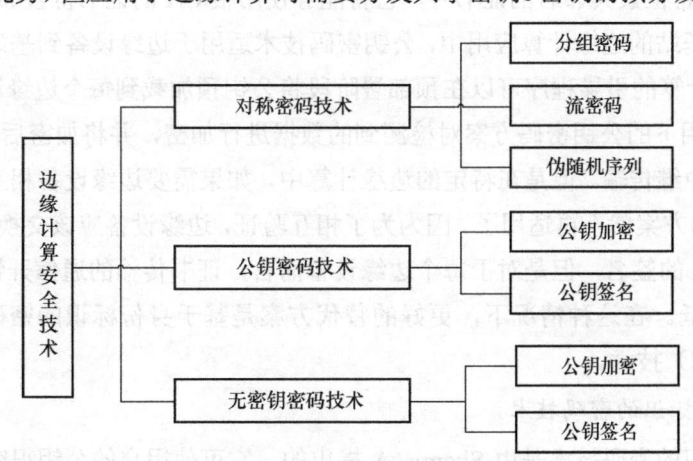

图 5-3 边缘计算安全技术的分类

（1）单个网络密钥。它可能会导致单点故障，即如果一个边缘设备的密钥被泄露，整个网络都会被破坏。

（2）边缘设备与基站之间或两个边缘设备之间的密钥对。密钥对的管理较为困难且效率低下，每个边缘设备必须共享 $n(n-1)$ 个密钥，其中 n 为边缘设备的个数。如果某个边缘设备的密钥被泄露，具有相同密钥的另一个边缘设备的安全也会受到威胁。

（3）一组边缘设备之间的组密钥。组密钥管理的效率比密钥对管理更低，因为它需要大量的计算开销和边缘设备之间的交互。如果一组边缘设备的组密钥被暴露，整个边缘设备组都将被破坏。安全的密码方案应保证无论捕获多少个边缘设备，通过受损边缘设备提取的秘密信息都不会影响非受损边缘设备的安全，即非受损边缘设备之间的通信仍然安全。但是上述 3 种方式都不能满足该要求，公钥密码技术却可以做到。

公钥密码技术在安全广播和身份验证方面具有优势，它可以在以前未知的伙伴之间安全地交换密钥。公钥密码中的公钥必须经过认证，一般通过 PKI 使用由 CA 颁发的公钥证书解决公钥认证问题。

公钥密码技术使许多边缘计算应用程序所需的安全属性和功能（如具有不可抵赖性的身份验证、同态属性、聚合、批处理验证、带有消息恢复的签名等）成为可能。公钥密码的计算成本限制了它在资源受约束的边缘设备上的应用。如果没有加密硬件的加速，公钥密码对于小型设备来说计算成本过高，但有许多研究表明，将公钥密码技术应用于资源有限的小型无线设备是可行的。为了在边缘计算中应用公钥密码技术，需要将 PKI 部署到边缘设备中，并选择适当的层次结构模型。在大多数情况下，边缘设备层的边缘设备架构比较简单，即将一个基站（Base Station，BS）作为多个边缘设备的接口，与同一网络内的边缘设备通信。因此，大多数边缘计算网络只需要使用一个根 CA 的简单分层 PKI 体系结构。PKI 的注册、初始化、密钥生成、认证和认证检索等基本功能在边缘设备中的实现过程如下：基站创建边缘设备的公共/秘密密钥对，为边缘设备分配唯一标识，并创建一个证书，该证书将唯一标识与边缘设备的公钥进行链接。之后，初始化边缘设备的内容（如配置数据和内部编程），包括其证书和根 CA 的证书（BS 本身）。当边缘设备检索其邻居的证书时，它将能够使用根 CA 的证书检查邻居证书的有效性。

在一些固定基站的边缘计算应用中，公钥密码技术适用于边缘设备到基站通信中端到端的保密。因为边缘计算的引导程序可以在预部署阶段将公钥预加载到每个边缘设备上。每个边缘设备通过 BS 公钥下的公钥密码方案对检测到的数据进行加密，并将加密后的数据发送给 BS 或邻近设备进行中继传输。但是在特定的边缘计算中，如果需要边缘设备相互通信中的逐跳认证，这种公钥密码方案就不再适用了。因为为了相互验证，边缘设备应该交换它们的公钥证书，并验证证书中 CA 的签名，但是对于每个边缘设备而言，证书传输的通信开销和验证 CA 签名的计算开销都不低。在这种情况下，更好的替代方案是基于身份标识的密码（Identity-Based Cryptograph，IBC）技术。

2）基于身份标识的密码技术

基于身份标识的密码技术是由 Shamir A 提出的，它可使用户的公钥很容易地从已知的身份标识信息（如电子邮件地址或移动电话号码）中派生出来，满足了公钥证书的需求，减少了证书开销。一个私钥生成器（Private Key Generator，PKG）有一个主公共/秘密密钥对，负责为用户生成私钥。因此，在边缘计算中，可以只交换边缘设备的身份，而不发送公钥及其证书，从而为通信节省了能源。在 PKI 的应用中，每个边缘设备都将自己的公钥/私钥对与 CA 颁发的相应公钥证书一起存储，任何希望与节点交互的其他方都需要节点的公钥证书。由于需要交换设备的公钥证书，PKI 适用于边缘设备到 BS 的通信，但不适用于边缘设备相互间的通信。基于身份标识的密码方案则更适合以下场景：每个边缘设备都有其唯一的标识信息（如序列号），并能从 PKG 中获取相应的私钥。为了相互验证，只需要交换身份标识信息，不需要额外的公钥数据。身份标识的长度明显小于公钥及其证书的长度，在验证与身份相关的签名时，需要确定身份信息的有效性，如果签名验证成功，身份信息的合法性也将得到保证。特别是 IBC 技术可以在不进行任何交互的情况下建立会话密钥，对话双方只知道对方的身份但不进行通信，因此可以派生任何其他方不知道的秘密信息，并使用与该秘密信息相同的加密密钥。在设备到 BS 的通信中，BS 只存储节点的 ID，而不是数据量相对较大的公钥，因此它不需要用于设备之间通信的公钥和证书。

3）基于配对的密码技术

基于配对的密码（Pairing-Based Cryptography，PBC）技术更适合边缘设备到基站的通信，因为 PBC 的签名长度小于无配对公钥密码的长度（如 ZSS 的签名长度是 ECDSA 的一半）。但是 PBC 技术不太适用于边缘设备之间的通信，因为设备的公钥证书是交换的，设备端的计算量非常大，这会导致设备端的通信开销和签名验证开销增多。比较有影响的方案是基于 Weil 配对的基于身份的加密（Identity-Based Encryption，IBE）方案，该方案促进了短签名方案、三方密钥协议、非交互式基于身份的密钥协议、高效广播加密方案及关键字可搜索加密方案的完善。在具体实施方面，计算配对的标准算法是 Miller 算法。第一个配对是定义超奇异曲线上的 Weil 配对和 Tate 配对。Tiny Tate 配对需要花费约 31s 的时间计算使用 Tiny ECC 的 RSA-512 的安全级别的 Tate 配对。在 Nano ECC 配对中，MSP430 平台可以分别在 5.25s 和 11.82s 内完成二进制域和素数域下 80 位安全级别（RSA-1024）的配对计算。相关研究表明，根据参数的选择和系统硬件平台的不同，椭圆曲线组上的标量乘法比配对计算快 2~7 倍。为了实现配对，大多数研究使用 MIRACL（Multiprecision Integer and Rational Arithmetic C/C++Library）库，该库提供了在椭圆曲线上执行操作所需的所有工具。

4）格密码技术

格密码是一种抗量子计算攻击的公钥密码技术，也称为后量子密码，它具有简单的可加性和可并行化的结构，容易构建同态密码方案。Hoffstein J 等提出了一种公钥密码方案——NTRUEncrypt（NTRU 即 Number Theory Research Unit），该方案的实现基于一种特别设计的卷积模格类，称为 NTRU 格。Goldreich O 等提出了一种基于网格约简问题计算难度的公钥密码方案——ACVP（Approximate Closest Vector Problem）。Hoffstein J 等还提出了一种基于求解特殊 NTRU 格中 ACVP 的公钥密码签名方案——NTRUSign。上述方案通过卷积多项式环进行构建，由于其加密和签名操作简单——只是多项式乘法，NTRUEncrypt 和 NTRUSign 比其他非对称密码方案的加密和签名更快。NTRUEncrypt 的密钥一个是由基组成的 $2n$ 维 NTRU 格，但是为了有效求解任意消息摘要点的 ACVP，必须知道格的一个完整且良好的基。通过 Tumbler 得到 NTRU 加密、解密和创建密钥的计算结果，NTRU 的最大优势是密钥创建时间短。在 NTRUSign-251 上做过一次成功的、与 IEEE 的 NTRU 标准相关的、不受干扰的密钥恢复实验，由于实验中存在对称性，400 个签名足以公开 NTRUSign-251 密钥 NTRU 格。该实验的结果表明，使用 NTRUSign-251 的 8000 个签名，可以在几小时内恢复密钥。NTRUEncrypt 也有解密失败的问题，即有效生成的密文可能无法解密。Howgrave-Graham N 等的研究表明，解密失败是不可忽视的，因为解密失败发生的频率远高于人们的预期。如果严格遵循 NTRU 标准的建议，当参数 N=139 时，每到 212 条消息就会发生一次解密失败；当参数 N=251 时，每到 225 条消息就会发生一次解密失败。在任何情况下，即使是在 NTRU 产品中，解密失败发生的频率也非常高，以至于不能忽略它们。Howgrave-Graham N 等考虑到填充方案的安全性证明中解密失败可能的影响因素，认为这些失败与消息和密钥密切相关。为了对上述问题进行更深入的探讨，Buchmann J 等将标准草案中提出的 SVES-3 称为 NTRUSVES，它为 IEEE P1363.1-D9 提出的所有参数集提供了时间测量和密钥大小分析服务。

5）多变量公钥密码技术

多变量公钥密码系统（Multivariate Public Key Cryptosystem，MPKC）的安全性取决于求解有限域上随机产生的多元非线性方程组（一般为多元二次，称为 MQ 问题，相应的系统为 MQPKC）的困难程度，已证明有限域上的 MQ 问题在系数随机选取时是多项式复杂程度的非确定性问题，目前还没有有效求解该问题的量子算法，因此，MQPKC 也是抗量子计算攻击的候选密码技术之一。多变量公钥密码系统的公钥由两个仿射变换和一个中心映射组成，私钥为随机生成的仿射变换。MQPKC 的优点是能在较小的有限域上实现且计算效率高，缺点是密钥长。

Czypek P 等在 32MHz 的 8 位单片机上实现了 MQ 签名方案，其中包括 UOV、Rainbow 和 enTTS 等签名算法。Yang B Y 等提出了 enTTS（20，28），其平均签名时间为 71ms，平均验证时间为 726 ms。与 Tmote Sky 上的二元 Koblitz 曲线相比，enTTS（20，28）的签名速度约为 ECDSA 的 1.8 倍，而 ECDSA 的验证速度是 enTTS（20，28）的 2.84 倍左右。若要在实际的边缘计算应用程序中使用 MQPKC 方案，PKI 或基于身份标识的基础方案也要被应用。与简化的 ECC-160 证书相比，MQ 模式中用于验证公钥的 PKI 所需的公钥证书的大小（长度）非常大（长）。在无线通信中，一般来说，数据传输的能耗通常是非常高的。在这一点上，其高性能可以抵消这些沉重的传输。此外，为了减少与公钥证书相关的开销，可以考虑基于身份标识的 MQ 模式。已有人研究基于身份的签名（Identity-Based Signature，IBS）方案的普通构造，它可以将两个公钥签名（Public Key Signature，PKS）方案转换为一个 IBS 方案，具体方法是通过发送公钥和 PKG 主秘密签名公钥上的签名，以及消息上的签名，实现一个基于身份的 MQ 签名。基于身份标识的 MQ 签名的长度等于一个公钥的长度加上两个 MQ 签名的长度，并且不减少公钥和私钥的长度。因此，构造一个高效的基于身份标识的 MQ 签名方案是很有必要的，但是目前尚未见到相关方案。若想在边缘计算环境中采用多变量公钥密码技术，系统参数和存储于其中的公钥和签名必须足够小，公钥加密和签名生成/验证的时间及能量消耗也必须最小化。由于 MQPKC 的密钥较长、通信开销较大，在将其应用于边缘计算时仍需要进行深入的研究和优化。

5.3　车联网与区块链技术融合信息安全

5.3.1　区块链技术概述

区块链的诞生，起初是为了通过数字方式记录账本，从而替代现金货币。之后，逐渐变成通过计算机联网运行，实现社会资源的高效使用，破解商业、民生、政务等难题。

2008 年 11 月 1 日，自称是中本聪的人在网络上发表了比特币白皮书《比特币：一种点对点的电子现金系统》，阐述了以分布式账本技术、PoW 共识机制、加密技术等为基础所构建的电子现金系统，这标志着比特币的诞生。2009 年 1 月 3 日，第一个（序号为 0）创世区块诞生，意味着比特币从理论步入实践。2009 年 1 月 9 日出现了序号为 1 的区块，并与序号为 0 的创世区块相连接形成了链，标志着区块链的诞生。凭借去中心化的理念和信任建立机制，基于密码学的加密体系和基于时间序列的链式叠加模式逐渐被抽离出来，形成一种面向未来的新型互联网协议，推动"信息互联网"向"价值互联网"转型，使全球信息的价值传递成为可能。

1. 区块链概念

区块链的实质为去中心化分布式账本数据库，旨在解决交易中的信任问题。广义上的区块链技术是使用块链式数据结构对数据进行验证和存储、采用分布式的节点共识算法生成并更新数据、采用密码学方式确保数据传输与访问的安全性，以及采用自动化脚本代码构成的智能合约对数据进行编程及运算的新型分布式基础架构及计算范式。从狭义上讲，区块链技术就是一种把数据区块按时间顺序依次连接在一起的链式数据结构，同时通过密码学方式确保其不可篡改、不可伪造分布式账本。区块链通常涉及以下基本概念：

（1）交易（Transaction）。它是指区块链分布式账本状态变化的一次操作，例如增加一条记录或者一笔在两个账户之间的转账操作。交易代表数字现金转移的过程。

（2）区块（Block）。它用于记录一段时间内发生的交易和状态结果。区块通常用区块头的哈希值和区块高度进行标识。区块头通常由前一个区块的哈希值（父哈希）、时间戳等信息组成。区块头的哈希值是由 SHA256 算法在区块头进行二次哈希计算得出的数值。区块的哈希值能够唯一标识一个区块，区块高度则是指其在区块链中的位置。第一个头部区块称为创世区块（Genesis Block），其高度为 0，其他区块依次类推。

（3）链（Chain）。它由一个个区块按其发生的先后顺序串联而成，是对整个状态变化情况的日志记录。

区块链技术最突出的优势和发展方向是"去中心化"，通过密码学应用、共识机制、博弈论等技术与方法，在网络节点之间无须互信的分布式系统中，实现以去中心化信用为基础的点对点交易。因此，区块链成为以比特币为代表的数字货币体系的核心底层技术。

根据区块链系统是否具有准入机制，区块链系统可以分为无许可的区块链和有许可的区块链，前者又称为公有链（Public Blockchain），后者又称为许可链，许可链可进一步分为联盟链（Consortium Blockchain）和私有链（Private Blockchain），见表 5-2。准入机制是否存在常会影响区块链系统面临的环境假设，导致其使用不同的共识机制。

表 5-2 区块链的类型及特性

类型		特性
公有链		世界上的任何个体或团体都能发送交易，并且交易能获得该区块链的有效确认。任何人均可参与其共识过程 现阶段可实现 3~20 次/s 的数据写入
许可链	联盟链	某个群体内部制定若干记账节点，每个区块的生成由所有预选节点共同决定。预选节点参与共识过程，其他接入节点可以参与交易，但不过问记账过程。现阶段可实现每秒写入数据 1000 次以上
	私有链	仅使用区块链记账技术进行记账，某个组织或个人独享写入权限以改善可审计性，不解决信任问题

2. 区块链发展

2008 年，自称为中本聪的人在网络上发表了比特币白皮书《比特币：一种点对点的电子现金系统》，该事件被认为是区块链技术的起源。随着比特币等数字货币的日益普及，区块链技术的蓬勃发展引起政府部门、金融机构、初创企业和研究机构等的广泛关注。区块链的研究成果与应用成果呈现几何级增长的态势，与大数据、物联网、智能制造等场景紧密结合，依托现有技术进行独创性组合创新。

比特币大会发表的《布雷顿森林体系 2015 白皮书》显示，区块链经历了以下 3 个发展阶段：

（1）区块链 1.0。它以可编程数字加密货币体系为主，主要表现为比特币的应用。

（2）区块链 2.0。它以智能合约、可编程金融系统为主，区块链技术应用于金融或者经济市场，扩展至股票、债券、期货、贷款、产权、智能资产等合约中。

（3）区块链 3.0。它是一个区块链技术被广泛创新应用的阶段，主要应用于一些全球性的公共服务，能够满足更加复杂的商业逻辑要求。

基于区块链 3.0 阶段的自治理特征将区块链 3.0 阶段称为 DAO（区块链自治组织）或 DAC（区块链自治公司）。DAO 或 DAC 为区块链的应用，即通过一系列公开公正的规则，可以在无人干预和管理的情况下自主运行的组织形式。目前，区块链的发展已经进入区块链 3.0 阶段。此外，各个区块链发展阶段是平行发展而非质变式演进的，区块链 1.0 阶段和区块链 2.0 阶段目前同时存在于人类社会中，而以数字加密货币作为应用代表的区块链 1.0 阶段仍处于探索之中。区块链 2.0 阶段则是区块链技术在金融业务上的延伸，其应用范围涵盖金融机构、金融工具等。区块链 3.0 阶段囊括了各种行业中的新兴应用，拓展了银行、金融科技等领域的应用。区块链的不同发展阶段呈现相互影响、相互补充的互动态势。

1）区块链 1.0：数字加密货币

区块链通过密码学方法对生成的数据块进行关联，用于验证信息的有效性并生成下一个区块。在区块链 1.0 阶段，以比特币为代表的数字货币和支付行为是典型应用。随着比特币在全球范围内的推广，区块链作为比特币的底层技术，人们开始意识到其去中心化的卓越特性。区块链采用纯数学方法而非中心机构建立信任关系，从而使互不信任或者弱信任的参与者之间能够维持不可篡改的账本记录。

区块链 1.0 技术架构如图 5-4 所示。下面介绍区块链 1.0 阶段使用的相关技术。

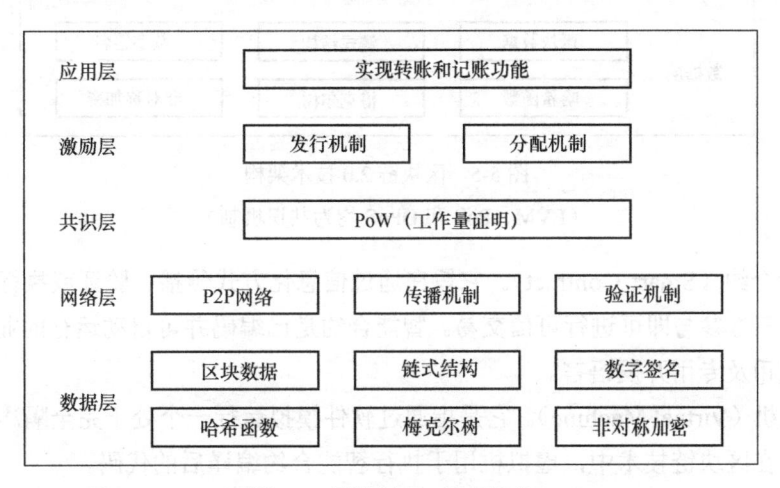

应用层	实现转账和记账功能		
激励层	发行机制		分配机制
共识层	PoW（工作量证明）		
网络层	P2P网络	传播机制	验证机制
数据层	区块数据	链式结构	数字签名
	哈希函数	梅克尔树	非对称加密

图 5-4　区块链 1.0 技术架构

① 分布式账本（Distributed Ledger）。分布式账本是网络成员之间实现共享、复制和同步的数据库，用于记录网络参与者之间的交易，部分国家的银行将分布式账本作为一项节约成本的措施和降低操作风险的方法。

② 块链式数据（Chained-block Data Structure）。区块链采用带有时间戳的链式区块结构存储数据，使数据在时间维度上有所增加，具有极强的可验证性和可追溯性。

③ 梅克尔树（Merkle Tree）。梅克尔树是区块链的重要数据结构，能够快速归纳和校验区块数据的存在性和完整性。

④ 工作量证明（Proof of Work，PoW）。通过引入分布式节点的算力竞争确保数据一致性和共识的安全性。

2）区块链 2.0：智能合约

区块链 2.0 阶段为可编程金融阶段。在该阶段，区块链系统已经渗入经济、金融及资本市场，形成股票、债券、期货、贷款、抵押、产权、智能财产等的智能合约。在构建货币体系的同时，区块链还存在大量泛金融领域的应用实例。以智能合约为例，其核心是利用程序算法代替人类执行合同，这些合约包含要约、承诺、价值交换 3 个基本要素，可以实现资产、过程、系统的自动化组合与相互协调。

区块链 2.0 技术架构如图 5-5 所示。下面介绍区块链 2.0 阶段使用的相关技术。

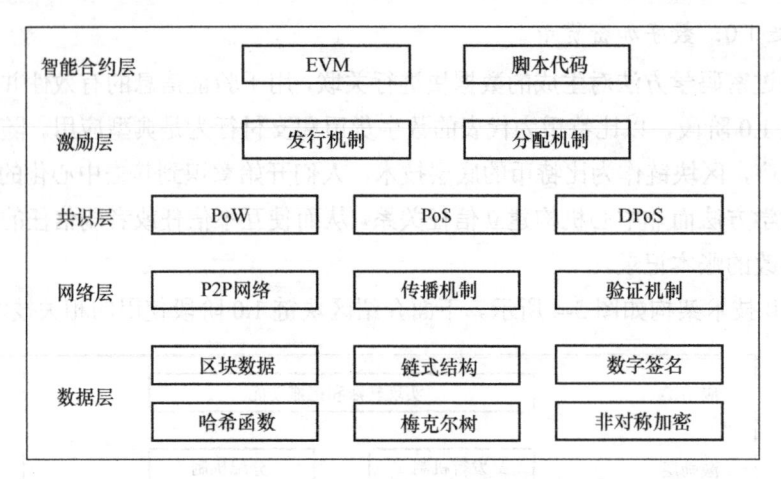

智能合约层	EVM	脚本代码
激励层	发行机制	分配机制
共识层	PoW	PoS	DPoS
网络层	P2P网络	传播机制	验证机制
数据层	区块数据	链式结构	数字签名
	哈希函数	梅克尔树	非对称加密

图 5-5　区块链 2.0 技术架构

（EVM、PoS 和 DPoS 均为共识机制）

（1）智能合约（Smart Contract）。它旨在通过信息化方式传播、验证或执行合同的计算机协议，无须第三方参与即可进行可信交易。智能合约是已编码并可自动运行的业务逻辑，一般具有自己的代币及专用开发语言。

（2）虚拟机（Virtual Machine）。它是指通过软件模拟运行一个处于完全隔离环境中的完整计算机系统。在区块链技术中，虚拟机用于执行智能合约编译后的代码。

（3）去中心化应用（Decentralized Application，DApp）。去中心化应用运行于分布式网络中，它可对参与者的信息进行安全防护（可能是匿名的），并通过网络节点执行去中心化操作。去中心化应用包含用户界面的应用，包括但不限于各种加密货币，如以太坊（Ethereum）去中心化区块链及其原生数字货币以太币（Ether）。

3）区块链 3.0：多行业应用

继区块链 1.0 阶段、区块链 2.0 阶段后，目前已进入区块链 3.0 阶段，即可编程社会系统阶段。在该阶段出现了已解决关键性技术难题的全领域生态级别的底层系统，区块链技术也应用于各种垂直行业中。该阶段的底层协议能够确保去中心化、去信任中介及商用级别的高性能。

区块链 3.0 阶段的根本特征之一是区块链与大数据、人工智能技术的融合，通过新的区块链技术，实现存储模式的创新。它与区块链 1.0 阶段和区块链 2.0 阶段最重要的一个区别在于区块链技术的使用方式与领域。在区块链 3.0 阶段，区块链技术的应用已超出金融领域，扩展至人类生活的各个方面，为各种行业提供了去中心化解决方案，包括在交通、司法、医疗、物流等领域，利用区块链技术解决信任问题、实现信息共享，将数据进行分布式的存储和连接，实现真正的大数据化，从而提高整个系统的运转效率。

区块链 3.0 技术架构如图 5-6 所示，相关技术也有了新的发展。

（1）超级账本（Hyper Ledger）。超级账本是 Linux 基金会于 2015 年发起的推进区块链数字技术和交易验证的开源项目，其目标是让成员通过合作共建开放平台，以适应众多行业的不同用户案例并简化业务流程。基于点对点网络的特性，作为超级账本一种实际体现的分布式账本技术具有完全共享、透明及去中心化的特点。通过创建分布式账本的公开标准，可以实现虚拟和数字形式的价值交换。

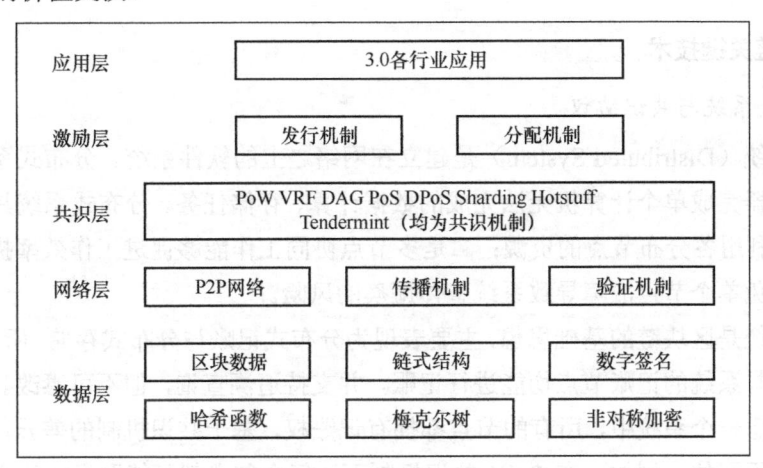

图 5-6　区块链 3.0 技术架构

（2）分片技术（Sharding）。分片是一种基于数据库将数据分成若干片段的传统概念扩容技术，它将数据库分割成多个分片并将这些分片放置在不同的服务器上，在底层公有链的系统内，网络上的交易将被分成不同的分片，其由网络上的不同节点组成。因此，只需要处理一小部分输入的交易，并通过与网络上其他节点的并行处理，就能完成大量的验证工作。

3. 区块链特征

区块链具有 5 种特征：去中心化、开放性、自治性、信息不可篡改和匿名性。

① 去中心化。区块链是由大量节点组成的端到端网络，不存在中心化设备与管理机构。区块链中数据的验证、记账、存储、维护和传输无须基于中心机构，而是利用数学算法实现。去中心化使得网络中的各个节点之间能够自由连接，实现数据、资产、信息等的交换。

② 开放性。区块链中的所有数据信息是公开的，每一笔交易都会通过广播的方式让所有节点可见。区块链具有源代码开源性，即网络中设定的共识机制、规则都可以通过一致的、开源的源代码进行验证，任何人都可以加入（公开链）或者通过受控方式加入（联盟链）。

③ 自治性。任何人都能加入区块链网络，每个节点均可获得一份完整的数据库拷贝。节点间基于一套共识机制，通过竞争计算的方式共同维护整个区块链。区块链技术采用基于协商一致的规范和协议，使整个系统中的所有节点能够在去信任的环境中自由安全地进行数据交换，任何人为干预都不起作用。

④ 信息不可篡改。不可篡改是指单个或多个节点对数据库的修改无法影响其他节点的数据库，除非能控制占比超过 51% 的节点同时进行修改。区块链使用密码学技术中的哈希函数、非对称加密机制保证区块链中的信息不被篡改。由于每个区块均通过密码学证明的方式链接前续区块，在区块链达到一定长度后，为了修改某一历史区块中的交易内容，需要将该区块前所有区块的交易记录和密码学证明进行重构，从而有效达到防篡改的目的。

⑤ 匿名性。由于节点之间的交换遵循固定的算法，其数据交互无须信任，区块链中的程

序规则会自行判断活动是否有效。因此，交易对手无须通过公开身份的方式让对方对自己产生信任。

4．区块链关键技术

1）分布式系统与共识协议

分布式系统（Distributed System）是建立在网络之上的软件系统。分布式系统的出现是为了利用更多机器完成单个计算机无法完成的数据计算、存储任务。分布式系统具有3个主要优势：一是充分利用各分布节点的资源；二是多节点协同工作能够促进工作效率提升；三是安全性高，可以避免单个节点故障导致系统整体瘫痪的风险。

分布式系统是区块链的基础思想，主要表现为分布式记账与分布式存储。所谓分布式记账，就是每一个参与系统的记账节点均能进行记账，并支持追溯查询，但不可篡改。然而分布式并不意味着在任意一个系统中，所有的节点都拥有记账权，基于共识机制的差异，可以参加记账的节点类型是不同的。例如，在PoW共识机制下，每个节点都可能取得比特币的记账权，在完成工作量证明后，第一时间让全网认可，即确定了记账的有效性；在DPoS共识机制下，只有被选举出来的超级节点才能有记账权；在瑞波共识机制（Ripple Protocol Consensus Algorithm，RPCA）下，只有信任节点才有记账的权力。

区块链中的分布式存储能够保证各参与方节点都有独立的、完整的数据存储。区别于传统的分布式存储，区块链中的分布式存储具有两个独特之处：一是区块链中的每个节点均按照块链式结构存储完整数据，而传统的分布式存储通常将数据按照一定的规则划分成若干份进行存储；二是区块链中各节点的存储相互独立、地位对等，依靠共识机制保证存储一致性，而传统的分布式存储一般通过中心节点与其他备份节点实现数据同步。数据节点可以是不同的物理机器或者云端不同的实例。

共识协议即共识平台，是分布式账本（区块链技术之一）的核心。分布式账本能够在点对点（Peer to Peer，P2P）网络中的不同节点间相互复制，所有交易均通过私钥签名。如何实现分布式系统中共识的高效性是分布式计算领域一个重要的研究问题。决策权越分散，系统达成共识的效率越低，但系统的稳定性和满意度越高；反之，决策权越集中，系统越容易达成共识，但会出现独裁。

（1）共识机制功能。共识机制的主要功能是维持区块链上账本的相同。区块链系统中的每个网络节点独立维护一份区块链账本。为了避免在不同区块链账本中出现数据混乱的现象，需要设计公平的挑选机制，每次仅挑选一个网络节点负责写入数据。当被挑选的网络节点写入数据后，其他网络节点必须准确及时地同步数据。为了避免网络中出现伪造、篡改新增数据的情况，需要设计可靠的验证机制，以使所有网络节点能够迅速验证所接收的数据是否由被挑选的网络节点写入。

（2）共识机制分类。共识算法允许与区块链相关联的机器连接起来进行工作，并在某些成员失效的情况下，仍能正常进行工作。这种容错能力是分布式账本的另一个主要优势，并有内置冗余余量作为备用。用于建立共识的算法是多种多样的，并制定基于性能、可扩展性、一致性、数据容量、治理、安全性和失效冗余等方面的要求。目前,广泛应用的共识机制包括 PoW、PoS、DPoS 和 PBFT 等,见表 5-3。根据应用条件,共识机制可以分为没有节点作恶和有节点作恶两类,见表 5-4。

表 5-3 广泛应用的共识机制

共识机制	技术水平	应用场景
PoW	依靠机器进行数学运算获取记账权,资源消耗比其他共识机制高,可监管性弱,每次达成共识需要全网共同参与运算,性能效率较低,容错性较高	公有链
PoS	主要思想是节点记账权的获得难度与节点持有的权益成反比。相较于 PoW,在一定程度上减少了数学运算产生的资源消耗,性能也得到相应提升,但依然基于哈希计算竞争获取记账权的方式,可监管性弱,容错性较高	公有链
DPoS	与 PoS 的主要区别在于节点选举若干代理人,由代理人验证和记账,其监管、性能、资源消耗和容错性与 PoS 相似	公有链
PBFT	采用许可投票、少数服从多数的方式选举领导者(Leader)进行记账,但该共识机制允许拜占庭容错,允许强监管节点参与,具备权限分级能力,性能更高、耗能更低。每轮记账都会由全网节点共同选举领导者,允许 33%的节点作恶,容错性为 33%	许可链
VRF	弥补了 DPoS 下相对中心化的选举所带来的弊端,同时保留了 DPoS 具备较高的效率和性能的优点,很好地兼顾了去中心化和性能。VRF 机制本身并不足以保证有足够的诚实节点进入委员会,因而需要 PoW 或者 PoS 等的配合以防范女巫攻击(恶意节点虚构出多个身份参与网络以增加自己的比重)	公有链
Sharding	将数据库分割成多个分片并置在不同的服务器上,即将网络中的工作分摊给所有参与的节点,缺点是系统复杂度高	公有链/许可链
Raft	相对清晰易懂,易于实现并能够提供优异的性能,被工业界广泛采用。其核心流程可分为领导者(Leader)选举和日志同步	私有链
Tendermint	区块成为共识的基本单位。借助区块链的链式特点,共识流程得以充分简化,算法复杂度也被进一步降低	公有链/许可链
HotStuff	相较于 Tendermint,提高了系统的性能,简化了共识流程。同时可以支持更大的网络规模	公有链/许可链

表 5-4 共识机制分类

应用条件	共识机制
没有节点作恶	Paxos、Raft、ZooKeeper、ViewTimestamp Replication
有节点作恶	PBFT、PoW、PoS、DPoS、Algorand、Sleepycat、SnowWhite

根据区块链系统如何选取记账节点,共识机制又可以分为选举类、证明类、随机类、联盟类和混合类 5 种。

① 选举类共识机制。矿工节点在每轮共识过程中以"投票选举"的方式选举当前轮次的记账节点,最先获得半数以上选票的矿工节点将会获得记账权,如 PBFT、Paxos 和 Raft 等。

② 证明类共识机制。它又称为"Proof of X"类共识,即矿工节点在每轮共识过程中必须证明其具有某种特定的能力,证明方式通常是竞争性地完成某项难以解决但易于验证的任务,在竞争中胜出的矿工节点将获得记账权,如 PoW 和 PoS 等。

③ 随机类共识机制。矿工节点根据某种随机方式直接确定每一轮的记账节点,如 Algorand

和 PoET 等。

④ 联盟类共识机制。矿工节点基于某种特定方式首先选出一组代表节点，然后由代表节点以轮流或者选举的方式依次取得记账权，如 DPoS 等。

⑤ 混合类共识机制。矿工节点采取多种共识算法的混合体来选择记账节点，如 PoW+PoS、DPoS+BFT 等。通过结合多种共识算法，能够取长补短，解决单一共识机制存在的能源消耗与安全风险问题。

（3）共识机制评价。不同的共识机制会对区块链系统的整体性能产生不同影响。因此，评价共识机制技术水平，通常包括安全性、扩展性、性能效率和资源消耗 4 方面。

① 安全性。即是否可以更好地防止二次支付、自私挖矿等攻击，以及是否具有良好的容错能力。自私挖矿采用适当策略将其生成的区块进行发布，获得更高的相对收益。它是对比特币系统安全性和公平性构成威胁的理论攻击方法。

② 扩展性。即是否支持网络节点扩展。在区块链设计中，扩展性是需要重点考虑的因素之一。根据对象不同，扩展性又分为系统成员数量的增加和待确认交易数量的增加两部分。扩展性主要考虑当系统成员数量、待确认交易数量增加时，伴随系统负载及网络通信量发生的变化，一般采用网络吞吐量作为衡量指标。

③ 性能效率。即从交易达成共识被记录在区块链中至被最终确认的时间延迟，也可以理解为系统每秒处理确认的交易数量。区块链技术通过共识机制达成一致，因此其性能效率一直是研究的关注点。

④ 资源消耗。即在达成共识的过程中，系统所需耗费计算资源的多少，具体包括 CPU、内存等。以比特币系统为例，基于工作量证明机制的共识需要耗费大量计算资源进行挖矿，并提供信任证明完成共识。

2）智能合约

智能合约（Smart Contract）的概念可以追溯到 1994 年，它由美国跨领域学者尼克·萨博（Nick Szabo）提出并定义为"一个智能合约是一套以数字形式定义的承诺（Promises），包括合约参与方可以在其上执行这些承诺的协议"。由于缺少可信的执行环境，智能合约在当时未能应用于实际产业中。

比特币问世后，其底层技术区块链能够为智能合约提供可信的执行环境。以太坊作为世界上首个内置图灵完备编程语言并正式引入智能合约概念的公有区块链，是目前最热门的智能合约开发平台之一。因此，智能合约伴随区块链技术的深入发展而受到广泛关注和研究。智能合约在不同平台的运行机制各不相同，以太坊与超级账本是当前应用最多的两种智能合约开发平台。

智能合约是一种由事件驱动的具有状态的代码合约和算法合同，智能合约利用协议与用户接口完成合约过程的全部环节，允许用户在区块链上实现个性化的代码逻辑。智能合约程序是一个可以自动执行的计算机程序，也是一个系统参与者，可以收发信息和储存价值。

智能合约通常具有值和状态两个属性，在代码中使用 If-Then 和 What-If 语句对合约条款中的相应触发场景与响应规则进行预设置，智能合约经多方共同约定、各自签署后随用户发起的交易提交，经 P2P 网络传播、矿工验证后存储在区块链的特定区块中，用户在得到返回的合约地址及合约接口等信息后即可通过发起交易来调用合约。矿工受系统预设的激励机制激励，将贡献自身算力来验证交易，矿工在收到合约创建或调用交易后于本地沙箱执行环境（如以太坊虚拟机）中创建合约或执行合约代码，合约代码根据可信外部数据源和世界状态的检查信息自动判断当前所处场景是否满足合约触发条件，以严格执行响应规则并更新世界状态。交易经验证有效后被打包进新的数据区块，该区块经共识算法认证后链接到区块链主链，所有更新生效。

基于区块链的智能合约技术具有去中心化、自治化、可观察、可验证、可信息共享等特点，能够有效构建可编程金融和可编程社会系统。智能合约基于可信的不可篡改的数据，能够自动执行一些预先定义好的规则和条款。

智能合约的研究涉及合约编码、合约性能、合约安全性及合约隐私等方面。针对智能合约存在的隐私、安全、性能及统一标准等问题，伴随区块链技术的研究发展与突破，越来越多的国内学者开始关注智能合约的优化研究。但从总体来看，智能合约的相关研究尚处于起步阶段，尤其是在智能合约的优化问题上，尚未形成一套行之有效的方法。

3）跨链技术

随着不同特点、不同应用场景的区块链快速发展，加上公有链、私有链、联盟链大量共存，现存各区块链之间的数据通信、价值转移面临因相互独立而导致的价值孤岛现象的挑战。基于上述问题，跨链技术逐步发展起来。跨链技术是区块链实现互联互通、提升可扩展性的重要技术手段。它既是区块链向外拓展和连接的桥梁，也是价值网络实现的关键所在。下面介绍3种具有代表性的区块链跨链技术。

（1）Ripple。Ripple公司设计并主导互联账目协议ILP实现跨链交易转账。采用Ripple协议进行跨境转账，可极大降低所需支付的手续费，统计Ripple网络事实将极大提升交易处理的效率。它将在不同账本之间建立连接，从而形成账本之间的协作。ILP适用于所有记账系统，可以包容所有记账系统之间的差异性，其发布的目标就是打造全球统一支付标准，创建统一的网络金融传输协议。Ripple提供了3种解决方案：协助银行处理全球支付的xCurrent、为支付服务商提供流动性的xRapid，以及协助普通公司接入Ripple网进行支付的xVia。从2014年开始，Fidor银行、Cross River银行、CBW银行等金融机构接入Ripple协议。目前，Ripple生态已相对成熟，越来越多的金融机构与Ripple公司维持合作关系，但由于Ripple主要解决跨境转账问题，加上ILP需要公证人，Ripple对于跨链通信的研究还未取得较大进展。

（2）侧链技术。狭义的侧链技术是指以锚定某种原链（主要是比特币区块链）为基础的新型区块链。从广义上讲，侧链技术是指用于解决现有区块链存在的可拓展性、延伸性及互操作性问题的跨链基础设施。较为有名的比特币侧链是ConsenSys的BTC Relay、Rootstock、RSK，以及BlockStream推出的元素链Elements与Liquid，非比特币侧链则有Lisk、Polkadot和Asch等。

（3）闪电网络（Lightning Network）和雷电网络（Raiden Network）。闪电网络和雷电网络都是为了解决转账慢和网络拥堵问题而采取的链下支付技术，它们都是状态通道的应用。闪电网络针对比特币，雷电网络则针对以太坊。闪电网络作为一种分布式网络，通过智能合约实现即时、高容量支付，旨在实现链下交易的安全性，哈希锁定技术使其能够实现原子级的跨链交换，需要进行跨链交换的两条区块链均支持闪电网络。雷电网络在以太坊上采用链下扩容方案，旨在通过链下状态网络扩展以太坊的交易能力。雷电网络的支付通道由智能合约而非多签名地址控制，因为使用智能合约能够实现更多复杂的交换条件。

5. 区块链技术架构

区块链是一类在不可信环境中建立可信新型计算范式和协作模式的统称，包含上述多种技术实现方式。区块链系统分为6层，分别是数据层、网络层、共识层、激励层、合约层和应用层。

1）数据层

数据层相当于区块链中的数据结构，它将区块链底层的数据存储技术与数据加密技术进行封装，其中涉及的基本概念包括哈希函数、非对称加密、区块、梅克尔树及时间戳等。其中，非对称加密主要指在交易过程中使用的公钥和私钥。网络中的每个节点会生成一对私钥和公钥，私钥的本质为一个32B的数组，公钥及地址的生成均依赖于私钥，并关联数字签名功能；公钥则是操纵数字资产账号的唯一凭证，它与数字签名的验证相关。信息发送者使用私钥进行信息签名，使用信息接收方的公钥对信息加密。信息接收方使用信息发送方的公钥进行身份验证，使用私钥对信息解密。

梅克尔树通常为满二叉树并以二叉树的形式存储交易数据。其叶子节点的取值为真实数据块的哈希值，各非叶子节点的值均为孩子节点的哈希值，根节点成为 Merkle 根。所有交易信息最终都以 Merkle 根的形式存储于区块头。梅克尔树将数据验证的时间复杂度从线性时间降低到对数时间，同时简化了数据集验证，能够节省大量的内存空间。

2）网络层

网络层主要涉及点对点机制、数据传播机制及数据验证机制。区块链网络采用 P2P 方式，无须中心服务器，依靠用户之间互联传递消息。每个节点既接收信息，也产生信息。网络层的主要目标是在节点间引入随机的网络拓扑结构，同时实现区块链更新信息的有效传播和本地同步。

在无限制的公开区块链网络中，节点可自由选择加入网络并自主选择激活功能。但是不同的应用场景对于区块链的去中心化和开放程度有所不同，据此可以将区块链分为公有链（Public Chain）、私有链（Private Chain）和联盟链（Consortium Blockchain）。

在一般情况下，区块链 P2P 网络链路建立在 TCP 连接的基础上。在比特币网络中，当建立一个或多个连接后，新节点将包含自身 IP 地址和地址的信息发送给相邻节点，相邻节点再将信息转发给其他相邻节点，从而实现新节点的信息被多个节点接收。节点之间通过 TCP 协议与相邻节点完成交易。区块链中的数据传输通常是基于 HTTP 的 RPC（Remote Procedure Call）协议而实现的，其中消息按照 JSON 协议进行序列化。

3）共识层

共识层主要负责提供共识算法和共识机制，如工作量证明（Proof of Work，PoW）、权益证明（Proof of Stake，PoS）及股份授权证明机制（Delegate Proof of Stake，DPoS）等。

区块链的独特共识协议由拜占庭将军条件下的网络共识节点实现，主要是网络中数据和交晶的一致性，防范拜占庭攻击、51%攻击、女巫攻击等共识攻击，其机制称为共识机制。共识机制是区块链技术的关键概念，因为它决定了到底由谁来记账，记账者选择方式将会影响整个系统的安全性和可信性。

4）激励层

激励层将经济因素纳入区块链系统，为区块链网络的平稳运行和发展提供支持，主要包括经济激励的发行机制和分配机制，该层主要出现在公有链中。以比特币为例，共识协议中涉及工作量证明机制，需要节点按照规范构造区块，通过将区块和不同随机数组合进行区块数据的哈希计算，直至找到满足相关条件的随机数。节点需要通过枚举的方式不断进行尝试，因而需要投入大量的计算资源，同时消耗大量的电力资源。通过引入激励机制，为新区块的产生和交易提供奖励，激励节点提供自己的资源，促进区块链网络的平稳运行和发展。

5）合约层

合约层主要负责封装各类脚本、算法和智能合约，并赋予账本可编程的特性。区块链 2.0 阶段通过虚拟机的方式运行代码实现智能合约的功能，如以太坊虚拟机（EVM）。智能合约可触发约束条件自动执行，无须人工干预，也可以在不满足条件时自动解约。以太坊在智能合约中添加了能够与用户互动的前端界面，形成了去中心化的应用 DApp，为区块链与各种应用场景相结合提供了技术支持。

6）应用层

应用层贯穿整个区块链架构，服务于上述每一层，良好的运维管理理念与模式有助于提高整个区块链系统的可用性。

5.3.2 车联网与区块链技术融合概述

区块链的去中心化决定了其具有分布式架构的特点。区块链网络是一种典型的 P2P 网络。当前的车联网通信主要通过专用短程通信技术和 C-V2X 两种技术途径实现，其网络架构也为分层的 P2P 结构。为了在车联网系统中实现网络的均衡负载，避免因负荷过大造成单点故障影响整个系统的运行，车联网也越来越倾向于实现一定程度上的去中心化。

区块链技术的应用场景与车联网有很多相似之处。例如，区块链服务的 P2P 网络和车联网都具有节点数目多的特性；区块链节点和车联网中的车辆一样，加入和退出操作都比较频繁，因此区块链的特性也能满足车联网节点加入和退出的高效性需求。

1）去中心化

区块链技术具有去中心化的特性，因此整个网络没有中心管理者。车联网系统则依靠网络中多个参与者的公平约束，因而任意节点的权利和义务都是均等的，每个节点都会存储相应区块链上的所有数据。即使该节点出现损坏或遭受攻击，仍然不会对车联网系统造成任何威胁。

2）防伪造

区块链技术的使用可以确保信息或合约无法伪造。若账本在某个节点或某几个节点手上，其被造假的可能性非常高，但如果每个节点手里都有一本账本，除非整个系统里有超过51%的节点都更改某一笔账目，否则任何篡改都是无效的，这体现了集体维护和监督的优越性。

3）防撤销

区块链的特性确保链上的信息不可撤销、不能随意销毁。由于车联网系统是开放的，整个系统是公开透明的，因此，在应用区块链技术使得某笔交易被全网广播后，得到6个以上确认即表示成功将其记录在案，并且不可逆转、不可撤销。

4）数据安全

区块链的基本结构可以增加数据安全性。从整体安全角度看，区块链的零信任本质意味着用户无须依靠第三方来完成交易。从数据角度看，区块链上发生的一切交易都是加密的。黑客悄悄篡改区块链上的数据而不被他人发现是不可能发生的。在车联网环境下引入区块链技术，车联网作为高度去中心化的系统，比传统数据安全系统更安全。当现有的大多数车联网数据安全系统集中放置时，区块链的分布式特性表现为没有单一组织管控，这意味着不会发生单点故障。

5）匿名性

区块链可以是公有的，也可以是私有的。无论是公共链，还是私有链都具备上述分布式网络、加密账本等固有安全特性。任何人都可以访问公有链，而私有链只有特定用户才可以加入。从根本上讲，私有链比公有链更安全，对数据安全的颠覆性也更大。车联网公有链的节点通常提供匿名性，私有链则依靠节点的身份验证访问权限，即用户身份信息是公开的。因此，公有链的匿名性可为一些用户提供额外的数据安全性。

6）可验证性

区块链信息是可以验证的。车联网其他节点可以通过提取信息来判定某笔交易是真实的还是伪造的。区块链技术的核心是沿时间轴记录数据与合约，并且只能读取和写入，不能修改和删除。在应用层面，区块链的安全、透明、高效等优势使其特别有助于规范车联网的发展，以及促进车联网的普及与创新；在车联网产业中，采用分布式数据库和智能合约可以大幅度减少资源消耗、节省成本。

5.3.3 车联网与区块链技术融合安全需求

整合区块链技术的优势，将其引入车联网体系结构中，可在一定程度上提升车联网的安全性。车联网与区块链技术融合安全需求主要包括数据安全、通信安全及应用服务安全3方面的需求。

1）数据安全需求

车联网数据采集中的隐私泄露是数据安全的一项重要内容。车联网需要将收集到的更多敏感信息固化在区块链节点上，以受到区块链公/私钥加密技术的保护，并确保车辆节点数据只能被请求数据的目标方接收。由于区块链去中心化的特性及其设计中使用的加密编码，黑客攻击区块链网络的难度越来越高。区块链技术的某些应用可以加强车辆隐私数据的保护。

2）通信安全需求

在现有的车联网通信安全解决方案中，主要采用 PKI、IBC（基于标识的密码体系）及 CPK（组合公钥）等技术。在基于区块链的车联网网络中，使用分布式 PKI（Distributed PKI，DPKI）代替传统 PKI 中的集中式密钥分配。相对于 PKI 而言，DPKI 采用相容散列算法实现公钥资源的分布，车联网中的各个节点可以存储部分节点的公钥。各节点之间通过共识机制构成一个密钥分配中心。此外，车联网通信安全需要防止恶意节点的加入。通过区块链中的共识算法，可以确保新加入节点身份的真实性。新申请的节点由记账节点进行身份审核，审核通过即进行签名。当签名数量达到区块链系统中节点数的 51% 时，该申请节点即被认为是合法的并加入记账节点，随后记录在区块链中。反之，该申请节点会被认为是非法的，系统即判断其为无效申请。通过共识机制，可对新申请节点的有效性进行验证，确保通信网络安全。

3）应用服务安全需求

区块链技术在防止 DDoS 攻击方面发挥了重要作用。由于区块链的去中心化特性，区块链中完整的区块链信息分散在每个节点上，单个节点也有能力验证其他节点的数据有效性。在此种情况下，基于区块链技术的车联网 DDoS 攻击将变得非常困难。即使一个节点被攻破，其他节点也可以保持区块链系统正常运行，从而有效抵御 DDoS 攻击。

在车联网应用层面，通过区块链技术的智能合约，可以实现车辆违章记录、车险理赔等方面的操作。在车辆违章记录方面，需要借助区块链技术来完成。智能合约是基于哈希函数的分布式账本，它具有去中心化的特性，可将所有参与者的身份信息保存在区块中。在车险理赔方面，一旦车辆发生交通事故，区块内的每个节点都能详细记录事故车辆的位置、时间戳等信息，而这些信息都会被写入区块链中，保证其难以被篡改。此外，运用区块链的链式结构，可以实现溯源，智能合约则可以防止套牌/冒牌车等问题的发生。

通过整合上述关于车联网安全的 3 方面内容，构建基于区块链技术的车联网安全体系结构，如图 5-7 所示。根据车联网自身的特点，整个体系结构整合了区块链相关技术，从车联网终端层、数据采集层、数据层、共识网络层及业务应用层 5 个层次的结构出发，提升了车联网的安全性。

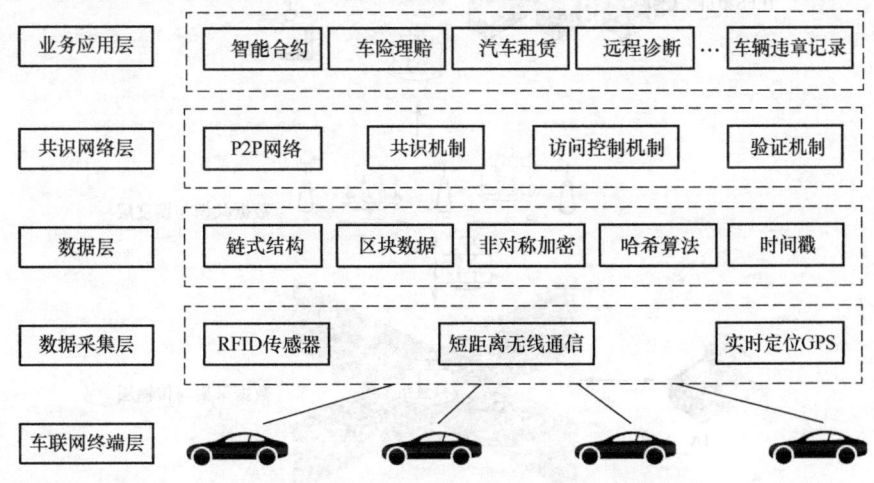

图 5-7 基于区块链技术的车联网安全体系结构

5.3.4 车联网与区块链技术融合安全技术分析

针对上述车联网与区块链技术融合安全需求，车联网与区块链技术融合的安全技术主要包括基于区块链的车联网数据安全共享技术、基于区块链的车联网通信安全技术等。

1. 基于区块链的车联网数据安全共享技术

1）基于区块链的车联网数据安全共享模型

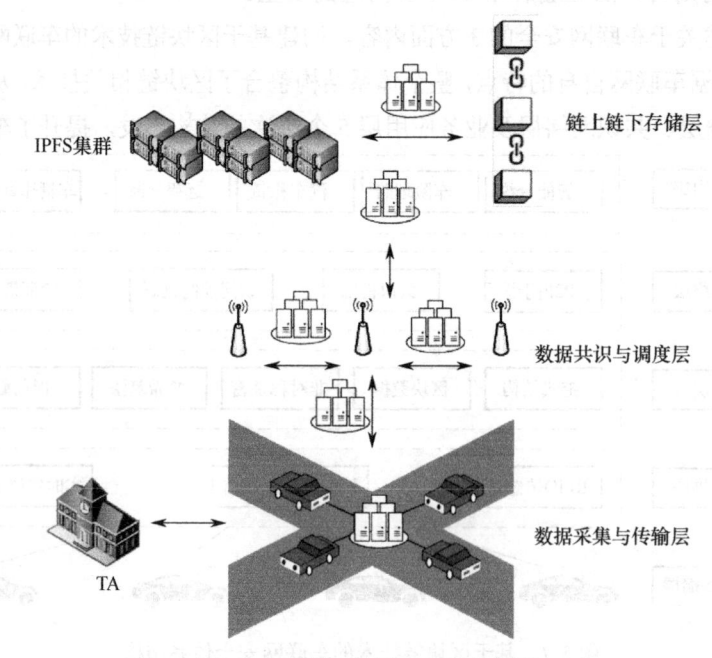

基于区块链的车联网数据安全共享模型（以下简称车联网数据安全共享模型）包括可信认证中心（TA）、车辆、RSU 和星际文件系统。其中，TA 是负责系统初始化、管理系统属性和数据访问者密钥分发的完全可信中心。车辆主要用于数据感知，并使用专用短程通信技术与 RSU 通信并向 RSU 传输加密数据。RSU 是一个半可信的基础设施，安装在道路两侧，容易受到攻击。它具有足够的处理性能、存储空间和良好的网络连接，可以接收车辆上传的数据并生成、验证和存储区块。星际文件系统（Inter Planetary File System，IPFS）利用其强大的存储能力能够对原始数据进行存储，并生成相应的数据索引，在与区块链配合使用时，它可解决区块链存储瓶颈问题，从而扩展了区块链的存储空间。

如图 5-8 所示，车联网数据安全共享模型由 3 层组成，分别如下：第一层为数据采集与传输层，负责数据的采集、加密处理和传输。第二层为数据共识与调度层，它由 RSU 节点组成，负责收集第一层传输的加密数据，通过共识算法将其打包并上传至 IPFS，IPFS 将原始数据的索引，包括哈希值，发送到 RSU 的共识节点，执行上链操作将哈希值存储在区块链中。第三层是由 IPFS 集群和区块链组成的链上链下存储层，其中 IPFS 负责存储传入的原始数据，并生成哈希值；区块链则负责存储原始数据的哈希值，以形成链上和链下的存储模式。

图 5-8 车联网数据安全共享模型

2）基于区块链的车联网数据安全共享流程

图 5-9 所示为基于区块链的车联网数据安全共享流程，具体如下：

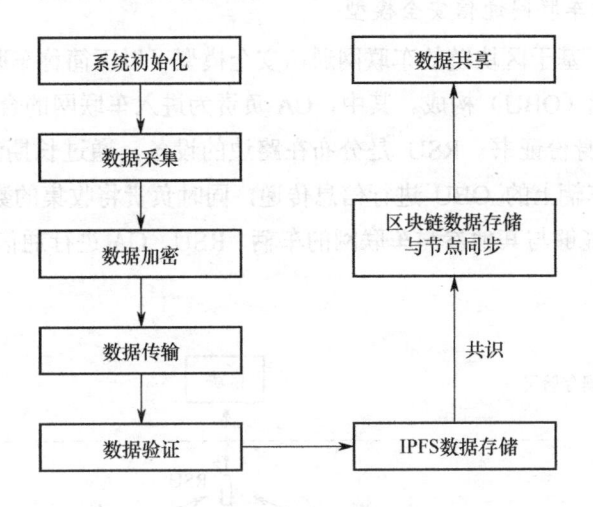

图 5-9　基于区块链的车联网数据安全共享流程

（1）系统初始化。车辆在加入车联网网络之前需要由 TA 进行登录注册。车辆向 TA 表明身份信息，TA 生成车辆的数字证书，用于验证车辆身份。

（2）数据采集。车辆节点获得数字证书，在确认通信方身份合法后，利用压缩感知算法对数据进行采集。

（3）数据加密。车辆节点对采集到的压缩数据进行哈希计算与加密运算，具体可根据实际需求选择加密算法，如细粒度的属性加密。

（4）数据传输。车辆节点在车联网网络中利用 P2P 的传播方式将已加密处理的数据传输给全网节点。

（5）数据验证。全网节点在收到相应数据后进行验证，同时验证车辆节点身份信息与数据信息的真实性，若车辆节点并非网络中被认证的节点或信息的真实性存疑，则将此次数据传输作废，并将该恶意节点拉入黑名单。

（6）IPFS 数据存储。IPFS 对加密后的原始数据进行存储，并生成包含哈希值的索引。

（7）区块链数据存储与节点同步。全网共识节点 RSU 通过运行 PBFT 共识算法将 IPFS 生成的数据进行上链存储，数据在联盟链网络中进行打包、背书验证，完成区块生成，最后存入区块链中，并通过广播方式对所有节点进行同步。

（8）数据共享。用户先通过查询区块链数据，获得索引值，再根据索引值从 IPFS 中读取原始数据的密文，通过解密获得原始数据，最后通过对比哈希值，确保数据的完整性。

结合上述流程可知：通过将数字证书和区块链相结合，能保证车辆节点身份的合法性；通过将 IPFS 和区块链相结合，可实现车联网数据存储的可拓展性；通过将加密算法和区块链相结合，能保证车联网数据的完整性和安全性。因此，区块链的去中心化、数据不可篡改、加密传输及多方认证可以有效解决车联网数据安全共享的问题。

2. 基于区块链的车联网通信安全技术

1) 基于区块链的车联网通信安全模型

如图 5-10 所示，基于区块链的车联网通信安全模型（以下简称车联网通信安全模型）由 CA、RSU 和车载单元（OBU）构成。其中，CA 负责为进入车联网的合法车辆进行身份注册，产生公私钥对，颁发身份证书。RSU 是分布在路边的设备，通过长期演进技术（Long Term Evolution，LTE）与车辆上的 OBU 进行信息传递，同时负责将收集的数据上传到区块。OBU 是车联网的参与者，能够与其他参与车联网的车辆、RSU、CA 进行通信，并向 RSU 上传车辆信息。

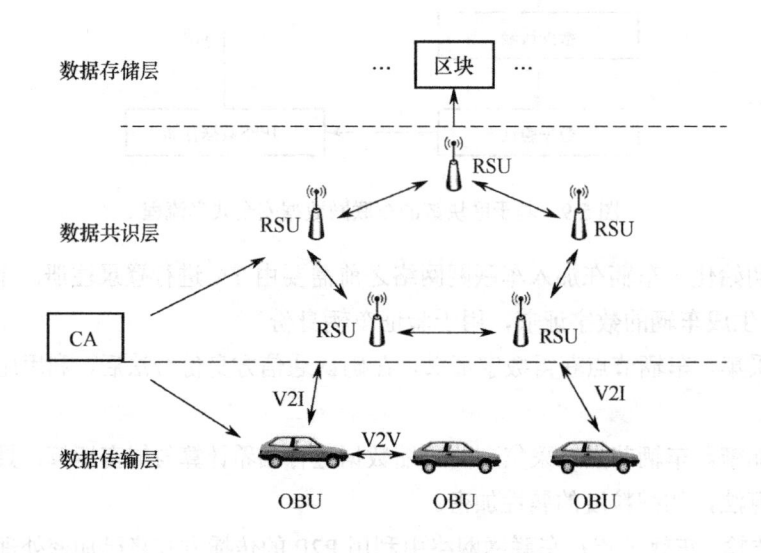

图 5-10 车联网通信安全模型

车联网通信安全模型包括数据传输层、数据共识层和数据存储层。其中，数据传输层由车辆和 RSU 组成。RSU 负责收集车辆上传的历史信任数据，并将其共识存储于区块链网络。车辆作为用户节点，在驶入 RSU 通信覆盖范围后可与 RSU 进行交互。为了保证 V2V 通信安全，车辆之间利用信任模型进行信任评估，从而进行安全消息传递。数据共识层由 RSU 组成，RSU 负责将收到的信息上浮至数据共识层，通过共识机制进行 Leader 选举并对信息进行排序共识。数据存储层根据选出的 Leader 将同一时段内的信息进行排序共识，并将数据上传到区块链。

该模型能够实现基于区块链的车联网安全通信策略，其流程如图 5-11 所示。接入车联网的 RSU 节点与车辆节点通过 CA 进行身份注册得到注册信息，该注册信息存储于区块链中。在车辆互相通信时，通过区块链查验交互双方信息是否属实，并计算对方在此阶段的信任值，以判别其可靠性，同时将此次计算的信任值存入区块链中。如果某辆车的信任值多次低于某个设定的信任阈值，则将此车的假名置于撤销列表中，该车需要重新向 CA 申请身份注册。

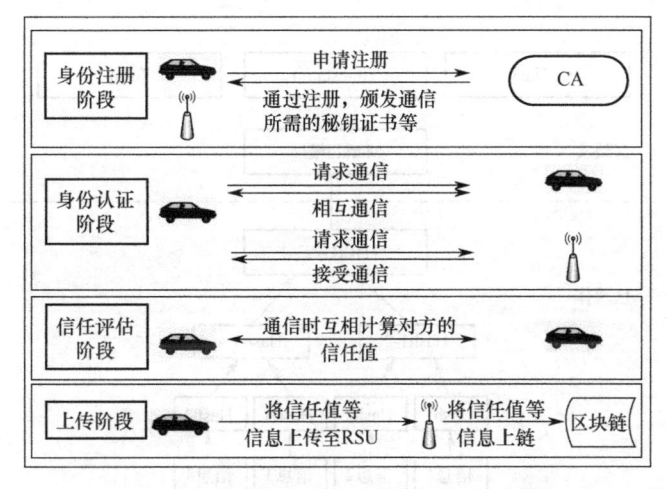

图 5-11 基于区块链的车联网通信安全策略流程

区块链通常采用 PoW 共识机制来完成信息的上传,虽然该种机制的去中心化程度及安全性能高,但是挖矿记账将浪费大量资源及时间,系统性能较差,无法满足车联网节点高速移动及低时延的要求。上述通信安全策略若使用分布一致性算法(RAFT)作为区块链的共识机制,将具有以下优势:

(1)复杂度仅为 $O(n)$,优于 PBFT 的 $O(n^2)$。

(2)可容忍 $(n-1)/2$ 个故障节点,有效防止 RSU 宕机产生的数据丢失等问题。

(3)对于车联网,Leader 选举机制能较好地避免资源浪费,可使数据信息快速上传且不会出现分叉。

RAFT 中的所有节点包含 Leader、Candidate、Follower 3 种角色,它作为强一致性算法,选出的 Leader 角色能够决定信息的上链。RAFT 共识机制的具体实施过程如下:

(1)一开始区块链系统中的所有 RSU 节点都为 Follower 节点,如果 Follower 节点在一段任期(Term)内没有收到 Leader 或者 Candidate 的响应,则自动增加任期,并转变为 Candidate 节点,对其他节点发起投票。当得票数超过一半时,说明此节点被选举为 Leader。如果另一个 Candidate 节点赢得选举,则此节点返回为 Follower 节点。RAFT 的选举流程如图 5-12 所示。

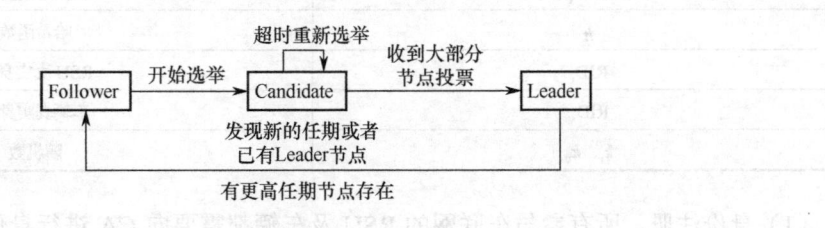

图 5-12 RAFT 的选举流程

(2)Leader 节点将收到的信息以区块形式打包并广播给其他节点。区块中的区块头摒弃了公链所需的随机数(Nonce),并增加了任期,如图 5-13 所示。其他节点在收到区块后会对区块内容中的时间戳和任期进行验证,并复制一份作为存证。

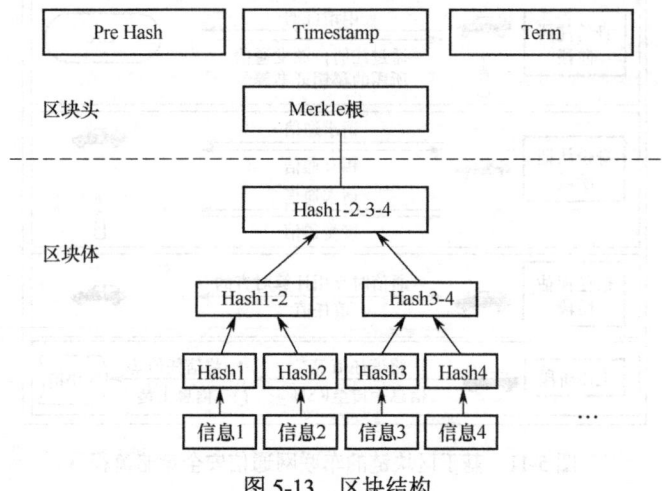

图 5-13 区块结构

2）基于区块链的车联网通信安全策略

基于区块链的车联网通信安全策略流程由身份注册、信任评估及安全通信 3 部分构成。身份注册和安全通信中的符号及含义见表 5-5。

表 5-5　身份注册和安全通信中的符号及含义

符　号	含　义
V	车辆
$Cert_v$	车辆证书
PUB_v	车辆公钥
PRI_v	车辆私钥
PUB_r	RSU 公钥
PRI_r	RSU 私钥
TS	时间戳
PID	车辆假名
SIG	数字签名
DIG_x	信息摘要
h	哈希函数
RID_r	RSU 真实身份
RID_v	车辆真实身份
k_r, k_v	随机数

（1）身份注册。所有参与车联网的 RSU 及车辆都需要向 CA 进行身份注册，RSU 将自己的 ID 提交给 CA。CA 利用椭圆曲线加密算法对接入车联网的车辆及 RSU 生成公私钥对及证书。CA 产生一个椭圆曲线 $E_P(a,b): y^2 = x^3 + ax + b \pmod{p}$，须满足 $4a^3 + 27b^2 \neq 0$，并在椭圆曲线上取一个基点 $G(x,y)$。其中，p 为素数域内点的个数，a 和 b 为两个大数。RSU 与车辆的注册流程如图 5-14 所示。

```
RSU        注册请求           CA        注册请求        车辆
         {RID_v, k_r}              {RID_v, TS_v}

         ┌─────────────────┬──────────────────────────┐
         │ 验证RSU身份      │ 验证车辆身份              │
         │ 产生授权证书Cert_r│ 注册私钥：PRI_v=k_v       │
         │ 注册私钥：PRI_r=k_r│ 注册公钥：PUB_v=PRI_v×G   │
         │ 注册公钥：PUB_r=PRI_r×G│ 生成假名：PID_v=h(RID_v||k_v)│
         │                  │ 产生车辆证书Cert_v         │
         │                  │ 生成初始信任值DT_default    │
         └─────────────────┴──────────────────────────┘

    {TS_r, PUB_r, PRI_r, Cert_r}   {PUB_v, PRI_v, Cert_v, DT_default}
```

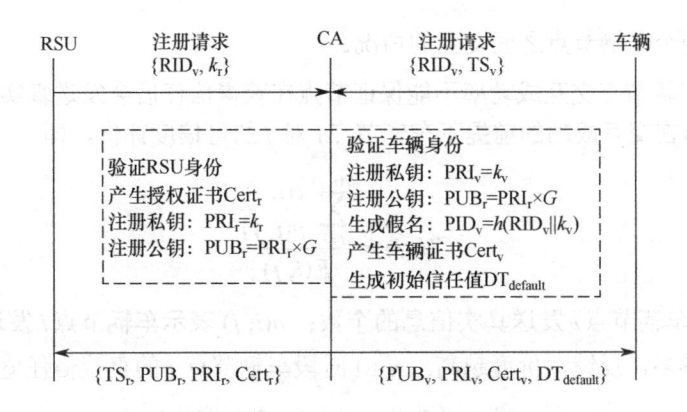

图 5-14 RSU 与车辆的注册流程

① RSU 注册。所有参与车联网的 RSU 都需要向 CA 进行身份注册，RSU 将自己的 ID 提交给 CA，具体步骤如下：

a) RSU 向 CA 发送注册请求 $\{RID_r, k_r\}$，随机数 r 可以抵御中间人攻击。

b) CA 接受 RSU 发送的注册请求并验证其身份，在确认身份信息无误后会产生一个授权证书，选择一个椭圆曲线 $E_p(a,b)$ 并随机选取一个基点 $G(x,y)$。CA 将 RSU 发送的 k_r 作为 RSU 私钥 PRI_r，并用 PRI_r 产生 RSU 公钥 PUB_r。在产生公私钥对后，CA 将 RSU 注册完成时间戳 TS_r 及 PUB_r 向全网广播。

c) CA 将 $\{TS_r, PUB_r, PRI_r, Cert_r\}$ 通过安全通道传输给等待注册的 RSU，RSU 在收到 CA 的消息后结束注册流程。

② 车辆注册。在车辆接入车联网系统之前，需要向 CA 发起身份注册申请，具体步骤如下：

a) 车辆向 CA 发送注册请求 $\{RID_v, TS_v\}$，其中 TS_v 为车辆申请时的时间戳。

b) CA 接受车辆发送的注册请求并验证其身份，在确认身份信息无误后会产生一个随机数 k_v 作为车辆私钥 PRI_v，同时选择一个椭圆曲线 $E_p(a,b)$ 并在其上取一个基点 $G(x,y)$。CA 使用 PRI_v 产生车辆公钥 PUB_v。之后，CA 为车辆生成假名，它根据 TS_v 为车辆颁发含有注册失效时间的车辆证书 $Cert_v$ 并赋予车辆一个初始信任值 $DT_{default}$。

c) CA 将 $\{PUB_v, PRI_v, Cert_v, DT_{default}\}$ 通过安全通道传输给等待注册的车辆并上传至区块链，车辆在收到 CA 信息后结束注册流程。

(2) 信任评估。在身份注册完成后，车辆节点依旧有可能会进行恶意攻击，对车联网系统进行破坏。基于区块链的车联网通信安全策略在车辆通信时增加了信任评估机制，计算出的信任值将由车辆上传至附近的 RSU，RSU 通过共识机制将信任值等信息上传至区块链中进行存储。

① 直接信任值。计算 $n+1$ 时段车辆节点 j 的直接信任值，主要考虑之前时段车辆节点 i 与 j 的交互情况。利用 Beta 分布对车辆节点 i 与 j 进行直接信任值计算，即

$$D_{t_{n+1}}(i,j) = \frac{S(i,j)+1}{S(i,j)+F(i,j)+2} \tag{5-1}$$

式中，$S(i,j)$ 表示车辆节点 i 和 j 交互成功的次数；$F(i,j)$ 表示车辆节点 i 和 j 交互失败的次数；

$D(i,j)$ 能够反映两个车辆节点之间交互的情况。

但是仅依靠车辆节点交互成功率不能保证节点在获得信任后会发送真实信息,于是增加反馈评价度 C,表示在交互成功的前提下车辆节点 i 对 j 的可信度评价,即

$$C(i,j) = \frac{\sum_{l=1}^{S(i,j)} \frac{t(i,j)}{n(i,j)}}{F(i,j)} \tag{5-2}$$

式中,$t(i,j)$ 表示车辆节点 i 发送真实信息的个数;$n(i,j)$ 表示车辆节点 i 发送信息的总数,发送的真实信息数越多,反馈评价度越高。$n+1$ 时段车辆节点 j 的直接信任值计算所下:

$$D_{t_{n+1}}^{\mathrm{T}}(i,j) = \begin{cases} D_{t_{n+1}}(i,j) \times [1+C(i,j)], & N>0 \\ D_{\mathrm{default}}^{\mathrm{T}}, & N=0 \end{cases} \tag{5-3}$$

式中,N 为交互次数。如果车辆没有交互,直接信任值就是身份注册时 CA 分发的初始信任值,但是如果节点进行摇摆攻击,即积累信任值后发动攻击,则很难计算直接信任值。引入时间影响度 $\delta(\Delta t)$,表示上一时段节点信任值对当前节点信任值的影响,即

$$\delta(\Delta t) = \mathrm{e}^{-\lambda(\Delta t)} \tag{5-4}$$

式中,$\Delta t = t_{n+1} - t_n$;λ 为调节系数,其值越小,时间影响度越大,即上一时段的直接信任值对本时段的直接信任值的影响越大。当上一时段的信任值减小时,λ 小幅增加;当连续减少 3 次及以上时,λ 大幅增加。考虑时间影响度的直接信任值计算如下:

$$D_{t_{n+1}}^{\mathrm{T}}(i,j) = \begin{cases} D_{t_{n+1}}(i,j) \times [1+C(i,j) \times \delta(\Delta t)], & N>0 \\ D_{\mathrm{default}}^{\mathrm{T}}, & N=0 \end{cases} \tag{5-5}$$

② 推荐信任值。当两个车辆节点没有直接交互或者直接交互次数过少时,车辆节点 i 需要通过获取在车联网中与其有过交互的节点 j 的信任评价来计算推荐信任值。恶意诋毁攻击通常发生在推荐信任值计算中,其攻击方式有以下两种:

a)对同样是恶意节点的车辆节点进行过高评价,导致恶意车辆节点能够继续维持一个较高的信任值,从而在车联网中继续运作。

b)对交互过的正常车辆节点进行差评,导致正常车辆节点的信任值下降,从而破坏信任模型。

通过改进 PageRank 算法计算车辆的推荐信任值,即

$$\mathrm{PR}(u) = \frac{1-\alpha}{P} + \alpha \times \sum_{P_v \in B_u} \frac{\mathrm{PR}(P_v)}{L(P_v)} \tag{5-6}$$

式中,$\mathrm{PR}(u)$ 为所计算的页面 u 的 PageRank 值;P 为网页总数;α 为阻尼系数,一般取 0.85;B_u 为页面 u 的入链集合;$\mathrm{PR}(P_v)$ 为网页 P_v 的 PageRank 值;$L(P_v)$ 为 P_v 链超出页面的数量。

通过对 PageRank 算法进行改进,评估车辆的推荐信任值。所计算的推荐信任值也可视为对系统环境内车辆交互积极性的信任值奖励,如果在一段时间内车辆进入车联网系统但不与其

他任何车辆进行交互,则只能得到一个较小的推荐信任值。与其他车辆交互越多,相应的推荐信任值会在一定程度上变大。改进 PageRank 算法的推荐信任值计算如下:

$$R^{\mathrm{T}}_{t_{n+1}}(i,j) = \alpha \sum_{v \in K(k_1,k_2,\cdots,k_n)} \frac{\mathrm{PR}_{t_n}(i,k)}{L(k)} + \frac{1-\alpha}{M} \tag{5-7}$$

式中,$K(k_1,k_2,\cdots,k_n)$ 表示在第 n 个时段与车辆节点 j 交互过的所有节点的集合;PR_{t_n} 表示在第 n 个时段车辆节点 k 的 PageRank 值;$L(k)$ 表示车辆节点 k 在第 n 个时段的总交互次数;M 表示同时段的车辆总数。车辆节点的推荐信任值由与车辆节点 j 交互过的车辆节点集合 $K(k_1,k_2,\cdots,k_n)$ 共同决定。如果有车辆节点在当前时段离开车联网或是因为信用问题被强制注销,那么该节点不包括在集合 K 中。同样地,如果在当前时段有新的车辆节点加入并与车辆节点 j 交互,则对车辆节点 j 的推荐须等到下一时段才能生效。

在推荐信任值的计算过程中加入节点相似度的概念,能够更好地抵御恶意诋毁攻击。节点相似度的表达式如下:

$$\mathrm{Sim}(i,k) = 1 - \sqrt{\frac{\sum_{x \in \mathrm{Set}(i,k)}[C(i,x) - C(k,x)]^2}{N(\mathrm{Set}(i,k))}} \tag{5-8}$$

式中,$\mathrm{Set}(i,k)$ 为节点 i 与节点 k 都交互过的节点集合;$N(\mathrm{Set}(i,k))$ 为此集合中的节点数量;$C(i,x)$ 为节点 i 对此集合中节点 x 的反馈评价;$C(k,x)$ 为节点 k 对此集合中节点 x 的反馈评价。两个车辆节点对同一辆车的反馈评价越接近,其相似度越高。相应的推荐信任值计算如下:

$$R^{\mathrm{T}}_{t_{n+1}}(i,j) = \begin{cases} \left[a \sum_{v \in K(k_1,k_2,\cdots,k_n)} \frac{\mathrm{PR}_{t_n}(i,k)}{L(k)} + \frac{1-\alpha}{M} \right] \times \mathrm{Sim}(i,k),\ L(k) > 1 \\ \dfrac{1-a}{M},\ L(k) \leqslant 1 \end{cases} \tag{5-9}$$

当总交互次数≤1时,相关系统只赋予一个较小的推荐信任值。

③ 综合信任值。通过将直接信任值和推荐信任值相结合,计算综合信任值,即

$$T_{t_{n+1}} = \phi D^{\mathrm{T}}_{t_{n+1}}(i,j) + (1-\phi) R^{\mathrm{T}}_{t_{n+1}}(i,j) \tag{5-10}$$

式中,ϕ 为信任调节权重,能够调节直接信任值和推荐信任值的比例。在产生车辆的信任值后,将车辆的假名、信任值、产生时间戳、其他信息,以及此时 RSU 的服务范围传送给附近的 RSU 写入区块中。

(3)安全通信。车与车、车与 RSU 在通信前须对车辆节点的身份进行验证,其流程如图 5-15 所示。

车辆节点的身份验证主要包括车辆到 RSU 的认证申请、RSU 验证、车辆 A 到车辆 B 的认证申请、车辆 B 验证及全局通信安全。

```
    RSU                   车辆A                    车辆B
    ┌─────────────────────────────────┐
    │ 产生信息摘要：DIG1=h({PID_v,PUB_v,Cert_v}) │
    │ 对摘要进行签名：SIG=sig(DIG1)              │
    └─────────────────────────────────┘
   {SIG, PID_v, PUB_v, Cert_v}    {SIG, PID_v, PUB_v, Cert_v}
┌──────────────────────┐   ┌──────────────────────┐
│ 用PUB_v验证签名SIG得到DIG1 │   │ 用PUB_v验证签名SIG得到DIG3 │
│ 计算DIG2=h({PID_v,PUB_v,Cert_v}) │   │ 计算DIG4=h({PID_v,PUB_v,Cert_v}) │
│ 比较DIG1和DIG2是否相等，     │   │ 比较DIG3和DIG4是否相等，     │
│ 相等则说明信息没有被篡改    │   │ 相等则说明信息没有被篡改    │
│ 在区块链中查询授权信息      │   │ 接受请求申请，查验车辆证书  │
│                       │   │ 是否到期                 │
│                       │   │ 在区块链中查询车辆A的信任值 │
└──────────────────────┘   └──────────────────────┘
  若车辆合法，则返回认证成功消息    若车辆信任值高于某一阈值，
                                 则返回认证成功消息
```

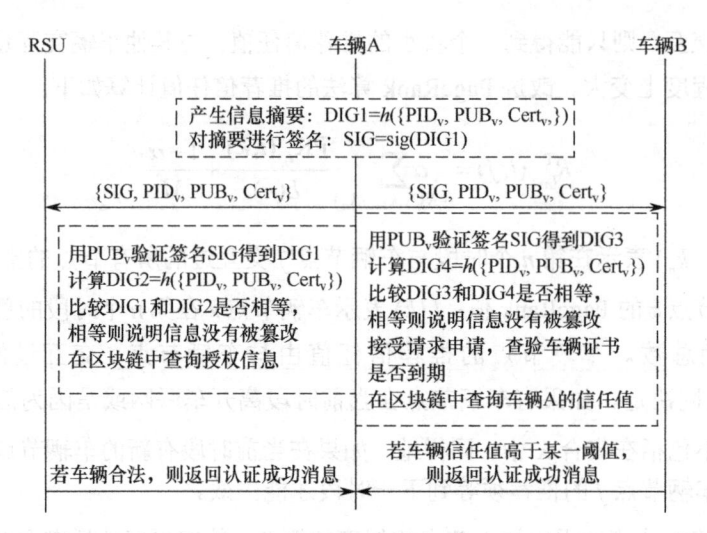

图5-15　车辆节点的身份验证流程

① 车辆到 RSU 的认证申请。车辆在进入 RSU 的管辖范围后，对自身的假名、公钥、证书及信任值 $\{PID_v, PUB_v, Cert_v\}$ 使用哈希函数产生信息摘要 $DIG1=h(\{PID_v, PUB_v, Cert_v\})$，使用车辆私钥 PRI_v 对此摘要进行签名，产生数字签名 SIG=sig(DIG1)。车辆将 SIG 及 $\{PID_v, PUB_v, Cert_v\}$ 一起发送给 RSU。

② RSU 验证。RSU 在收到车辆发送的信息后，用 PUB_v 验证签名 SIG 得到 DIG1，并将收到的 $\{PID_v, PUB_v, Cert_v\}$ 使用同样的哈希函数计算得到 DIG2。如果 DIG1 = DIG2，则表示发送的信息没有被篡改。RSU 提取车辆假名 PID，调用智能合约的搜索信息函数在区块链中进行查询，若 PID 存在，则说明车辆经过 CA 授权；若验证没有通过，则将车辆的证书撤回，车辆需要重新向 CA 申请身份注册。若车辆合法，则返回认证成功消息。车辆向 RSU 上传信息。

③ 车辆 A 到车辆 B 的认证申请。车辆 A 向车辆 B 发送通信请求 $\{PID_v, PUB_v, Cert_v\}$，车辆 B 对 $\{PID_v, PUB_v, Cert_v\}$ 使用哈希函数产生信息摘要 $DIG3=h(\{PID_v, PUB_v, Cert_v\})$，使用车辆私钥 PRI_v 对此摘要进行签名，产生数字签名 SIG=sig(DIG3)，并将该 SIG 和 $\{PID_v, PUB_v, Cert_v\}$ 一起发送给车辆 A。

④ 车辆 B 验证。车辆 B 在收到车辆 A 发送的信息后，用 PUB_v 验证签名 SIG 得到 DIG3，并将收到的 $\{PID_v, PUB_v, Cert_v\}$ 使用同样的哈希函数计算得到 DIG4。如果 DIG3=DIG4，则可保证信息的完整性。车辆 B 接受请求申请后，首先查验车辆 A 的证书是否到期，如果到期，则拒绝通信。之后，车辆 B 根据车辆 A 的假名，调用智能合约的搜索信息函数在区块链中查找车辆 A 的信任值，如果其信任值低于某一阈值，则拒绝通信。车辆 B 如果接受通信请求，则将 $\{PID_v, PUB_v, Cert_v\}$ 发给车辆 A。车辆 A 同样按照上述步骤对车辆 B 进行认证。在双方都接受通信后，双方对此次通信对方的信任值进行计算并就近上传至 RSU，再由 RSU 写入区块。

⑤ 全局通信安全。每过一段时间，车联网中的管理员就会通过智能合约的撤销信息函数遍历区块链，以找到被其他车辆认定信任值低于阈值的车辆假名并将其置于撤销列表中。安全通信涉及的区块链账本操作均通过智能合约完成。智能合约主要包括信息上链、身份信息验证、

信任评估 3 种功能。智能合约根据不同的场景需求制定相关策略，通过代码方式写入区块链，在触发条件后能够自动完成合约中的预设。通过智能合约对车辆信任值及信息进行管理，可以实现车辆信任值的上链、更改与更新，并查找出信任值不符合规定的所有车辆。

上传信息函数：智能合约收集车辆上传给 RSU 的信息，具体包括假名、时间戳、所需提交的 RSU ID、车辆公钥、信任值及其他信息，利用账本数据状态操作 API 中的 GetState 及 PutState 方法对信息状态进行操作。

搜索信息函数：智能合约为用户提供已上链车辆信息的查询功能。当用户有查询需求时，需要输入车辆的假名以获取车辆的所有信息。利用账本数据状态操作 API 中的 GetState 方法对信息状态进行操作。

撤销信息函数：智能合约可对车联网系统中信任值较低的车辆节点进行排查，对于排查出的多次被其他车辆认定信任值较低的车辆，能够根据其假名及公钥在 CA 中撤回证书。

5.4　车联网与大数据技术融合信息安全

5.4.1　大数据技术概述

随着新一代信息技术的飞速发展，大数据技术已成为现代建模仿真领域的重要支撑技术之一。特别是在社会各行各业越来越重视基于数据应用的当下，大数据的兴起掀起了各行各业研究大数据、应用大数据的热潮。早在 2012 年，大数据一词就被广泛提及，它描述和定义了信息爆炸时代产生的海量数据，并命名了相关的技术发展和创新。到 2012 年年底，网络中的数据量已经从 TB（1024GB=1TB）级跃升到 PB（1024TB=1PB）级、EB（1024PB=1EB）级乃至 ZB（1024EB=1ZB）级。国际数据公司（IDC）的研究结果表明，2008 年全球产生的数据量为 0.49ZB，2009 年为 0.8ZB，2010 年为 1.2ZB，2011 年则达到 1.82ZB，这意味着全球人均产生了 200GB 以上的数据。2020 年，全球产生的数据量约为 2012 年统计结果的 300 倍。各行各业对大数据的定义有很多，其中被广泛接受的是大数据蕴含海量数据，并在内容上超越了海量数据。简言之，大数据是海量数据和复杂类型数据的组合。对所有数据集（包括事务性和交互式数据集）进行大数据分析，其复杂程度已超过典型技术以合理的成本和时间捕获、管理和处理数据集的能力。

通过分析现有的各种定义和实际应用中对大数据技术的要求可知，大数据是一组在一定时间内无法由传统数据库软件工具快速获取、分析、处理的海量数据集，可将其归纳为 4 个 V，分别是容量（Volume）、种类（Variety）、值（Value）和速度（Velocity）。也就是说，大数据有 4 个典型的特征：①数据量巨大，从 TB 级上升到 PB 级；②工程数据、网络日志、视频、图片、位置信息等数据种类繁多；③数据所蕴含的价值巨大，目前已不再停留于商业创新上，而是实现了准确的营销价值；④速度快，俗称"秒级定律"，即对速度的要求很高，必须在秒级的时间内拿出分析结果，如果时间过长，则会失去价值。大数据的研究和应用一直都是各行各业数据研究的重点。

科研领域新积累的大量计算结果和过程数据被称为工程应用数据，该数据也是典型的大数据。在复杂系统的研制中可以进行大量试验和仿真，从而积累大量的工程应用数据。这些数据以图表、模型等形式存储，需要快速处理以满足复杂系统研发快速性的要求，同时用于复杂系统的整个研发生命周期。具体地讲，这些数据包括系统模型、知识（过程、设计、文本等）、算法及传统的结构化数据（如仿真试验类数据、多学科优化类数据等）。知识、海量的结构化数据、算法、模型等工程应用数据具有典型的 4V 特征。

在工程研制中，工程应用数据会随着试验、仿真、迭代设计的不断增加而迅速膨胀，其数据量经过不断累积可达到 PB 级，具有大体量的特点；工程应用数据以图表、模型、文档等多种形式进行存储，具有多样性的特点；一个模型代表了一种研究思路，一次试验代表了成功或者失败的经验，这些数据都对工程研制具有重要的价值和意义，即具有价值高的特点。此外，面向工程应用数据的挖掘分析，主要研究如何从大量的设计、试验、制造数据及综合保障数据中挖掘出能够支持产品全生命周期应用的各类意义重大的信息，从而更好地支持产品价值的实现。当前的工程研制更注重快速化、绿色化，对于如何快速呈现试验结果、开展仿真分析，以及快速确定设计参数等，都需要对工程应用数据进行快速分析，而从大数据全生命周期应用的角度看，数据的采集、获取要快，存储、管理要实现快速化，分析、处理更要迅速完成，具备快速的特点。

大数据的发展已上升到国家战略发展层面，数据正在成为组织的财富和创新的基础。大数据的出现促使数据分析向机器学习方向发展，通过大量数据的激励，"机器"能够随着计算、运行次数的增多，通过学习逐步自我提高改善，使挖掘和预测的功能更准确。这也标志着人类社会从信息时代经由知识时代快速向智能时代发展。

随着信息时代的发展，"大数据"逐渐成为互联网信息技术行业的热门词汇。根据相关统计，近些年互联网中的数据量每年增长 50%，每两年翻一番。工信部发布的《物联网新型基础设施建设三年行动计划（2021—2023 年）》提出了作为 4 项关键技术创新工程之一的信息处理技术，其中包括海量数据存储、数据挖掘、图像视频智能分析，这都是大数据的重要组成部分。其余 3 项关键技术创新工程则包括信息感知技术、信息传输技术、信息安全技术，均与大数据密切相关。大数据技术的战略意义不在于掌握庞大的数据信息，而在于对这些含有意义的数据进行专业化处理。

当前大数据平台的研究还比较零散，大数据平台架构大多基于 Hadoop 或 Spark 技术，研究内容主要集中在大数据的挖掘分析方法上，还没有形成支撑大数据平台开发的相关技术体系。而数据挖掘技术在大数据技术中的研究与应用尚处于发展阶段，许多公共安全、电子政务等业务信息系统还停留在初级处理水平，缺乏综合性的开发应用、智能化的分析研判、科学性的决策预警。

目前，大数据技术主要包括大数据建模技术、大数据存储管理技术、大数据分析处理技术。

1. 大数据建模技术

大数据是纷繁复杂的，要想解决大数据的统一存储、管理及高效分析处理问题，就需要进行大数据的统一组织和一致性表达，解决多源、分布和异构数据的整合和统一管理问题，因此大数据的统一建模显得十分必要。当前数据建模的主要来源是计算机系统，主要包括层次模型、关系模型、网状模型和面向对象模型等，然而利用基于本体的大数据描述方法进行数据建模，更适用于当前的大数据环境。

要想进行大数据统一建模，就需要将复杂的大数据化繁为简，从大数据特性出发，归纳总结其最小信息结构，进而从应用出发，着重抽取关联关系，将大数据进行抽象，实现大数据的建模。

通过对大数据的分析和认知，首先需要定义大数据的 3 类关键信息：大数据基本信息、功能信息及协同联动信息，以建立大数据体的元描述。之后，在顶层大数据中定义结构化数据基体、非结构化数据基体和大数据体，但因当前的结构化数据和非结构化数据在存储、处理等方面存在较大差异，所以需要将大数据基体分为结构化数据基体和非结构化数据基体进行研究。对数据的研究一般会按照一定条件，如时间、特征等进行划分，随后进行分析应用。结构化数据基体和非结构化数据基体就是最小粒度的具有分析和应用价值的数据集合。大数据体由较小粒度的大数据体或大数据基体构成，其通过协同联动信息组织起来，这里的协同联动信息可算作一类约束性信息。大数据体、结构化数据基体及非结构化数据基体的实例化就成为大数据实例，大数据实例根据粒度的大小又可分为功能模块大数据、专业领域大数据等。

利用大数据统一描述框架，对每类异构大数据进行抽取和处理，即可得到表达一致的大数据，进而有效支持大数的统一存储、并行挖掘等。

此外，诸如面向多源整合的大数据可以应用索引和描述技术来解决大数据的描述管理问题。首先需要建立多源数据的索引和描述，常规索引建立主要包括 3 方面：大数据分类索引构建、空间数据 R 树索引构建及层次索引树建立。大数据具有多类别的特点，针对这一特点，建立以类别为内容的分类索引，通过分类索引的综合查询得到所需的专题数据。

2．大数据存储管理技术

"大数据"来袭时，传统的数据存储方式已不能满足要求，需要开展分布式存储的研究，大数据分布式存储主要考虑下述问题。

1）存储资源管理方法

为了解决集群存储环境下的存储资源管理问题，采用存储资源映射方法通过在物理存储资源和虚拟存储资源请求之间建立合理的映射关系，以进行有效的存储资源管理。国内外相关研究提出合理的集群存储资源映射方法，即先将虚拟存储资源请求均匀地分配到节点上，然后进行节点内部设备级别的资源映射。

2）支持多用户的资源使用和存储环境隔离机制

当用户数量增多，有限的存储资源已经不能满足用户的需求时，用户与资源的矛盾就会凸显。解决这种矛盾最有效的方法是采取有效资源共享机制，将有限数量的资源按需动态共享给多个用户使用。此外，在共享存储资源的同时，从用户角度看每个应用系统是独立的，既不依靠其他应用系统运行而运行，也不受其他应用系统和资源的运行结果影响，因此需要借助存储环境隔离技术来屏蔽各个应用系统与存储资源运行的互相影响。

相关研究表明，可以利用存储虚拟化技术来整合不同厂商的存储系统。通过隔离主机层与物理存储资源，存储虚拟化技术可以将来自不同存储设备（即使是不同厂商的设备）的存储容量汇集到一个共享的逻辑资源池中，从而使管理变得更容易。任何单体存储阵列创建的物理卷的容量都是有限的，而多个异构的存储系统联合在一起就可以创建出一个容量更大的逻辑卷。

3）基于 Hadoop 的大数据存储机制

由于大数据描述方式的多样性特点，有结构化数据、半结构化数据和非结构化数据需要处理。其中，对于结构化数据，虽然现在出现了各种数据库类型，但常规的处理方式仍是采用关系型数据知识库进行处理；而对于半结构化数据和非结构化数据，Hadoop 框架提供了很好的解决方案。

Hadoop 分布式文件系统（HDFS）是建立在大型集群上能够可靠存储大数据的文件系统，也是分布式计算的存储基石。基于 HFDS 的 Hive 和 HBase 能够很好地支持大数据的存储。具体来说，使用 Hive 可以通过类 SQL 语句快速实现 Map Reduce 统计，适用于数据仓库的统计分析。HBase 是分布式的基于列存储的非关系型数据库，其查询效率很高，主要用于查询和展示结果；Hive 是分布式的关系型数据仓库，主要用于并行处理大量数据。将 Hive 与 HBase 进行整合后共同用于大数据的处理，可以提高开发效率。使用 HBase 存储大数据，使用 Hive 提供的 SQL 查询语言，可以十分方便地实现大数据的存储和分析。

3. 大数据分析处理技术

大数据分析处理技术已在各行业数据分析处理方面实现成功应用，针对大数据的特征，需要对现有数据挖掘技术进行进一步的改进和完善，当前大数据分析处理技术主要包含下述两方面的研究。

1）大数据分布并行技术

目前，基于分布并行的特征提取、视频摘要加速技术的效率仍较低，非常耗费时间，不过可以采用并行处理进行加速以提高效率。此外，也可采用 CUDA 计算设备架构实现特征提取、视频摘要的高速处理。

2）云计算环境下的并行数据挖掘算法与策略

针对大规模海量数据，主要使用云计算环境下的并行数据挖掘算法与策略。算法和策略模型作为并行数据挖掘的核心环节，将对现有应用较多的聚类算法、分类算法、关联规则算法等基于 Map Reduce 计算模型进行改进，主要从数据集的扫描及分解和归约等方面开展并行性的改进研究，并结合具体应用比较不同算法的性能及适用的数据类型。

Map Reduce 可将并行编程中复杂的业务逻辑进行抽象，将简单的计算作为接口，而将复杂的并行化处理、容错、数据分布和负载平衡进行隐藏。Map Reduce 主要包括 Map 和 Reduce 两个操作的概念。其中，Map 操作主要是对一组输入记录进行处理，处理的方式是根据典型的 key/value 键值进行操作；Reduce 操作则是针对上述键值进行简单的汇总处理。通过这种简洁方式，能够将现实生活中的很多任务描述出来，编写的程序也能够自动分布到一个由普通机器组成的超大机群上并发执行。云计算系统可解决输入数据的分布细节，跨越机器集群的程序执行调度，处理机器的失效，以及管理机器之间的通信请求。该种模式允许程序员在不具备与并发处理或者分布式系统有关的经验的情况下，处理超大的分布式系统的资源。

5.4.2 车联网与大数据技术融合概述

数据融合是涉及多学科并已应用于多领域的计算机技术，也是当前及未来计算机领域的一项研究重点和热点。美国是信息融合技术起步最早、发展最快的国家，前期数据融合主要应用于军事领域，美国国防部早在 20 世纪 70 年代就资助了声纳信号理解及融合的研究，并开发了一系列自动化指挥 C4ISR 系统及情报武器系统。随着智能生活概念的提出，出现了大量面向各种应用的多传感器系统。在信号检测与处理、电子技术、网络通信和计算机技术快速发展的背景下，获取数据的信息源的多样化、数据的复杂性和数量的巨大性也随之增加。相应地，为了处理这些海量数据，与数据融合相关的学科与技术包括数学、计算机科学、人工智能、通信技术等也在不断发展以实现具体应用，使数据融合应用于更多的领域。作为数据融合的一个具体应用，在大数据领域的人工智能方向，由英国伦敦 Google DeepMind 开发的人工智能围棋程序 AlphaGo 在 2016 年举办的一场围棋比赛中，分别在前三局和最后一局击败顶尖职业棋手李世石，成为第一个在不借助让子的情况下击败围棋职业九段棋士的计算机围棋程序。其算法使用蒙特卡罗树搜索，并结合值的网络和策略网络这两种深度神经网络，通过基于值的网络来评选大量选点，通过策略网络来选择落点。AlphaGo 的胜利归功于机器学习算法深度学习、计算机的并行计算和海量的人与人对战的历史记录数据。发明了波尔兹曼机（Restricted Boltzmann Machine，RBM）的 Hinton 教授也在坚持做关于处理丰富传感器输入的神经网络无监督学习的工作。

车联网数据融合研究人员提出基于组合的机器学习方法来分类探测车联网中的非法行为。通过融合所获得的相应位置的多个车辆节点的信息来发现恶意节点，把探测出来的恶意车辆节点从车联网中排除，从而避免错误信息的传播。同样，还有人使用支持向量机（Support Vector Machine，SVM）的学习方法对节点发送包的内容和延迟等信息进行处理，以区别网络中的合法和违法车辆节点。国内相关研究人员提出了基于数据融合的车联网事件自动检测系统。他们在对信号控制下车联网中的交通事件引起的交通流变化进行分析的基础上，附加利用浮动车等系统所提供的实时交通数据，利用机器学习算法构建差分流量和速度交通事件检测模型，并通过试验证明该系统能够有效抑制交通信号对于交通流的周期性影响，并在高峰时段和平峰时段快速准确地检测交通事件。

综上所述，车联网中的车辆节点所构成的大数据场景，通过恰当的数据融合算法对海量车辆节点的信息进行提取和分析，能够充分识别到相关道路上的交通状况，对维护和管控交通状况具有一定的支撑作用。

5.4.3 车联网与大数据技术融合安全需求

车联网的最终目标是实现智能交通，即车联网是因，智能交通是果。车联网相关技术可以实现智能通信管理、智能停车管理和智能信息服务等功能，从而实现真正正确的智能运行。然而由于车联网数据的规模扩大，又是实时更新的，数据融合过程中会包含大量敏感信息，如涉及国家安全和个人隐私的数据，往往导致集中存储这些信息的车联网数据平台成为被攻击的潜在目标。此外，由于车联网需要接入多种 IT 资源，各接入点都可能成为网络攻击的入口点，进而导致安全问题。车联网数据融合安全问题涉及多个层面，包括感知层、通信层、平台层和应用层等技术架构层，以及个人数据、企业数据和国家数据等数据属性层。

1. 技术架构维度风险

1）感知层安全风险

车联网通过感知层收集、处理各类数据。感知层的数据安全风险主要源于网联汽车终端的网络安全威胁，车辆终端装载的传感器、电控单元、信息娱乐系统承载了用户身份信息、汽车运行状态、地理位置信息及用户驾驶习惯等敏感内容。感知层的网络安全漏洞轻则可能导致车辆终端数据被篡改、损毁、泄露，进而引起传感器失效、数据采集失败、算法识别错误等问题，重则可能产生越权打开车门、自动点火、控制部分驾驶权限等危害情形。

2）通信层安全风险

车联网通过通信层与车、路、人、网进行数据交互。车联网通信面临的潜在攻击包括消息伪造攻击、消息重放攻击、消息篡改攻击、身份伪造攻击、占用/仿冒 RSU 攻击和拒绝服务攻击等。若车联网在数据传输过程中缺乏有效认证机制，攻击者可以通过伪造身份对传输数据进行窃取、重写、篡改，导致车辆终端作出错误决策。

3）平台层安全风险

车联网通过平台层实现对数据的管理控制。车联网中的多元数据会在云平台汇聚、处理、流转，其运用的云计算技术可能引发包括操作系统漏洞威胁、SQL 注入漏洞、越权访问等问题。由于云平台蕴含的数据价值较高，其可能成为窃取车辆数据、突破车辆控制的首要目标。

4）应用层安全风险

车联网通过应用层实现对应用服务的数据响应。当从云端向车辆终端下发决策指令时，攻击者通过传输信道截取指令数据，对数据进行重写、篡改，导致车辆终端收到错误的决策和控制指令，引发安全事故。

2. 数据属性维度风险

1）个人数据安全风险

车联网数据融合所涉及的数据主要源于车辆终端和用户的信息采集。驾驶人的身份信息、车辆信息、驾驶行为信息、位置定位信息及其他个人参数数据可能被车辆的摄像头、雷达等传感器采集并上传至云端。由于缺乏控制和信息不对称，车辆可能会在个人没有知悉的情况下进行数据采集，并对采集所得的个人数据进行深度处理。在现实中，车辆终端和云平台对个人数据的过度采集、系统采集、长期采集，加上数据分析、用户画像等技术手段，会对个人隐私产生严重侵害，由于车联网的安全环境复杂多变，也易造成个人数据的泄露。

2）企业数据安全风险

信息融合的过程往往涉及车企数据，而相关企业数据安全风险不仅涉及个人信息保护问题，还有可能会造成社会层面的安全隐患。截至 2022 年 5 月，全国汽车保有量达到 4.07 亿辆，新能源汽车保有量为 1051 万辆，其中蕴藏了巨大的数据价值，而汽车数据的控制者和处理者主要为企业。目前，由于企业数据存储使用不规范、敏感数据泄露、数据违规操作访问、数据违规开放共享及数据异常流转等数据安全问题层出不穷，引发了严重的数据安全风险。车联网企业掌握的数据既可能包含需要保障消费者基本权利的个人数据，也可能包含需要促进开放共享的公共数据。

3）国家数据安全风险

随着全球智能网联汽车产业链的不断完善，上下游协同逐渐加深，数据的跨境共享与使用成为产业发展的关键需求。然而基于全球车联网大数据的数据融合通常涉及敏感程度较高的基础设施数据、地理信息数据、交通数据，以及大量车主的身份和行为数据，其数据安全问题可能会影响国家安全和公共利益。

综上所述，随着车联网中节点数量的增加和车联网覆盖范围的扩大，车联网数据融合在车联网安全研究中所处的地位越来越高。随着云计算技术、智慧城市和移动智能设备等的出现，车联网数据融合所涉及的网络环境也变得越来越复杂，致使传统的车联网数据融合安全方法在一定程度上难以满足多样化的车联网数据融合环境。因此，解决车联网数据融合中存在的安全问题已经成为当前车联网安全研究的重要内容。消除车联网数据融合中的安全隐患可以有效保护车联网隐私敏感数据的安全，推进车联网技术的应用研究，加快智能交通系统的建设，改善人们的生活质量。

5.4.4 车联网与大数据技术融合安全技术分析

1. 技术架构维度的安全

针对车联网数据融合中技术架构维度的安全性问题，不同的层级有不同的解决方案。

1）感知层

目前，车联网感知层的安全保护机制主要包括以下 5 种：

（1）物理安全机制。常用的 RFID 标签具有价格低、安全性差等特点，它主要通过牺牲部分 RFID 标签的功能来实现安全控制。

（2）认证授权机制。该种机制主要用于证实身份的合法性，以及被交换数据的有效性和真实性。它主要包括内部节点间的认证授权管理和节点对用户的认证授权管理。在感知层，RFID 标签需要通过认证授权机制实现身份认证。

（3）访问控制机制。该种机制的保护体现在用户对于节点自身信息的访问控制和对节点所采集数据的访问控制上，用于防止未授权的用户访问感知层。常见的访问控制机制包括强制访问控制、自主访问控制、基于角色的访问控制和基于属性的访问控制。

（4）加密机制和密钥管理。它是所有安全保护机制的基础，也是实现感知信息隐私保护的重要手段之一。密钥管理需要实现密钥的生成、分配、更新和传播。RFID 标签身份认证机制的成功运行需要由加密机制来保证。

（5）安全路由机制。该种机制需要保证网络在受到攻击时仍能正确进行路由发现、构建，它主要包括数据保密和鉴别机制、数据完整性和新鲜性校验机制、设备和身份鉴别机制，以及路由消息广播鉴别机制。

2）传输层

车联网传输层采用的传输方式多种多样，存在异构性，具体包括车载 CAN 网络、蜂窝移动通信、以太网等。在车联网安全框架中，管道保障技术族主要针对传输层的防护提出了异常检测与隔离方案。无论采用何种传播方式，传播的内容都是网络流量，因此可以对网络流量进行异常检测，若发现有异常流量，则对流量来源进行快速隔离。车联网方案提供商提出了一些异常检测与隔离方案，如针对车联网终端 DDoS 攻击的防海量终端浪涌式风暴检测系统、大数据分析终端设备流量异常，以及建立网络访问黑白名单等。

异常检测方法可以分为统计学方法和机器学习方法，机器学习方法适合处理大批量网络数据，近年来其高效性成为研究重点，如基于分类算法的异常检测方案、基于聚类算法的异常检测方案和基于离群点的异常检测方案。这些异常检测方案可以适应不同的网络环境，例如当网络流量较多时，可以采用基于离群点的异常检测方案快速高效地进行异常检测；而对于有一定检测难度的网络环境，则可通过基于分类或聚类算法的异常检测方案提高检测的准确性。

此外，车联网中还存在一些关键节点，其往往是一些计算能力较强的设备，会收集和处理同一网络中其他设备的信息并进行转发。因此，在信息传输过程中确保关键节点的安全也是十分重要的。例如，可以通过机器学习方法计算网络中各设备的信息，并保证间隔一段时间就改变充当关键节点的设备，从而帮助隐藏关键节点的位置。

3）平台层

车联网平台层的防护策略又称为云端安全防护策略，在车联网安全框架中，车联网平台保护技术族提供了关于平台与数据的保护方案。由于车联网包含大量车载终端设备并存储大量数据，车联网平台层需要配置大量服务器资源，这些资源可以帮助构建一套去中心化的数据管理系统，包括身份认证、数据加密与备份、数据抢救性恢复等。当一些服务器因受到威胁而中断服务时，数据能够快速被抢救到其他服务器中，不会导致网络的整体崩溃和服务的中断。平台层作为车联网的管理中枢，需要对于整体网络态势进行评估，并对未知危险进行预警。当网络态势的评估值较低时，网络管理人员需要快速查找异常点，并对其进行隔离。车联网终端设备的数量非常多且多为异构设备，因而无法使用诸如防火墙、杀毒软件等传统态势感知手段，但云控平台中的服务器可以用来检测整个网络状况，因此网络安全管理人员可以在云端部署态势评估系统。

网络安全态势感知系统从宏观角度实时评估网络安全态势，预测一定条件下网络安全态势的发展趋势。网络安全态势感知集成了所有可用的信息，为网络安全管理人员的决策分析提供依据，最大限度地降低不安全因素带来的风险和损失。虽然国内的网络安全态势评估研究起步较晚，但是因为得到了国家的重视，已有越来越多的网络安全态势评估技术用于车联网的研究。

4）应用层

在车联网的发展过程中，其应用层的安全问题是最关键的问题之一，对车联网发展的影响很大。可以通过以下方法解决这一问题：首先是数据存储安全。数据的有效存储为实际的应用层提供了较高的容错率，可以借助可信车联网的构建，通过数据备份为数据储存的安全性提供保障，同时应适当控制存储设备的兼容性及其扩展性。其次是数据隔离技术。该技术有效应用的目的是保障信息数据的安全。它不仅能有效避免虚拟用户的非法访问，也能保证数据安全，从而有效避免了信息丢失。最后是动态加密算法。借助高效的动态加密算法，不仅实现了数据信息的高效保护，也推动了密文的详细分析和完善处理。

2．数据属性维度的安全

针对车联网数据融合中数据属性维度的安全性问题，常见的解决方案包括安全传输、数据脱敏、匿名化、差分隐私及同态加密等。

1）安全传输

在车联网数据融合中，需要满足数据传输的不可窃听和不可篡改两个基本安全需求。为了达到防窃听的目的，可使用加密技术。加密技术包括对称密码技术和非对称密码技术。对称加密通信的双方使用同一个密钥进行加密与解密；在非对称加密通信中，发送方使用公钥加密，接收方使用私钥解密。一般来说，非对称加密比对称加密更安全，但是需要消耗更多的时间。此外，为了实现数据传输的不可篡改，发送方一般使用签名或散列函数技术，接收方则负责验证签名或哈希认证码。若验证未通过，则需请求再次发送。

2）数据脱敏

数据脱敏是企业处理与保护敏感数据的通用做法之一。具体来说，产品测试、对外公开、培训、敏感数据分析与统计等场景均需要使用脱敏后的数据，其目的是降低数据的敏感度或者保护用户的隐私。例如，某位员工需要用其公司的用户信息数据库来测试产品的功能。为了防止其中敏感的个人信息被泄露，需要对其进行一定的处理。一般来说，不会直接使用加密技术，因为加密会破坏数据显示和使用价值。取而代之的技术是对数据的可用性和安全性进行折中处理，如姓名仅保留姓、年龄进行模糊处理（四舍五入），以及电话号码屏蔽中间4位。

脱敏场景的需求是在保留一定数据可用性的基础上，降低数据的敏感度或者保护用户的隐私，具体的需求则是根据业务的应用进行定制化调整。例如，某个业务场景需要分析真实的年龄分布，于是保留年龄的统计分布，同时对年龄进行重排；另一个业务场景需要分析年龄与体重的关系，这就需要尽可能保留年龄和体重数据的真实性，因而不能使用重排方法，而是尽量使用量化失真方法。

脱敏方法/策略有多种，可以看作失真和变形一系列的集合。常见的脱敏方法包括取整、量化、屏蔽、截断、唯一替换、哈希、重排及FPE加密等，见表5-6。

FPE加密是一种特殊的加密方式，其输出的密文格式仍然与明文相同。在使用FPE加密方法时，需要考虑格式及分段约束，这与一般的对称分组加密不同。为了规范FPE技术的实施，美国NIST发布了FF1标准算法，可用于银行卡号、社保卡号等数字标识符的加密。关于使用何种脱敏方法，需要根据业务场景，如数据的使用目的及脱敏级别等需求进行选择和调整。

表 5-6 常见的脱敏方法

方法	描述	示例
取整	数值或日期数据的取整	将 13:25:15 转换为 13:00:00
量化	通过量化间距调整数据失真程度	将 28 转换为 30
屏蔽	屏蔽部分数据	152****1324
截断	数据尾部截断	将 010-1235 转换为 010
唯一替换	使用替换表对敏感数据进行替换	将 231 转换为 1，将 20 转换为 2
哈希	将输入映射为固定长度的字符串	将 4 转换为 abd31
重排	将数据库的某一列值进行重排	将 22，31，27 转换为 31，27，22
FPE 加密	明文和密文格式不变，属于统一集合	将 15266661234 转换为 15173459527

3）匿名化

匿名化（Anonymization）可以实现车联网个人信息记录的匿名处理，保证在理想情况下无法识别出具体的"自然人"。匿名化有两个注意要点：一是重识别的主体涵盖了所有个人信息处理者，既有完成个人信息匿名处理的个人信息控制者，也有其他接触匿名数据的处理者。二是经过匿名处理的个人数据不可逆，即要求在任何情况下都无法通过自身存储或从其他渠道获得的额外信息完成特定个人主体识别或者关联，也无法还原原始个人信息。

常见的匿名加工方法大致可以分为随机化和一般化两类。随机化匿名加工通过随机化技术修改原始数据的真实值，打乱不同主体之间的属性，打破数据和数据主体之间的链接，使数据本身的属性不能准确反映特定个体，但会保留数据属性值的整体分布。一般化（也称为"泛化"）匿名加工通过泛化技术改变数据属性的规模或数量级，如从个体到群组，以实现数据主体的泛化隐匿，常用的泛化技术包括 K-匿名（K-Anonymity）、L-多样性（L-Diversity）、T-相近（T-Closeness）及差分隐私等。

4）差分隐私

差分隐私最早由微软研究者 Dwork 于 2011 年提出，它可保证车联网数据融合与数据分析不会造成数据泄露。在最理想的情况下，不同的差分隐私算法可以使受保护的数据广泛用于准确的数据分析，无须借助其他数据保护机制，但是数据的有效性还是会被消耗掉，因为信息恢复基本定律指出，在最普遍的情况下，隐私无法在不加入一定量的噪声的情况下得到保护。这推进了差分隐私的发展。

一般来说，数据越丰富有趣，就越有用。对此，"匿名化"和"删除个人身份信息"的概念应运而生，其初衷是使数据的个人信息部分可以被隐藏，其余部分则可以公开并用于分析。然而通过丰富的数据可以从有时令人惊异的字段或属性集合中推断个人信息，如邮政编码、出生日期和性别的组合，甚至是几部电影的名称和个人观看这些电影的大致日期。这种推断个人信息的行为可以在链接攻击（Linkage Attack）中使用，以匹配不同数据集中的匿名记录和非匿名记录。例如，某视频平台发布了一组匿名的电影记录，作为推荐比赛的训练数据。攻击者通过与互联网电影数据库（IMDb）进行匹配，可以破解该平台发布的匿名电影记录。然而差分隐私是一种访问机制的性质，可以缓解链接攻击，不受攻击者额外数据的影响。因此，该平台中的匿名训练数据集不会因为攻击者与 IMDb 进行匹配实施链接攻击而遭到泄露。

5）同态加密

同态加密（Homomorphic Encryption）是一种特殊的加密技术，允许对密文进行计算并得出加密后的结果，无须对明文进行解密。具体而言，同态加密允许在密文域中执行某种运算（如加法或乘法），得到的结果密文与对应的明文运算结果相同。该加密方式可以实现对数据的安全面和计算外包，同时保护数据隐私，因为在整个过程中，数据一直处于加密状态，不会被泄露。

同态加密主要分为部分同态加密（Partially Homomorphic）、稍微同态加密（Somewhat Homomorphic）和全同态加密（Fully Homomorphic）。

部分同态加密允许某项操作被执行无限次。例如，一个特定的算法可能是加法同态的，这意味着将两个密文相加会产生与加密两个明文之和相同的结果。

稍微同态加密可以对密文进行有限次数的任意操作，例如，某种程度的同态加密算法可以支持最多 5 种加法或乘法的任意组合。需要注意的是，任何一种类型的第 6 次操作都将产生无效结果。

全同态加密可以对密文进行无限次数的任意同态操作，即可以同态计算任意的函数。

5.5 思考题

1. 未来车联网与 5G 技术全面融合存在的安全隐患有哪些？
2. 如何有效保证车联网 5G 通信安全？
3. 车辆网与边缘计算融合存在哪些安全问题？
4. 边缘计算技术有哪些特点？
5. 如何通过车辆、边缘节点聚合资源，并将聚合的资源整合到区块链生态系统中？
6. 如何通过车联网资源交易，使用区块链或者智能合约来确保和维护实体的可信度？
7. 未来车联网数据融合会存在哪些新的安全隐患？
8. 针对车联网数据融合安全，你有什么好的解决方案？

第6章 车联网信息安全展望与思考

6.1 车联网信息安全项目实施

6.1.1 车联网信息安全项目推进

随着智能网联汽车技术和产品逐步商用化，车联网信息安全技术越发受到重视，由于智能网联汽车存在遭受远程攻击或控制的风险，应对车联网的安全风险已成为智能网联汽车全面走向市场应用的重要瓶颈之一。

为了加强汽车数据安全管理，防范及化解安全问题和风险隐患，我国出台了一系列法律法规保障汽车数据安全，在智能网联汽车领域，工信部和交通运输部也发布了多项国家标准。但从当前的实际状况来看，解决车联网安全问题仍需要从技术层面着手，通过严格的技术手段保障车联网产业数据安全，助力车联网行业健康发展。

例如作为国家授权的电子认证机构的天威诚信，依托自己在车联网安全领域所拥有的丰富创新应用与实践经验，针对行业安全痛点，提供以基于商用密码的数字证书、数字签名、数据加密技术为核心的车联网行业安全解决方案，切实改善用户体验，提升车联网安全管理水平。车联网作为我国的一个新兴产业，在其各项业务深度融合的过程中，难免会产生一系列的信息安全问题，甚至会影响国家信息安全，因而成为关注的热点。

在国内外法规和企业自身技术水平要求下，为了解决越发严峻的车联网信息安全风险问题，车联网整体及各个部分之间需要有更多关于信息安全的检测和防御措施。面对整体与各个部分的信息安全要求，需要从技术上保障车联网信息安全无懈可击，并且不断进行理论上的创新、保障、升级。通过在车联网信息安全的各个环节中对技术进行完整测试，对测试效果进行验证和确认，从而发现问题并及时解决。国家、企业、用户都需要完备的测试方案，涵盖车联网各个单元的信息安全测试，具体包括车联网各个节点与服务器之间的交互测试、车内用户隐私数据保护、车内通信安全、车路系统的信息传输安全测试等，通过全方位、一体化建立统一的测试方案，打造信息安全测试链，验证车联网信息安全测试方案的完整性等性能，为正确实施信息安全策略保驾护航。

根据工信部、公安部、交通运输部联合印发的《智能网联汽车道路测试管理规范（试行）》，我国部分地区积极出台地方智能网联汽车道路测试管理实施细则，选择测试路段，推进智能网联汽车封闭区测试工作，现已取得一定成效。各测试示范区在测试场地建设、基础设施、测试能力、服务保障、开放道路测试等方面取得了一定进展，不仅进一步加大了建设和投入力度，彼此之间还形成了一定的差异和特色。

这里以武汉智能网联汽车示范区为例，其在车联网通信安全方面优先布局——在《基于 LTE 的车联网无线通信技术安全证书管理系统技术要求》的指导下，示范区二期项目在建设初期正式推出了以国产密码算法为基础的智能交通数字证书系统，从部署时间及接入终端的规模上看，该示范区已走在其他示范区前列。目前，上述数字证书系统可支持不少于 10 万台终端，满足为 V2X 场景下的车载单元（OBU）、路侧单元（RSU）等设备提供身份认证、隐私保护、数据完整性及保密性校验的安全服务需求。它已接入 263 辆智能公交车、5 辆配备高级驾驶辅助系统的公交车及 41 辆景区自动驾驶汽车，运营情况良好。

2021 年 4 月，武汉智能网联汽车示范区三期开放经开区全域道路，通过车联网与交通管理系统的融合实现智能化改造，支撑智能网联汽车的规模化、商业化运营。持续拓展智能网联城市操作系统平台，以接入更多的城市感知数据，实现车城融合，推动智能汽车与智慧城市的协同发展。同时打造智慧出行、智慧物流等商业营运模式，构建完整的智能网联汽车生态体系，这也使得整个车联网的身份认证及安全通信变得更重要。

在应用上，车联网类似于物联网，每辆车及其车主的信息都将被接入网络，随时随地被感知。这种暴露在公共场所中的信息容易面临盗窃、干扰甚至修改等威胁，直接影响车联网系统的安全。在车联网环境下，如何保证信息的安全性和隐私性、避免病毒攻击和恶意破坏，以及防止个人信息、商业信息和财产丢失或被他人窃取，都是车联网发展过程中需要突破的重大难题，应从技术和法律层面双向努力，为车联网的推广和应用提供坚实保障。

在上述背景下，由一汽智能网联开发院协同吉林省汽车电子协会、吉林大学共同研究起草的《基于商用密码算法的智能网联汽车信息安全标准体系建设总体方案》（以下简称《方案》）于 2021 年 12 月在长春举行了发布会，该会议发布了首批基于商用密码算法的智能网联汽车信息安全标准项目，其中包括"车辆近场通信信息安全技术要求""智能网联汽车密钥管理系统安全技术要求""智能网联汽车密码模块安全技术要求"等 12 项内容，明确了智能网联汽车的身份认证、通信保护、初始密码数据写入等重要安全技术的要求。《方案》发布的 12 项有关信息安全的标准一直是困扰车联网行业发展的"顽疾"，具体表现在身份认证方式简单、身份标识管理混乱、链路安全性差、固件空中升级（FOTA）安全防护级别低、电控单元易被破解等问题，这些问题不仅会使车主的个人信息和隐私有被泄露的风险，还可能导致车主失去对汽车的控制，进而影响行车安全，危及车主和路人的生命安全。

6.1.2　企业车联网信息安全项目实施

针对身份认证安全问题，国内企业为车载终端、终端 App 签发唯一身份标识数字证书，并基于数字证书进行证书认证登录云平台，从而有效避免钓鱼网站、身份冒用、非法访问，实现车联网用户的"人车统一"。针对数据安全问题，国内企业通过对终端设备、终端 App 到云端系统的关键数据进行签名和加密传输，防止出现数据非法篡改、操作抵赖、敏感信息泄露的情况，保障用户信息安全。针对链路安全问题，国内企业通过为车联网平台云端系统配置 SSL

服务器证书的方式，标识网站真实身份，防止出现钓鱼网站，并对访问网站数据进行加密传输，从整体上保证访问云端服务的通信链路安全。针对 FOTA 安全问题，采用电子签名验签应用服务器，对车载终端软件升级包进行签名发布，杜绝非法或恶意软件/更新包的侵入，保障终端软件代码不被恶意篡改，从而保证数据安全。

目前，诸如比亚迪、广汽、陕汽、长城汽车、宇通客车等国内众多车企已享有车联网信息安全服务。相信随着智能化、信息化技术的不断发展，以及有关汽车信息安全标准的逐步推进和完善，有望构建以密码为核心技术和基础支撑的安全保障体系，建立智能网联汽车信息安全技术标准体系，为我国智能网联汽车的发展提供可靠安全的保障。2019 年 12 月，奔驰宣布与国内网络安全领域中的知名企业 360 携手修复了 19 个与奔驰智能网联汽车有关的潜在漏洞，开启了主机厂与科技公司合作共建信息安全的先例。网络安全行业逐步意识到汽车信息安全防护墙的建设需要主机厂、供应商和互联网公司的合作，单靠任何一方，很难提升汽车信息系统的安全性。

当多方合作不断突破后，主机厂对零部件的信息安全质量把控能力将不断提升，其用于约束零部件供应商的安全标准与内部的安全验证、测试能力也将不断升级。例如，奇瑞携手百度于 2018 年共建了 Apollo 汽车信息安全实验室；2020 年，长城汽车与国家互联网应急响应中心、奇虎 360、百度安全实验室、中汽中心建立合作伙伴关系，开展信息安全技术研究，以提高整车信息安全防护水平。此外，一汽、上汽、吉利、长安、东风等国内具有代表性的主机厂正在通过多方合作打造其信息安全系统，随着智能网联汽车落地应用，这些系统也将占据更重要的地位。

目前，诸如上海磐起信息科技、维克多、揽阁信息科技、新思科技等公司正在不断突破基于密码算法的安全防护技术；吉大正元、信长城、格尔软件、天诚安信等公司深耕于安全认证技术；EB、瓶钵、爱加密、梆梆安全、几维安全正在尝试打破智能网联汽车信息安全的加固技术（T-Box/IVI/App）边界。

6.1.3　车联网信息安全保障问题

1. 缺乏统一的行业标准

由于汽车行业的供应链相当长，汽车信息安全问题不能只依靠一家或少数几家主机厂、供应商和安全公司来解决，应考虑整车厂与各家安全公司强强联手，各司其职，实现优势互补。通过与不同安全公司密切合作，进行全新的架构设计，遵循汽车安全标准进行风险管理、渗透测试、安全开发和生产，并建立安全运营平台，持续感知车辆网络的安全威胁和情况。在运维阶段，可以构建有效的新型安全体系，不断发现和解决汽车在"新四化"（电动化、网联化、智能化、共享化）进程中面临的网络安全问题。

通过将物理世界与虚拟世界相结合，智能网联汽车可为用户带来更好的体验。因此，在打通物理世界和虚拟世界时，智能网联汽车也将面临虚拟世界中的信息安全风险，甚至可能直接影响物理世界的安全。近年来，智能网联汽车信息安全建设发展良好。经过多年的"刷漏洞"，信息安全相关研究已成为汽车领域的重要课题和研究热点。信息安全已经成为智能网联汽车乃至自动驾驶汽车的基本保障之一。在这种行业氛围下，整车厂的信息安全意识全面提升，开始建设信息安全平台；各级零部件供应商开始积极配合整车厂的安全要求，设计制造具有信息安全功能的零部件；传统IT企业也纷纷加入其中，从不同角度推出信息安全解决方案。

2. 缺乏核心技术

通过现代信息技术，人们可以轻松实现车辆监控、智能路线规划、安全控制等，甚至可以实现自动驾驶，完善城市交通系统，打造智慧城市。随着5G、区块链、边缘计算等技术的发展，未来的智慧交通将向自动化、主动、人性的方向靠拢。随着智能网联汽车复杂程度的提高，相关产业链的参与者逐渐增多，互联化和自动化程度越来越高，带来的漏洞也比以往任何时候都多，诸如黑客入侵汽车操作系统、欺诈、窃取等潜在的安全问题将日益突出。车联网作为实施智慧交通的主要起点，为推进智慧交通提供了绝佳的契机。目前，车联网正处于政策、技术、产业三重共振之上，也为智慧交通的推进提供了绝佳机遇。作为智慧交通建设的主要突破口，在交通强国积极推进的背景下，车联网产业发展迎来了历史性机遇。

车辆连接网络会带来更丰富的应用场景和产业发展。首先是数据流量的应用效率会得到极大提升，即从个人应用提升到汽车应用；其次是融合了导航、影音、购物、娱乐、餐饮、保险等一系列的多样化应用场景；最后是推动相关应用软硬件的发展。但是随着智能汽车接入网络，其所面临的来自虚拟世界的攻击风险也会逐渐增加。若智能汽车在行驶过程中遭到攻击，如收到的信息指令报文出现差错等，将影响汽车的驾驶安全，个人信息泄露等情况也会经常发生。中国信息通信研究院泰尔终端实验室通过测试发现，现有的部分车型在信息安全防护方面的能力不足，车内相关联网部件及控制部件的防护可靠性不高，并缺失一定的安全策略，容易导致车内敏感信息被泄露或篡改、异常的车辆行驶操作，甚至可能危及个人的生命安全。

3. 成本高

智能网联汽车直接关系到人们的生命安全和社会安全，其安全性比移动互联网更重要。虽然车企对数据安全问题越来越重视，但实际落地案例较少，很多车企因为探索成本很高而在边界徘徊。《中华人民共和国个人信息保护法》第40条规定，关键信息基础设施运营者和处理个人信息达到国家网信部门规定数量的个人信息处理者，应当将在中华人民共和国境内收集和产生的个人信息存储在境内。尽管如此，仍有一些跨国公司在境内开展业务时将个人信息和数据发给境外服务器。

关于跨境数据的安全问题，相关研究人员通过很多测试证明了确有某些品牌的某些车型存在跨境数据安全问题。尽管未来汽车会向智能化、网络化的方向发展，但未来车联网的安全体系至少要实现以下两个目标：①从个人层面看，不会因为担心网络安全而不敢乘坐智能汽车，包括无人驾驶汽车等；②从国家层面看，不会因为汽车上使用的传感器设备而拒绝车辆进入某些重要场所。

4. 缺少政策支持与监管提前

要想提高车联网的网络安全防护能力,需要政策层面的支持。监管层面上缺乏安全监管责任体系,将导致安全责任无法落实到一线、使用中、事后等生命周期的各个环节。

在政策层面,还缺乏合理的漏洞发现、处置和管理机制。由于汽车行业结构复杂,往往涉及企业内部多个部门,甚至包括上游产业链,安全问题的责任划分显得非常重要。此外,对于在传统领域有良好应用和实践效果的安全监控和预警应急机制,可以将其移植到车联网领域,同时结合车联网环境的特点,更有针对性地做好安全防护和监控工作。

6.2 车联网信息安全发展展望与思考

6.2.1 车联网信息安全发展展望

车联网作为智能化、网联化深度融合的重要领域,对于推动汽车、交通、信息通信等产业融合升级,重塑社会发展具有重要意义。但是随着车联网智能化、网络化的不断推进,车联网的信息安全事件频发,用户的生命财产安全受到严重威胁,车联网的安全问题已经成为关系到车联网快速发展的一个重要因素。结合国际网络安全的总体形势,加强车联网信息安全保障工作已成为当务之急,下面介绍车联网信息安全发展的重要方向。

智能网联汽车信息安全将受到更多关注。目前,车联网信息安全已经成为安全领域中特别重要的内容,而我国政府及相关部门正在积极规划和部署,加强对车联网安全产业的政策鼓励和支持,促进车联网安全发展。同时,相关行业也在积极探索寻求车联网信息安全保障及关键技术和产品创新,致力于车联网安全防护手段的建设,促进车联网信息安全防护水平的提高。作为安全产业的重要组成部分,车联网信息安全的发展也将促进安全技术进步和产业生态进一步完善。目前,一些安全公司已经推出了自己的信息安全防护产品和安全检测工具,为汽车厂商提供安全解决方案和安全服务,相信以后会有更多的厂商和企业参与到车联网信息安全的建设中。

统一的安全标准将成为促进车联网信息安全发展的必要手段。我国公安部正积极开展跨部门、跨领域协作,组织推动车联网信息安全标准体系建设。2021年3月17日,工信部牵头起草了《国家车联网产业标准体系建设指南(智能交通相关)》,用于指导建立车联网信息安全相关标准体系。同时,有关部门坚持"急用先行"的原则,积极推动制定一批急需的车联网信息安全标准。车联网安全标准体系的不断完善和相关标准的逐步实施,将为车联网安全信息的发展提供全面的标准指导,并为各大厂商提供安全设计标准。

智能网联汽车厂商与服务提供商将成为推动车联网信息安全发展的关键角色。作为车联网产业链的核心环节,智能网联汽车厂商和服务提供商的网络安全管理水平和安全防护能力与车联网安全密切相关。通过构建以智能网联汽车和车联网服务平台为主体的网络安全防护体系,不断提高智能网联汽车厂商和服务提供商的网络安全管理水平,推动车联网产业链相关环节部署更深层次的网络安全防护技术，是逐步提升车联网综合防护能力的关键措施。

基于产业链的综合防御体系将是车联网信息安全发展的趋势。随着车联网的深入发展，其面临的网络攻击手段越来越复杂，构建贯穿车联网云管理的综合防御体系将是保障车联网安全发展的趋势。首先，建立分层防御体系，构建覆盖产品设计、研发、测试、发布全生命周期的多层次、多领域防护体系，涵盖智能网联汽车、移动智能终端、车联网服务平台和各类网络通信，综合运用安全分级、访问控制、加密技术和入侵检测技术，实现安全防护技术全覆盖。其次，实现由单点、被动安全防护向被动安全检测与主动安全控制相结合的综合防御体系的转变，借助大数据、机器学习、人工智能等技术，实现威胁自动识别、风险阻断和攻击溯源。最后，借助密码学和可信计算，逐步实现车联网的可信安全，从根本上提高车联网安全防御水平，提升应对未知威胁的防御能力和防御效率。

车联网信息安全技术和工具将成为车联网产业发展的重中之重。智能安全工具的开发是未来发展的重点内容之一，它需要具备监控和防护两项基本功能，能够实时监控车辆安全状态并抵御非法入侵。智能网联汽车的信息安全需要进行全方位的考虑，涉及产品周期的各个阶段，因此其保护和检测应从概念阶段开始考虑，贯穿整个设计过程。目前，智能网联汽车的信息安全技术多以传统的计算机安全技术为基础，仍存在不合理之处，例如传统的通信系统加密保护措施无法完全适用于对时延有高要求的 V2X 通信，这就要求未来的信息安全技术能充分结合智能网联汽车的特点，增强其针对性和专业性。

6.2.2 车联网信息安全发展思考

1. 参与主体多元化，基础设施建设和运营模式仍需不断验证

传统的面向信息通信的服务通常由网络运营商构建，用户可直接使用。从模式上看，无论是流量费，还是对应业务的服务费都已形成一个相对稳定的模式。但是车联网的建设模式目前仍不清晰，仍处于设计和探索阶段。

目前，政府、企业、运营商都在参与车联网示范区和试点区的建设。未来，当车联网大规模应用时，对于基础设施建设部分由谁来支付、建成后如何运营和共享，以及如何确认数据的所有权等问题都需要不断进行探索。现在可以利用车联网试点区、新基建等政策红利来推动相关问题快速得到解决。

2. 车路协同深度支持自动驾驶仍然面临许多技术挑战

在汽车端，人们非常重视安全问题。由于智能网联汽车需要对自己的驾乘人员负责，它有一套功能齐全的安全体系，可以帮助人们比较清晰地确定安全事故中的责任问题。然而在车路协同的路侧却没有这样的安全体系，信息安全问题的责问划分成为一个非常严重的问题，亟待解决。这就需要各行业联合起来进行研究，建立路侧功能安全或预期公共安全的体系。

3. 需要打破跨行业设备互联、数据互通的壁垒

由于主体不明确，平台建设中有较多的主体，除了运营商的平台，地方政府、汽车、地图厂商、交通部门等之间的互联也很困难。例如，无锡建设车联网试验区的突出贡献之一就是打通了交通管控和城市出行服务两个平台。为了实现这两个平台的互通，无锡和各建设主体付出了很多努力并取得了一定的突破。在此基础上，工信部还通过政策引导、专项扶持等多种方式促进各地在车联网试点区域建设或筹备过程中做好顶层规划设计，加强跨部门和跨企业之间的沟通和协调，加强技术标准的应用，推动解决更多平台之间互联互通的问题。

4. 跨行业、跨地域数字身份认证仍需协同统一

除了功能安全，网络安全和信息安全也很重要，这也得到了汽车、通信、交通等行业的高度认可。目前，各行业的身份认证体系，包括管理和监管体系并没有完全统一。2019 年，中国信通院依托 IMT-2020（5G）C-V2X 工作组开展"C-V2X 四跨"（跨芯片模组、跨终端、跨整车、跨安全平台）互联示范活动，从技术上验证安全身份认证的可行性和可靠性，未来还需要更多的机构和企业参与其中。

基于 4G LTE 网络 V2X 技术的商业部署仍然需要大规模的测试和验证，也需要路边基础设施的建设和改造。自动驾驶和联网自动驾驶仍需加强合作，提升产业竞争力。车联网涉及汽车、电子、信息和通信、交通等多个行业，正处于加速发展的关键阶段。我国应加快推进车联网相关新技术的产业化，构建以"人-车-路-云"协同为切入点的智能交通体系，推动跨部门合作，加快法律法规和标准建设、共性技术突破、基础设施改造等重点工作的推进，打造产业新生态，实现新的产业集群。推进"1+3"行动，包括一个跨行业协调机制和三个发展体系。其中，一个跨行业协调机制是指由跨行业主管部门组成联合工作机制，推动解决法规、标准、技术、产业等关键问题，引导国家层面出台战略规划、产业政策等顶层设计；三个发展体系是指打造技术创新、产业融合和安全管理 3 种体系，支撑车联网产业发展。通过统筹协调，整合跨行业资源，共同打造技术创新体系。加快先进传感器、车载操作系统、计算处理平台、关键执行机构、C-V2X 通信、车联网大数据基础平台等核心技术的研发和产业化发展。充分发挥跨行业组织作用，共同推进协同创新和联合技术攻关，尤其是多源信息融合算法、信息安全等交叉融合技术的创新。建立覆盖基础通信、复杂感知、决策控制、信息安全、应用服务、测试评估等多种技术和多个维度的综合标准体系和核心技术标准。探索跨行业协作，形成新的产业集群，打造产业集成体系。围绕视觉系统、车载雷达、智能处理芯片、底层操作系统、人机交互、地图定位、平台和应用软件等产业链关键环节，推动一批"补链""强链"项目的落地和建设，完善产业链布局。鼓励整车和零部件企业积极开展新技术应用，鼓励通信和互联网企业积极布局汽车智能化、网络化的核心技术，形成新的市场主体。积极加强对车联网复杂应用和服务的数据分析，同时在园区、物流等典型应用场景中布局自主驾驶运营新模式，打造具有地方特色的产业聚集区。车联网产业融合发展的下一步重点工作将是持续推动车联网先导区建设、加强车联网标准的制定与推广、促进跨平台互通和数据共享、完善车联网安全体系、探索业务运营和商

业模式等。

5. 国际合作产业生态仍需进一步完善

鉴于欧盟和美国都对 C-V2X 技术的产业发展提供有利政策，目前正是加强国际交流与合作、构建良好国际产业生态的关键时期。一是加强交流。可利用中欧、中美、中日等双边和多边合作机制，加强技术创新、试验验证、应用示范等方面的交流与合作。二是"引进来"和"走出去"并重。一方面，中国企业积极开拓海外市场，参与国际标准化工作，推动中国方案成为广泛的国际共识；另一方面，接受世界各国领先企业参与中国车联网产业的发展，形成开放、包容、合作、共赢的良好局面。

6.3 思考题

1. 为加强汽车数据安全管理，防范化解安全问题和风险隐患，可以从哪些方面入手？
2. 主机厂、供应商和互联网公司在汽车信息安全防护墙的建设中分别扮演什么角色？
3. 汽车的"新四化"具体指什么？
4. 车联网信息安全的漏洞主要存在于哪些方面？
5. 实现由单点、被动安全防护向被动安全检测与主动安全控制相结合的综合防御体系转变可采用哪些方式或方法？
6. 在实现跨行业设备互联、打破数据互通的壁垒过程中，主要涉及哪些主体？
7. 请思考个人、社会和国家在促进车联网信息安全发展中的角色定位及其如何推动发展。

参考文献

[1] 甘子健. 车联网中入侵检测关键技术的研究[D]. 湘潭: 湘潭大学, 2018.

[2] 肖瑶, 刘会衡, 程晓红. 车联网关键技术及其发展趋势与挑战[J]. 通信技术, 2021, 54(1): 1-8.

[3] 郭书麟. 基于云代驾的二级碰撞预警远程控制清扫车的设计与实现[D]. 长春: 吉林大学, 2021.

[4] 方守恩. "互联网+"下的道路交通安全研究[J]. 交通与运输, 2015, 31(4): 1-3.

[5] 王金钰. 基于自动驾驶技术的移动生活方式设计研究[D]. 无锡: 江南大学, 2020.

[6] 郝成龙, 郝铁亮, 刘涛, 等. 车联网安全问题分析[J]. 汽车实用技术, 2017, 251(20): 139-140+166.

[7] 宋和春. 面向车载网络的入侵检测系统研究[D]. 西安: 西安电子科技大学, 2020.

[8] 江枫. 基于LTE-V2X的网联车队信息安全的研究与实现[D]. 北京: 北京邮电大学, 2020.

[9] 李小刚, 杨彬. 车联网安全防护问题分析[J]. 移动通信, 2015, 39(11): 30-33.

[10] 李刚. 基于云计算的省级电子政务采纳关键影响因素及系统模型[D]. 哈尔滨: 哈尔滨工业大学, 2017.

[11] 李兴华, 钟成, 陈颖, 等. 车联网安全综述[J]. 信息安全学报, 2019, 4(3): 17-33.

[12] 杨明坤. 智能网联汽车驾驶员身份识别关键技术研究[D]. 西安: 西安电子科技大学, 2019.

[13] 邵亚萌. 车联网物理层认证方法及测试技术研究[D]. 长春: 吉林大学, 2020.

[14] 朱敏慧. 哪些智能网联技术将迎来新一轮发展？从《智能汽车创新发展战略》中找答案[J]. 汽车与配件, 2020, 1275(5): 24-25.

[15] 侯昕田, 高鸿. 智能网联汽车信息安全与发展建议[J]. 汽车与配件, 2020, 1280(10): 64-67.

[16] 本刊编辑部. 让智能网联汽车安全上路[J]. 中国信息安全, 2021, 140(7): 36-37.

[17] 叶彬. 误用与异常融合入侵检测技术研究[D]. 西安: 西安电子科技大学, 2010.

[18] 付诚. 车联网恶意攻击检测和预防关键技术研究[D]. 兰州: 兰州理工大学, 2020.

[19] 李宁宁. 基于机器学习的车联网入侵检测技术的研究与实现[D]. 成都: 电子科技大学, 2019.

[20] 张新有, 曾华燊, 贾磊. 入侵检测数据集KDD CUP99研究[J]. 计算机工程与设计, 2010, 31(22): 4809-4812.

[21] TAVALLAEE M, BAGHERI E, LU W, et al. A detailed analysis of the kdd cup 99 data set[C]// 2009 IEEE Symposium on Computational Intelligence for Security and Defense Applications. [S.l.]:[s.n.], 2009: 1-6.

[22] MOUSTAFA N, SLAY J. UNSW-NB15: A comprehensive data set for network intrusion detection systems (UNSW-NB15 network data set)[C]//2015 Military Communications and Information Systems Conference.[S.l.]: [s.n.], 2015: 1-6.

[23] SHARAFALDIN I, LASHKARI A H, GHORBANI A A. Toward generating a new intrusion detection dataset and

intrusion traffic characterization[C]//Proceedings of the 4th International Conference on Information Systems Security and Privacy. [S.l.]:[s.n.], 2018: 108-116.

[24] ABDULHAMMED R, FAEZIPOUR M, MUSAFER H, et al. Efficient network intrusion detection using pca based dimensionality reduction of features[C]//2019 International Symposium on Networks, Computers and Communications. [S.l.]:[s.n.], 2019: 1-6.

[25] KHAN R U, ZHANG X, ALAZAB M, et al. An improved convolutional neural network model for intrusion detection in networks[C]//2019 Cybersecurity and Cyberforensics Conference. [S.l.]:[s.n.], 2019: 74-77.

[26] GWON H M, LEE C J, KEUM R K, et al. Network intrusion detection based on LSTM and feature embedding [J/OL]. ar Xiv, 2019. http://doi.org/10.48550/ar Xiv.1911.11552.

[27] 杨圣哲. 面向不平衡数据的网络入侵检测方法研究[D]. 北京: 北京交通大学, 2021.

[28] 余明明, 沈洲. 5G技术在工业互联网中的应用探索[J]. 电信快报, 2020(8): 13-15.

[29] CHIAGOZIE O G, NWAJI O G. Radio frequency identification(RFID)based attendance system with automatic doorunit[J]. Academic Research International, 2012, 2(2): 168.

[30] JAGIELSKI M, JONES N, LIN C W, et al. Threat detection for collaborative adaptive cruise control in connected cars[C]//Proceedings of the 11th ACM Conference on Security & Privacy in Wireless and Mobile Networks. [S.l.]:[s.n.], ACM, 2018.

[31] ELTAYEB M E, CHOI J, AL-NAFFOURI T Y, et al. Enhancing secrecy with multiantenna transmission in millimeter wave vehicular communication systems[J].IEEE Transactions on Vehicular Technology, 2017, 66(9): 8139-8151.

[32] GRAHAM G, BURNS L, HENNELLY P, et al.Electric sports cars and their impact on the component sourcing process[J].Business Process Management Journal, 2019, 25(3): 438-455.

[33] ALI D, STEGER M, KANHERE S S, et al.Blockchain: A distributed solution to automotive security and privacy[J]. IEEE Communications Magazine, 2017, 55(12): 119-125.

[34] HEE-KYUNG K, MYOUNG K H, TAE-SUNG K, et al. Security risk assessment framework for smart car using the attack tree analysis[J].Journal of Ambient Intelligence and Humanized Computing, 2018, 9(3): 531-551.

[35] BILONG S, WEIMIN Z, KATHLEEN M.Urban activity mining framework for ride sharing systems based on vehicular social networks[J].Networks and Spatial Economics, 2018, 18(3): 705-834.

[36] 本刊综合. 车联网前程远大——2019年车联网产业发展报告[J]. 中国公路, 2019(5): 40-45.

[37] 沈洲, 安岗, 余明明. 5G在工业互联网中的探索和应用[J]. 信息通信技术, 2019, 13(5): 17-22.

[38] 许英教. 5G通信场景及技术要点探析[J]. 数字通信世界, 2020, 184(4): 173.

[39] 师伟伦. 5G无线通信技术概念及其应用[J]. 科学大众, 2020, 84(2): 53.

[40] 林玮平, 魏颖琪, 李颖. 5G在工业互联网上的应用研究[J]. 广东通信技术, 2018, 38(11): 24-27.

[41] 黄田, 李嘉辉, 葛中会. 畅谈5G车联网技术在乡村道路中的应用[J]. 科学咨询（科技·管理）, 2020(3): 46.

[42] 舒宇，邵剑峰，吕韬. RFID 技术在 5G 车联网中的应用[J]. 通讯世界，2019，26(10): 21-23.

[43] 张渭，陈勇，苏杰，等. RFID 技术在 5G 车联网中的应用[J]. 电子技术与软件工程，2021(22): 7-8.

[44] 李露. 车联网环境下基于假名的隐私保护研究[D]. 重庆: 重庆邮电大学，2017.

[45] 张锐. 基于雾计算的 5G 车联网安全通信研究[D]. 西安: 西安电子科技大学，2020.

[46] 迈尔-舍恩伯格，库克耶. 大数据时代: 生活、工作与思维的大变革[M]. 盛杨燕，周涛，译. 杭州: 浙江人民出版社，2012.

[47] 万至臻. 基于 Map Reduce 模型的并行计算平台的设计与实现[D]. 杭州: 浙江大学，2008.

[48] 李国杰，程学旗. 大数据研究: 未来科技及经济社会发展的重大战略领域——大数据的研究现状与科学思考[J]. 中国科学院院刊，2012，27(6): 647-657.

[49] 宫夏屹，李伯虎，柴旭东，等. 大数据平台技术综述[J]. 系统仿真学报，2014，26(3): 489-496.

[50] 史毅仁. 车联网中数据融合的研究[D]. 北京: 北京交通大学，2017.

[51] 范宏进. 基于车联网数据安全的风险自适应访问控制方法[D]. 兰州: 兰州理工大学，2019.

[52] 王春东，罗婉薇，莫秀良，等. 车联网互信认证与安全通信综述[J]. 计算机科学，2020，47(11): 1-9.

[53] 骆迪. 工业无线网络安全数据融合方案研究[D]. 重庆: 重庆邮电大学，2019.

[54] 李晓晔，孙振龙，邓佳宾，等. 隐私保护技术研究综述[J]. 计算机科学，2013，40(S2): 199-202.

[55] 蒋凯元. 多方安全计算研究综述[J]. 信息安全研究，2021，7(12): 1161-1165.

[56] 李月笛. 车联网中安全认证和隐私保护技术研究[D]. 成都: 电子科技大学，2021.

[57] 张玲玲. 访问控制技术研究综述[J]. 科学之友(B 版)，2009(8): 144-146.

[58] 叶青. 车联网环境下的安全访问控制策略研究[D]. 重庆: 重庆邮电大学，2017.

[59] 张景. 网络化制造系统中安全体系结构及访问控制技术分析[J]. 电子技术与软件工程，2021(5): 253-254.

[60] 鲍连承，赵景波. 访问控制技术综述[J]. 电气传动自动化，2006(4): 1-5+18.

[61] 刘波，陈曙晖，邓劲生. Bell-LaPadula 模型研究综述[J]. 计算机应用研究，2013，30(3): 656-660.

[62] LAPADULA L J, BELL D E. Secure Computer System: A Mathematical Model[R]. MTR-2547, 1973.

[63] BIBA K. Integrity Considerations for Secure Computer Systems[R]. U.S. Air Force Electronic Systems Division，1977.

[64] 赵晓凤. 面向车联网的匿名认证方案研究[D]. 重庆: 重庆邮电大学. 2019.

[65] 李杨，温雯，谢光强. 差分隐私保护研究综述[J]. 计算机应用研究，2012，29(9): 3201-3205.

[66] 陈兵. 面向 VANETs 基于群签名的匿名认证协议研究与实现[D]. 沈阳: 沈阳工业大学，2019.

[67] 曹贞芳. 基于假名交换的车联网隐私保护方法[D]. 杭州: 浙江大学，2021.

[68] 张瑞. 基于假名切换方法的车联网隐私保护研究[D]. 杭州: 浙江大学，2020.

[69] 康嘉文. 车联网安全与隐私保护技术的研究及其应用[D]. 广州: 广东工业大学，2015.

[70] 潘虹阳. 基于同态技术的车联网安全数据聚合方法研究[D]. 重庆: 重庆交通大学，2019.

[71] 武晓宇，余冰雁，王晶. 多接入边缘计算技术与车联网的融合应用[J]. 信息通信技术与政策，2020(8): 41-45.

[72] 黄海旭. 基于MEC的车联网系统安全研究[J]. 信息安全与通信保密，2020(6): 88-93.

[73] 凌捷，陈家辉，罗玉，等. 边缘计算安全技术综述[J]. 大数据，2019，5(2): 34-52.

[74] 王天宇，金素柳. 论车联网网络安全技术[J]. 信息系统工程，2021(9): 71-73.

[75] 邓稳. 基于车联网环境的安全通信技术研究与实现[D]. 成都: 电子科技大学，2020.

[76] 闫晨阳. 车联网环境下具有聚合性质的消息认证方案研究[D]. 兰州: 西北师范大学，2021.

[77] 刘雪娇，殷一丹，陈蔚，等. 基于区块链的车联网数据安全共享方案[J]. 杭州: 浙江大学学报(工学版)，2021，55(5): 957-965.

[78] 李子健，章国安，陈葳葳. 基于区块链的车联网安全通信策略[J]. 计算机工程，2021，47(10): 43-51.

[79] 黄辉，殷梁. 区块链技术在防范车险理赔欺诈行为中的应用研究[J]. 哈尔滨: 哈尔滨学院学报，2021，42(5): 28-31.

[80] 董超衍. 西藏军区综合信息网入侵检测系统研究与设计[D]. 长沙: 国防科学技术大学，2006.

[81] 武晨旭. 面向车联网的车辆内部网络安全关键技术研究[D]. 南京: 东南大学，2018.

[82] 肖瑶，刘会衡，程晓红. 车联网关键技术及其发展趋势与挑战[J]. 通信技术，2021，54(1): 1-8.

[83] 宋刘艳，骆骁，邓丽莉. 车联网发展现状及建设模式分析[J]. 图书情报导刊，2021，6(3): 73-77.

[84] 成静静，赖卫华. 基于5G边缘云技术构建智能车联方案研究[J]. 数据通信，2021(3): 1-3+9.

[85] 邓雨康，张磊，李晶. 车联网隐私保护研究综述[J]. 计算机应用研究，2022，39(10): 2891-2906.

[86] 李小刚，杨彬. 车联网安全防护问题分析[J]. 移动通信，2015，39(11): 30-33.

[87] 佚名. 360发布《2019年智能网联汽车信息安全年度报告》[J]. 智能城市，2020，6(5): 33.

[88] 葛超. 通用应用系统安全审计系统的设计与实现[D]. 广州. 华南理工大学，2010.

[89] 杨建军. 基于IPsec的国税系统网络安全审计系统研究和设计[D]. 昆明: 云南大学，2010.

[90] 李结松. 办公网络安全策略研究及技术实现[D]. 广州: 中国人民解放军第一军医大学，2002.

[91] 张长智. 基于漏洞扫描技术的网络安全风险评估[D]. 成都: 电子科技大学，2009.

[92] 苏博. 信息系统安全威胁及等级保护[J]. 科技视界，2015(21): 73+78.

[93] 李彬，戴银涛，胡昌振. Linux下一种入侵检测特征提取及规则制定方法[J]. 计算机安全，2003(11): 15-17.

[94] 刘建生，彭行顺. 访问控制模型研究综述[J]. 计算机与数字工程，2010，38(7): 115-119.

[95] 沈海波，洪帆. 访问控制模型研究综述[J]. 计算机应用研究，2005(6): 9-11.

[96] 李萍. 基于UCON模型的PMI系统的研究与实现[D]. 上海: 上海交通大学，2007.

[97] 宗锐，刘鹏. 基于信任-权限关系的角色派生策略研究[J]. 计算机安全，2008(2): 14-17.

[98] 刘大伟. 分布式资源安全监控系统的研究[D]. 南京: 南京航空航天大学，2009.

[99] 沈海波. 访问控制和数字版权管理[J]. 计算机与现代化，2005(9): 85-88.

[100] 田建立，蔡君如. 访问控制模型分析[J]. 河南科技，2010(13): 51-52.

[101] 陈顺平. 基于UCON的通用权限控制服务平台设计与应用[D]. 长沙: 中南大学，2007.

[102] 杨红. 访问控制技术研究综述[J]. 农业图书情报学刊，2011，23(3): 92-94.

[103] 贾金斗. 物联网开放业务环境访问控制研究与设计[D]. 北京：北京邮电大学，2013.

[104] 白亮. 车联网匿名认证方案研究[D]. 长沙：湖南科技大学，2020.

[105] 鲁月莹. 基于差分隐私的车联网位置隐私保护研究[D]. 重庆：重庆邮电大学，2020.

[106] 杜瑞颖，王持恒，何琨. 智能移动终端的位置隐私保护技术[J]. 中兴通讯技术，2015，21(3): 23-29.

[107] 岳璐. 高效可分电子现金系统的研究[D]. 青岛：青岛大学，2010.

[108] 吕晓阳，李兴华，刘宏月. 基于假名变换的车载自组织网络隐私保护技术[J]. 福建电脑，2017，33(11): 91-92.

[109] 钱萍，吴蒙. 同态加密隐私保护数据挖掘方法综述[J]. 计算机应用研究，2011，28(5): 1614-1617+1622.

[110] 王诚，王志伟. 联盟链中基于CL加密的安全审计协议[J]. 南京：南京邮电大学学报（自然科学版），2022，42(5): 101-108.

[111] 刘华玲. 基于完备空间数据扰动的隐私保护理论方法研究及应用[D]. 上海：东华大学，2013.

[112] 余健，胡孔法，丁有伟. 一种面向中医药临床数据的区块链安全与隐私保护方案[J]. 世界科学技术-中医药现代化，2021，23(10): 3688-3695.

[113] 叶质刚. 物联网安全模型与加密算法应用[J]. 电脑开发与应用，2015，28(3): 77-78+81.

[114] 邓雨康，张磊，李晶. 车联网隐私保护研究综述[J]. 计算机应用研究，2022，39(10): 2891-2906.

[115] 叶青. 车联网环境下的安全访问控制策略研究[D]. 重庆：重庆邮电大学，2017.

[116] 陈亮. 混合云环境下基于属性的加密方案设计与实现[D]. 南京：南京邮电大学，2017.

[117] 孙宁. 基于蜜罐的网络攻击防御技术研究及应用[D]. 沈阳：东北大学，2016.

[118] 范宏进. 基于车联网数据安全的风险自适应访问控制方法[D]. 兰州：兰州理工大学，2019.

[119] 张景. 网络化制造系统中安全体系结构及访问控制技术分析[J]. 电子技术与软件工程，2021(5): 253-254.

[120] 鲍连承，赵景波. 访问控制技术综述[J]. 电气传动自动化，2006(4): 1-5+18.

[121] 戴路. 互联网中基于角色的透明访问控制研究[D]. 武汉：华中科技大学，2004.

[122] 李细雨. 多信任域的分布式访问控制模型研究[D]. 金华：浙江师范大学，2009.

[123] 毕晓燕. 权限控制一致性检测的研究与实现[D]. 哈尔滨：哈尔滨工程大学，2010.

[124] 周伟. 基于网络的协同设计系统数据交换及管理关键技术研究[D]. 重庆：重庆大学，2007.

[125] 靳泰戈. 网格安全体系结构的研究和设计[D]. 成都：四川大学，2006.

[126] 安伟莲. RBAC模型在J2EE平台下的实现与应用[D]. 北京：北京邮电大学，2008.

[127] 崔永泉. 协作计算环境下基于使用控制模型的访问控制研究[D]. 武汉：华中科技大学，2007.

[128] 陈江燕. 基于角色定权的访问控制技术研究[D]. 长沙：国防科学技术大学，2004.

[129] 张苏，张晓艳，王芳. 访问控制技术应用研究[J]. 电脑知识与技术，2008，4(35): 2302-2304.

[130] 万琳，张鹰，李理. 浅谈基于角色的访问控制技术[J]. 计算机与数字工程，2007(10): 145-148+192.

[131] 李月笛. 车联网中安全认证和隐私保护技术研究[D]. 成都：电子科技大学，2021.

[132] 康嘉文. 车联网安全与隐私保护技术的研究及其应用[D]. 广州：广东工业大学，2015.

[133] 张瑞. 基于假名切换方法的车联网隐私保护研究[D]. 杭州: 浙江大学, 2020.

[134] 李露. 车联网环境下基于假名的隐私保护研究[D]. 重庆: 重庆邮电大学, 2017.

[135] 陈兵. 面向 VANETs 基于群签名的匿名认证协议研究与实现[D]. 沈阳: 沈阳工业大学, 2019.

[136] 乔瑞. 面向车联网的匿名认证技术研究[D]. 西安: 长安大学, 2019.

[137] 李杨, 温雯, 谢光强. 差分隐私保护研究综述[J]. 计算机应用研究, 2012, 29(9): 3201-3205+3211.

[138] 李杨. 差分隐私保护数据聚合优化方法及其在数据可视化中的应用[D]. 广州: 广东工业大学, 2013.

[139] 潘虹阳. 基于同态技术的车联网安全数据聚合方法研究[D]. 重庆: 重庆交通大学, 2019.

[140] 蒋凯元. 多方安全计算研究综述[J]. 信息安全研究, 2021, 7(12): 1161-1165.

[141] 黄忠睿. 利用 Airavat 实现医疗信息的隐私保护与访问控制[D]. 上海: 东华大学, 2013.

[142] 陈亮. 社会化推荐及其隐私保护关键问题研究[D]. 长沙: 国防科学技术大学, 2016.

[143] 赵格, 康海燕. 基于差分隐私的电子商务隐私保护数据发布[J]. 物流工程与管理, 2014, 36(11): 119-122.

[144] 武晓宇, 余冰雁, 王晶. 多接入边缘计算技术与车联网的融合应用[J]. 信息通信技术与政策, 2020(8): 41-45.

[145] 凌捷, 陈家辉, 罗玉, 等. 边缘计算安全技术综述[J]. 大数据, 2019, 5(2): 34-52.

[146] 黄磊, 郑艺峰, 张文杰. 深度学习和移动边缘计算在自动驾驶的应用综述[J]. 漳州: 闽南师范大学学报(自然科学版), 2021, 34(4): 39-47.

[147] 张佳乐, 赵彦超, 陈兵, 等. 边缘计算数据安全与隐私保护研究综述[J]. 通信学报, 2018, 39(3): 1-21.

[148] 李佐昭, 刘金旭. 移动边缘计算在车联网中的应用[J]. 现代电信科技, 2017, 47(3): 37-41.

[149] 卢毅, 宋家辛, 张华. 高速公路智能交通系统边缘计算应用研究[J]. 公路, 2021, 66(3): 242-245.

[150] 邵华. 基于移动边缘计算任务卸载的资源分配算法研究[D]. 兰州: 兰州理工大学, 2019.

[151] 陈山枝, 时岩, 胡金玲. 蜂窝车联网(C-V2X)综述[J]. 中国科学基金, 2020, 34(2): 179-185.

[152] 郭良俊. HUE-Cloud 身份认证系统的设计与实现[D]. 南京: 东南大学, 2018.

[153] 张省吾. 数字证书在网络安全中的应用探析[J]. 数码世界, 2018(1): 196-197.

[154] 车征. 基于联盟链的分布式能源安全交易认证方法[D]. 太原: 太原理工大学, 2020.

[155] 徐杰瑶. 车联网中安全认证机制的研究与实现[D]. 北京: 北京邮电大学, 2021.

[156] 普文心. 车联网中基于群组的轻量级安全认证与通信方法[D]. 武汉: 武汉大学, 2019.

[157] 王曼竹, 李梓琦, 陈翌飞, 等. 车联网中安全认证技术的分析与研究[J]. 物联网学报, 2021, 5(3): 106-114.

[158] 邵亚萌. 车联网物理层认证方法及测试技术研究[D]. 长春: 吉林大学, 2020.

[159] 芮亚楠. 车联网下的网络安全问题分析[J]. 科技资讯, 2019, 17(20): 14-15.

[160] 王超, 李强. 基于身份认证的车路协同安全信任系统[J]. 智能建筑与智慧城市, 2022(7): 6-8.

[161] 张钧媛, 刘经纬. 基于区块链技术的联合环境感知模型设计与应用[J]. 计算机与现代化, 2018(11): 56-59+64.

[162] 杨龙, 韩丹, 欧阳维乐. 商用密码算法在区块链技术中的应用[C]//2020 中国网络安全等级保护和关键信

息基础设施保护大会论文集. [出版地不详]: [出版者不详], 2020: 29-35.

[163] 张钧媛, 刘经纬. 基于区块链技术的联合环境感知模型设计与应用[J]. 计算机与现代化, 2018(11): 56-59+64.

[164] 殷一丹. 车联网中基于区块链的跨域信息共享安全机制研究[D]. 杭州: 杭州师范大学, 2021.

[165] 万子龙, 匡芬. 基于区块链技术的车联网安全体系结构探究[J]. 江西通信科技, 2019(1): 41-44.

[166] 欧阳坤. 面向车联网的分层区块链设计与实现[D]. 北京: 北京邮电大学, 2020.

[167] 郎平, 田大新, 林椿眄. 区块链在车联网中的应用综述[J]. 无人系统技术, 2021, 4(1): 1-7.

[168] 李旭茹, 徐晓宇, 岳亚伟. 5G 技术综述[J]. 山西电子技术, 2017 (2): 91-93.

[169] 朱楠, 杨建. 5G 通信技术在车联网业务中的应用探讨[J]. 电子元器件与信息技术, 2021, 5(11): 163-164.

[170] 王良民, 刘晓龙, 李春晓, 等. 5G 车联网展望[J]. 网络与信息安全学报, 2016, 2(6): 1-12.

[171] 宫夏屹, 李伯虎, 柴旭东, 等. 大数据平台技术综述[J]. 系统仿真学报, 2014, 26(3): 489-496.

[172] 潘妍, 许智鑫, 马泽宇. 车联网数据安全风险分析与政策研究[J]. 保密科学技术, 2021(7): 19-22.

[173] 钱翰堃. 基于机器学习的物联网智能设备识别与安全管理[D]. 南京: 东南大学, 2021.